AF460661

Impressions de Voyage

EXCURSIONS

SUR

LES BORDS DU RHIN.

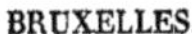

BRUXELLES.

J'arrival à Bruxelles le 20 août 1858, avec l'intention de visiter toute la Belgique, et de revenir en France par les bords du Rhin.

J'avais une lettre de recommandation pour Sa Majesté le roi Léopold. Je m'empressai de me rendre au palais, où j'entrai avec plus de facilité que je n'eusse fait à Paris chez un de nos banquiers de second ordre : je demandai monsieur Van Praët, secrétaire particulier du roi, et je fus à l'instant même introduit près de lui.

Le nom m'avait déjà prévenu en faveur de celui que j'allais voir : il éveillait chez moi un souvenir de reconnaissance, il me rappelait ce bon et respectable monsieur Van Praët, que j'avais toujours trouvé à la bibliothèque royale si bourru et si obligeant, et qui avait classé dans les vastes casiers de sa tête branlante les six cent mille volumes de la bibliothèque royale, si bien que, sans quitter sa place, sans avoir recours au catalogue, il indiquait du premier coup la chambre, le rayon, le format et le numéro du livre qu'on lui demandait ; c'était merveille.

Je m'attendais à trouver quelque bon vieillard comme lui, son frère sans doute, lorsque je vis venir à moi un jeune homme de 28 à 30 ans, qui s'excusa de m'avoir fait faire antichambre le temps qu'on avait mis à m'annoncer. C'était le neveu au lieu d'être le frère ; au reste, parent au plus proche degré de mon Van Praët, au moins sous le rapport de l'obligeance et de la gracieuseté.

Le roi n'était point à Bruxelles, mais à Laëken, sa résidence d'été. Je demandai à monsieur Van Praët de quelle manière il fallait m'y prendre pour obtenir une audience de lui ; il me dit qu'il fallait louer à l'heure une voiture de place, au coin de la première rue venue, si mieux je n'aimais toutefois faire la route à pied ; m'en aller à Laëken, faire parvenir ma lettre au roi, et qu'aussitôt il me recevrait. C'était la marche à suivre : comme on le voit elle n'était rien moins que compliquée.

Le souvenir de son excellent oncle avait servi de lien entre monsieur Van Praët et moi ; nous nous quittâmes amis, et j'espère que, malgré le temps et la distance, il me garde un souvenir aussi bon que celui que je lui conserve.

La route qui conduit au palais de Laëken est charmante, et je ne m'étonnai plus que monsieur Van Praët m'eût parlé de la faire à pied ; quand au palais, c'est une jolie bâtisse moderne, qui m'a paru dater de la fin du XVIIIe siècle. Il est entouré de jardins anglais qui se mirent dans une large nappe d'eau, et dominent les délicieuses perspectives de Bruxelles et de ses environs.

Ce fut à Laëken que Napoléon résolut la campagne de Russie.

Malgré ce que m'avait dit monsieur Van Praët, j'entrai avec une certaine défiance ; je n'en suivis pas moins ses instructions ; je remis ma lettre à un huissier, en disant de quelle part elle venait ; l'huissier me fit entrer dans un salon d'attente et alla porter la missive. Un instant après, une porte opposée à celle par laquelle il était sorti s'ouvrit, et un aide de camp m'annonça que le roi m'attendait.

J'entrai et je trouvai effectivement le roi en négligé militaire.

Au bout d'un quart d'heure de conversation, que Sa Majesté voulut bien mettre tout d'abord sur le pied de la causerie, j'étais convaincu que je parlais au roi le plus philosophe qui eût jamais existé, sans en excepter Frédéric.

Le roi était en grand gala à l'occasion du chemin de fer de Gand, qu'il devait inaugurer le lendemain, et du jubilé de Malines, qui devait avoir lieu dans quelques jours. Il eut la bonté de m'inviter à ces deux fêtes ; puis, comme il vit, à ma réponse embarrassée, que son invitation, toute gracieuse qu'elle était, contrariait mes projets : « Faites mieux, me dit-il, allez de votre côté tandis que j'irai du mien, et si nous nous rencontrons, venez me demander à dîner. »

J'acceptai avec une reconnaissance d'autant plus grande, que je trouvais une certaine différence entre la manière dont me recevait le roi Léopold et celle dont m'avait reçu le roi de Naples ; il est vrai que le grand-père du roi de Naples a fait empoisonner mon père, et que je n'ai pas trop encore à me plaindre du petit-fils, qui s'est contenté de me faire reconduire hors du royaume par la gendarmerie. Tout est relatif.

Je quittai le roi Léopold fort enchanté de son hospitalité, et je revins à Bruxelles, où j'entrai dans un café pour déjeuner. Tout en mangeant mon beefsteack, je tombai sur un journal.

Il y avait aux nouvelles du jour que le cadavre d'une femme avait été trouvé la veille dans le canal de Laëken ; le journaliste ajoutait, en forme de réflexion, qu'on assurait que c'était une ancienne maitresse du roi, qu'il avait fait jeter à l'eau.

Si habitué que je fusse aux licences de notre presse parisienne, celle-ci me parut un peu forte. Je me retournai vers mon voisin pour lui demander ce qu'il pensait de cela? Mon voisin était justement monsieur Van Praët que je n'avais pas vu en entrant, et qui mangeait modestement ses deux œufs à la coque.

— Avez-vous vu cela? lui demandai-je en lui tendant le journal.

— Non, me dit-il, qu'est-ce?

— Lisez.

Il prit le journal et lut, puis le reposa près de lui avec un air de parfaite indifférence.

— Est-ce qu'on ne poursuivra pas ce monsieur? demandai-je étonné de ce stoïcisme.

— Pourquoi faire? me répondit-il.

— Mais pour lui apprendre à imprimer de pareilles choses.

— Bah! me répondit monsieur Van Praët, il faut bien qu'il vive, et de quoi vivrait-il si nous lui enlevions la calomnie?

— Et le roi, que dira-t-il s'il lit cela?

— Le roi! il en haussera les épaules. A propos, comment vous a-t-il reçu?

— A merveille.

Je lui racontai alors les détails de notre entrevue, et comment le roi, s'étant aperçu que son invitation dérangeait mes projets, avait eu la bonté de lui donner une autre forme. Comme un de ces projets était de visiter Bruxelles, monsieur Van Praët, à qui le séjour du roi à Laëken donnait quelque liberté, offrit de me servir de cicerone. On devine que j'acceptai.

Bruxelles remonte au VIe siècle ; l'étymologie de son nom remonte, disent les uns, à *Brocksel*, qui veut dire marécage, et à *Bruck-Senne*, disent les autres. Ce dernier mot peut se traduire par Pont-sur-Senne. En attendant, les savans discutent là-dessus; cela les occupe.

Saint-Vindician, évêque du diocèse de Cambrai, y mourut en 709 ; ceci est constaté par une chronique contemporaine, qui est le plus ancien monument historique où il soit parlé de Bruxelles, nommée en latin *Brossella*. Pendant les deux siècles qui suivirent cette mort, la ville dut acquérir quelque importance, puisque l'empereur Othon data un de ses diplômes *apud Brussolam*, en l'année 976 ; ce nom primitif avait déjà, comme on le voit, subi quelques altérations.

Quatre ans plus tard, Charles, fils de Louis d'Outremer, qui obtint en partage le duché de Basse-Lotharingie, choisit Bruxelles pour sa capitale, construisit un palais entre les deux bras de la Senne, et fit transporter dans une chapelle le corps de sainte Gudule, qui avait été déposé, au temps de Charlemagne, dans le monastère de Moorsel. Depuis lors, sainte Gudule fut adoptée comme patronne par les Bruxellois, et il paraît qu'ils n'ont point eu à s'en plaindre, puisqu'au milieu de tous leurs bouleversemens religieux, ils lui ont conservé sa suprématie religieuse.

En 1044, Lambert Balderic, comte de Louvain et de Bruxelles, fit bâtir autour de la ville un rempart percé de sept portes. Deux ou trois archéologues me montrèrent des débris qu'ils m'assurèrent être ceux de ce rempart. Je fis semblant de les croire, et cela parut leur faire plaisir.

Ferrand, comte de Flandres, et Salisbury, frère du roi d'Angleterre, sous prétexte de forcer Henri Ier, duc de Brabant, à quitter l'alliance de la France, s'emparèrent de Bruxelles en 1213 ; puis, pour rendre l'enseignement plus efficace, ils la pillèrent.

Les malheurs vont par troupe, dit un proverbe russe qui mérite par sa justesse d'être naturalisé français : en 1314, il y eut à Bruxelles peste et famine; en 1405, incendie, et en 1549, tremblement de terre : 25,000 individus et 5,000 maisons disparurent dans ces divers accidens.

Malgré ces calamités, Bruxelles n'en devint pas moins, sous la domination des ducs de Bourgogne, une des villes les plus florissantes du moyen-âge. Ses manufactures d'armes, de tapisseries, de draps et de dentelles, étaient renommées à la fois en Allemagne, en France, en Angleterre et en Espagne; de sorte que, lorsque la maison d'Autriche succéda à celle de Bourgogne, Charles-Quint, qui était né à Gand, l'adopta comme siége ordinaire du gouvernement des Pays-Bas, et la choisit pour être témoin de son abdication en faveur de son fils Philippe II.

Alors vint le tour des guerres religieuses ; les iconoclastes déchirèrent les tableaux, brisèrent les statues, dépouillèrent les églises. Philippe II envoya aussitôt à Marguerite, sa sœur naturelle, une sanglante procuration qui lui conférait droit de vie et de mort sur les hérétiques. Les supplices commencèrent. Une association fut formée à Gand le 8 novembre 1576 : les nobles flamands s'affiliaient entre eux, et déclaraient s'opposer aux mesures prises par la gouvernante des Pays-Bas. Deux cent cinquante confédérés vinrent alors à Bruxelles présenter leur requête à Marguerite, et furent admis en sa présence. Ce fut pendant cette réception que Brederode, ayant entendu Berlaymont, qui parlait à voix basse à la régente, traiter les députés de *gueux*, répéta le mot à voix haute; il fut aussitôt, et par un élan d'indignation unanime, adopté par les calvinistes et les protestans, qui prirent pour armoiries une écuelle et une besace, et se divisèrent, selon les localités où ils combattaient, en gueux de bois, gueux de plaine et gueux de mer. Philippe vit que ce n'était plus assez d'une femme pour contenir une pareille insurrection; il y envoya une armée, un général et des bourreaux. Le duc d'Albe fit son entrée à Bruxelles le 22 août 1567, et, le 5 juin de l'année suivante, les têtes de Lamoral, comte d'Egmont, et de Philippe de Montmorency, comte de Horne, tombaient sur la place de l'Hôtel-de-Ville, dont toutes les maisons étaient tendues de noir. Quant au prince d'Orange, il s'était éloigné à temps : Guillaume le Taciturne avait deviné le duc d'Albe.

Les supplices durèrent deux ans. Dans le cours de ces deux années, tout ce que la Belgique comptait de fabricans habiles et industrieux quitta Bruxelles, et alla enrichir Londres. Enfin, les bourreaux se lassèrent les premiers. Philippe rappela le duc d'Albe; Louis de Requesens lui succéda, et mourut en 1576. Le 1er mai de l'année suivante don Juan d'Autriche le remplaça en qualité de gouverneur général. Au bout de quatorze mois, il céda ce poste à l'archiduc Mathias, sous le gouvernement duquel éclata la fameuse peste de 1578, qui enleva 27,000 personnes dans la seule ville de Bruxelles.

Tout événement est bon à un peuple qui cherche à reconquérir son indépendance. Le fléau força le gouvernement espagnol à se relâcher de sa surveillance. Guillaume d'Orange profita de ce moment de trêve. Peu à peu son nom reprit, dans les Pays-Bas, une grande autorité que vint bientôt après réclamer sa personne. En 1580, les protestans rentrèrent à Bruxelles, rouvrirent leurs prêches publics; le 21 mai 1581, ils étaient maîtres et oppresseurs à leur tour, et Philippe II était déchu de la souveraineté pour avoir violé les droits et les priviléges de la nation.

Maintenant, n'est-ce point une chose providentielle que le manifeste qui amena cette déchéance fût signé Guillaume d'Orange, et conçu en de tels termes que, dans la séance du 23 novembre, monsieur de Rodenbach, député de la Flandre occidentale, n'eut besoin que de le lire à la tribune pour qu'on appliquât aux Nassau, en 1830, la peine qu'un de leurs ancêtres avait réclamé contre Philippe II en 1580.

Voici un fragment de cette théorie de la rébellion, dans laquelle le Taciturne établissait la légalité d'une insurrection dont il était le chef :

« On répondra que Philippe II est roy. Je dis, au contraire, que ce roy m'est incognu; qu'il le soit en Castille, en Arragon, à Naples, aux Indes, et partout où il commande à plaisir; qu'il le soit, s'il veut, en Jérusalem, paisible domination, en Asie et en Afrique, tant il y a que je ne cognois en ce pays qu'un duc et un comte, duquel la puissance est limitée selon les priviléges, lesquels il a juré en la joyeuse entrée.

» Toutefois, soit, ou par la nourriture qu'il a prise en Espagne, ou par le conseil de ceux qui l'avaient et qui l'ont depuis possédé, il a toujours retenu en son cœur la volonté de nous assujétir à une servitude simple et absolue, qu'ils ont appelée obéissance, nous privant entièrement de nos anciens priviléges et libertés, comme font les ministres des pauvres Indiens, ou tout au moins des Calabrois, Siciliens, Napolitains ou Milanais, ne se souvenant pas que ces pays n'étaient pays de conquête, mais patrimoniaux pour la plupart, ou qui volontairement s'étaient donnés à ses prédécesseurs sous bonnes conditions. »

Ne dirait-on pas, je le demande, un membre du congrès national récapitulant les griefs que la Belgique eut, depuis 1814, à reprocher à la maison de Nassau. Il continue et développe ces droits des villes libres, qui ne pouvaient pas être compris à cette époque par Philippe II, et que ne voulut point comprendre depuis Guillaume de Nassau.

« Vous savez à quoi il est obligé, et comme il n'est en sa disposition de faire ce que bon lui semble, comme il fait ès Indes; car, par les priviléges du Brabant, il ne peut par violence contraindre un seul de ses sujets à chose quelconque, sinon que les coutumes du banc justicial de leur domicile le lui permettent; ne peut, par aucune ordonnance ou décret, altérer l'état du pays, se doit contenter de ses revenus ordinaires, ne peut faire lever ou exiger aucune imposition sans le gré et le consentement exprès du pays, et selon les priviléges d'icelui; ne peut faire entrer gens de guerre au pays sans le consentement d'icelui; ne peut toucher à l'évaluation des monnaies sans le consentement des Etats; ne peut faire appréhender aucun sujet sans information faite par le magistrat du lieu; enfin, l'ayant fait prisonnier, il ne peut l'envoyer hors du pays. »

Voici de ces pièces que les princes rejettent de leurs archives, mais que les peuples gardent soigneusement dans les leurs.

Cependant Philippe II n'était pas homme à se le tenir pour dit, et à se rendre à des raisons écrites, si justes et si éloquentes qu'elles fussent; aussi en appela-t-il à ses canons, cette *ultima ratio regum*. Alexandre Farnèse, prince de Parme, vint camper à Assche, et, vers la fin de septembre 1584, la puissance espagnole fut rétablie à Bruxelles.

Le Taciturne lutta quelque temps encore; mais, orateur plus éloquent que général habile, il fut obligé d'abandonner les provinces méridionales, et, se réfugiant dans les négociations politiques, sa véritable sphère, il parvint à amener l'Union d'Utrecht, fondement de la république des Pays-Bas.

Cette union fit perdre à Philippe II tout espoir de reconquérir la totalité des provinces flamandes. Depuis dix ans, il voyait s'engloutir en Belgique le sang de ses sujets et les trésors du Nouveau-Monde; il sépara, en 1598, les provinces belges de la monarchie espagnole, et les donna en dot à sa fille Isabelle, fiancée à l'archiduc Albert, fils de l'empereur d'Allemagne. Sous leur règne heureusement prolongé, la Belgique respira, et la république des Pays-Bas se rétablit. Le duc Albert mourut le 13 janvier 1621, et l'infante Isabelle le 1er décembre 1633; quant à Guillaume d'Orange, il avait été tué dès 1584.

C'était au reste un homme singulièrement remarquable que ce Taciturne. Page de Charles V, c'est sur son épaule que le vieil empereur s'appuyait quand il résigna à son fils la triple couronne qu'il devait si fort regretter un jour. Quoique jeune encore, ce caractère réfléchi, qui lui fit donner le surnom de Taciturne, fit que, lorsque ce prince quitta la Belgique pour l'Espagne, il répondit à Guillaume qui lui parlait des causes de mécontentement des Pays-Bas : Il n'y a pas de causes de mécontentement; il y a un auteur, et cet auteur, c'est vous. Aussi, lorsque la rébellion des Gueux éclata, Philippe se souvint à l'Escurial de Guillaume le Taciturne, et quand il apprit que les têtes de d'Egmont et de Horne étaient tombées seules, il dit à l'envoyé qui lui annonçait cette nouvelle, qu'il les donnerait volontiers toutes les deux pour celle qui lui manquait. En effet, la hache avait abattu la main qui tenait l'épée, mais n'avait pu atteindre celle qui tenait la plume. Le manifeste de Guillaume d'Orange fit plus de mal à Philippe II que ne lui en eussent pu faire quatre batailles perdues.

C'était bien, au reste, l'aïeul du roi régnant qu'on appelle Guillaume le Têtu.

Uniquement occupé d'une seule idée, l'œuvre de l'indépendance, il résista aux menaces de la cour d'Espagne, et, ce qui était plus difficile peut-être, à ses promesses. Ni les talens militaires du duc d'Albe, ni la valeur de Don Juan d'Autriche, ni les artifices de Requesens, ni les victoires du prince de Parme, ne parvinrent à le détourner de sa voie patiente et laborieuse; tout s'usa sur lui, politiques et guerriers, plume et épée. Constamment battu, il reparut constamment à la tête de nouvelles troupes. Lorsqu'il était épuisé d'hommes et d'argent, on le voyait abandonner le théâtre de la lutte, apparaître dans ses principautés de la Franche-Comté ou d'Allemagne, faire un appel d'hommes à la terre toujours fertile, et d'argent aux princes luthériens souvent sourds, puis revenir avec une armée dont ses ennemis ne soupçonnaient pas même l'existence. Enfin, par la fameuse Union d'Utrecht, conclue en 1579, il réunit en une seule république sept provinces de la Hollande, dont chacune avait sa constitution particulière, et resta à la tête de la fédération sans avoir aucun titre. Cette position, qui était loin d'être, non pas pour l'honneur, mais pour les honneurs, l'équivalent de celle qu'il perdait comme gouverneur des provinces de Hollande, de Zélande et d'Utrecht, avait été offerte successivement à l'archiduc Mathias d'Autriche, frère de l'empereur Rodolphe II, au duc d'Alençon, frère du roi de France, et à Robert de Leycester, favori d'Elisabeth. Le duc Mathias manquant de hardiesse et d'activité, se brouilla avec les intérêts; le duc d'Alençon, léger et inconséquent, se brouilla avec les esprits; le comte de Leycester, avide et hautain, se brouilla avec les cœurs. Puis vint enfin le Taciturne, qui, par son courage, son sang-froid et sa pénétration, parvint à tout calmer, à tout concilier, à tout dominer. Il posait le couronnement de son édifice, lorsqu'il fut tué, comme devait l'être Henri IV, par une balle fondue dans l'atelier où se forgeait déjà le couteau qui devait, 26 ans plus tard, frapper le Béarnais. Un fanatique de la Franche-Comté, nommé Balthazar Gérard, se présenta un jour à son palais de Delft, sous le prétexte de lui demander un passeport. Guillaume, doublement accessible, puisque cette fois c'était un de ses vassaux qui le demandait, quitta sa femme et passa dans une chambre voisine; il y trouva l'assassin qui lui présenta des papiers; tandis qu'il les examinait, Balthazar lui tira à bout portant un coup de pistolet : Guillaume le Taciturne tomba mort.

Au bruit sa femme accourut. C'était une triste destinée que celle de cette femme constamment attristée par le meurtre de tout ce qui lui était cher! Elle avait vu tuer Coligny, son père, et Téligny, son premier mari; enfin, elle avait épousé en secondes noces Guillaume le Taciturne, et douze ans après, pour la même cause et pour la même religion, elle le voyait tomber de la même manière.

On montre au musée de La Haye la balle et le pistolet qui ont tué Guillaume, ainsi que le chapeau, la montre, la collerette et l'habit qu'il portait au moment de son assassinat. La collerette est encore tachée de sang; l'habit est encore troué par le plomb mortel. Il y avait un grand cœur sous cet habit.

Puis ensuite, si l'on veut se faire une idée de l'individu, pour le comparer à son nom, dans la première chambre des États on trouvera son portrait : c'est celui d'un homme de quarante ans, dont le visage brun porte cette physionomie soucieuse qui lui fit donner son nom. Il est vêtu d'un pourpoint noir dont les poches sont garnies de dentelles d'or, et porte au lieu de chapeau, sur ses cheveux courts, une petite calotte semblable à celle de Corneille.

Quant à son tombeau, on le trouvera dans l'église de Delft.

Je demande pardon au lecteur de cette longue biographie à laquelle je me suis laissé entraîner; mais l'ombre d'un homme m'a passé devant les yeux, et m'a voilé pour un instant l'horizon d'un empire.

Tout fut assez tranquille en Belgique jusqu'au moment où Louis XIV, à la mort de son beau-père, réclama les Pays-Bas espagnols, auxquels il avait formellement renoncé en renonçant à la succession du roi d'Espagne. Il se fonda sur ce qu'en vertu du *droit de dévolution*, établi dans les Provinces unies, les filles aînées héritaient de préférence aux fils cadets. Ces premières prétentions, fixées par la paix d'Aix-la-Chapelle, se réveillèrent en 1672, et Louis XIV, secondé par la flotte de Charles II, entra de nouveau dans les Provinces unies avec une armée de 80,000 hommes, prit en un mois quarante places fortes, envahit les provinces de Gueldres, d'Utrecht, d'Over-Yssel, et s'avança jusqu'aux environs d'Amsterdam.

Alors, tout vint encore se briser contre un prince d'Orange. Guillaume III fut à Louis XIV ce que Guillaume le Taciturne avait été à Philippe II; il venait d'être nommé stathouder, et avait vingt et un ans à peine. Laborieux, sobre, silencieux et persévérant, homme tout ensemble d'action et de pensée, simple dans sa vie intérieure, magnifique au dehors, ayant peu d'amis, mais restant attaché pour la vie à ceux à qui il avait donné sa confiance, il parvint à relever le courage des Hollandais, à ranimer leur activité, à arrêter les progrès de l'armée victorieuse, et à armer contre Louis XIV la moitié de l'Europe. Enfin, grâce à la médiation de Charles II, et à l'intervention armée des deux branches de la maison d'Autriche, la paix de Nimègue fut conclue. La France y gagna la Franche-Comté, ce vieux patrimoine de la maison de Nassau, et y perdit Charleroi, Binch, Courtray, Oudenarde, et une partie de la seigneurie d'Ath. Grâce à ce traité, Nodier et Victor Hugo sont Français.

La mort de Charles II ralluma la guerre avec une apparence de légitimité, et, sous le nom de guerre de succession, les troupes françaises occupèrent Bruxelles, le 21 janvier 1701, et, le 21 mars de l'année suivante, Philippe Ier fut inauguré duc de Brabant. Puis vint la paix d'Utrecht, en 1712, qui fit de nouveau rentrer Bruxelles et les Pays-Bas sous la domination de la maison d'Autriche.

Louis XV hérita de la guerre contre Marie-Thérèse, et la bataille de Fontenoy nous rouvrit les portes de Bruxelles. Nous y entrâmes le 21 février 1747, et nous en restâmes les maîtres jusqu'à ce que la paix d'Aix-la-Chapelle rendît de nouveau cette ville aux Autrichiens. Le duc Charles de Lorraine y entra aussitôt, et gouverna pendant trente-six ans au nom de Marie-Thérèse.

Ce fut l'époque heureuse de la Belgique ; aussi récompensa-t-elle le mandataire de l'impératrice, non pas avec des honneurs périssables comme lui, mais avec l'épithète de Bon, qui lui survécut. Puis vint Joseph II, qui voulut introduire dans les Flandres, dont l'esprit lui était inconnu, l'uniformité qui régissait ses autres États. Les Flandres firent ce qu'elles avaient toujours fait en pareille circonstance; elles réclamèrent le maintien de leurs privilèges; et, comme l'empereur ne voulut pas les reconnaître, elles le déclarèrent déchu de la souveraineté des Pays-Bas. Le gouvernement provisoire resta ainsi entre leurs mains jusqu'à ce que Léopold, son successeur, consentît à jurer, en 1791, le maintien de la Charte brabançonne. Moyennant cette concession, il venait de reprendre possession des Pays-Bas, lorsqu'il mourut laissant l'empire à son fils François II. Quatre ans après les batailles de Jemmapes et de Fleurus avaient décidé en faveur de la république française le grand procès intenté par Louis XIV à l'Autriche. La Belgique était réunie à la France, et Bruxelles était devenu le chef-lieu du département de la Dyle.

Napoléon y fit son entrée par l'allée Verte, le 21 juillet 1809 : on lui rendit les honneurs réservés aux anciens souverains de la Belgique; et, deux ans plus tard, il décidait, comme nous l'avons dit plus haut, au palais de Laëken, la campagne de Russie.

1814 arriva. Le traité du mois de mai, qui rendit à Guillaume l'héritage des Stathouder avec le titre de roi, y ajouta la Belgique, comme accroissement de territoire, en échange de ses colonies de Ceylan, du cap de Bonne-Espérance, de Demerary, de Berbia et d'Essequibo, que s'adjugeait l'Angleterre. Il était à peine assis sur ce trône de nouvelle fabrique, que le canon de Waterloo vint l'ébranler comme s'il était de même date que celui des Césars. Mais peu à peu le canon s'éloigna en remontant vers la France; puis un matin on entendit dire que Napoléon était embarqué pour Sainte-Hélène, et Guillaume respira : il croyait avoir tout gagné en n'ayant plus affaire qu'à son peuple.

Le 25 septembre 1830 son peuple le chassa, et le 4 octobre suivant le Congrès national déclara que les provinces belges, violemment détachées de la Hollande, formeraient un état indépendant.

Nos contrefacteurs éternels venaient de contrefaire à leur tour notre révolution.

On se rappelle dans quel embarras se trouvèrent alors les Belges ; ils avaient à donner un trône que personne n'osait prendre, et il y eut un moment où ils craignirent, chose inouïe jusqu'alors, que leur couronne leur restât, non pas sur la tête, mais sur les bras.

En effet, le choix n'était point facile : il fallait tomber sur un prince qui conciliât les divers intérêts de l'Europe et qui satisfît un peuple qui, depuis les Romains jusqu'à nous, avait pris l'habitude de faire une révolution tous les quinze ans.

Le ministère, après avoir pris langue dans les différentes cours de l'Europe, résolut de s'adresser au prince Léopold. Quatre commissaires lui furent en conséquence envoyés. C'étaient monsieur le comte Félix de Mérode, monsieur Villain XIV, monsieur Henry de Broukère, et l'abbé de Fœre. La première entrevue eut lieu le 22 avril, et, de la part du prince Léopold, s'ouvrit par ces paroles :

« Toute mon ambition est de faire le bonheur de mes semblables : jeune encore je me suis trouvé jeté au milieu de tant de situations singulières et difficiles, que j'ai appris à ne considérer le pouvoir que sous un point de vue philosophique ; je ne l'ai jamais désiré que pour faire le bien, et un bien qui reste. Si certaines difficultés politiques qui semblaient s'opposer à l'indépendance de la Grèce n'avaient surgi, je me trouverais maintenant dans ce pays ; et cependant, je ne me dissimulais pas quels auraient été les embarras de ma position. Je sais combien il est désirable pour la Belgique d'avoir un chef, la paix de l'Europe y est même intéressée. »

La première phrase de ce discours, si simple et si concis, était une promesse pour l'avenir, et la dernière un engagement pour le présent; aussi satisfit-il à peu près tout le monde, rois et peuple, si bien que, le samedi 4 juin, le prince Léopold fut proclamé roi des Belges à la majorité de cinquante-deux voix contre quarante-trois : la Providence cette fois avait pris le masque de la nécessité.

A l'opposé de tous les princes régnans à cette heure, le prince Léopold a fait du premier prospectus donné par lui aux ambassadeurs qui lui avaient été envoyés, la règle de sa conduite; il a en effet réellement envisagé le pouvoir sous un point de vue philosophique, et tenté de fonder à cette heure un bien qui reste, toujours prêt qu'il est, s'il voyait qu'il se trompât, à quitter son titre de roi pour reprendre celui de prince.

Une des choses les mieux comprises par le roi des Belges,

c'est le peu d'importance réelle de la propriété territoriale, et la grande influence que dans les gouvernemens modernes et démocratiques doit exercer l'intelligence, qu'elle se manifeste par les entreprises industrielles ou par les créations de l'art; cependant, pendant près de deux ans, ses bonnes intentions furent neutralisées par les circonstances.

En effet, pendant deux ans, et à la suite de la révolution, il n'y avait ni vente à la Hollande ni exportation à l'étranger. Les deux gouvernemens sentirent cependant le besoin d'alimenter leur commerce, et fermèrent quelque temps les yeux sur la fraude; enfin, en 1833, les droits d'introduction en Hollande furent fixés à 5 p. °/o, par le roi Guillaume, dont les sujets sont transporteurs, qu'on me passe le mot, mais non point fabricans, et le roi Léopold put efficacement et publiquement protéger l'industrie qui, depuis cette époque, a acquis un immense développement. Ainsi, par exemple, Gand, le Manchester de la Belgique, qui, en 1829, possédait à peine 800 *hooms*, en compte aujourd'hui 3000. Ces hooms sont des machines à vapeur qui tissent chacune quatre pièces de coton de 73 aunes à la semaine. Un enfant de cinq ans suffit à renouer les fils de deux hooms; de sorte qu'un enfant de cinq ans et ces deux machines produisent à eux trois huit pièces de coton tous les huit jours. Dans les ateliers de messieurs Hemptinne et Vortman, on voit une chose qui tient du prodige: en une heure, une pièce de coton, entrée brute devant le visiteur auquel ces messieurs veulent faire les honneurs de leur établissement, est nettoyée, filée, tissée, imprimée, séchée, apprêtée, pliée, et au bout d'une autre heure, si le visiteur est accompagné de sa femme, cette femme pourra sortir vêtue de la robe qui aura été fabriquée sous ses yeux.

Quant aux chemins de fer, qui sont à cette heure la grande préoccupation de la Belgique, il faut avoir vu la station de Malines, qui forme le centre, pour se faire une idée de l'espèce de fièvre qui s'est emparée de toute la population. C'est quelque chose comme une folie universelle comme une aliénation générale; il semble que chacun n'a plus affaire qu'où il n'est pas; trente, quarante convois arrivent par jour, versant dans le même bassin trente et quarante mille personnes, qui s'entassent un instant sur la place, s'emmêlent, se débrouillent, s'élancent dans leurs voitures respectives, et disparaissent par les différens rayons de l'étoile avec la rapidité du vent, pour faire place à d'autres qui s'évanouiront à leur tour, poussés par ceux qui viendront après eux, et cela sans cesse, sans relâche, et en nombre pareil à la foule des âmes que Dante vit se presser sur les bords du fleuve Achéron, lorsqu'il s'étonna que depuis le commencement de la vie la mort eût pu défaire tant de gens.

Tout en soutenant de sa protection et de son argent les entreprises industrielles, le roi Léopold n'a point négligé les productions de l'art. Forcé de renoncer à une littérature nationale que la contrefaçon de Bruxelles, fatale même à la Belgique, sèche dans sa racine, puisqu'elle oppose sans cesse aux œuvres de quatre millions d'hommes celles du monde entier qu'elle donne à un prix infime, le roi porte tous ses encouragemens vers les travaux historiques et les écoles de peinture: monsieur le baron de Reiffenberg, à Bruxelles; monsieur Voisin, à Gand; monsieur Delepierre, à Bruges; monsieur Polain, à Liége, fouillent laborieusement la mine inépuisable et variée des vieilles chroniques nationales, et tous, en récompense de leurs premières publications, ont été nommés à des places qui les mettent à même de les continuer. Messieurs Reiffenberg et Voisin sont bibliothécaires, l'un à Bruxelles, l'autre à Gand; monsieur Delepierre et Polain sont conservateurs des archives, le premier à Bruges, le second à Liége, et préparent à l'historien futur des Flandres un travail pareil à celui qui attend déjà, grâce à messieurs Guizot, Augustin Thierry et Michelet, l'historien futur de la France. Moins empêché à l'endroit de la peinture, c'est pour cet art que le roi de Belgique a le plus fait, puisqu'il a, malgré l'exiguité de sa liste civile, acheté depuis six ans plus de soixante tableaux. Sous son influence, l'école flamande a reçu une nouvelle vie et un plus large développement, de sorte que le salon de 1836 a pris un rang distingué parmi les belles expositions de Bruxelles.

Ainsi, chose remarquable, c'est aux trois grandes époques de leur indépendance que les provinces flamandes ont vu fleurir leurs écoles de peinture: sous Philippe le Bon, de 1419 à 1467, les frères Van Eyck et Memling établissent le point de départ de l'art; sous Albert et Isabelle, de 1598 à 1633, Rubens, Van Dyck, Crayer, Roose et Syner le portent à son apogée; enfin sous Léopold Ier, de 1832 à 1838, Verboëkhoven, Gustave Waper et Keiser protestent par leurs œuvres contre la décadence où on le croyait tombé. Léopold a donc à peu près satisfait à toutes les exigences du pays qu'il gouverne: en politique il a accompli les vœux de la nation belge en protestant jusqu'au dernier moment contre la reprise du Limbourg et du Luxembourg; en industrie il a ennobli toutes les entreprises en y prenant une part personnelle; enfin en histoire et en peinture il a encouragé les débuts des historiens et les efforts des peintres, pour tirer la science et l'art de la décadence. Le roi a semé: maintenant c'est à la terre de produire.

Pour en finir avec la politique, hommes et choses, un mot du prince de Ligne, à qui une première inconséquence a fait perdre, en 1832, une popularité qu'une seconde inconséquence vient de lui rendre en 1838. Je veux parler de deux choses parfaitement oubliées aujourd'hui, et qui firent grand bruit chacune dans son époque, je veux parler du rachat des chevaux du prince d'Orange, et du passage devant Flessingue sous le pavillon belge.

Au moment du séquestre posé sur les biens du prince de Nassau par le gouvernement belge, ses palais et ses meubles furent saisis; le parti royaliste résolut alors de racheter les chevaux auxquels le prince tenait beaucoup, et de lui en faire don. En conséquence, une liste de souscription courut aussitôt, et fut présentée au prince de Ligne par la fille du marquis de Trasignies, qui était protestante, et par conséquent orangiste; le prince de Ligne, qui était sur le point d'épouser mademoiselle de Trasignies, ne voulut point affliger sa fiancée par un refus, et signa. D'ailleurs, cette action lui parut une affaire de seigneur à seigneur, et un procédé de Ligne à Nassau. Il ne se doutait pas que le parti auquel il venait de s'associer par cet acte de gentilhommerie tournerait cette démarche contre lui. La liste fut publiée; sur ces entrefaites le prince de Ligne épousa mademoiselle de Trasignies; le peuple se crut doublement abandonné par l'homme sur lequel il avait fondé une double espérance, et trahi selon lui par le patriote et le catholique, il pilla ou plutôt il dévasta son hôtel dont tous les meubles furent jetés par les fenêtres et brisés sur le pavé.

Trois ans après, le prince de Ligne, devenu veuf, épousa une princesse polonaise bien connue par sa piété. Ce mariage commença de le réhabiliter dans l'opinion publique, car en Belgique la religion est encore la source d'où partent toutes les opinions favorables et contraires; il jouissait donc déjà de cette recrudescence de popularité, lorsqu'arriva le couronnement de la reine d'Angleterre. Le prince, magnifique comme s'il était encore un de ses ancêtres, sollicita du roi Léopold la faveur d'aller à ses frais représenter à Londres le gouvernement belge; cette faveur lui fut accordée. A son retour, et comme il passait devant Flessingue, le prince de Ligne s'opposa à ce que le pavillon belge, qui n'est point admis dans les rades hollandaises, fût amené; seulement les couleurs britanniques furent hissées au-dessus, et en même temps la bannière du prince fut arborée au grand mât. Cette action, qui n'était à tout prendre qu'une forfanterie dangereuse, fut considérée par le peuple comme un acte de fermeté. La popularité du prince fut reconquise du coup, et tandis que le roi Léopold déplorait intérieurement cette bravade inutile, qui pouvait renouveler Louvain et Anvers, la société de la Grande-Harmonie donnait une sérénade sous les fenêtres de l'ambassadeur, et le peuple criait: Vive le prince de Ligne!

Jusque-là c'était à merveille, quand une lettre du prince gâta tout, non pas vis-à-vis de l'enthousiasme irréfléchi de la multitude, mais aux yeux de la minorité intelligente. Un journal hollandais raconta l'affaire d'une manière inexacte; le prince de Ligne se crut obligé de lui répondre. Voici la lettre, Dieu la lui pardonne en faveur de celles de son grand-père :

« Monsieur le rédacteur,

» Je lis dans votre journal du 4 l'extrait d'un article du *Handelsblad*, qui s'exprime en ces termes au sujet du pavillon belge arboré sur le bateau à vapeur qui me ramenait à Anvers !

« En appareillant à Londres, le *Pyroscaphe* avait arboré le pavillon belge; mais le pilote de Flessingue, qui tenait la barre, ayant fait observer au capitaine que ce pavillon n'était point admis dans nos rades, le capitaine le fit amener.

» Le fait est faux; la drapeau de la Belgique n'a point cessé de flotter sur le navire depuis Londres jusqu'à Anvers, et lorsqu'arrivé devant Flessingue, le capitaine me proposa d'amener le pavillon belge, et de ne hisser que les couleurs britanniques, je lui répondis que je resterais sur le pont et sous le drapeau, et que je me ferais plutôt couler à fond que de m'y soumettre. Les couleurs belges flottèrent donc en vue des canons de Flessingue et des bâtimens hollandais.

» Quant à ma bannière arborée au grand mât, on sait que c'est une prérogative des ambassadeurs extraordinaires; je me fis gloire de la voir flotter auprès du drapeau belge : je n'aurais pas baissé celui-ci devant les Hollandais. Les Nassau savent que la première, depuis Philippe II jusqu'au roi Léopold, ne fut jamais baissée devant la leur.

« Prince DE LIGNE. »

La citation était juste, mais malheureuse. Monsieur le prince de Ligne avait oublié une chose, c'est que Philippe II, que servaient ses ancêtres, était l'homme de la tyrannie, tandis qu'à cette époque, les Nassau, que ses ancêtres battaient, étaient les représentans de l'indépendance.

Mais comme le peuple n'était pas forcé d'avoir plus de mémoire que le prince, il trouva la phrase ronflante, et il applaudit.

Il y a trois manières de parcourir une ville. La première en visitant ses monumens par ordre chronologique; la seconde en la divisant quartier par quartier et en parcourant ces quartiers les uns après les autres; la troisième en allant droit devant soi et en marchant au hasard.

C'est ordinairement ce dernier mode que je préfère, car ainsi tout me devient imprévu, et par conséquent me frappe davantage. Comme en général des études préparatoires sur le pays que je visite m'ont mis à même de le parcourir sans cicerone, sans guide et sans plan, une description prématurée n'ôte rien de leur grandeur ou de leur étrangeté aux monumens que je rencontre tout à coup en tournant un coin de rue ou en débouchant sur une place, et qui m'apparaissent alors peuplés de leurs souvenirs, que je force à repasser les uns après les autres devant moi comme des fantômes. Dès qu'un autre ne m'a point conduit, il me semble que c'est moi qui ai trouvé, et ce sentiment devient plus vif encore lorsque je vois la foule passer indifférente, et comme si elle ne le voyait pas au pied de l'édifice ou au milieu du point de vue devant lequel je reste en admiration : ce point de vue et cet édifice me semblent dès lors une création magique, élevée sur mon passage, et qui disparaîtra derrière moi.

C'est ainsi qu'en partant de l'hôtel de la Reine de Suède, le seul où j'aie trouvé de la place, je pris à droite, et après m'être perdu quelque temps dans des rues étroites et tortueuses, je me trouvai tout à coup en face de l'Hôtel-de-Ville, monument gothique, achevé par son architecte, Van Ruisbroek, en 1441, tout entouré de maisons bâties à l'époque de la domination de l'Espagne, et offrant le caractère de l'architecture castillane. Ces maisons donnent à la place une physionomie qui, sans être parfaitement homogène, puisque le génie de deux peuples différens est venu se heurter dans ce lieu, n'en forme pas moins un ensemble si parfaitement pittoresque, que si ce n'est point une des plus belles places que je connaisse, c'est au moins une des plus originales. Après l'Hôtel-de-Ville, son édifice le plus important est la maison communale, située presqu'en face, et d'où le comte d'Egmont sortit pour marcher au supplice; une galerie tendue de noir avait été construite qui conduisait du balcon à l'échafaud, précaution prise sans doute pour que le condamné se trouvât hors de la portée de ceux qui, par un coup de main, eussent tenté de le sauver. Cette maison, malheureusement pour ceux qui aiment à voir les souvenirs éternisés en face les uns des autres, n'est plus la même qu'elle était alors. Bâtie au commencement du quinzième siècle, elle a été restaurée à deux reprises : la première fois en 1625, par Isabelle, qui la consacra à Notre-Dame-de-la-Paix, en mémoire de ce que cette vierge avait délivré Bruxelles de la peste, de la guerre et de la famine, ainsi que le constatent ces mots à demi effacés, mais que l'on peut lire encore : *A peste, fame, et bello, libera nos, Maria pacis.* La seconde fois après le bombardement que le maréchal de Villeroy fit subir à la ville en 1695.

Des marches de cette maison, l'aspect de l'Hôtel-de-Ville est merveilleux; la tour, placée de côté comme celle du vieux palais à Florence, s'élance avec une majestueuse légèreté à la hauteur de trois cent soixante-quatre pieds; un saint Michel de bronze doré la surmonte, grand de dix-sept pieds, qui tourne au vent comme une girouette, et qui d'en bas semble un jouet d'enfant.

A l'une des chambres de l'hôtel de ville se rattache un grand souvenir. C'est dans la salle dite du Concert que Charles-Quint abdiqua le pouvoir royal, le 9 septembre 1556, en faveur de son fils Philippe II; je voulus la voir, espérant retrouver dans ces vieux murs quelque chose de ce solennel et grave événement : ils étaient coquettement recouverts de papier bleu de ciel, orné de guirlandes de fleurs fanées qui avaient servi pour le dernier bal.

Quelques chambres garnies de belles tapisseries rappellent toute la vie de Clovis, vue à travers le siècle de Louis XIV, et conduisent à la salle du Conseil, où des tableaux du même genre représentent l'entrée de Philippe le Bon à Bruxelles, l'abdication de Charles-Quint et le couronnement de Charles VI, père de Marie-Thérèse. C'est dans cette même salle, où un plafond assez médiocre de Jansens est encadré dans une charmante ornementation de corniches, que l'on conserve les clefs d'or qui, sur un plat de vermeil, furent présentées successivement, en 1809, à Napoléon; en 1815, à Guillaume de Nassau, et en 1831, à Léopold Ier. Ces clefs, à ce qu'il paraît, ouvrent les portes, mais ne les ferment pas.

Je ne sais quand je me serais décidé à quitter cette magnifique place, si je n'avais aperçu par une échappée de maisons les tours de Sainte-Gudule, qui dominent toute la ville. Plus on s'en approche, plus, dans des proportions moindres, on reconnait que l'édifice ressemble à Notre-Dame, quoique d'une date un peu postérieure et par conséquent d'une ornementation moins sévère. Philippe le Bon, duc de Bourgogne, y tint le premier, et Charles-Quint le dix-huitième chapitre de la Toison d Or.

Les deux premières choses qu'on remarque en entrant dans l'église, après un premier coup d'œil jeté sur son architecture grandiose, sont ses magnifiques vitraux et sa chaire étrange; les uns portent la date de 1500, et l'autre celle de 1699. Tout en admirant dans la peinture des vitraux la savante coquetterie de la renaissance, on regrette l'expression naïve à laquelle cette époque succède, et tout vantés que sont ceux de Bruxelles, je leur préfère, pour ma part, ceux de Rouen et de Cologne. Quant à la chaire, c'est une œuvre de mauvais goût sans doute, mais d'un mauvais goût plein de puissance et d'imagination; elle représente Adam et Ève chassés par un ange du paradis terrestre, et poursuivis par la Mort. Le serpent, dont la queue rampe aux pieds de ceux qu'il a séduits, monte hardiment, en s'enroulant autour du tronc d'un arbre, et va, sur le couronnement du dais, se faire écraser la tête sous le pied de l'enfant Jésus, que sa mère retient craintivement. L'auteur de cette chaire, Henri Verbrugen, mit vingt ans à la faire pour les jésuites de Louvain. Marie-Thérèse la leur acheta, et en fit don à l'église de Sainte-Gudule.

Dans le chœur de l'église, une dalle de marbre blanc ferme le caveau des ducs de Brabant; l'archiduc Albert y fut enterré en 1621, en habit de récollet, et l'infante Isabelle en 1633, en costume de religieuse. Fermé depuis cette époque, il a été rouvert pour le fils du roi Léopold. A droite et à gauche, sont les tombeaux de l'archiduc Ernest et de l'archiduc Jean.

Un souvenir moderne et démocratique vient ici se joindre à ces vieux souvenirs princiers. Dans la chapelle de Notre-Dame-de-la-Délivrance s'élève le tombeau du comte Frédéric de Mérode, tué à Berchem en 1830. Le monument est de Giefs, le meilleur statuaire que possède la Belgique. Il représente le comte blessé à mort et se relevant sur le coude, pour faire feu d'un pistolet qu'il tient à la main; il est vêtu du costume qu'il portait, c'est-à-dire d'une blouse avec un pantalon et des guêtres.

Sur le devant du tombeau, au-dessous des armes du comte, qui sont d'or, engrelées d'azur et pallées de gueules, avec cette devise: *Plus d'honneur que d'honneurs!* est gravée l'inscription suivante, dans laquelle on retrouve le double sentiment démocratique et religieux qui est aujourd'hui le caractère le plus saillant de la nation belge.

FREDERICO COMITI DE MERODE
INTER LIBERATORES BELGII PROPUGNATORI STRENUO
QUI CATHOLICÆ FIDEI PATRIÆ QUE JURA TUENDO
PERCUSSUS AD BERCHEM MECLINIÆ PIE OCCUBUIT
ANNO DOMINI M DCCC XXX.

Monsieur de Mérode était d'une des plus nobles maisons des Pays-Bas: une tradition populaire fait même descendre sa famille de Mérovée. Ainsi, en Belgique, le mouvement imprimé par le peuple a atteint jusqu'au plus haut degré de l'échelle aristocratique, c'est au reste le propre des révolutions religieuses que de monter ainsi.

A cinq cents pas de l'église, en tournant le coin de la rue de l'Étuve, je me trouvai en face d'une fontaine que je m'étais bien promis de voir quand j'irais à Bruxelles, et que j'avais totalement oubliée depuis que j'y étais; c'est celle qui supporte le palladium de la ville, le fameux *Manneken-Piss*, dont le lecteur n'est pas sans avoir entendu parler.

L'auteur de la petite statuette que les Bruxellois ont adoptés pour leur dieu lare, a sans doute compté sur le privilége qu'ont les enfans de ne jamais être indécens, quelque chose qu'ils fassent, quand il n'a pas craint de représenter son héros accomplissant en face du public un acte pour lequel les Parisiens eux-mêmes, ces grands cyniques de la civilisation moderne, ont l'habitude de lui tourner le dos. Voici quelle tradition sert sinon d'excuse, du moins de passeport à cette singulière idée.

Le fils d'un duc de Brabant, s'étant enfui du palais de son père, se perdit dans les rues de Bruxelles. A la vue de la douleur du bon duc, toute la cour se mit en quête; la recherche dura deux jours sans résultat aucun, et au milieu de la consternation générale: enfin, un courtisan, plus heureux ou plus actif que ses confrères, retrouva, entre la rue du Chêne et celle de l'Étuve, le fugitif, dans la même position où l'amour paternel nous a conservé son effigie. De leur côté, les Bruxellois gardèrent au simulacre du fils la vénération qu'ils avaient pour la personne du père, et la première statue, qui était de pierre, ayant été brisée, une seconde, reproduisant avec une grande fidélité la pose et l'expression de la précédente, fut fondue en 1648 par le célèbre Duquesnois de scandaleuse mémoire, et inaugurée à la même place, sans que le changement qui s'était opéré dans la matière primitive fit subir au culte qu'inspirait le Manneken-Piss la moindre altération.

Depuis lors, la position sociale du Manneken-Piss, au contraire de celle de plus d'un grand seigneur qui croyait bien le valoir, n'a fait que s'améliorer. Les Bruxellois l'ont nommé le plus ancien bourgeois de la ville, comme l'armée avait nommé Latour-d'Auvergne le premier grenadier de France: l'électeur de Bavière, qui avait eu l'honneur de lui être présenté, lui donna une garde-robe complète et attacha à son service un valet de chambre avec charge de l'habiller et de le déshabiller; Louis XV, pour réparer les insultes que lui avaient faites quelques soldats des gardes-françaises, le déclara, en 1747, chevalier de ses ordres, et lui fit hommage d'un costume de cour avec le chapeau à plumes et l'épée; enfin, en 1832, le conseil municipal lui vota par acclamations un uniforme d'officier de la garde nationale: c'est sous le costume le plus populaire de tous que depuis cette époque il est exposé le jour de la fête de Bruxelles, qui tombe à la mi-juillet. Il va sans dire que pendant tout le temps qu'il est habillé il cesse ses fonctions hydrauliques, qu'il reprend immédiatement après la kermesse, à la grande satisfaction de la multitude.

Le 5 octobre 1817, Bruxelles se réveilla dans la consternation; pendant la nuit, son palladium avait disparu. On crut d'abord que, mécontent de sa dernière inauguration, il était allé offrir ses services à quelque ville plus reconnaissante. Mais on fit une enquête auprès de son valet de chambre, et il fut reconnu qu'il n'avait manifesté, au moment où il lui avait ôté ses habits, aucun signe de mauvaise humeur: on commença alors à croire que les manœuvres qui avaient soustrait le Manneken-Piss aux regards du public, ne devaient point être attribuées à son libre arbitre; en vertu de ce raisonnement spécieux, la police se mit en quête et retrouva la statue chez un forçat libéré, nommé Lycas, qui l'avait volée. La joie fut grande, le jour où on apprit la bienheureuse nouvelle; on tira le canon, comme pour l'accouchement de la reine, et la ville fut illuminée. Enfin, le 6 décembre 1818, après plus d'un an d'absence, le Manneken-Piss fut en grande cérémonie replacé sur son piédestal, où, à peine rétabli, il reprit joyeusement ses fonctions comme si rien ne s'était passé, et d'où, grâce à une surveillance active, il n'a pas disparu depuis.

Quant à Lycas, il eut beau prétexter une dévotion toute particulière au plus ancien bourgeois de la ville, pour excuser par l'enthousiasme l'action qu'il avait commise, il n'en fut pas moins renvoyé aux galères.

Comme je possédais à peu près toute la biographie du Manneken-Piss, et que d'ailleurs l'heure pressait, nous nous acheminâmes vers le palais du prince d'Orange, qui a conservé son ancien nom, parce que le prince Guillaume, dont il est la propriété privée, n'a voulu ni en faire la cession ni le démeubler depuis 1830, espérant sans doute y rentrer un soir comme il en est sorti un matin.

En arrivant dans l'antichambre, il fallut nous prêter à une cérémonie dont je ne compris que plus tard la nécessité, c'était de recouvrir nos bottes de chaussons de lisières si larges, que force nous fut d'abandonner à l'instant même notre système habituel de locomotion. A partir de la salle des Aides de Camp, on ne marche plus, on patine; cet exercice se pratique, au reste, sur d'admirables parquets faits en racines d'arbres, que les bottes rayeraient sans cette précaution; ce sont de véritables planchers aristocratiques sur lesquels on ne peut marcher que chaussé de velours ou de soie. Au reste, on oublie vite la gêne qu'impose cette nouvelle manière de voyager, en se trouvant tout d'abord en face de trois chefs-d'œuvre, sortis de trois écoles différentes: une Madone d'Andrea del Sarte; un portrait de Rembrandt, peint par lui-même, et une magnifique tête d'Holbein.

Dans un salon bleu à côté est une Poppée de Van Dyck, et une Diane de Poitiers attribuée à Léonard de Vinci, puis une salle à manger où se trouvent deux portraits de Van Dyck, et deux de Velasquez, qui sont tout bonnement quatre chefs-d'œuvre comme n'en possède peut-être aucun Musée. Enfin, dans ce salon des dames d'honneur est un saint Augustin très beau, dont je ne me rappelle pas l'auteur, et une de ces merveilles du Pérugin, que je préfère, comme sentiment et comme expression, à celles de son illustre élève, le peintre au nom d'ange et au talent divin.

Je ne parle pas d'une console et d'une coupe en malachite qui valent à elles deux 500,000 francs, ni d'une table en lapis-lazuli, estimée, dit-on, à elle seule un million et demi. Ceci est une affaire de tapissier et non d'artiste.

En sortant du palais j'aperçus un individu qu'à sa tournure je reconnus pour Français, et qui, de son côté, s'arrêta pour me regarder; je me jetai aussitôt dans le Parc, de peur qu'il ne vînt à moi, car à Bruxelles, ce que nous pouvons rencontrer de pis, est un compatriote. Ceci demande explication, et je m'empresse de la donner.

Bruxelles a été de tout temps le refuge des proscrits : Marie de Médicis, exilée par son fils, y vint demander l'hospitalité à Isabelle; Charles, duc de Lorraine, s'y réfugia après que ses sujets l'eurent chassé de ses états; Christine y abjura la religion luthérienne après avoir abdiqué la couronne de Suède; enfin Charles II et son frère le duc d'York vinrent y chercher un asile contre le protectorat de Cromwell.

Ces illustres exemples ont eu de nos jours force imitations; seulement, aux proscrits politiques ont succédé les exilés judiciaires, tout ce qui a commis un faux, ce qui a fait banqueroute, tout ce qui enfin serait forcé de se voiler la face à Paris, s'éclipse tout à coup du boulevard de Gand ou de la place de la Bourse, et va reparaître le visage découvert et resplendissant sur l'Allée-Verte, à Bruxelles; alors, pour peu que ces honnêtes réfugiés aient su assez écrire pour signer au bas d'une lettre de change un autre nom que le leur, ils vivent de scandale, calomniant dans quelque cloaque littéraire la France qui les rejette comme un fleuve qui rejette son écume, et donnant à l'étranger ce spectacle honteux d'un fils qui, au lieu de se repentir et de s'humilier, crache publiquement et quotidiennement au visage de sa mère; aussi j'avoue que, pour mon compte, je suis loin de me formaliser de la défiance des Belges à notre égard, et que je m'étonne toujours qu'avant de donner la main à un Français, ils ne lui demandent pas à voir son épaule.

WATERLOO.

Mon principal but, en allant à Bruxelles, était un pèlerinage à Waterloo.

C'est que Waterloo était, non-seulement pour moi comme pour tous les Français, une grande date politique, mais c'était encore un de ces souvenirs de jeunesse qui laissent dans tout le reste de la vie un puissant et profond souvenir. Je n'avais vu Napoléon que deux fois : la première, comme il allait à Waterloo; la seconde, comme il en revenait.

La petite ville où je suis né, et qu'habitait ma mère, est située à vingt lieues de Paris, sur une des trois routes qui conduisent à Bruxelles, c'était donc une des artères par lesquelles passait ce généreux sang qui allait se répandre à Waterloo.

Depuis trois semaines déjà, la ville avait l'aspect d'un camp; tous les jours, vers les quatre heures, le tambour ou la trompette retentissait, hommes et enfans, qui ne pouvaient se lasser de ce spectacle, couraient au bruit et rentraient en accompagnant quelques beaux régimens de cette vieille garde qu'on croyait détruite à jamais, et qui semblait à la voix de son chef sortir de sa tombe glacée, pour nous apparaître comme un spectre glorieux, avec ses vieux bonnets à poil usés, et ses drapeaux mutilés par les balles de Marengo et d'Austerlitz; le lendemain, c'était quelques uns de ces beaux régimens de chasseurs avec leurs colbacks aux longues flammes, ou quelques escadrons incomplets de ces dragons aux riches uniformes, dont les costumes se sont évanouis, trop splendides sans doute pour un temps de paix; le surlendemain, c'était le retentissement sourd des canons accroupis sur leurs affûts, qui faisaient trembler les maisons en passant, et qui tous, comme les régimens auxquels ils appartenaient, portaient un nom qui présageait la victoire. Il n'y avait pas jusqu'à un détachement de mameluks, faible et dernier débris, échantillon mutilé de la garde consulaire, qui n'eût voulu apporter sa goutte de sang à la grande hécatombe humaine qui se préparait devant l'autel de la patrie. Et tout cela passait au bruit des airs nationaux, en chantant ces vieux chants républicains qui ne seront jamais qu'endormis en France, chants bégayés par Bonaparte et si longtemps proscrits par Napoléon, qui les tolérait cette fois tant il comprenait qu'il ne s'adresserait jamais à trop de sympathies, et que ce n'était plus les souvenirs de 1809, mais ceux de 92 qu'il fallait invoquer. Je n'étais alors qu'un enfant, comme je l'ai dit, car j'avais douze ans à peine; je ne sais pas ce que cette vue, ce bruit, ces souvenirs produisaient sur les autres, mais je sais qu'en moi c'était un délire! Pendant quinze jours, on ne put me faire rentrer au collége; je courais les rues et les grandes routes, j'étais comme un fou.

Puis un matin, c'était le 12 juin, je crois, nous lûmes dans le *Moniteur :*

« Demain, Sa Majesté l'empereur quittera la capitale pour » se rendre à l'armée. Sa Majesté prendra la route de Sois- » sons, de Laon et d'Avesne. »

Ainsi Napoléon suivait la même route que son armée, Napoléon passait par notre ville : j'allais voir Napoléon!

Napoléon! c'était un bien grand nom pour moi, et qui représentait des idées bien opposées.

Je l'avais entendu maudire par mon père, vieux soldat républicain, qui lui renvoya le blason qu'il lui avait envoyé, en lui répondant qu'il avait déjà le blason de sa famille, et que cela lui paraissait suffisant. C'était cependant un beau blason à écarteler avec l'écusson de ses pères, que celui qui se composait d'une pyramide, d'un palmier et des trois têtes de chevaux que mon père avait eu tués sous lui, au siége de Mantoue, avec cette devise à la fois conciliatrice et ferme : *Sans haine, sans crainte.*

Je l'avais entendu exalter par Murat, l'un des amis restés fidèles à mon père dans sa disgrâce; par Murat, soldat que Napoléon avait fait général, général qu'il avait fait roi, et qui, un beau jour, oublia tout cela juste au moment où il aurait dû s'en souvenir.

Enfin, je l'avais entendu juger avec l'impartialité de l'histoire par Brune, mon parrain, guerrier philosophe qui se battait son Tacite à la main, toujours prêt à verser son sang pour la patrie, quel que fût l'homme qui le lui demandât, qu'il s'appelât Louis XVI ou Robespierre, Barras ou Napoléon.

Tout cela bouillait donc dans ma jeune tête, lorsque ce bruit se répandit, venu de Paris par le porte-voix officiel :

Napoléon va passer.

Or, le *Moniteur* arrivait le 13; c'était le jour même.

Il ne s'agissait point ici de faire de harangues, ni de dresser d'arcs de triomphe, Napoléon était pressé. Napoléon quittait la plume pour l'épée, le commandement pour l'action : Napoléon passait comme l'éclair, espérant qu'il allait frapper comme la foudre.

Le *Moniteur* ne disait point à quelle heure Napoléon devait passer. Dès le matin, la ville tout entière était amassée à l'extrémité de la rue de Paris; moi, j'étais, avec un groupe d'enfans de mon âge, allé au devant, jusqu'à une éminence d'où l'on découvrait le grand chemin dans une étendue d'une lieue.

Nous restâmes là, depuis le matin jusqu'à trois heures.

A trois heures, nous vîmes poindre un courrier. Ce courrier se rapprochait rapidement, bientôt il nous eut joint. « L'empereur va-t-il passer? » lui cria-t-on. Il étendit le bras vers l'horizon.

— Le voilà! dit-il.

En effet, deux voitures venaient, chacune au galop de six chevaux. Elles disparurent un instant dans une vallée, puis reparurent à un quart de lieue de nous. Nous nous mîmes alors à courir vers la ville en criant : « L'empereur! l'empereur! »

Nous arrivâmes haletans et précédant l'empereur de cinq cents pas à peine. Je pensai qu'il ne s'arrêterait pas, quelque fût la foule qui l'attendait, et je courus à la poste; je tombai épuisé sur une borne, mais j'étais arrivé. Immédiatement, au détour de la rue parurent les chevaux écumans, puis les postillons enrubannés, puis les voitures elles-mêmes, puis le peuple qui suivait les voitures. Les voitures s'arrêtèrent à la poste.

Je vis Napoléon !

Il était vêtu d'un habit vert, avec de petites épaulettes à graines d'épinard, et portait la croix d'officier de la Légion d'honneur. Je ne vis que son buste, encadré par le carré de la portière.

Il avait la tête abaissée sur la poitrine, c'était bien cette belle tête numismatique des vieux empereurs romains; son front était incliné en avant, sa figure immobile avait la teinte jaunâtre de la cire, ses yeux seuls paraissaient vivans.

Près de lui et à sa gauche était le prince Jérôme, roi sans royaume, mais frère fidèle; c'était alors un beau jeune homme de vingt-six à trente ans, je crois, à la tête régulière, aux traits bien arrêtés; à la barbe noire et aux cheveux élégans. Il salua pour son frère, dont le regard vague était tout perdu dans l'avenir, et peut-être dans le passé.

En face de l'empereur était Letort, son aide de camp, ardent soldat qui semblait déjà aspirer l'odeur de la bataille, et qui souriait, lui, comme s'il eût eu de longs jours à vivre.

Tout cela s'arrêta une minute à peine, puis tout à coup les fouets claquèrent, les chevaux hennirent, et tout cela disparut comme une vision.

Trois jours après, arrivèrent vers le soir des gens qui étaient partis le matin de Saint-Quentin, et qui dirent qu'au moment de leur départ, on entendait le canon.

Vers le matin du 17, un courrier passa, qui emportait avec lui, et semait tout le long de sa route, la nouvelle de la victoire.

Le 18, rien : le 19, même silence; seulement des bruits vagues couraient sans source certaine : on disait que l'empereur était à Bruxelles.

Le 20, trois hommes aux chevaux harassés et couverts d'écume, aux habits en lambeaux, dont l'un était blessé à la tête et l'autre au bras, entrèrent dans la ville, et presque aussitôt enveloppés de la population tout entière, furent poussés dans la cour de la mairie.

Ces hommes parlaient à peine français; c'étaient, je crois, des Westphaliens qui se trouvaient je ne sais comment dans notre armée. A toutes nos questions ils secouaient tristement la tête, et ils finirent par avouer qu'ils avaient quitté le champ de bataille de Waterloo à huit heures, et que lorsqu'ils l'avaient quitté la bataille était perdue.

C'était l'avant-garde des fuyards.

On ne voulait pas les croire; on disait que ces hommes étaient des espions prussiens; on disait que Napoléon ne pouvait pas être battu; que cette belle armée que nous avions vu passer ne pouvait pas être détruite. On voulait conduire les malheureux fuyards en prison, tant on avait oublié 1813 et 1814, pour ne se souvenir que des quinze années qui avaient précédé celles-là.

Ma mère courut à la poste; nous y passâmes toute la journée. Elle pensait avec raison que c'était là qu'arriveraient les nouvelles, quelles qu'elles fussent. Mais pendant ce temps, je cherchais sur des cartes le nom de Waterloo, que je ne trouvais même pas; et nous finissions par croire que tout était imaginaire dans le récit de ces hommes, jusqu'au nom de la bataille.

Vers quatre heures, d'autres fuyards arrivèrent, qui confirmèrent le récit des premiers. Ceux-là étaient Français et purent donc donner tous les détails qu'on leur demanda; ils répétèrent ce qu'avaient dit les premiers; seulement, ils ajoutèrent que Napoléon et son frère étaient tués. Ceux-là on les croyait encore moins; Napoléon n'était peut-être pas invincible, mais il était au moins invulnérable.

Les nouvelles se succédèrent plus terribles et plus désastreuses jusqu'à dix heures du soir.

A dix heures du soir on entendit le bruit d'une voiture; elle s'arrêta, le maître de poste courut avec un flambeau. Nous le suivîmes; il se précipita à la portière pour demander des nouvelles; puis il fit un pas en arrière en murmurant : — C'est l'empereur.

Je montai alors sur un banc de pierre, et je regardai pardessus l'épaule de ma mère.

C'était bien Napoléon; il était assis dans le même coin, vêtu du même uniforme; comme la première fois, sa tête inclinée sur sa poitrine, un peu plus inclinée peut-être, mais pas un pli de son visage n'avait changé, pas un trait altéré n'avait indiqué que le joueur sublime venait de jouer le monde, et qu'il l'avait perdu; seulement ni le prince Jérôme ni Letort n'étaient plus dans sa voiture pour saluer à sa place et sourire : Jérôme rassemblait les débris de son armée, Letort avait été coupé en deux par un boulet de canon.

Napoléon leva lentement la tête, regarda autour de lui comme s'il sortait d'un rêve; puis de sa voix brève et stridente :

— Où sommes-nous? demanda-t-il.

— A Villers-Coterets, sire.

— A combien de lieues de Soissons?

— A six lieues, sire.

— A combien de Paris?

— A dix-neuf.

— Dites aux postillons d'aller vite; et il s'adossa de nouveau à l'angle de sa voiture, et laissa retomber sa tête sur sa poitrine.

Le chevaux l'emportèrent comme s'ils eussent eu des ailes.

Le monde sait ce qui s'était passé entre les deux apparitions!...

J'avais toujours dit que j'irais visiter le village au nom inconnu que je n'avais pu trouver sur une carte de Belgique le 20 juin 1815, et qui, depuis ce temps, était inscrit sur celle de l'Europe en caractère de sang; aussi je m'y rendis le lendemain de mon arrivée à Bruxelles.

En trois heures, nous eûmes traversé toute la belle forêt de Soignes, et nous arrivâmes à Mont-Saint-Jean. C'est là que vous attendent les ciceroni obligés, lesquels se disent tous les guides de Jérôme Bonaparte. Parmi les ciceroni, il y en a un qui est Anglais, et qui, patenté par son gouvernement, porte une médaille comme un commissionnaire. Quand ce sont des Français qui désirent visiter le champ de bataille, le pauvre diable ne vient pas même à eux, car il est habitué à en recevoir forte rebuffade. En échange, il a la pratique de tous les Anglais.

Nous prîmes le premier venu. J'avais un excellent plan de Waterloo, annoté par le duc d'Elchingen, qui croise à cette heure le sabre paternel avec l'yatagan des Arabes. Je demandai donc d'aller droit au monument du prince d'Orange : si j'avais fait cent pas de plus en avant, je n'aurais pas eu besoin de guide pour cela; c'est la première chose que l'on aperçoit lorsqu'on a dépassé la ferme du Mont-Saint-Jean.

Nous gravîmes cette montagne faite de main d'homme, à l'endroit même où le prince d'Orange fut renversé d'une balle à l'épaule, comme il chargeait chevaleresquement, le chapeau à la main, à la tête de son régiment. C'est une espèce de pyramide ronde, de cent cinquante pieds de haut à peu près, et sur laquelle on monte par des escaliers taillés dans la terre et maintenus par des planches : toute la terre dont on l'a formée manque au sol qu'elle domine et change un peu l'aspect du champ de bataille, en donnant à cet endroit au ravin une raideur qu'il n'avait point. Au sommet de cette pyramide, un lion colossal, auquel nos soldats, en revenant d'Anvers, avaient déjà commencé de couper la queue quand on les arrêta, la patte posée sur une boule et la tête tournée vers l'Occident, menace la France. De la plate-forme qui s'étend autour de son piédestal, on plane sur tout le champ de bataille depuis Braine-la-Leude, point extrême qu'atteignit la division de Jérôme Bonaparte, jusqu'à la forêt de Franchimont, par laquelle déboucha Blücher et ses Prussiens : depuis Waterloo, qui a donné son nom à la bataille, sans doute parce qu'à ce village s'est arrêtée la déroute des Anglais, jusqu'à la ferme des Quatre-Bras, où Wellington coucha après la défaite de Ligny, et le bois du Bossu, où fut tué le prince de Brunswick. De ce point élevé, rien de plus facile que d'évoquer toutes ces ombres, tout ce bruit, toute cette fumée, éteints depuis vingt-cinq ans, et d'assister de nouveau à la bataille. Là, un peu au-dessus de la Haie-Sainte, à la place où l'on a élevé depuis quelques masures, contre un orme acheté 200 francs par un Anglais, Wellington, une partie de la journée, est resté appuyé de l'autre côté de la route de Genappe à Bruxelles, et sur la même ligne tomba sir Thomas Picton, chargeant à la tête d'un régiment. Près de cet endroit s'élèvent les monumens de Gordon et des Hanovriens; aux pieds de la pyramide est le plateau même de Mont-Saint-Jean, qui s'élèverait à la hauteur à peu près des monumens que nous venons de citer, si ce n'était à cet endroit même que, sur la surface de deux arpens, on a enlevé une couche de terre de dix pieds, afin d'élever la pyramide. C'est sur ce point de la possession duquel dépendait le gain de la journée, que s'est concentré pendant trois heures le plus fort de la bataille : là a eu lieu la charge des douze mille cuirassiers et dragons de Kellermann et de Milhaud. Poursuivis par eux de carrés en carrés, Wellington ne dut son salut qu'au courage impassible de ses soldats, qui se firent poignarder à leur poste, et tombèrent au nombre de dix mille sans reculer d'un pas; tandis que leur général, les larmes aux yeux et la montre à la main, reprenait bon espoir en calculant qu'il faudrait deux heures encore de temps matériel pour tuer ce qui en restait. Or, dans une heure, il attendait Blücher, et dans une heure et demie la nuit, second auxiliaire dont il était certain, au cas où le premier, arrêté par Grouchy, viendrait à lui manquer. Enfin, au-delà du plateau touchant à la grande route, sont les bâtimens de la Haie-Sainte, pris et repris trois fois par Ney, qui, dans ces trois attaques, eut cinq chevaux tués sous lui.

Maintenant, en se tournant vers la France, celui qui regarde à sa droite verra au milieu d'un petit bois la ferme d'Hougoumont, que Napoléon avait fait dire à Jérôme de ne point abandonner, dût-il y rester lui et tous ses soldats. En face de lui la ferme de la Belle-Alliance, d'où Napoléon, après avoir quitté son observatoire situé dans le bois de Montplaisir, contempla pendant deux heures tout le champ de bataille, demandant à Grouchy ses bataillons vivans, comme Auguste demandait à Varus ses légions mortes. — A sa gauche, le ravin où Cambronne répondit non point *la garde meurt*, car dans notre rage de tout poétiser, nous lui avons prêté une phrase qu'il n'a jamais dite, mais un seul mot de corps de garde, craché au visage du parlementaire; mot de moins bon goût peut-être, mais bien autrement soldatesque et énergique : enfin, en avant de toute cette ligne, sur la grande route de Bruxelles, à l'endroit où le chemin forme une légère montée, il distinguera le point extrême jusqu'où s'avança Napoléon, lorsque voyant déboucher par la forêt de Frichermont Blücher et ses Prussiens, si impatiemment attendus par Wellington, il s'écria : « Ah! voilà enfin Grouchy, la bataille est à nous. » Ce fut son dernier cri d'espérance; une heure après, celui de sauve qui peut lui répondait de tous côtés.

Puis si l'on veut voir en détail toute cette plaine aux sanglans souvenirs, dont on vient d'embrasser l'ensemble, on descendra de la pyramide, et par le chemin de Frichermont à Braine-la-Leude on gagnera la route de Nivelle qui conduira à la ferme d'Hougoumont, que l'on trouvera telle que Jérôme, rappelé à trois heures par Napoléon, la quitta, c'est-à-dire toute broyée par les douze pièces de canon de gros calibre que venait de lui amener le général Foy. Là, la destruction revit encore, et comme si la mort y avait passé la veille, rien n'a couvert les débris, nul n'a relevé les ruines; puis on vous montrera la pierre où depuis, conduit par le même guide qu'il avait ce jour-là, Jérôme est venu s'asseoir, comme un autre Marius, sur les débris d'une autre Carthage.

De la ferme d'Hougoumont on ira à travers terre, si les moissons sont faites, jusqu'au bois de Montplaisir, où s'élevait l'observatoire de Napoléon, et de l'observatoire à la maison de Lacoste, guide de l'empereur. Trois fois pendant la bataille Napoléon revint de la Belle-Alliance à cette maison. Ce fut assis sur une petite éminence, située à vingt pas d'elle, et qui domine le champ de bataille, que Jérôme joignit à trois heures de l'après-midi l'empereur; il était assis et avait à sa droite le maréchal Soult : le prince Jérôme prit sa gauche. Napoléon venait d'envoyer chercher Ney; il avait près de lui une bouteille de vin de Bordeaux et un verre plein, dans lequel, de temps en temps, il trempait machinalement ses lèvres. En voyant arriver Jérôme et Ney, tout couverts de poussière, de sueur et de sang, Napoléon sourit, car c'était ainsi qu'il aimait ses braves; puis, les yeux toujours fixés sur cette grande lutte dans laquelle jusque-là il avait l'avantage, il envoya chercher trois verres à la maison de Lacoste, un pour Soult, un pour Ney, un pour Jérôme; mais il n'y en avait que deux; il les remplit tous les deux de sa main, en présenta un à chacun de ses maréchaux, puis donna le sien à Jérôme.

Alors de cette voix douce qu'il savait si bien prendre dans l'occasion : « Ney, mon brave Ney, lui dit-il, le tutoyant pour la première fois depuis son retour de l'île d'Elbe, tu vas prendre les douze mille hommes de Kellermann et de Milhaud, tu vas attendre avec eux que mes grognards t'aient rejoints; tu donneras le coup de boutoir, et alors si Grouchy arrive la journée sera à nous. Va! »

Ney donna le coup de boutoir, mais Grouchy n'arriva point.

De là il faut prendre la route de Genappe à Bruxelles, et on traversera la ferme de la Belle-Alliance, où Wellington et Blücher se rejoignirent après la journée; en continuant toujours on arrivera bientôt au point extrême jusqu'où s'avança Napoléon, et d'où il reconnut que ce n'était pas Grouchy mais Blücher qui arrivait pour gagner une bataille perdue, comme avait fait Desaix à Marengo, et on se trouvera juste entre la deuxième et la troisième attaque. En faisant cinquante pas à droite dans l'intérieur des terres, on sera sur l'emplacement même du carré où se jeta l'empereur; c'est là que Napoléon fit tout ce qu'il pût pour se faire tuer. Chaque bordée anglaise emportait des rangs entiers autour de lui, et à chaque rang nouveau qui se reformait se replaçait Napoléon, que Jérôme tirait à lui par derrière, tandis qu'un brave général corse, le général Campi, revenait, à chaque fois et avec la même impassibilité, se mettre avec son cheval entre l'empereur et les batteries ennemies; enfin, après trois quarts d'heure de carnage, Napoléon se retourna vers son frère : « Allons, lui dit-il, il paraît que la mort ne veut pas encore de moi; Jérôme, je te donne le commandement de l'armée, je suis fâché de t'avoir connu si tard. » Puis il lui tendit la main, monta sur un cheval qu'on lui présentait, passa comme par miracle au milieu de l'ennemi, arrive à Genappe, s'y arrête un instant, essaie de rallier l'armée; puis, voyant ses tentatives inutiles, remonte à cheval, et arrive à Laon dans la nuit du 19 au 20.

Vingt-cinq ans se sont écoulés depuis cette époque, et ce n'est que d'aujourd'hui seulement que la France commence à comprendre que cette défaite était nécessaire à la liberté européenne; mais elle n'en a pas moins conservé au fond du cœur une douleur et une rage profonde d'avoir été marquée pour victime; aussi, dans cette plaine où tant de Spartiates tombèrent pour elle, au milieu de la pyramide du prince d'Orange, du tombeau du colonel Gordon et du monument des Hanovriens, on cherche vainement une pierre, une croix, une inscription qui rappelle la France; c'est qu'un jour Dieu lui ordonnera de se remettre à l'œuvre de la délivrance universelle, commencée par Bonaparte et interrompue par Napoléon; puis, cette œuvre accomplie, nous retournerons la tête du lion de Nassau du côté de l'Europe, et tout sera dit.

ANVERS.

Le lendemain, je partis pour la patrie de Rubens, car, quoique le peintre au nom et au cœur de flamme soit né à Cologne, Anvers ne le réclame pas moins comme un de ses enfans; c'est au reste dans cette ville qu'il est mort, laissant pour veiller sur sa tombe cette immense et immortelle postérité procréée par son pinceau, postérité de treize cent dix tableaux connus par la gravure, et dans lesquels on compte plus de quatorze mille personnages.

Anvers a la figure d'un arc tendu, dont l'Escaut représente la corde; avant qu'elle ne fût une ville, une de ces vieilles traditions qui bercent l'enfance des cités dit qu'un géant avait bâti son château sur la pointe qu'on appelle aujourd'hui le Werf; de là sa puissance s'étendait sur le fleuve : une chaîne tendue d'une rive à l'autre lui livrait comme prisonniers tous ceux qui prenaient le chemin de l'Escaut; alors il les mettait à rançon, et s'ils refusaient de payer par mauvaise volonté ou par impuissance, il leur coupait les deux mains et les jetait dans le fleuve. De là l'étymologie d'Anvers : *Hand-Verpen*, qui veut dire en flamand main jetée. Il y a bien comme partout quelques savans qui, pour avoir un avis à eux, lui contestent cette poétique origine, et qui prétendent que le nom d'Anvers vient tout bonnement de *Aent'-Werpl*, qui signifie devant le rivage; mais à ces incrédules on répond victorieusement en leur montrant les armes de la ville, qui sont un château et deux mains coupées, et en promenant tous les ans devant leur maison, non pas le géant lui-même, mais une statue faite à sa véritable image.

A l'époque où la ville, d'abord château romain, ensuite conquête normande, puis province franque, puis enfin marquisat séparé du duché de Basse-Lotharingie, pour servir d'apanage à Godefroy de Bouillon, commençait à prendre quelque importance, son existence naissante fut tout à coup compromise par le libertinage d'un seul homme. Cet homme, l'ancêtre de tous les don Juan passés, présens et futurs, se nommait Tanquelin; malgré son nom peu poétique, jeune, beau, riche, adroit, il exerçait une immense fascination, non-seulement sur les femmes, mais encore sur les pères, les maris et les amans, auxquels il enlevait leurs filles, leurs épouses et leurs fiancées, et qui au lieu de se venger de ses méfaits, étaient, par magie sans doute, forcés d'être les premiers à servir à l'accomplissement de ses caprices et de ses volontés; enfin la corruption devint telle que la voix des serviteurs ordinaires de Dieu n'étant plus écoutée dans cette Sodome nouvelle, il fallut avoir recours aux grands moyens. Un moine fut député vers saint Norbert, qui, venu avec douze disciples en France, y opérait de grandes conversions par ses paroles et de grands miracles par ses prières. L'envoyé, sur lequel reposait l'espérance du peu de cœurs vertueux restés dans la ville, partit nu-pieds en signe d'humilité et de détresse profonde, et marcha tant qu'il rencontra le saint évêque, et le ramena vers la ville maudite; la chronique ne dit point si la conversion s'opéra par l'eau des nues ou le feu du ciel, mais ce qu'il y a de certain, c'est que chacun se repentit, que les pères reprirent leurs filles, les maris leurs femmes, et les amans leurs fiancées, de sorte que Tanquelin, ne trouvant plus personne à séduire, prit le parti de se faire moine. Ce fut en mémoire de ce miraculeux événement que fut bâtie, sur le terrain du chapitre de Saint-Michel, fondé par Godefroy de Bouillon au moment de son départ pour la Terre-Sainte, la cathédrale de Notre-Dame d'Anvers. La grande tour qui la domine est postérieure à l'église, commencée en 1422 sous la direction de l'architecte Amélius, elle fut achevée en 1518 seulement; sa hauteur est de 470 pieds, y compris la croix qui en a 15; de sorte que, de la galerie qui la couronne, on découvre Bruxelles, Gand, Malines, Breda, Flessingue, et même la fumée des bateaux à vapeur qui entrent dans l'Escaut. Quant au chœur de la cathédrale, il fut commencé en 1521 : ce fut Charles-Quint qui en posa la première pierre.

Je commence par la cathédrale, parce que c'est là que l'on court tout d'abord pour saluer la fameuse *Descente de croix*, soit qu'on l'ait vue au musée de Paris pendant les huit ans qu'elle y demeura, soit qu'on ne la connaisse que par les mille gravures qui en ont été faites. Voici son histoire :

Rubens était sur le point de retourner pour la seconde fois en Italie, lorsque, cédant aux instances des archiducs Albert et Isabelle, il résolut de se fixer à Anvers et d'y acheter une maison. L'acquisition faite, il voulut, pour se faire construire un atelier à sa guise, changer la distribution de l'immeuble, et jeta les fondations entre son jardin et celui de la Société du Serment des arquebusiers; mais soit préoccupation artistique, soit que le plan fait dans la tête du peintre ne pût subir aucun changement, ces fondations empiétèrent tant soit peu sur la propriété des voisins : les arquebusiers se plaignirent au peintre, le peintre envoya au diable les arquebusiers; un procès s'entama, qui se présentait si carrément, qu'il promettait d'avoir longue et chère vie, lorsque le bourguemestre Rockock, chef du Serment et ami de Rubens, s'interposa entre les parties belligérantes. Il fut convenu alors que les arquebusiers abandonneraient le terrain en litige à Rubens, et que Rubens ferait don aux arquebusiers, pour leur chapelle qui était dans la cathédrale d'Anvers, d'un tableau avec volets peint de sa main, lequel tableau représenterait un passage quelconque de la vie de saint Christophe, qui je ne sais pourquoi était, depuis l'invention de la poudre, le patron des arquebusiers.

Rubens, qui non-seulement était un grand peintre, mais encore, comme dit son épitaphe, un homme prodigieusement versé dans la science de l'histoire ancienne, ne trouvant probablement pas dans la vie de saint Christophe, si intéressante qu'elle fût, un sujet qui allât à ses idées du moment, s'appuya tout bonnement alors sur l'étymologie du mot grec *Christophoros*, qui signifie porteur du Christ, et crut remplir largement les conditions de son marché en exécutant un tableau dont le sujet était une descente de croix, et dont tous les personnages soutenant le Christ étaient par conséquent autant de Christophores. Le volet de gauche, toujours dans la préoccupation de cette idée, représentait la vierge Marie rendant visite pendant sa grossesse à sainte Elisabeth; et le volet de droite, le prêtre Siméon tenant Jésus dans ses bras, lorsque sa mère et saint Joseph viennent le présenter au Temple. Le tableau fini, le peintre l'envoya à la compagnie des arquebusiers, espérant que son ingénieuse idée satisferait entièrement à leurs exigences : son erreur était grande. Les arquebusiers, qui ne savaient pas le grec, n'apercevant leur patron ni sur la toile du fond, ni sur les volets, demandèrent à grands cris le saint Christophe absent, refusèrent le tableau comme un tableau de hasard qu'on voulait leur faire passer pour neuf, et le renvoyèrent chez le peintre en assignant de nouveau celui-ci à huitaine en restitution du terrain qui formait l'objet en litige. La chose était d'autant plus désagréable pour Rubens, qu'en outre qu'il voyait mépriser un de ses meilleurs tableaux, l'atelier était construit, ouvert à beau jour, et des plus agréables qu'il y ait jamais eu par son ampleur et par sa disposition.

Le jour qui suivit la reprise des hostilités, le bon bourguemestre, qui avait déjà rempli le rôle d'intermédiaire entre les parties belligérantes, vint trouver Rubens dans l'espoir d'arranger une seconde fois l'affaire; mais cette fois c'était plus difficile, les esprits étaient envenimés, il avait quitté les arquebusiers furieux, et trouva le peintre de fort mauvaise humeur. Cependant, comme rien ne coûtait à la bonté paternelle du bourguemestre pour les premiers, et à son amitié fraternelle pour le second, après trois ou quatre voyages faits de l'atelier du peintre à la Société du Serment, il parvint à adoucir la rancune de l'un et à diminuer les exigences des autres; de sorte qu'il annonça enfin dans la joie de son âme à Rubens que tout était terminé, pourvu qu'il consentît à introduire parmi les personnages un saint Christophe d'une grandeur quelconque, la taille n'y faisant rien, mais sa présence ayant été déclarée indispensable à l'unanimité. Alors Rubens ouvrit les volets, et découvrant son tableau, démontra physiquement au bourguemestre qu'il ne lui restait pas le plus petit coin où loger le saint demandé. Le bourguemestre reconnut la vérité de ce que lui disait son ami; mais refermant à son tour les volets que le peintre avait ouverts, il lui montra que toute la surface extérieure était inoccupée. Rubens se rendit aussitôt, prit un crayon blanc et esquissa devant l'ambassadeur le gigantesque saint Christophe qui se présente tout d'abord sur les volets fermés. Le bourguemestre alla aussitôt porter cette bonne nouvelle aux arquebusiers, qui, satisfaits de la concession, acceptèrent cette fois le tableau sans demander l'explication du hibou que le peintre y avait introduit pour faire allusion à leur ignorance.

Une anecdote non moins curieuse se rapporte encore au tableau : on dit qu'à l'époque où Rubens exécutait ce chef-d'œuvre, ses élèves ayant obtenu de son domestique, au moyen d'une honnête récompense, l'entrée de l'atelier de leur maître, un jour où il était parti pour la campagne et ne devait revenir que le soir, l'un d'eux, poussé par ses camarades, alla tomber sur le tableau et effaça le bras de la Madeleine, et la joue et le menton de la Vierge que Rubens venait justement de finir. La consternation fut grande, et chacun voulut fuir; mais le domestique, sur lequel la responsabilité de l'accident devait naturellement retomber, puisque lui seul avait la clef de l'atelier, ferma la porte et déclara que personne ne sortirait que le bras de la Madeleine et la joue de la Vierge ne fussent remis dans leur état naturel : il n'y avait rien à dire à cela; c'était justice : les élèves étaient prisonniers, ils capitulèrent. On alla aux voix pour que l'élection portât sur le plus capable, et l'un d'eux fut nommé. Le jeune homme alors, tout tremblant, prit la palette et les pinceaux du maître, et au milieu des encouragemens de ses camarades, il répara le dommage causé, avec une telle perfection, que non-seulement Rubens ne s'aperçut point de l'accident, mais encore que, regardant le lendemain avec complaisance son ouvrage de la veille :

— Voilà, dit-il en montrant le bras de la Madeleine et la tête de la Vierge, une tête et un bras qui ne sont point ce que j'ai fait de plus mal hier.

Le jeune homme qui avait droit à une part du compliment que s'adressait Rubens à lui même était Van-Dyck.

Quant à l'auteur de l'accident, c'était le jeune Diepenbick, qui venait de quitter la peinture sur verre pour entrer dans l'atelier de Rubens, et dont on peut voir des premières œuvres sans quitter la cathédrale : les vitraux d'une des fenêtres qui représente les quatre administrateurs à genoux, ont été peints par lui et sont d'une admirable couleur.

De l'autre côté de l'église, l'*Élévation de la croix* fait pendant à la *Descente* ; il est impossible de rien voir de plus osé que cette disposition diagonale, qui ne pouvait être tentée avec succès que par un peintre si capricieux et si puissant! La tête du Christ, que Rubens seul peut-être a fait homme et Dieu à la fois, offre une expression de douleur majestueuse et de sublime résignation que je n'ai vue nulle part : tout le vide du haut est illuminé par un rayon de lumière véritablement céleste; c'est le regard que Dieu laisse tomber du haut de sa gloire sur la victime expiatrice qu'il a soumise aux misères et aux douleurs humaines, tandis que le vide du bas peint les ténèbres dans lesquelles la terre était plongée. Le curé de Saint-Valburge, qui avait fait prix avec Rubens pour deux mille florins de Brabant, exigea avant de les compter au peintre qu'il remplît ce vide par une figure ou un objet quelconque. Rubens y peignit son chien! Que tout cela est merveilleux d'ignorance d'une part et de dédain de l'autre!

Après avoir été au hasard d'un chef-d'œuvre à l'autre, je revins en face du maître-autel que surmonte l'*Assomption de la Vierge*. Ici, Rubens a compris que pour faire sentir que la mère de Dieu montait vers son fils, il fallait la montrer plus près du ciel que de la terre : alors il devait abandonner cette carnation puissante qui donne à toutes ses compositions un caractère si humain, pour ce coloris vague et poétique qui appartient à des anges escortant une ombre; c'est ce qu'il exécuta avec le bonheur du génie. Tout le monde connaît ce tableau, avec son groupe de têtes chérubines qui semblent un énorme bouquet de roses, ses sept apôtres aux fronts graves, avec leurs draperies si richement étendues et si largement jetées : il a été fait en seize jours, pour la somme de 1,600 florins, c'est-à-dire deux cents vingt francs par jour : c'était le prix ordinaire que Rubens mettait à ses compositions.

Après ces trois tableaux, il est difficile de parler des autres compositions qui ornent l'église de Notre-Dame et qui en complètent l'ensemble. Lorsqu'on entre dans la chapelle Sixtine, on n'a d'attention que pour le *Jugement dernier*; et cependant les murailles sont couvertes de fresques qui, partout ailleurs, seraient longuement et minutieusement admirées. Il en est ainsi des génies de premier ordre, ils écrasent tout ce qui les entoure et se grandissent en abaissant.

Cependant, en sortant par la porte latérale, il faut jeter un coup d'œil sur un puits dont les ornemens battus au marteau sont vierges de la lime; c'est l'ouvrage de Quentin Metsys, qui, obéissant aux ordres ou plutôt au défi de son beau-père, de forgeron se fit peintre pour obtenir la femme qu'il aimait : ici on admire l'ouvrier; au musée on jugera l'artiste. En effet, un des premiers tableaux à volets que l'on trouve en entrant est de lui : il représente au fond l'inhumation du Christ; sur le volet de droite, la tête de Saint-Jean-Baptiste servie à la table d'Hérode; et sur le volet de gauche, Saint-Jean dans l'huile bouillante. Ce fut devant ce tableau que Metsys reçut de son bizarre beau-père la main de sa fiancée.

Au pied de la tour de la cathédrale, ou de l'église des chartreux de Kiel, dans laquelle il avait d'abord été enterré, ce peintre fut transféré après sa mort. On lit cette épitaphe :

QUENTINO METSYS,
INCOMPARABILIS ARTIS PICTORI ADMIRATRIX
GRATA QUE POSTERITAS, ANNO POST OBITUM SECULARE
CIC. IC. C. XXIX.
POSUIT.

Cette épitaphe est accompagnée de ce vers latin :

Connubialis amor de Mulcibre fecit Apellem.

Et au-dessus on voit le portrait de Metsys dans un médaillon de pierre.

Après la cathédrale, l'église la plus remarquable, non point pour son architecture, mais pour les tableaux qu'elle renferme, est Saint-Jacques. D'ailleurs, dans une de ses chapelles est le tombeau de Rubens, simple pierre sépulcrale sur laquelle on lit cette trop longue épitaphe; il est vrai que le dernier tiers est consacré, non pas à la mémoire du peintre, mais à la gloire de celui qui l'a fait graver. En voici la traduction littérale :

Pierre-Paul Rubens, chevalier,
fils de Jean, sénateur de cette ville,
seigneur de Hein,
qui, entre autres qualités par lesquelles jusqu'au miracle
il excella, posséda la science de l'histoire ancienne;
qui, doué du génie des beaux-arts,
non-seulement par son siècle,
mais dans tous les âges,
mérita d'être nommé Apelles.
Et de l'amitié des grands et des rois
se fit un degré pour s'élever encore.
Par Philippe IV, roi d'Espagne et des Indes,
admis parmi les secrétaires de son conseil privé,
et vers Charles, roi de la Grande-Bretagne,
envoyé l'an M DC XXIX;
De la paix entre les deux princes
il posa bientôt les bases heureusement.
Il mourut le XXX mai, l'an du salut M DC XL
de son âge le LXIVe.

* * *

Ce monument, par très noble Gevaertz

autrefois consacré à Pierre-Paul Rubens
et négligé jusque-là par ses descendans,
dont la race masculine était déjà éteinte,
fut restauré cette année M DCC LV
par R. D. Jean-Baptiste-Jacques de Paris,
chanoine de cette illustre église
et arrière-neveu du grand peintre par sa mère
et par son aïeule.

On appelle cette chapelle la chapelle de Rubens; et en effet, elle est si bien à lui, que son souvenir a détrôné celui du Dieu, du saint et de la Vierge, auxquels ce lieu est consacré. Tout, jusqu'au tableau qui surmonte l'autel, y constate ce triomphe du génie sur la religion. Ceux qui viennent s'agenouiller dans cette chapelle, lorsqu'ils baissent les yeux vers la terre, lisent rarement autre chose que l'inscription de la tombe; et lorsqu'ils les relèvent vers le tableau, cherchent moins encore, dans cette composition, à se rendre compte du sujet qui est cependant la *Sainte-Famille*, qu'à retrouver parmi les personnages ceux auxquels le peintre a donné sa ressemblance et celle de ses parens. En effet, le grand-père de Rubens est là sous la figure du Temps, son père sous les traits de saint Jérôme, ses deux femmes sous l'image de Marthe et de Madeleine; enfin, le peintre lui-même s'y est représenté en saint Georges, et aux épaules de son fils, qui complète la réunion patriarcale dans ses quatre générations, il a attaché les ailes d'un ange. Il en résulte que pour regarder ce tableau et cette tombe, on oublie tout, jusqu'à la belle *Vierge* de Duquesnoy qui surmonte l'autel; tout, jusqu'au *Sauveur en croix* de Van-Dyck, qu'il ne faut cependant pas oublier.

Au reste, c'est au musée d'Anvers que l'on peut seulement apprécier à fond le génie de Rubens. Il n'est pas permis de juger ce prince des peintres quand on n'a pas vu le *Sauveur crucifié entre les deux larrons*; la *Communion de saint François-d'Assises*, dont le seul défaut est de rappeler un peu celle de saint Jérôme; l'*Adoration des Mages*, page colossale écrite en treize jours, dans laquelle l'auteur a forcé d'entrer des chameaux, des chevaux, vingt figures et une foule d'accessoires, où il semble que les personnages soient nés de la parole d'un Dieu, et où l'on voit un manteau d'une seule teinte que l'on croirait fait d'un seul coup de pinceau; le *Christ à la paille*, où l'imitation du cadavre a été poussée au point d'inspirer la répugnance, la douleur de la Vierge portée jusqu'au sublime, l'affranchissement des règles jusqu'au mépris, et qui vous surprend par son ensemble terrible et douloureux, comme pourrait le faire une effrayante réalité; enfin, le *Sauveur en croix*, où toute cette fougue de couleur et d'imagination vient se fondre dans la finesse mélancolique de Van-Dyck, comme à côté, dans le *Christ sur les genoux de sa mère*, de Van-Dyck, on retrouve la hardiesse et le coloris de Rubens, que l'étude du Titien n'a point encore effacés.

Quant à moi, j'avoue ma prédilection pour Rubens : je l'aime comme j'aime Shakespeare, parce que je lui trouve les mêmes qualités qu'au grand poëte. Même trivialité, même élévation, même humanité et même poésie, même rudesse et même charme. Voyez comme les hommes se plient à tous les caprices de la plume de l'un et du pinceau de l'autre, sans jamais cesser d'être des hommes; et comme différens, et souvent même opposés d'expression, ils partent du même point : la vérité! Voyez comme ils sont touffus tous les deux ces chênes magnifiques; comme ils poussent sans greffe, loin de l'émondeur, sous la chaleur du soleil et sous l'œil de Dieu! Comme ils portent les boutons, les fleurs, les fruits de leur caprice; et quelle étrange et inépuisable famille de rois, de princes, de héros, de vierges, d'anges et de démons ils cachent dans leurs feuilles! Tout cela est magnifique à confondre la pensée, et splendide à faire baisser la vue, quand on pense que l'homme peut créer tant de choses après Dieu!

Ce fut une belle époque que celle des archiducs Albert et Isabelle! On peut la comparer, pour l'art flamand, à celle de Jules II pour l'art italien. C'étaient de riches existences que celles de Rubens et de Van-Dyck! Elles rivalisèrent avec la vie qui fit durer Michel-Ange pendant tout un siècle, et qui dévora Raphaël en moins de trente sept ans. Voyez-les faire chacun sa route d'artiste à travers les princes et les souverains qu'ils immortalisent du moment où ils consentent à être protégés par eux! Comme les rois savaient alors être grands par les autres quand ils ne l'étaient point par eux-mêmes, et comme depuis ce temps ils ont oublié le secret de Charles Ier, de Philippe III et de Louis XIV!

Rubens naît à la fin du siècle dont le commencement avait vu Raphaël et Michel-Ange. Il est de famille noble, fils de sénateur versé dans les sciences et dans les lettres; mais son goût l'emporte vers la peinture : il entre dans l'école de Van-Orl, qu'il quitte bientôt pour celle d'Otto-Venius; puis, lorsqu'il sent que ses maîtres n'ont plus rien à lui apprendre, il part pour l'Italie, le pays des dieux!

Jeune, beau, les cheveux blonds flottans, sa moustache fauve relevée, l'épée au côté, le feutre en tête, il arrive à la cour du duc de Mantoue, qui lui donne le titre de gentilhomme dont il n'avait que faire, et le choisit pour aller porter à Philippe III d'Espagne des présens parmi lesquels l'ambassadeur glisse sa palette et ses pinceaux. Arrivé à un certain degré le génie est bon à tout. Rubens remplit sa mission en diplomate consommé, revient en Italie en parcourant les principales villes, étudiant les maîtres qu'il admire sans les imiter, et accrochant une toile partout où ils ont laissé un vide. Au milieu de son pèlerinage, il apprend que sa mère est malade, et quitte tout pour la revoir; mais il arrive trop tard. Reçu par les archiducs qui ne veulent plus le laisser partir, il achète alors une maison à Anvers et épouse Isabelle Brant.

Alors commence cette vie de production immense et intarissable : confréries, églises, musées, palais, couvens, s'adressent à Rubens. Rubens a temps et force pour tous : c'est là où son génie ardent et capricieux est à l'aise; ses toiles se couvrent par magie, il a la puissance créatrice d'un dieu! Les rois ne lui ordonnent plus, ils le prient. Sur l'invitation de la mère de Louis XIII, il se rend à Paris, reçoit les instructions de la reine, revient à Anvers, et sans hésitation, sans retard, sans interruption, commence cette suite merveilleuse de tableaux qui comprennent toute la vie de Marie de Médicis, et qui sont les vingt-quatre chants de son histoire. Dès lors il ne sait plus à quel roi répondre, ni à quel pays faire face : c'est l'Angleterre qui le demande, c'est l'Espagne qui le réclame, c'est l'Italie qui l'attend. Il n'y a pas moyen de le séduire avec de l'or, il gagne deux cents florins par jour! On lui offre des missions, des ambassades, il accepte; traverse les royaumes, et à chaque relai de poste laisse un tableau; puis enfin revient encore à Anvers, sa seule, sa vraie patrie, épouse Héléna Formann, décore la chapelle où il doit être enterré, et meurt plein de jours et de gloire, ayant assisté vivant à son apothéose.

A Van-Dyck maintenant : vienne l'élève après le maître. Nous avons vu comment il se révèle, Rubens en est jaloux; est-ce à cause de son talent ou est-ce à cause de sa femme? on n'en sait rien. Est-ce comme élève, est-ce comme amant? on l'ignore! Il y a rivalité entre ces deux hommes, voilà tout ce qu'on sait. L'élève et le maître se quittent alors; l'élève donne au maître un *Ecce homo*, un portrait d'*Héléna Formann* et une scène du *Christ dans le jardin des Oliviers*, dans laquelle il s'est peint lui-même sous les traits du Christ. En échange le maître donne à l'élève un cheval arabe magnifique, don du roi d'Espagne, et Van-Dyck part comme est parti Rubens vingt-cinq ans auparavant, plein comme lui d'espoir et d'avenir.

Le jeune peintre, avide d'aventures, ne va pas loin sans trouver ce qu'il cherche. Il s'arrête à Saventhem, près de Bruxelles, déjà amoureux d'une paysanne; sur sa demande et pour lui plaire, il peint deux tableaux pour l'église de son village. Dans le premier, qui représente Saint-Martin partageant son manteau avec un pauvre, il se peint lui-même monté sur le cheval blanc que lui a donné Rubens; dans le second, qui représente la Sainte-Famille, il place le portrait de sa maîtresse, de son père et de sa mère. Enfin, il part pour cette Italie éternelle, maîtresse de tout ce qui a quelque poésie au cœur ; là, il prend corps à corps le Titien et Paul Véronèse, égale l'un pour le modelé des chairs et l'autre pour la fermeté de la couleur ; puis il passe à Gênes, où, dans ses *Scènes de l'Italie*, Méry, le romancier-poëte, nous le montre peintre et amant ; à Rome qu'il console un instant de son veuvage ; en Sicile où il crée en passant deux élèves, qui seront les deux seuls grands artistes que posséderont jamais Messine et Palerme ; puis enfin il revient à Anvers, où il peint pour l'église collégiale un *Christ entre deux larrons*, que les chanoines refusent en traitant le peintre de barbouilleur. Bienheureux chanoines qui marchaient dans la voie du ciel !

D'Anvers il passe en Angleterre, où l'appelle Charles Ier ; c'est là qu'il fait ce magnifique portrait que les Anglais offrent à notre musée de couvrir d'or : le roi l'accueille comme une puissance, lui donne une pension considérable, et le décore de l'ordre du Bain. C'est l'heure brillante de la vie de Van Dyck. Le peintre a une maîtresse, une table et des équipages qui font envie au prince royal. Alors Van-Dyck, qui n'a plus rien à désirer dans la réalité, aspire à l'impossible ; il rêve la solution du grand œuvre, bâtit un caveau, achète des creusets, se fait alchimiste ; l'or qui ruisselle de son atelier dans son laboratoire lui sert à chercher un moyen de faire de l'or. Le roi, qui lui voit perdre sa fortune en expériences insensées et sa santé en plaisirs nocturnes, lui fait épouser la fille de lord Ruthven, descendante de celui-là même qui, sous les yeux de Marie Stuart, a cent ans auparavant tué le musicien Rizzio ; puis, lorsqu'il l'a fait possesseur d'une des plus belles, des plus nobles et des plus riches héritières de la Grande-Bretagne, il lui ordonne de conduire sa femme sur le continent, mais il a attendu trop tard ; au bout de six mois Van-Dyck revient en Angleterre, les sources de la vie sont atteintes, les soins les plus habiles et les plus assidus ne peuvent le sauver. Il meurt à 42 ans, et on l'enterre dans l'église Saint-Paul.

Voilà l'existence de ces hommes resplendissans d'honneurs, ardens d'amour et de génie. Vivans, ils passent comme des météores à travers le monde qu'ils éclairent. Morts, ils ont une chapelle pour sépulcre, et une cathédrale pour mausolée.

Après avoir vu ces merveilles de peinture, quoique je ne fusse pas très curieux de voir autre chose, comme il me restait deux bonnes heures entre la fermeture du musée et le départ du chemin de fer, j'allai au port qui est la seule promenade de la ville : là, le premier effet qui frappe est assez étrange ; comme l'Escaut se recourbe à un quart de lieue de la ville et disparaît à la vue, il semble, de loin, voir les bâtimens de haut-bord qui suivent ses sinuosités marcher dans la plaine et s'avancer vers la cité par le moyen de quelque locomotive inconnue.

Ce fut Napoléon, dont le système maritime était de placer les grands ports de construction dans l'intérieur des terres, aux embouchures des fleuves les plus importans, qui, passant à Anvers avec Decrès, apprécia la situation de cette ville, et ordonna d'y faire conduire immédiatement cinq cents forçats du bagne de Brest pour commencer les premiers travaux. Napoléon eut alors à vaincre les objections de son ministre, qui, préférant Flessingue, lui fit observer que si, par quelque événement improbable, mais possible, la Belgique était un jour démembrée de la France, il serait à regretter que de si grandes dépenses eussent été faites pour la construction d'un port étranger et hostile. Napoléon réfléchit un instant ; puis : « La Belgique, répondit-il, ne peut plus appartenir qu'à un ennemi des Anglais. » En vertu de cette décision positive, et grâce à cette volonté puissante, par arrêté du 21 juillet 1803, le gouvernement ordonna la construction de l'arsenal et des chantiers maritimes. Le 16 août 1804, le préfet posa la première pierre du chantier central de la marine, et fit l'inauguration de l'arsenal ; et vers la fin de 1805, les trois corvettes le *Phaéton*, le *Voltigeur*, le *Favori*, et la frégate la *Caroline* de 44 canons, furent lancés à la mer.

Ainsi, en 1803, Anvers n'avait pas un seul vaisseau qui lui appartînt, et pas un seul capitaine capable de faire un voyage de long cours ; et dès 1806, grâce à la parole magique qui lui a ordonné d'être, elle compte six cents vingt-sept bâtimens gréés en bricks, en sloops et en smacks ; de plus elle a deux magnifiques bassins où l'on construit à la fois dix vaisseaux de ligne : *l'Anversois*, le *Commerce de Lyon*, le *Charlemagne*, le *Duguesclin*, *l'Audacieux*, le *César*, *l'Illustre*, le *Thésée*, le *Dalmate* et *l'Albanais*.

Quant à la citadelle, dont en 1832 nous avons fait le siége pour le compte des Belges, ses fortifications avaient été élevées par les Espagnols. C'est sur l'esplanade de cette forteresse que le duc d'Albe, pour perpétuer le souvenir de la bataille de Gemningen, s'était fait élever une statue qui, le bras tendu vers la ville, lui commandait l'obéissance, tandis qu'elle foulait aux pieds le peuple et la noblesse représentés par un monstre à deux têtes, avec les armes des Gueux, c'est-à-dire l'écuelle et la besace. Requesens, successeur du duc d'Albe, fit abattre cette statue, que l'on enterra sous des décombres, où le peuple la découvrit en 1577. La haine était si forte contre le ministre de Philippe II, que les Anversois lui mirent la corde au cou, la traînèrent dans les rues et la brisèrent en morceaux.

En 1635, avec ce qui restait de ses débris, on fondit le crucifix qui surmonte la grande porte de la cathédrale.

GAND.

Il se peut que les chemins de fer soient une merveilleuse invention pour les commis-voyageurs et les porte-manteaux, mais c'est à coup sûr la ruine du pittoresque et de la poésie. S'il eut pris le chemin de fer de Calais à Paris, Sterne n'eut certes pas rencontré l'âne dont il nous a raconté l'histoire ; et moi, si j'eusse pris un chemin de fer de Villeneuve à Martigny, il est plus que probable que je n'eusse point fait à Bex cette fameuse pêche aux truites qui a soulevé une si grande controverse parmi les savans ; et partant, adieu le *Sentimental Journey* et les *Impressions de Voyage*, ce qui serait, on en conviendra, une perte bien autrement déplorable que celle de la fameuse bibliothèque d'Alexandrie.

Cependant, en revenant d'Anvers à Bruxelles, nous apprîmes que les chemins de fer de Sa Majesté Léopold Ier faisaient des leurs. La surveille, le convoi de Termonde, piqué par je ne sais quelle mouche, sortant tout à coup de ses gonds, s'en était allé tranquillement à travers champs ; et là, il avait exécuté avec une adresse merveilleuse trois tours sur lui-même, semant dans la plaine un régiment d'infanterie qu'il transportait avec armes et bagages, lequel se releva, se secoua, se rallia et poursuivit sa route à pied avec un ordre qui fit le plus grand honneur à ses officiers-instructeurs. Mais ce n'était pas le tout : la veille, un pontonnier ivre avait oublié de rajuster les ponts, de sorte que le convoi qui revenait de Bruges, et qu'on avait négligé de prévenir de cet accident, allait descendre tout entier dans la Lys, lorsque heureusement, entre la troisième et la quatrième voiture, les attaches s'étaient rompues, si bien qu'il n'y avait eu qu'une demi-douzaine de personnes noyées au lieu de deux cents qui auraient pu l'être ; bonheur qui fut apprécié par tout le monde, excepté par ceux qui avaient eu la chance de se placer dans les trois premières voitures.

Comme depuis l'établissement de la locomotive à la vapeur toute concurrence était tombée, nous ne fûmes pas moins contraints, malgré ces deux accidens, de reprendre le lendemain matin le chemin de Gand, au risque d'aller donner tête baissée dans un troisième.

Ordinairement on fait, dit-on, la route de Bruxelles à Gand, c'est-à-dire dix-huit lieues, en trois heures : nous en mîmes cinq. Mais on nous fit observer que sur ces cinq heures deux s'étaient passées à attendre, immobiles et emboîtés dans nos diligences, que le convoi de Bruges fût revenu, et que par conséquent, puisque ces deux heures n'avaient pas été employées à la route, elles ne devaient pas compter. Si médiocre que fût cette raison, il nous fallut la prendre pour excellente. Au reste, cette station forcée m'avait été une excellente occasion d'admirer la quiétude flamande. Pendant ces deux heures chacun était resté à sa place, sans donner le moindre signe d'ennui, et sans même s'informer pourquoi nous n'avancions pas. Trois ou quatre Français seulement, qu'on reconnaissait à leur impatience et à la manière défectueuse dont, selon les Belges, ils parlent notre langue, bourdonnaient et voltigeaient autour de leurs cages respectives comme des frelons autour d'une ruche d'abeilles. Tout le secret de la prospérité belge est dans ces deux mots : Ordre et patience.

En tous cas, la Flandre semble avoir été faite dans la prévision des chemins de fer. Je ne sais pas si de Bruxelles à Gand on a eu une taupinière à niveler. Aussi le pays, constamment plat, est-il peu pittoresque; les moindres petites maisons ont, en revanche, un air de propreté et un semblant de bonheur qui font plaisir à voir.

Arrivés à Gand, nous nous arrêtâmes à l'hôtel des Pays-Bas, qui se recommande, outre les qualités personnelles, par ses souvenirs historiques. C'est sur son emplacement qu'était situé la maison où se réunissaient secrètement le comte d'Egmont et Guillaume le Taciturne.

Mon premier soin fut de me faire conduire au marché du vendredi, c'est-à-dire au centre de la vieille ville; c'est sur cette place, ou autour de cette place, que s'est passée toute l'histoire communale de ce peuple toujours en guerre avec ses seigneurs ou avec ses voisins. Le Château des Comtes, bâti en 867 par Beaudoin Bras de Fer, domine ou plutôt commande encore le marché; mais sa porte, donjonnée en 1180 par Philippe, comte de Flandre et de Vermandois, est flanquée aujourd'hui de deux maisons assez mesquines, dont celle de gauche sert de loge à l'officier chargé de faire exécuter les condamnations capitales. Grâce à cette annexe qui ne fait pas honneur au goût archéologique des Gantois, ce château avait déjà singulièrement perdu de son apparence formidable, lorsque pour l'achever il fut vendu à un sieur Brisemaille, qui en fit tout bonnement une fabrique. Il n'y a si beau coursier, disent les maquignons, qui ne finisse par devenir cheval de fiacre.

Nous avions été tout à fait étonné de l'affluence immense que nous avions trouvé à notre arrivée à Gand, lorsque tout nous fut expliqué par un seul mot; la machine, dont sans le savoir nous faisions le premier essai, s'appelait le d'Artevelde.

Cette religion que les Gantois avaient conservée au nom de leur défenseur, me donna incontinent l'envie de voir ce qui restait de cette maison plébéienne si bien décrite par Froissart. Aussi, en quittant la place du Marché, et après avoir visité le vieux palais des comtes de Flandre, me fis-je conduire à la rue de Calandre. Mais au lieu des ruines vénérables que j'y venais chercher, je trouvai se carrant coquettement, sur l'emplacement qu'elles eussent dû occuper, une jolie petite maison, pistache tendre, badigeonnée à neuf comme toutes les bâtisses belges; je n'aurais nullement consenti à la reconnaître comme la descendante de sa vénérable aïeule, si le blason bien connu de Jacques et celui plus contesté de sa femme, n'eussent été appliqués sur le balcon qui s'étend devant les fenêtres. Au reste, malgré cette preuve, si j'eusse douté encore, l'inscription suivante m'aurait convaincu; elle est écrite en grosses lettres, au-dessus d'une porte basse, par laquelle on entre, en descendant quelques marches :

IN HET HUYS VAN
ARTEVELDE
VERCOOPT MEN DRANK.

Ce qui veut dire dans le plus pur flamand qui ait jamais été parlé d'Ostende à Anvers :

Dans cette maison
d'Artevelde,
On vend à boire.

La place, comme on le voit, était prédestinée.

Mais si la maison est détruite, la ruelle par laquelle Jacques tenta de fuir existe encore, et on l'appelle le Trou aux Crapauds.

Or, le lecteur saura, quoique la chose soit peu flatteuse pour lui, s'il est Français, qu'à cette époque les Belges, aussi reconnaissans des services que nous rendions à leurs comtes que de ceux que nous avons rendus depuis à leur roi, nous appelaient les *Crapaudiers*, comme ils nous appellent aujourd'hui les *Fransquillons*. Ils s'appuyaient pour l'application de ce sobriquet sur ce que nos fleurs de lis, que nous croyons des fers de lances, ne sont selon eux que des crapauds. Pauvres fleurs de lis, qui aurait jamais cru qu'on les traiterait si mal lorsqu'elles brillaient sur la cuirasse de saint Louis, sur le bouclier de Philippe-Auguste, ou sur l'épée de Duguesclin.

On devine maintenant pourquoi cette ruelle s'appelle le Trou aux Crapauds, c'est qu'ainsi que nous l'avons dit, d'Artevelde y fut tué par les partisans du roi de France.

En quittant la rue de la Calandre pour aller selon mon habitude au hasard devant moi, je vis un chapeau tricolore arboré au bout d'une perche comme la toque de Gessler; ne voulant pas m'exposer à enlever une pomme sur la tête de qui que ce soit, je demandai quel était ce signe afin de lui rendre les honneurs qui lui étaient dûs. J'appris alors que c'était une enseigne dont le but était de rappeler le patriotisme qu'avaient déployé lors de la révolution de 1830 *les enfans du prince*. Or, comme à cette dénomination aristocratique nos lecteurs pourraient se tromper, hâtons-nous de leur dire ce que c'est que cette lignée royale, dont ils n'ont peut-être point encore entendu parler.

Charles-Quint, qui, quoiqu'en disent l'Académie et le *Constitutionnel*, s'est caché plus d'une fois dans une armoire avant que d'être empereur, et même depuis qu'il l'était, avait pris en fort tendre amitié, pendant qu'il était roi d'Espagne et comte de Flandre, une jolie bouchère, qu'en monarque populaire il visitait fort souvent : le résultat de ses visites fut un jour un gros garçon, d'un si beau roux, qu'il n'y eut pas moyen à Charles Quint de douter un seul instant de sa paternité; aussi, dans sa joie, demanda-t-il à la mère ce qu'elle désirait, promettant de lui accorder sa demande. La bouchère demanda que le privilége de tuer et de vendre la viande dans toute la ville fût concentré et demeurât perpétuellement dans la descendance mâle de son enfant. La requête fut accordée, le boucher impérial eut deux fils, et ceux-ci furent la tige des deux corporations qui existent encore à cette heure sous le titre des grands et des petits bouchers de Gand; aussi, lorsque Napoléon visita la Flandre en 1810, les petits bouchers, en appelant à leurs priviléges, réclamèrent et obtinrent l'honneur de lui servir de garde. Ce fut conduit par eux que l'empereur passa sous l'arc de triomphe qu'ils avaient élevé en son honneur, et sur lequel ils avaient écrit ce distique :

A Napoléon le Grand,
Les petits bouchers de Gand.

Napoléon trouva l'inscription médiocrement respectueuse pour des princes non légitimés; aussi le lendemain le distique avait disparu, sans qu'il eut même donné pour prétexte, comme Lebrun, qu'il y trouvait des longueurs.

En sa qualité d'ancien officier d'artillerie, Napoléon, le lendemain de son arrivée, fit une visite au gros canon. Au reste, Marguerite l'Enragée, car c'est le nom que porte cette respectable machine de guerre, méritait certainement l'honneur qu'elle recevait. « Pour esbahir ceux de la garnison » d'Oudenarde, dit Froissart, les Gantois firent faire et ouvrer une bombarde merveilleusement grande, laquelle » avait cinquante-trois pouces de bec, et jetait carreaux » merveilleusement grands, gros et pesans, et quand cette » bombarde desclignait, on l'entendait, par jour, bien de

» cinq lieues loin, et par nuit, de dix, et menait si grand » bruit au descligner qu'il semblait que tous les diables » d'enfer fussent en chemin. » Telle fut son origine. Quant à l'étymologie de son nom, les savans sont divisés sur cette grave affaire : les uns prétendent qu'il lui vient tout bonnement du bruit et du ravage qu'elle menait, et que, par conséquent, elle se l'est fait elle-même. Les autres disent qu'il lui fut donné en souvenir de Marguerite, comtesse de Flandre, surnommée la Noire Dame. Si cette dernière version était vraie, elle dispenserait de tout panégyrique en faveur de la mère de Jean et de Beaudoin d'Avesne.

Tant il y a que, soit que ce nom lui fût venu à titre d'illustration historique, soit qu'il lui eût été donné par les Gantois, en souvenir de la gracieuse humeur de leur souveraine, elle le portait déjà lorsque ceux-ci, en guerre avec leur bon duc Philippe, s'en servirent en 1452, au siége d'Oudenarde. Forcés de lever le siége, ils l'abandonnèrent avec le reste de leur grosse artillerie, et elle tomba entre les mains de leurs ennemis, qui tenaient le parti du duc de Bourgogne, et qui y firent ciseler les armes de ce prince. En 1578, elle fut reprise par ses premiers propriétaires, qui, ne voulant plus l'exposer à un déshonneur pareil à celui qu'elle avait subi, la déposèrent près du marché du Vendredi, où on la voit encore aujourd'hui, muette et tranquillement accroupie sur ses trois pieds de pierre. De plus curieux que moi qui l'ont mesurée disent qu'elle a dix-huit pieds de long sur dix pieds six pouces de circonférence, son ouverture porte deux pieds trois quarts de diamètre, et elle pèse 33,606 livres, c'est-à-dire 16,101 livres de plus que le gros canon de Saint-Pétersbourg, qui passe à tort, comme on le voit, pour la plus grosse pièce d'artillerie de l'Europe, et qui lui tiendrait dans le ventre.

Après que j'eus fait deux ou trois fois le tour de Marguerite l'Enragée, avec le plus grand intérêt, mais sans cependant avoir eu la curiosité, comme font les Anglais, de m'y faire enfourner comme un pain de quatre livres, nous allâmes visiter l'église cathédrale de Saint-Bavon, l'une des plus riches de la chrétienté, et au-dessus de la porte de laquelle le saint est représenté un faucon sur le poing, ce qui pourrait faire croire au premier abord que, comme saint Hubert, il a gagné le ciel en chassant. Cependant on tomberait dans une grave erreur en n'allant pas chercher plus loin la cause de sa canonisation, le faucon n'étant là que pour indiquer que saint Bavon était noble. En effet, ce n'était rien moins qu'un riche seigneur nommé Allowin, sortant d'une des plus anciennes familles du territoire d'Herbain. Après avoir entendu un sermon de saint Amand, il vint se jeter à ses pieds, et lui demanda ce qu'il fallait faire à son avis pour entrer dans la voie du salut? A cette pieuse demande, le saint évêque ayant répondu qu'il fallait faire pénitence, le néophyte distribua une partie de ses biens aux pauvres, et donna le reste au monastère de Saint-Pierre; puis, comme pour se détacher plus complétement encore de la vie profane qu'il avait menée jusques-là, il quitta le nom de ses pères pour prendre celui de Bavon, sous lequel il fut canonisé, vers la fin du VIIIe siècle, après avoir mené une vie exemplaire dans la forêt de Malmedine, près de Gand. Soixante gentilshommes, touchés du même esprit de grâce que leur compagnon de plaisir, se convertirent après lui et bâtirent, sur l'emplacement d'un temple de Mercure, la vieille abbaye de Saint-Bavon, dont on voit encore aujourd'hui quelques ruines, au milieu de l'ancienne citadelle. Quant à la cathédrale qui existe actuellement, c'est l'église de Saint-Jean, consacrée en 941 par Transmarus, et qui prit, vers 1540, le nom de Saint-Bavon, en vertu d'une décision de Charles-Quint, qui trouva que le temple primitif était construit sur un emplacement où une citadelle ferait le meilleur effet : le chapitre collégial fut donc transféré dans l'église où il est aujourd'hui, laquelle fut érigée en cathédrale l'an 1559.

Saint-Bavon renferme vingt-quatre chapelles, dont quelques-unes sont enrichies de tableaux remarquables; la seconde, en entrant à droite, est consacrée à sainte Colette, et contient la châsse de cette sainte, morte à vingt-trois ans, et qui porte cette épitaphe, rivale en fraîcheur des deux vers de Malherbe

Dulcis ancilla Dei, rosa vernalis, stella diurna.

La sixième, en suivant toujours la même ligne, renferme un des plus charmans tableaux de François Porbus, représentant Jésus-Christ au milieu des docteurs. Selon la coutume du temps, presque toutes les têtes des docteurs sont des portraits des personnages contemporains du poëte. Ainsi le docteur qui se tient sur le premier plan à la gauche du spectateur est Charles-Quint; celui qui vient après est Philippe, et le troisième, qui porte une inscription sur son bonnet, est l'artiste lui-même.

La onzième contient le véritable trésor de l'église; c'est le fameux tableau des frères van Eyck, inventeurs de la peinture à l'huile, et représentant l'agneau du Seigneur adoré par tous les saints de l'Ancien et du Nouveau Testament, ayant à sa droite les patriarches et les prophètes de la même loi, et à sa gauche les apôtres et les martyrs de la loi nouvelle; au fond sont des saints secondaires, des évêques et des vierges tenant à la main des branches de palmier. Les deux peintres qui, en leur qualité d'auteurs du tableau, pouvaient se placer où ils voulaient, se sont mis modestement parmi les martyrs.

Le grand tableau en supporte trois autres, dont il est en quelque sorte la base.

Celui du milieu représente Jésus-Christ, assis sur un trône et vêtu des habits pontificaux qu'il léguera à saint Pierre; d'une main il bénit tous les personnages placés dans le grand tableau sous ses pieds, de l'autre il tient un sceptre; à sa droite est la Vierge, à sa gauche saint Jean-Baptiste, et au fond, représentant la ville de Jérusalem et se découpant sur un ciel bleu, sont les tours de Maëstricht telles qu'on les voyait de la fenêtre de la chambre où les deux frères étaient nés.

Ce tableau, qui date de quatre cents ans, et qu'on peut opposer aux plus merveilleuses productions de toutes les écoles qui se sont succédées depuis cette époque, fut commandé aux frères van Eyck par Josse de Vyts et sa femme, qui en firent hommage aux chanoines de Saint-Bavon. Comme c'était le second tableau peint à l'huile (1), sa renommée ne tarda point à se répandre par toute l'Europe, et des pèlerinages, qui ne laissèrent pas que d'être d'un certain rapport pour les bons chanoines, attendu que l'admiration se convertissait en aumônes, commencèrent à s'établir. Deux de ces pieux pèlerins furent Albert Durer et Jean de Maubeuge, qui s'agenouillèrent devant le tableau et en baisèrent dévotement la bordure.

Philippe n'avait pas pour ce tableau une admiration moins religieuse qu'Albert Durer et Jean de Maubeuge, aussi désirait-il fort l'avoir en sa possession, et fit-il tout ce qu'il put pour y parvenir; mais les chanoines tinrent bon et refusèrent de le céder à aucun prix. Philippe II avait bonne envie de le prendre pour rien, mais comme il avait son fils à faire étrangler, il eut peur de se brouiller avec l'Inquisition, qui dès lors eût refusé peut-être de lui rendre ce petit service. Il fit donc contre fortune bon cœur, et ne pouvant avoir l'original, il demanda qu'il lui fût au moins permis d'en faire peindre une copie. A ceci les bons chanoines ne virent aucun inconvénient, et Michel de Coxie, de Malines, peintre du roi, et surnommé le Raphaël flamand, fut chargé d'exécuter cette œuvre. Comme il ne trouvait pas en Flandre d'assez beau bleu pour faire la robe de la Vierge, il écrivit à Venise, au Titien, qui lui en envoya. Le travail dura deux ans, mais aussi, le travail fini, c'était à grand'peine, disait-on, si l'on pouvait distinguer la copie de l'original. En récompense d'une si complète réussite, l'artiste reçut de Philippe II 4,000 florins d'or.

Cette copie, peinte sur bois comme l'original, fut donnée par le roi d'Espagne à la galerie de l'Escurial, d'où elle passa, avec quelques autres, entre les mains d'un de nos

(1) Le premier est le Paradis terrestre, qui se trouve dans l'église de Saint-Martin, à Ypres.

maréchaux de France, connu par toute l'Europe, non-seulement par sa double et longue carrière militaire et politique, mais encore par son goût éclairé pour les arts. Plus tard, je ne sais à quel prix ni à quelles conditions ce tableau devint la propriété de monsieur van Dansaert-Engels de Bruxelles.

Il existait sur toile une seconde copie de ce tableau, inférieure à la première, mais d'une grande beauté cependant, qui orna jusqu'en 1796 l'hôtel de ville de Gand. Elle fut alors vendue à M. Iselle, qui la revendit depuis à un riche Anglais nommé monsieur Solly.

Quant à l'original, il disparut miraculeusement au moment où la révolution s'apprêtait à dévaster les églises ; et non moins miraculeusement il se retrouva un jour à sa place, lorsque Napoléon eut rétabli l'exercice du culte ; seulement, pendant son émigration, le chef-d'œuvre des frères van Eyck avait perdu six de ses volets : c'étaient ceux qui représentaient la cavalcade de Philippe le Bon, sainte Cécile touchant de l'orgue, un chœur d'anges chantant les louanges du Seigneur, et l'Annonciation ; plus saint Jean et saint Pierre peints en grisaille par l'aîné des deux frères, Hubert van Eyck.

Malheureusement pour lui, le voleur des six volets, qui les avaient sans doute dérobés par habitude, n'en connaissait pas la valeur, de sorte qu'il les vendit pour la somme de 6,000 francs à monsieur van Nieuwenhuyse, de Bruxelles, lequel les revendit à monsieur Solly, qui avait acheté la copie sur toile, moyennant 100,000 francs. Ce dernier, à son tour, les revendit au roi de Prusse 400,000. Le roi de Prusse, pour compléter sa propriété, traita alors avec Dansaert Engels de la copie de Michel de Coxie et des deux volets qui lui manquaient. Les six autres volets, de la même copie, qui étaient inutiles au roi de Prusse, puisqu'il avait les originaux, furent alors vendus au prince Guillaume de Nassau.

Le tableau des frères van Eyck, avec les deux volets restans, qui représentaient Adam et Eve, fut vu, à son passage à Gand, par Napoléon, qui se prit pour lui du même amour qu'il avait inspiré à Philippe II, mais qui, plus hardi que le roi espagnol, mit tout bonnement la main dessus et l'envoya au Louvre, d'où il revint en 1815 seulement. Le cicerone en soutane qui raconta l'histoire du chef-d'œuvre des frères van Eyck, appuya fort sur cette dernière vicissitude, en me disant que j'avais dû le voir à Paris, du temps que la France était Belgique.

Cet honorable malheur fut du reste partagé par le tableau qui se trouve dans la quatorzième chapelle, et qui est tout bonnement un des chefs-d'œuvre de Rubens : il représente saint Bavon reçu dans l'abbaye de Saint-Amand.

Quand on a vu ces trois tableaux, on peut passer les yeux fermés devant les autres chapelles et ne les rouvrir que lorsqu'on est entré dans le chœur.

En effet, dans le chœur est un des chefs-d'œuvre du sculpteur Duquesnoy : c'est le tombeau de l'évêque Triest, dernier ouvrage de l'auteur, qu'un procès étrange attendait à la sortie de l'église. Accusé et convaincu de violence consommée dans une des chapelles sur un enfant de chœur qui lui servait de modèle, Duquesnoy fut condamné au feu et brûlé sur la place du Marché. Le jour même où devait être exécutée sa sentence, il demanda comme dernière grâce à revoir encore le tombeau qu'il venait d'exécuter. On ne crut pas devoir lui refuser cette faveur, et en le conduisant au bûcher, le bourreau se détourna de sa route et mena son patient à l église. Arrivé en face du monument, Duquesnoy, dont l'intention était de le briser, espérant obtenir alors sa grâce à condition qu'il le referait, saisit un marteau qui était déposé à terre, et leva le bras sur la tête de l'évêque ; mais un garde qui vit son intention, s'élança au devant de lui et détourna le coup, qui tomba sur la main et brisa un doigt, qui aujourd'hui manque encore. Comme l'exécution eut lieu à la nuit tombante, et qu'on tint le peuple à distance, on dit pendant longtemps qu'on avait brûlé un mannequin en place de l'illustre statuaire, que l'archiduc avait fait échapper; mais la quittance du bourreau, que l'on a retrouvée depuis, n'a laissé aucun doute sur la réalité de l'exécution.

Comme l'histoire était assez scandaleuse, mon cicerone m'avait fait sortir de l'église pour me la conter ; de mon côté, comme j'avais vu tout ce qu'il y avait de curieux à y voir, je ne jugeai point à propos d'y rentrer, et entendant sonner le salut au grand Béguinage, je m'acheminai vers la rue de Bruges, où est située cette communauté.

Les Béguinages sont une institution toute particulière aux Pays-Bas, et qui fut instituée vers le milieu du VIIe siècle, par sainte Begge, sœur de Pepin de Landen, et mère de Pepin de Herstal. Elle réunit plusieurs béguines sous la direction de sa sœur Gertrude, et étant entrée elle-même dans la communauté qu'elle avait fondée, elle y mourut en 689. L'empereur Joseph II, de philosophique mémoire, qui abolit la plupart des couvens, conserva et protégea même l'institution des béguines.

Il y a deux Béguinages à Gand, le grand et le petit ; tous deux sont fondés par la comtesse Jeanne de Constantinople, fille de l'empereur Beaudoin, celle-là même qui fit pendre l'aventurier qui se disait son père. Je n'avais aucune préférence pour le grand ou le petit Béguinage ; mais comme j'étais plus proche du grand, ce fut à celui-là que j'allai.

Le grand Béguinage est une ville dans la ville ; ville charmante de régularité et de propreté, entourée de murailles et de fossés pleins d'eau, et où chaque béguine a sa petite maison distincte des autres, et appelée d'un nom de saint ou de sainte : c'est là que la recluse qui, du reste, ne prononce pas de vœux, vit avec ses ressources particulières, sans apporter aucune charge à la communauté, qui n'a d'autre richesse que la vente du travail de chaque sœur, laquelle conserve faculté pleine et entière de tester et de laisser par conséquent ses biens à sa famille. Les seules obligations communes à toutes sont de porter l'ancienne faille flamande sur leur costume de béguine, et d'enterrer elles-mêmes les sœurs qui viennent à mourir.

Comme je l'ai dit, je m'étais dirigé vers le grand Béguinage au moment du salut, et j'arrivai à temps pour voir entrer les béguines à l'église. En arrivant sur le seuil, elles ôtent leur voile de laine noire pour mettre sur leur tête une serviette pliée à peu près comme la coiffe de nos sœurs grises. Cette opération me permit de voir un instant chaque membre de la communauté à visage découvert ; il y en avait beaucoup de laides et de vieilles ; mais en échange, il y en avait quelques-unes de jeunes, et parmi celles-ci sept ou huit fort jolies. Comme je regardais une de ces dernières qui était fort pâle, mon cicerone me dit de le faire souvenir de me raconter quelle était la cause de cette pâleur. Je n'avais garde d'oublier une pareille recommandation ; aussi, avant la fin de l'office, je sortis de l'église en lui faisant signe de me suivre. A peine fus-je dehors, que je le sommai de tenir sa parole.

Ainsi que je l'ai dit, les femmes entrent à tout âge dans les communautés de béguines ; et quoiqu'elles ne fassent point de vœu, il est rare qu'une malheureuse fille, une fois entrée, ose en sortir. Or, il arrive là ce qui arrive dans les cloîtres ; c'est-à-dire que parfois le jeûne et la prière sont impuissans contre les tentations du maudit, et que les désirs du monde viennent poursuivre les pauvres recluses jusqu'au pied du crucifix. Alors elles implorent, pour donner passage à ce sang qui bout dans leurs veines et qui leur brûle le cœur, ou la couronne d'épines qui ceint la tête du Christ, ou la lance qui ouvre son côté, ou les clous qui déchirent ses pieds et ses mains.

Or, il arriva qu'un des concierges du grand Béguinage apprit par sa femme, à qui elles avaient demandé conseil, l'état fatal dans lequel se trouvaient quelques-unes de ses pensionnaires. C'était un véritable Flamand, ardent à la spéculation, et qui imagina de lever un impôt secret sur les tentations de la chair : en conséquence, il acheta un assortiment de cilices et de disciplines, qu'il loua au jour, à la semaine ou au mois, selon que Satan mit plus ou moins d'acharnement dans ses attaques : l'idée eut tout le succès qu'on en pouvait attendre ; et vaincu soit un peu plus tôt,

soit un peu plus tard, le diable était définitivement forcé de déguerpir.

Satan ne savait où donner de la tête et était tout prêt d'abandonner l'œuvre de perdition qui lui avait si mal réussi, grâce à l'idée ingénieuse du bon Flamand, lorsqu'il avisa, passant le seuil du grand Béguinage, une jeune fille de dix-sept à dix-huit ans, qui venait, les yeux en larmes et le cœur oppressé, chercher dans la solitude l'oubli de son amour. En effet, sur le point d'épouser un jeune homme qu'elle adorait, elle s'était vue abandonnée pour une femme plus riche qu'elle; dès-lors Dieu avait été son refuge, et, prenant son désespoir pour de la vocation, elle avait résolu de venir chercher la paix parmi ces saintes filles qu'elle avait toujours vues si tranquilles en apparence.

C'était bien là une pièce comme pouvait la désirer Satan pour faire un dernier essai de son pouvoir. Aussi, la pauvre enfant, trompée dans ses espérances, sentit-elle sa fièvre augmenter chaque jour et redoubler chaque nuit. Chaste comme une madone, elle confia ses douleurs inconnues à une amie; celle-ci, qui était une des premières pratiques du concierge, reconnut la maladie dont elle avait souffert, et lui indiqua le remède dont elle avait usé et qui l'avait guérie. Mais, cette fois, Satan était résolu à ne s'avouer vaincu qu'à la dernière extrémité; aussi le cilice s'usa sur la peau virginale de l'enfant; la discipline s'échanvra sur son beau corps, sans que meurtrissures ni plaies amenassent le moindre soulagement. L'amie recourut au concierge, qui réfléchit profondément et qui promit de fournir, sous trois jours et moyennant une certaine somme, un nouvel instrument expiatoire devant lequel Satan serait bien forcé de se retirer. Le troisième jour, le malheureux apporta une croix de grandeur humaine, toute garnie de clous. Le remède, comme on le devine, consistait à se coucher dessus, les bras étendus et le visage tourné contre terre.

Pendant près d'un mois la pauvre enfant fit usage de cet effroyable refrigérant, sur lequel elle passait des heures entières couchée, et duquel elle se relevait le corps tout ensanglanté; chaque jour, sa mère, qui la visitait, la trouvait plus pâle et plus faible, et croyant que cette pâleur et cette faiblesse venaient de son amour, elle s'en allait maudissant celui qui avait réduit sa fille dans cet état. Enfin, un matin, elle entra plus tôt que de coutume dans la cellule de la recluse, et la trouva évanouie sur la croix douloureuse où elle accomplissait depuis trente jours son impuissante passion.

Un médecin fut appelé: les médecins sont philosophes, et, par conséquent, généralement ennemis de tout ce qui contrarie le vœu de la nature et s'oppose au cours ordinaire des choses. Celui-là, particulièrement, avait, après la révolution de 1830, fort tonné contre les communautés religieuses; aussi, lorsqu'il vit les mutilations dont était couvert le corps de la jeune fille, et qu'on lui représenta l'instrument qui les avait produites, voulut-il faire grand scandale. Mais la mère le supplia tant qu'il lui promit de ne révéler ce fait qu'à l'autorité. La mère voulut insister encore, mais sur ce point il fut intraitable, disant que ce serait un crime à lui que de laisser subsister un pareil état de chose. En effet, le même jour il fit sa déclaration; le concierge fut chassé sans bruit, et, comme on le voit, le secret parfaitement gardé.

En ce moment les religieuses sortaient de l'église; je cherchai des yeux ma jeune, belle et pâle béguine, mais déjà les saintes filles étaient enveloppées de nouveau de leurs failles, de sorte qu'il me fut impossible de la reconnaître.

Comme je présumai, d'après la progression qu'avaient suivi les deux premières, que s'il avait une troisième histoire à me dire, celle-là ne pourrait pas se raconter; je renvoyai mon cicerone, en lui payant sa journée, et je revins dîner à l'hôtel des Pays-Bas.

Grâce à un magnifique clair de lune, je pus continuer le soir mon investigation de la journée, et comme j'avais gardé pour les derniers les objets qui devaient être vus extérieurement, j'étais d'avance certain qu'ils ne perdraient rien de leur poésie à cette visite nocturne.

En effet, je ne sais pas s'il est possible de trouver quelque chose de plus merveilleusement pittoresque que l'hôtel de ville vu au clair de lune, non pas du côté de sa façade, mais du côté qui se trouve dans la rue de la Haute-Porte. En effet, la façade présente une suite assez froide de colonnes superposées à la manière de Vignole, tandis que tout ce que la fantaisie peut inventer en broderie de pierre, court, monte, se suspend, relève, redescend sur la partie opposée; œuvre de Juste Pollet, où le gothique le plus ouvragé se mêle à la première fleur de la renaissance.

A quelques pas de l'hôtel de ville, et à l'angle de la rue Saint-Jean, s'élève le beffroi, magnifique tour carrée que surmonte encore aujourd'hui, en guise de girouette, le dragon byzantin enlevé par les Brugeois sur une des mosquées de Constantinople, et pris par les Gantois à leurs voisins, après la bataille de Beverolt, où Louis le Mâle fut défait par Philippe d'Artevelde; ce beffroi joue un grand rôle dans l'histoire de Gand. En effet, à peine un peuple avait-il obtenu de son seigneur une commune, c'est-à-dire la liberté, que son premier soin était de bâtir sa tour, tour rivale des tours châtelaines qu'il appelait le beffroi, et dans laquelle il plaçait une cloche, dont par l'avenir chaque son devenait un appel aux armes; c'était son tambour et ses trompettes, à lui; aussi; dès que les Gantois eurent obtenu leur commune de Philippe d'Alsace, maçons et fondeurs se mirent à l'œuvre : il y eut un impôt volontaire, où chacun se taxa selon sa fortune, et l'on commença à bâtir le beffroi et à fondre la cloche. Le beffroi est encore debout, mais la vieille cloche populaire n'existe plus : elle pesait 12,483 livres et s'appelait Roland; elle portait en relief deux vers flamands dont voici à peu près la traduction :

> On me nomme Roland; Je ne me mets en jeu
> Que si quelque malheur pour la Flandre s'apprête;
> Lorsque je tinte c'est le feu,
> Quand je tonne c'est la tempête.

Quand au dragon byzantin, il continue de tourner au vent de la façon la plus triomphante; c'est un animal parfaitement chimérique, qui d'en bas paraît gros à peine comme un boule-dogue, et qui d'en haut est plus gros qu'un bœuf. Dans les jours de fête, le vieux trophée est illuminé avec des torches, et un homme, caché dans son ventre, lui fait jeter par la gueule des flammes et des fusées. Pour la naissance de Charles-Quint, par exemple, on avait établi un pont de cordages entre le sommet du beffroi et celui de la tour Saint-Nicolas, de sorte que pendant plusieurs jours les habitans eurent le plaisir de se promener trois cents pieds au-dessus du toit de leurs maisons.

Je revins du beffroi au marché au poisson; car c'est encore une des choses que mieux vaut voir au clair de lune qu'à la lumière du soleil; examiné ainsi, et grâce aux ombres gigantesques et aux clartés capricieuses qui se projetent sur elle, la façade, avec son dauphin de van Poucke, ses deux fleuves qui représentent l'Escaut et la Lys par Paoli d'Anvers, et son Neptune de Gery Helderemberg, ne manque pas d'un certain grandiose qui, au grand jour, doit faire place à du maniéré. Il est vrai qu'on perdra les quatre vers latins inscrits dans la frise, et qu'on quittera la place sans savoir que

« La Lys transporte les marchandises que l'Artois envoie, et laisse briller le poisson dans ses eaux tranquilles (1). »

Et que

« L'Escaut arrose le Hainaut et traverse Gand pour aller jeter dans la mer ses eaux rapides (2). »

Mais c'est un malheur dont on se consolera facilement, pour peu que l'on ait lu les quatre premières pages de la géographie de l'enfance.

(1) Lysa vehit merces quas nunc Artesia mittit,
Et placido gaudens flumine pisce scatet.

(2) Hannoniæ servit Scaldis Gandamque secando
In mare festinans volvere pergit aquas.

On va du marché au poisson à la rue du Bourg, par un pont qui porte encore aujourd'hui le nom du pont de la Décollation ; ce nom perpétue une tradition populaire qui ne fait pas honneur à la piété filiale gantoise. En 1371, un citoyen ayant été condamné à mort pour un crime politique, et le bourreau étant mort le jour même où devait avoir lieu l'exécution, les magistrats se trouvèrent fort embarrassés pour donner cours à la justice. En conséquence ils firent publier que si quelque amateur désirait trancher une tête, non-seulement il serait bien venu, mais encore recevrait bonne récompense. L'amateur ne se fit pas attendre : c'était le fils du condamné ; heureusement Dieu ne permit pas qu'un si horrible homicide s'accomplit ; l'épée du fils en touchant le cou du père se brisa par miracle en mille morceaux. Les magistrats firent grâce au patient; quant au bourreau, il reçut la récompense promise, mais il fut chassé de la ville.

Deux choses éternisaient le souvenir de ce miracle : l'une est un tableau de la plus vieille école allemande, que l'on voit encore aujourd'hui à l'hôtel de ville, et qui représente le fils levant son épée sur la tête du père ; l'autre était un groupe de bronze, qui, placé sur le pont même, y resta jusqu'en 1794, époque à laquelle il disparut pour retourner à la fonderie.

Je revins à l'hôtel par le quai aux Herbes, afin de voir la maison des bateliers, charmante bâtisse du XVIe siècle, située juste en face du palais du comte d'Egmont.

Je croyais avoir visité tout ce que Gand renferme de remarquable, lorsqu'en faisant ma liste de curiosités à mon hôtesse, elle me demanda si j'avais vu une école de serins. Je la fis répéter deux fois croyant avoir mal entendu, ou que *serin* était un mot flamand ayant une signification toute particulière et représentant quelque partie éducable de la société ; mais mon hôtesse, toute blessée de l'idée que j'avais pu avoir que les Belges, dont une des prétentions les plus enracinées est de parler le français mieux qu'en France, avaient pu glisser un mot patois dans notre langue, m'expliqua qu'il était bel et bien question du petit oiseau jaune que l'on croit à tort originaire des Canaries, et dont la vraie patrie est la Hollande. En effet, cette remarque ornithologique fut un trait de lumière pour moi, et je me rappelai avoir vu à Paris les serins hollandais qui dansaient sur la corde, tiraient le canon, faisaient l'exercice, fusillaient un de leur camarade qui avait déserté, et le portaient ensuite en terre avec autant de gravité qu'aurait pu le faire une confrérie de pénitens.

Je demandai donc à mon hôtesse si l'institution que j'avais eu le malheur d'oublier était un établissement de ce genre : mais alors elle m'apprit que, dans la ville de Gand, ce n'était point les qualités physiques des serins que l'on cherchait à développer, mais bien au contraire leurs facultés morales, que l'on exaltait en ornant leur mémoire d'une foule d'airs de serinette qui en faisaient les oiseaux les plus instruits, musicalement parlant, du monde connu. En effet, il y a tel de ces élèves, qui, en sortant du Conservatoire, sait jusqu'à trente ou quarante airs différens qu'il va ensuite répéter dans les quatre parties du monde. Un des conseillers municipaux de la ville possédait, au reste, ajouta mon hôtesse, la plus belle institution de ce genre qui se pût voir ; et avait souvent jusqu'à cinquante ou soixante écoliers auxquels il donnait les soins les plus touchans. Ces soins, au reste, font d'autant plus honneur à ceux qui s'y consacrent, qu'ils changent entièrement leurs habitudes. Ainsi, le vénérable conseiller municipal, au lieu de s'amuser le soir avec ses amis, soit dans quelque café de la ville, soit dans quelque réunion particulière, et de s'aller paisiblement coucher ensuite, dès que la brume venait, quittait tout pour sa serinette, et s'en allait de cage en cage réveillant ses serins, et leur jouant quelquefois vingt ou vingt-cinq fois le même air, de sorte qu'il ne se couchait qu'au jour. Les affaires municipales souffraient bien un peu de ce dévouement nocturne à la mélodie; mais la ville avait pensé que le lustre qui ressortait pour elle d'un pareil institut compensait bien, et au-delà, le tort que pouvait lui faire l'absence des lumières administratives de son conseiller, qui dormait en général d'un bout à l'autre des délibérations, et ne se réveillait que pour voter ; de sorte qu'au lieu de tracasser l'instituteur, elle lui avait alloué, pendant trois années de suite, le grand prix fondé pour l'éducation des serins, et qui se montait à cinq cents florins.

Cette récompense avait encouragé l'instituteur à un tel point, qu'il n'avait pas désespéré, après avoir fait chanter ses élèves, de les faire parler. En effet, au moment du mariage du roi Léopold, il pensa, comme le cordonnier de Rome, à apprendre à l'un de ses oiseaux quelque maxime ou quelque proverbe approprié à la circonstance. Mais après avoir feuilleté La Rochefoucault et Don Quichotte, n'ayant rien trouvé, il résolut, n'étant point étranger aux belles-lettres et ayant été dans sa jeunesse professeur de français, de faire lui-même un distique qui exprimât aux nouveaux époux les sentimens joyeux qu'il éprouvait en les voyant unis. Il se mit donc à l'œuvre : au bout de huit jours le distique était fait, et au bout de deux mois l'animal intelligent le répétait comme une personne naturelle. Voici ce distique, aussi remarquable par les sentimens patriotiques qu'il renferme que par la richesse de sa rime :

Que Bruxelles se réjouisse,
Léopold épouse Louisse.

Le serin fut présenté à Leurs Majestés, qui rirent beaucoup, mais ne l'achetèrent point.

Le conseiller municipal, furieux, le vendit à un Anglais, moyennant la somme de dix guinées, et dégoûté par cette expérience, il en revint vis-à-vis de ses écoliers à la seule musique instrumentale, qu'il continue de leur enseigner avec le plus grand succès.

BRUGES.

Bruges a reçu son nom, à ce qu'on assure, du mot *Brug*, qui, en flamand, veut dire pont. En effet, tout bien compté, la ville en possède, je crois, cinquante-six, ce qui me paraît fort suffisant pour une population de 42.000 âmes.

Elle a en outre sept portes, huit places publiques et deux cents rues. Aussi maître Adrien Barland, professeur d'éloquence à Louvain, où il est mort en 1542, a-t-il dit :

« *Pulchra sunt oppida Gandavum, Antverpia, Lovanium, Mechlina, sed nihil ad Brugas.* »

Ce qui signifie :

« Gand, Anvers, Louvain et Malines sont de belles villes, mais rien en comparaison de Bruges. »

En effet, à l'époque où le bon docteur écrivait cet éloge pompeux, c'est-à dire sous le règne de Philippe le Bon, Bruges était non-seulement une des plus belles, mais encore une des plus riches villes du monde. La seule corporation des tisserands comptait cinquante mille hommes, c'est-à-dire huit mille de plus que ne fait aujourd'hui la population tout entière, et du temps de Guicciardini, quoique Bruges fût déjà en décadence, on y trouvait 68 métiers ou corporations différentes. Ajoutez à cela une puissante bourgeoisie qui fit plus d'une fois trembler non-seulement ses comtes, mais encore les rois de France, nombre de familles nobles, dix-sept maisons consulaires des principales nations de l'Europe, une population flottante de négocians étrangers qui affluaient de toutes les parties du globe, et on aura une idée de ce qu'était la capitale des Flandres à une époque où Jean de Bourgogne, ayant été fait prisonnier et mis à rançon pour 200,000 ducats, un simple négociant de Bruges, nommé Dénas de Rapondis, fut accepté pour sa caution. Au reste, cent cinquante ans plus tard, un exemple non moins curieux de cette prospérité commerciale était donné à Gand. Charles-

Quint, ayant besoin de deux millions de florins, les emprunta à un négociant nommé Deans, et le jour même de l'emprunt il lui fit dire qu'en signe de remerciment il irait dîner avec lui. Le négociant donna à l'empereur un repas splendide, et au dessert déchira l'obligation de Charles-Quint.

— Sire, lui dit-il en lui passant les morceaux sur une assiette, ce n'est pas trop cher que de payer deux millions de florins l'honneur que Votre Majesté m'a fait aujourd'hui.

Monsieur de Rostchild n'est pas encore de cette force : il est vrai que les rois ne viennent pas dîner chez lui, mais il va dîner chez les rois, ce qui revient à peu près au même.

Ce fut Beaudoin Bras de Fer qui, en 865, fit de Bruges la capitale de la Flandre en la choisissant pour son séjour. Devenu le mari de Judith, fille de Charles le Chauve, il reçut du roi des Francs ce comté qui, jusqu'alors, avait été régi par des gouverneurs amovibles, à titre de souveraineté héréditaire.

Beaudoin le Chauve fit entourer Bruges de murs, et construisit quatre portes.

Beaudoin le Jeune y établit des foires et accorda de grands priviléges aux marchands.

Beaudoin à la Belle Barbe acheva les murailles et institua pour administrer la ville treize échevins, et plusieurs autres conseillers qu'il prit dans la bourgeoisie et dans les grands et petits métiers.

Puis vint Beaudoin à la Hache, ainsi nommé parce qu'il avait l'habitude de se servir, au lieu d'épée, d'une hache pesant trente livres.

C'était un sévère justicier que celui-là : aussi la réforme de presque tous les abus, et la punition de tous les crimes datent de lui. Voici deux exemples de la manière dont il faisait justice :

Trois marchands de bijoux et de parfums, qu'à leur costume on pouvait reconnaître pour des Orientaux, se rendaient, en l'an 1112, à une foire qui devait avoir lieu à Thourout, et s'étaient arrêtés à l'hôtel de la Croix-d'Or. Il arriva qu'au même hôtel était logé, avec quelques-uns de ses amis, monseigneur Henry de Calloo, un des plus riches et des plus nobles seigneurs du pays de Waës, lequel venait justement de perdre au jeu des sommes énormes, que, si riche qu'il fût, il ne savait comment payer; de sorte que le diable le tenta, et que voyant les marchands et leurs splendides marchandises, l'idée fatale lui vint de s'emparer de leurs bijoux et de leur argent.

Lorsque les marchands furent prêts à partir, ils envoyèrent en avant des serviteurs avec charge de leur préparer leurs logemens; puis ne pensant point qu'ils eussent quelque chose à craindre, ils quittèrent Bruges deux heures après leurs messagers.

Henri de Calloo et ses amis leur laissèrent prendre les devans, puis les ayant rejoints au moment où ils traversaient un bois, ils tombèrent sur eux, les assassinèrent; et ayant traîné leurs cadavres dans le fourré, ils s'emparèrent de tout l'or et de tous les bijoux que les malheureux marchands avaient avec eux.

Cependant les serviteurs, après avoir tout préparé pour l'arrivée de leurs maîtres, étaient venus les attendre à la porte de la ville. Comme le temps s'écoulait et que les marchands n'arrivaient pas, ils commençaient à prendre quelques inquiétudes, lorsqu'ils virent venir Henry de Calloo et ses compagnons; ils allèrent aussitôt au-devant d'eux pour leur demander si, comme ils étaient bien montés, ils n'avaient point rencontré et dépassé leurs maîtres; mais les seigneurs flamands répondirent d'un air parfaitement naturel qu'ils ne comprenaient rien à cette demande, attendu que les marchands, étant partis bien avant eux de Bruges, devaient être arrivés à Thourout à cette heure.

Cette réponse redoubla les craintes des valets, qui alors se séparèrent. Trois restèrent à la porte de la ville, et trois reprirent le chemin de Bruges. Arrivés au bois, ces derniers virent la terre toute teinte de sang; ils suivirent la trace qu'il avait laissé, et à quelques pas sous le bois, ils trouvèrent les trois cadavres : alors, sans perdre un instant, sans même les faire transporter, ils se rendirent, toujours courant, à Wynendaele, où était le comte, pour lui dénoncer le crime et lui en demander vengeance.

Beaudoin les écouta avec l'attention et la gravité que réclamait une pareille dénonciation; puis, lorsqu'ils eurent achevé leur récit et qu'il leur en eut fait détailler toutes les circonstances, il leur demanda s'ils n'avaient pas eux-mêmes quelques soupçons sur les auteurs de ce meurtre. Les pauvres serviteurs se regardèrent en tremblant et sans oser répondre; mais interrogés de nouveau et d'une manière plus pressante par le comte, ils répondirent que les seules personnes sur lesquelles pouvaient s'arrêter leurs soupçons, si toutefois ils osaient soupçonner de puissans seigneurs, étaient Henry de Calloo et ses deux compagnons.

L'accusation était d'autant plus grave qu'elle menaçait des personnages plus élevés; Beaudoin alors ordonna que les dénonciateurs fussent gardés à vue dans un château, tandis que lui se rendrait seul à Thourout; en effet, il fit seller son cheval, et sans dire à personne où il allait, sans permettre à personne de l'accompagner, il partit au galop. Au reste, comme on avait l'habitude de lui voir faire de ces expéditions solitaires, et que tant qu'il avait sa hache avec lui personne n'était inquiet; ses serviteurs le regardèrent s'éloigner en disant entre eux :

— C'est bon, demain nous entendrons raconter quelque chose de nouveau.

En traversant la grande place de Thourout, Beaudoin aperçut un grand rassemblement de peuple qui commençait à se retirer; c'est que sur cette place même on venait d'exécuter deux faux monnayeurs, de sorte que les cuves remplies d'huile bouillante où on les avait jetés étaient encore là. Beaudoin en passant ordonna qu'on refît du feu sous les cuves, afin que l'huile se maintînt à un degré d'ébulition convenable, et continua son chemin.

Arrivé à l'auberge où logeait Henry de Calloo et ses deux compagnons, il se fit reconnaître par l'hôte, et comme ils étaient sortis, il monta avec lui dans leur chambre : leurs coffres étaient à terre et fermés à clef. Le comte ordonna d'en briser les serrures, et l'on y retrouva les bijoux des marchands.

Aussitôt Beaudoin fit arrêter Henry de Calloo et ses deux complices, et les ayant fait amener sur la place publique où il les attendait, il les interrogea avec une telle sévérité, que, grâce aux preuves que le comte avait déjà entre ses mains, ils n'osèrent pas un seul instant nier leur crime.

A peine l'aveu fut il fait, que, sans leur donner le temps de prendre aucune disposition, le comte les fit saisir tout habillés et tout armés comme ils étaient, et les fit jeter dans les cuves, à la vue du peuple, qui eut ainsi dans la même journée deux spectacles pour un.

Un autre jour, Beaudoin venait de tenir l'assemblée de ses États à Ypres, et comme c'était une grande cérémonie, pour lui donner plus d'éclat encore, il avait ce jour-là fait six chevaliers, tous six appartenant aux plus nobles familles de Flandre, lesquels avaient, selon le serment habituel, juré protection aux faibles, aux veuves et aux orphelins, moyennant quoi Beaudoin leur avait donné l'accolade de sa propre main.

La cérémonie achevée, Beaudoin était reparti pour son château accompagné des nouveaux chevaliers qu'il avait faits, lorsqu'en traversant la forêt même où il était situé, ils remarquèrent tous les apprêts d'une fête; ils s'arrêtèrent un instant et virent effectivement venir un cortége de paysans accompagnant deux nouveaux époux. Beaudoin s'avança vers la mariée, qui était charmante, et tirant une bague de son doigt : « Puisque le hasard m'a conduit sur votre chemin, lui dit-il, que ce hasard soit pour vous une providence; si vous avez jamais besoin de moi, envoyez-moi cette bague et réclamez mon assistance, elle ne vous manquera point. » A son exemple, chacun des chevaliers qui le suivait fit un cadeau à la jeune fille, et la cavalcade seigneuriale reprit le chemin du château.

La bague qui devait être envoyée à Beaudoin en cas de détresse ne se fit pas attendre. Au milieu de son premier sommeil, le comte fut réveillé par un de ses écuyers, qui, lui montrant la bague, lui dit qu'un paysan tout haletant et couvert de poussière venait de l'apporter de la part de la mariée de la forêt. Beaudoin ordonna aussitôt que le paysan fût introduit : c'était le frère de l'époux.

La mariée avait, comme on la conduisait à la maison nuptiale, été enlevée par les six nouveaux chevaliers. L'époux et ses amis avaient voulu faire résistance, mais comme ils étaient sans armes, ils avaient été repoussés ; deux ou trois paysans avaient même reçu des blessures assez graves, si bien que la pauvre jeune fille n'avait eu que le temps de jeter l'anneau en criant à son mari : « Porte cette bague au comte Beaudoin. » Mais le mari, qui voulait se venger lui-même, avait donné la bague à son frère, en le chargeant de la commission ; et, appelant tout le village à son aide, il s'était préparé à poursuivre les ravisseurs.

Beaudoin ne voulait pas croire à une telle audace ; il monta lui-même aux chambres des chevaliers et les trouva vides ; il interrogea la sentinelle qu'on venait de relever, et la sentinelle lui dit qu'effectivement les six chevaliers étaient sortis il y avait une heure et demie à peu près.

Le comte revint au petit paysan, et lui demanda de quel côté s'étaient dirigés les ravisseurs. Le paysan répondit qu'ils avaient pris le chemin de la Maison-Rouge. Or, la Maison-Rouge était un cabaret fort mal famé, situé aux environs du château, si bien que Beaudoin, ne doutant plus que les coupables fussent là, ordonna à dix de ses hommes d'armes de s'armer le plus promptement possible et de l'y rejoindre avec des clous et des cordes. Quant à lui, il sauta sur le premier cheval venu, et, sa hache à la main, se dirigea vers la taverne suspecte.

A peine fut-il arrivé en vue de la Maison-Rouge, que Beaudoin fut convaincu qu'il ne s'était point trompé. Le premier étage, brillamment éclairé, retentissait d'éclats de rires, de jurons et de blasphèmes, tandis que le rez-de-chaussée était obscur, muet et solitaire. Beaudoin mit pied à terre, attacha son cheval à un des anneaux du mur et frappa à la porte. Mais au bout de trois fois, voyant que personne ne lui venait ouvrir, il l'enfonça d'un coup de pied et entra.

Ce rez-de-chaussée était en effet solitaire et obscur, mais guidé par les voix qu'il entendait, Beaudoin se dirigea vers l'escalier, le monta à tâtons, et se trouva bientôt à la porte de la chambre d'où sortait tout le bruit. La clef était à la serrure, car les chevaliers se croyaient suffisamment protégés par les précautions qu'ils avaient prises au rez-de-chaussée ; de sorte que Beaudoin ouvrit la porte sans difficulté, et jetant un coup d'œil rapide sur la chambre, il aperçut la jeune fille fortement garrottée, tandis que ses ravisseurs jouaient aux dés à qui elle appartiendrait.

L'apparition de Beaudoin fut un coup de foudre pour les coupables. Ils poussèrent un cri de terreur auquel la jeune fille répondit par un cri de joie ; puis aussitôt voyant aux regards que Beaudoin jetait sur eux qu'ils étaient perdus s'ils ne fuyaient au plus vite, ils s'élancèrent vers l'escalier ; mais le comte se plaça devant la porte sa hache à la main, menaçant de fendre la tête au premier qui ferait un mouvement. Tous demeurèrent immobiles.

En ce moment Beaudoin vit au dehors la lumières des torches et entendit le galop des chevaux : c'étaient ses hommes d'armes qui arrivaient.

— Ici, leur cria Beaudoin ; ici.

Et ils entrèrent par la porte brisée, montèrent l'escalier et parurent derrière le comte.

— Avez-vous les clous et les cordes ? demanda Beaudoin.

— Oui, monseigneur, répondit le brigadier.

— En ce cas, répondit Beaudoin, enfoncez six clous dans cette poutre, et préparez six cordes.

Les chevaliers pâlirent, car ils virent bien que tout était fini pour eux. Alors ils commencèrent les uns à demander grâce, et les autres à se confesser tout haut ; mais Beaudoin, sans les écouter, pressait la besogne, de sorte qu'au bout de quelques minutes les clous furent plantés et les nœuds coulans en état.

Alors il fit apporter un banc au-dessous des cordes, et ordonna aux six chevaliers de monter sur le banc. Les uns obéirent avec résignation, les autres voulurent faire résistance ; mais il en fut des uns comme des autres. Au bout d'un instant, les six chevaliers avaient la corde autour du cou. Beaudoin jeta un dernier coup d'œil sur eux, pour voir si tout était bien en ordre ; puis, satisfait de l'inspection, il repoussa le banc d'un coup de pied, et les six chevaliers se trouvèrent bien et dûment pendus.

En ce moment on entendit un grand bruit ; c'était le marié qui arrivait avec tous les jeunes gens du village armés de pioches et de fourches. Beaudoin les fit entrer tous dans la chambre, et leur montra d'un côté la jeune fille qu'il rendait à son époux pure comme on la lui avait enlevée, et de l'autre les coupables déjà punis.

La justice du comte avait marché d'un pas plus rapide que la vengeance du mari.

Beaudoin mourut, laissant en récompense des grands services qu'il avait rendus aux chrétiens en Palestine, sa comté de Flandres à Charles de Danemarck, qu'on appela depuis Charles le Bon, et qui était fils de saint Canut et d'Adèle de Frise.

Charles le Bon ne démentit point l'origine paternelle. Fils de saint, il mena une sainte vie ; fils de martyr, il mourut par le martyre.

Beaudoin punissait selon son caprice et sa volonté ; Charles le Bon fit des lois afin que le coupable sût d'avance, en commettant le crime, à quel châtiment il s'exposait. Pendant deux années de stérilité, il nourrit les indigens de son propre trésor, et, dans la ville d'Ypres, distribua lui-même, en un seul jour, sept mille huit cents pains. Il avait une telle réputation de sagesse, que Beaudoin II ayant été fait prisonnier, on lui offrit le trône de Jérusalem, et que Henri V étant mort, on voulut le faire empereur.

Mais ces mêmes vertus qui le faisaient adorer du peuple le faisaient haïr des grands, aux brigandages desquels il s'opposait. Parmi ceux-ci étaient Berthoul van Straten, qui avait usurpé la prévoté de Bruges, à laquelle le titre de chancelier de Flandre était attaché, et Bouchard, maire de Bruges, son neveu. Or, Berthoul ayant amassé de grandes richesses sous les comtes précédens, possédait de vastes terres et avait quantité de parens, d'amis et de vassaux ; si bien que, quoique sa famille fût originairement de condition servile, son origine était à peu près oubliée, et non-seulement il allait de pair avec les plus grands seigneurs, mais encore, par sa puissance et sa richesse, il était le premier après le comte.

Donc, comme il était au plus haut degré de sa fortune, il arriva qu'un gentilhomme de très grande famille, qui avait épousé une de ses nièces, eut un différend avec un noble, et, ayant été insulté par celui-ci, l'appela en duel juridique pardevant le comte ; mais le noble répondit dédaigneusement qu'il ne se battait pas avec un homme qui s'était dégradé lui-même en épousant une fille de condition servile. Comme telle était la loi du pays, une enquête fut entreprise par Charles le Bon lui-même, qui, ayant reconnu la vérité de l'accusation, accepta la validité de l'excuse : ce noble fut donc dispensé de répondre au défi du neveu de Berthoul.

Cette injure rejaillissait en plein visage du prévôt, qui, attribuant le jugement du comte à la haine et non à la justice, résolut de se venger. En effet, il assembla ses plus proches pendant une nuit et dans sa maison ; puis là, il fut convenu que le lendemain on assassinerait le duc Charles au moment où il ferait sa prière dans l'église de Saint-Donatien.

Cependant, si secret qu'avait été tenu le complot, quelques mots dits en se retirant par un des conjurés avaient suffi à un domestique pour comprendre qu'il se tramait quelque chose contre son seigneur. Aussi, au point du jour, étant sorti de l'hôtel du prévôt, il se rendit au palais et demanda à parler au comte. Comme le comte était accessible à toute heure du jour et de la nuit, on le fit entrer, et alors sans lui nommer son maître ni sans pouvoir lui dire ce qu'il ignorait lui-même, c'est-à-dire le jour et la façon dont le complot devait être exécuté, il le prévint cependant qu'il était en danger de mort.

— Hélas ! dit le comte au serviteur, nous sommes toujours

en danger ; mais il suffit que nous appartenions à Dieu au moment où la mort nous frappe.

Et, selon son habitude, le bon comte descendit pieds nuds dans la cour pour faire l'aumône aux pauvres : puis leur ayant baisé les mains en signe d'humilité, il se rendit à l'église, où, tandis que les chapelains chantaient prime et tierce, il se mit en prières devant l'autel de la Vierge, et après de nombreuses génuflexions, se prosterna sur le pavé pour dire les sept psaumes de la pénitence, ayant près de lui dans une petite sébile des pièces de monnaie que son chapelain y avait mises, afin, qu'ainsi qu'il y était accoutumé, il pût faire l'aumône tout en priant Dieu.

Cependant les conjurés, avertis que le comte était à l'église, s'acheminèrent vers Saint-Donatien, portant des épées nues sous leurs manteaux. Ils étaient six sans compter Berthoul et Bouchard, et s'approchèrent du comte qu'ils enveloppèrent sans qu'il s'en aperçût. En ce moment, une vieille femme lui demandait l'aumône, et le comte, sans regarder de son côté, étendait la main vers elle pour lui donner une petite pièce de monnaie ; alors Berthoul, donnant le signal du meurtre, tira son épée de dessous son manteau, et d'un coup sépara la main du corps. Le comte jeta un cri et leva la tête ; au même instant, Bouchard le frappa si violemment qu'il lui enleva le crâne et le fit sauter avec une partie de la cervelle sur le pavé. Aussitôt, quoique ces deux blessures fussent déjà plus que suffisantes, les autres revinrent sur le corps qui n'était déjà plus qu'un cadavre, et le percèrent et taillèrent de plus de vingt coups d'épée.

Ainsi mourut Charles le Bon, comte de Flandre, le mercredi de la seconde semaine de carême, le deuxième jour du mois de mars de l'année 1127.

Louis le Gros se chargea de la vengeance : Le prévôt fut attaché à une potence, ayant au-dessus de la tête un chien que l'on irritait sans cesse, et qui lui dévora le visage ; le maire fut couché sur une roue qu'on éleva à une hauteur de cinquante pieds, et tout percé de flèches et de traits d'arbalète qu'on lui tirait d'en bas. Les autres complices furent précipités du haut d'une tour.

Vers ce temps furent élevés à Bruges le couvent et l'église de Sainte-Godelièvе. Voici à quelle occasion.

Godelièvе, fille de Humfrid et d'Ogera, avait été mariée à l'âge de seize ans à Berthulfe, seigneur de Ghistelle, dont elle avait supporté les mauvais traitemens avec une religieuse patience, lorsqu'enfin, poussée à bout, elle parvint à s'échapper du château du comte et à regagner la maison de son père.

Beaudoin, le sévère justicier, fit venir le comte de Ghistelle, et lui ordonna de reprendre sa femme, et de la traiter avec tous les égards qu'il devait à une fille noble et à une épouse vertueuse. Les jugemens de Beaudoin, comme on le sait, étaient sans appel ; d'ailleurs celui-là, grâce à l'intercession de Godelièvе, n'avait pas été bien sévère. Le comte de Ghistelle résolut donc de s'y conformer, et reprit sa femme, pour laquelle son antipathie redoubla en raison de l'affront qu'il prétendait avoir reçu à cause d'elle ; mais cependant, à compter de cette heure, elle a cessé d'avoir à se plaindre directement de lui.

Sur ces entrefaites, Beaudoin mourut, et Charles le Bon monta sur le trône.

Alors Berthulfe pensa que le moment d'accomplir sa vengeance était arrivé, et il chargea deux de ses serviteurs, nommés Hacca et Lambert, de le débarrasser de sa femme, pendant le premier voyage qu'il ferait à Bruges.

Le samedi suivant, Bertulfe annonça tout haut au souper qu'il partait dès le lendemain matin pour la capitale de la Flandre. Hacca et Lambert échangèrent entre eux un regard ; puis, lorsque le comte se leva de table :

— Monseigneur, lui dirent-ils, vous serez obéi ; mais donnez-nous votre anneau en signe que vous nous transmettez votre puissance. Bertulfe, sans répondre, tira son anneau de son doigt, et le laissa tomber à terre comme par accident : Hacca le ramassa et le passa au sien.

Le lendemain, pendant la nuit, les deux meurtriers frappèrent à la chambre de Godelièvе comme elle allait se coucher.

Alors elle leur demanda qui ils étaient et ce qu'ils voulaient.

— Nous venons de la part du comte, répondirent ils, et nous avons charge de vous conduire à l'instant même près de lui.

— Montrez-moi quelque signe qui indique que vous me dites la vérité, répondit Godelièvе, et je suis prête à vous suivre.

Alors ils passèrent sous la porte la bague du comte, et Godelièvе, n'ayant rien à répondre à cette preuve irrécusable, ouvrit la porte en leur disant qu'ils n'avaient qu'à la conduire où le bon plaisir du comte était qu'elle fût menée.

Elle descendit donc, et suivit sans résistance les deux hommes, qui la conduisirent, par une poterne dont ils avaient la clef, hors du château. Arrivés là, ils prirent un sentier qui conduisait à une forêt. Dès lors, Godelièvе vit bien que sa mort était résolue ; mais songeant en même temps que toute résistance était inutile, elle se décida à mourir chrétiennement, et continua de marcher entre ses deux guides en priant tout bas.

Arrivés à un carrefour de la forêt où était une petite chapelle, au pied de laquelle coulait une source, Godelièvе demanda à s'agenouiller un instant devant l'image de la Vierge, ainsi qu'elle avait l'habitude de le faire chaque fois qu'elle passait en cet endroit. Hacca et Lambert le lui permirent, et tandis qu'elle était à genoux et priant, ils préparèrent le lacet avec lequel ils devaient l'étrangler ; si bien que, lorsqu'ils virent que sa prière touchait à sa fin, ils lui jetèrent le lacet autour du cou, et tirèrent de toutes leurs forces afin de la mettre à mort. Mais voyant que, malgré leurs efforts, l'agonie de la pauvre femme était si longue qu'ils s'en effrayaient eux-mêmes, ils la traînèrent jusqu'à la source, et lui plongèrent la tête dans l'eau jusqu'à ce qu'elle fût à la fois noyée et étranglée. Alors ils la prirent dans leurs bras, la reportèrent au château, rentrèrent par la poterne, et la suspendirent aux barreaux de la fenêtre, afin que l'on crût que, lassée de la vie, elle s'était étranglée elle-même.

En effet, quand le lendemain au matin la suivante de Godelièvе entra dans sa chambre, elle ne fit aucun doute que sa pauvre maîtresse, dont elle connaissait les chagrins, n'eût mis elle-même un terme à sa propre vie, et elle redescendit en pleurant annoncer cet événement à toute la maison. Aussitôt Lambert monta à cheval pour aller, disait-il, faire part de cette nouvelle terrible à son maître, tandis que Hacca restait au château pour faire tous les préparatifs de l'enterrement de la comtesse.

Le soir, Berthulfe arriva. La comtesse était déjà couchée dans son cercueil, et cependant, comme s'il doutait encore de la perte qu'il avait faite, il voulut voir le cadavre, et étant entré dans la chambre, il s'approcha de la bière. Au même instant, du cercle bleuâtre que la corde avait tracé autour du cou de la victime, le sang jaillit avec une telle violence, que le comte mit sa main devant son visage pour s'en garantir. Certain alors qu'elle était bien morte, il donna l'ordre qu'elle fût enterrée avec toute la pompe qui appartenait à son rang.

Le comte porta le deuil un an ; puis, au bout de cette année, il se remaria, et de cette nouvelle liaison une fille lui naquit d'une merveilleuse beauté ; mais bientôt on s'aperçut, quoiqu'elle eût des yeux magnifiques, et que ces yeux fussent tout grands ouverts, que la pauvre enfant était aveugle.

Comme la nouvelle châtelaine de Ghistelle adorait la petite Ethelinde, on fit venir de tous côtés des mires et des médecins ; mais toute la science humaine échoua, comme si les yeux de la jeune fille étaient scellés du sceau divin.

Ethelinde grandit et atteignit ainsi l'âge de neuf ans, recevant une éducation religieuse, et, quoiqu'elle continuât d'être aveugle, allant par tous les environs du château suivie de sa nourrice, qui était restée auprès d'elle, et qui s'émerveillait sans cesse qu'un enfant qui ne voyait pas clair pût aller ainsi par tous les chemins. Un de ceux qui lui étaient familiers, au reste, était celui de la Vierge du bois; c'était là que, presque tous les matins et tous les soirs, la petite Ethelinde, qui avait pris cet endroit en affection, venait faire sa prière. Son père, au contraire, qui savait que c'était là que sa femme avait été étranglée et noyée, ne passait jamais devant la chapelle et la source qu'au grand galop de son cheval, et sans même regarder de leur côté.

Il advint qu'un jour que la jeune fille priait agenouillée devant la chapelle, elle entendit le galop d'un cheval, et reconnut que ce cheval était celui de son père. Elle se retourna, en conséquence, au moment où il passait pour le saluer de la tête; mais Berthulfe, au lieu de s'arrêter, pressa le pas, de sorte que, comme il avait plu pendant la nuit, le cheval, avec ses pieds de derrière, envoya de la boue au visage de l'enfant.

Ethelinde alors se leva, et, sans même appeler sa nourrice, qui était à quelques pas d'elle, elle se dirigea vers la source, et s'étant penchée sur son bord, elle prit de l'eau dans le creux de sa main et se lava le visage.

Tout à coup elle poussa un cri de joie. L'eau miraculeuse, en touchant ses yeux, en avait fait tomber le voile qui les couvrait. Ethelinde n'était plus aveugle.

L'enfant revint toute courante au château et alla se jeter dans les bras de la comtesse en criant :

— Ma mère! je te vois.

Le bruit de ce miracle se répandit. On sut par quel hasard il s'était fait et quelle cause l'avait produit. Les aveugles des environs se firent conduire à la source, et à peine l'eau sainte eut-elle touché leurs yeux que tous furent guéris.

Mais celui sur qui ce prodige fit la plus vive impression, fut Berthulfe lui-même. La sanctification de cette eau qui était un secret pour tout le monde, n'en était pas un pour lui, car c'était dans cette eau que Godelieve avait rendu le dernier soupir.

Un jour, il monta donc à cheval, et s'en étant allé à Bruges, il se jeta aux pieds de Charles le Bon, lui avoua tout, et lui demanda seulement grâce de la vie, afin qu'il eût le temps de sauver son âme par la prière et par les bonnes œuvres. Charles le Bon y consentit, et le même jour, moins un douaire pour la comtesse et une dot pour Ethelinde, le châtelain de Ghistelle fit l'abandon de tous ses biens pour l'établissement d'un couvent de religieuses et pour l'érection d'une église.

Quant à lui, il prit l'habit monastique dans l'abbaye de Bergues, où il mourut.

Ce fut quelque temps après la consécration de cette jolie église, que Thiéry d'Alsace rapporta de la Terre-Sainte, et déposa dans la chapelle de Saint-Basile-sur-le-Bourg, une portion du sang de Notre Seigneur Jésus-Christ, qu'il avait reçue du patriarche de Jérusalem comme récompense de son courage.

La partie inférieure de la chapelle où il fut déposé existe encore aujourd'hui, et l'on y trouve dans une crypte un bas-relief curieux comme monument de l'art byzantin, lequel représente le baptême de Notre Seigneur Jésus-Christ.

La partie supérieure remonte à 1533. La date en est précisée par une pierre de la façade où se trouve le millésime. Au reste, pour les amateurs de gothique, elle n'eût point fait de doute; son ornementation ayant toute la grâce, toute la ténuité et toute la souplesse particulière à l'architecture du commencement du XVIe siècle.

Le dernier maire de Bruges se disposait, en 1810, à faire démolir le chef-d'œuvre du moyen-âge, lorsqu'heureusement Napoléon, qui se trouvait en ce moment dans la ville, s'opposa à ce meurtre, en disant que la chapelle du Saint-Sang, avec sa tourelle gracieuse et élancée, lui rappelait les édifices de la Syrie. Ainsi quand Napoléon ne pouvait pas fonder il conservait.

Quant aux fonctions du Saint-Sang à Bruges, ce sont à peu près celles du sang de saint Janvier à Naples. En 97, il disparut à la grande douleur des Brugeois; mais aussitôt que le calme fut rétabli, celui qui avait fait, au péril de sa tête, ce vol pieux, s'empressa de rendre a relique à la chapelle.

A partir du XIVe siècle commence la grande splendeur de Bruges. En 1393, un tir à l'arc ayant eu lieu à Tournay, 587 tireurs s'y réunirent venant de 48 villes différentes, au nombre desquelles s'était fait inscrire Paris. Les Brugeois n'y remportèrent pas le prix de l'arc, c'est vrai, mais ils y remportèrent celui *de la plus riche tenue.*

En 1429, cette splendeur s'augmenta encore des fêtes que donna, à propos de son mariage avec Isabelle de Portugal, le comte Philippe le Bon.

Ce fut, comme on le sait, au milieu de ces fêtes, et pour venger des plaisanteries des jeunes seigneurs le blond un peu hasardé de sa jeune épouse, que Philippe le Bon institua l'ordre de la Toison d'or.

Ce fut à Bruges aussi qu'eurent lieu les cérémonies du mariage de Charles le Téméraire : Et ce fut à Bruges, où il était entré triomphant, que son cadavre fut rapporté par les soins de Charles-Quint, son petit-fils, en 1550, c'est-à-dire soixante-treize ans après sa mort. Pendant tout cet intervalle, il était resté dans l'église de Saint-Georges à Nancy.

Charles le Téméraire trouva, déjà endormie dans la chapelle où on le conduisait, Marie de Bourgogne, sa fille. On le coucha côte à côte auprès d'elle, et en 1558, Philippe II ordonna qu'un tombeau semblable à celui qui couvrait déjà le corps de la fille et qui lui avait été élevé par ordre de Marie d'Autriche, fut construit pour le père. On trouve dans un compte de 1568 que la dépense de ce tombeau s'éleva à 24.395 florins.

C'est là qu'ils sont encore couchés aujourd'hui, dans la troisième chapelle à droite en entrant. Charles est couvert de sa cuirasse de bataille, ayant la couronne souveraine en tête, l'ordre de la Toison d'or sur sa poitrine, un lion à ses pieds, son casque à sa droite et ses gants à sa gauche avec sa devise qui est bien à la fois celle du héros de Montlhéry et du fou de Morat :

Je l'ay empris (entrepris), bien m'en advienne.

Ce tombeau, l'un des plus magnifiques qui se puisse voir, est tout en cuivre, et la dorure seule a coûté 24,000 couronnes de Brabant; les ornemens sont en argent et en émail, et tout à l'entour sont écussonnées les armes des principales maisons de l'Europe auxquelles il était allié.

Voici l'inscription qu'il porte. Comme on avait doré la statue, on voulut dorer le cadavre :

Ici gist très haut, très puissant et magnanime prince Charles, duc de Bourgogne, de Lothrycke, de Brabant, de Limbourg, de Luxembourg et de Gueldres, comte de Flandres, d'Artois, de Bourgogne, palatin de Haynneau, de Hollande, de Zélande, de Namur, de Zutphen, marquis du Saint-Empire, seigneur de Frise, de Salins et de Malines, lequel étant grandement doué de force, de constance et de magnanimité, prospéra longtemps en hautes entreprises, batailles et victoires, tant à Mont-le-Héry, en Normandie, en Artois, en Liége que autre part, jusqu'à ce que la fortune lui tournant le doz, l'oppressa la nuit des Roys 1476 devant Nancy. Le corps duquel, dépositté audit Nancy, fut depuis, par le très haut, très puissant et très victorieux prince Charles, empereur des Romains, Ve de ce nom, son petit-neveu, héritier de son nom, victoires et seigneuries, transporté à Bruges, où le roy Philippe de Castille, Léon, Arragon et Navarre, fils dudit empereur Charles, l'a fait mettre en ce tombeau à côté de sa fille et unique héritière Marie, femme et épouse de très haut et très puissant prince Maximilien, archiduc d'Autriche, depuis roy et empereur des Romains. — Prions Dieu pour son âme. — Amen.

Près du tombeau du duc Charles s'élève, comme nous l'avons dit, celui de la duchesse Marie. Comme son père, elle est couchée sur son sépulcre transformé en lit d'honneur; comme son père enfin, elle porte le manteau royal et la couronne souveraine. Deux chiens, symbole de fidélité, sont couchés à ses pieds.

Enfin, voici l'épitaphe de la fille, qui ne le cède en rien à celle du père :

Sépulture de très illustre princesse dame Marie de Bourgogne, par la grâce de Dieu archiduchesse d'Autriche, duchesse de Bourgogne, de Lothrycke, de Brabant, de Limbourg, de Luxembourg, de Gueldres, comtesse de Flandres, d'Artois, de Bourgogne, palatine du Haynneau, de Hollande, de Zélande, de Namur et du Zutphen, marquise du Saint-Empire, dame de Frise, de Salins de Malines, femme et épouse de très illustre prince Mgr Maximilien, lors archiduc d'Autriche, et depuis roy des Romains, fils de Frédéric, empereur de Rome, laquelle dame trépassa de ce siècle en laage de 25 ans, le xxviie jour de mars, et demoura d'elle son héritier Philippe d'Autriche et de Bourgogne, son seul fils, en laage de 3 ans 9 mois, et aussi Marguerite sa fille, en laage de quatorze mois et cinq jours. Fut dame des pays dessus quatre ans et neuf mois; fut en mariaze vertueusement et grât amour vescut avec mondict sieur son mary, regrettée, plainte et plorée fut de ses sujetz et de tous autres qui la connaissaint, autant que fut oncques princesse. — Priez Dieu pour son âme. — Amen.

Au mois de mai 1810, Napoléon, cet autre téméraire, se fit ouvrir les portes de la chapelle du duc Charles; et comme s'il eût deviné que, tout au faite de sa gloire qu'il était, lui aussi allait avoir son Morat, son Granson et son Nancy, il laissa pieusement dix mille francs pour être employés aux embellissemens de la chapelle du duc Charles et de la duchesse Marie.

Il est vrai qu'il avait déjà emprunté à cette chapelle son plus bel ornement, dont il avait fait cadeau au musée de Paris. Nous voulons parler de la statue de la Vierge et de l'enfant Jésus, par Michel-Ange.

Voici l'histoire de ce groupe florentin que l'on est tout étonné de retrouver perdu dans les brumes de la Flandre.

L'œuvre du sublime tailleur de marbre était destinée à la ville de Gênes, qui, lorsqu'elle fut finie, l'envoya prendre par un de ses mille vaisseaux; mais comme le vaisseau revenait, il fut capturé par un de ces corsaires hollandais qui couraient alors les mers, portant au haut de leur mât un balai pour pavillon. Le corsaire se crut horriblement volé lorsqu'il vit que le bâtiment génois avait pour toute cargaison une statue de la Vierge; aussi son premier mouvement fut il de la mettre en morceaux et de la jeter à la mer. Néanmoins il réfléchit que, si peu que valût cette image, elle valait quelque chose, et que quelque chose, à tout prendre, valait encore mieux que rien. En conséquence, il revint avec sa prise à Amsterdam, où, grâce à l'esprit artistique des Hollandais, qui était déjà développé à cette époque, il la garda deux ans sans trouver, pendant ces deux ans, un seul amateur. Enfin, un négociant de Bruges, nommé Pierre Mouseron, ayant vu le groupe, eut l'idée d'en faire cadeau à l'église de Notre-Dame.

Comme le corsaire hollandais avait hâte de se débarrasser d'un pareil fond de boutique, il avait, en se remettant en mer, donné ordre à son commettant de s'en défaire à tout prix, de sorte que celui-ci crut avoir fait un excellent marché en prenant au mot le brave négociant de Bruges qui lui en offrait cinquante florins. De son côté, celui-ci voyant la facilité avec laquelle on lui abandonnait la marchandise, se crut volé, et offrit dix florins pour résilier le marché. Mais le commettant tint bon, de sorte que le pauvre Pierre Mouseron se trouva, moyennant cinquante florins, avoir sur le dos, comme on dit en terme de comptoir, un chef-d'œuvre de Michel-Ange. Alors comme il trouva que le cadeau en lui-même était un peu médiocre pour obtenir de l'église ce qu'il en désirait, c'est-à-dire une sépulture dans une de ses chapelles, il s'engagea à faire exécuter à ses frais l'autel en marbre sur lequel serait déposé le groupe. Moyennant cette double promesse, qu'il accomplit religieusement, Pierre Mouseron fut enterré devant l'autel.

Au retour des Bourbons, le groupe de Michel-Ange revint prendre sa place dans la chapelle de Charles le Téméraire.

Mais les temps de prospérité passèrent vite pour la capitale de la Flandre, et avec la réforme religieuse vinrent les dissensions civiles, et à la suite des dissensions civiles la chute du commerce. Or, c'était le commerce qui faisait toute la fortune de Bruges. La ville se trouva donc peu à peu ruinée, et son opulence de quatre siècles disparut en moins de cinquante ans. Depuis lors Bruges la bruyante, tombée dans un morne silence, passa inaperçue à travers les événemens politiques qui se succédèrent : si bien, qu'à part les émeutes qui de temps en temps viennent la galvaniser, elle semble, de l'aveu même d'un de ses habitans (1), une de ces villes des contes arabes où tout semble frappé de sommeil.

Grâce au chemin de fer inauguré depuis trois jours seulement, nous trouvâmes Bruges dans un de ses accès de somnambulisme; nous profitâmes de cette agitation inusitée pour tâcher de découvrir une voiture, des chevaux et un cocher : ce ne fut pas chose facile; mais à force de recherches, aidés par un naturel du pays, nous y parvînmes enfin. Nous fîmes promettre au voiturier que son attelage ne se rendormirait pas pendant la route, et nous partîmes pour Blakenberghe à cette seule intention de jeter un coup d'œil sur l'Océan, que je n'avais pas vu depuis trois ou quatre ans, et dont je commençais à m'ennuyer.

Malheureusement l'Océan n'est pas visible tous les jours. Nous montâmes sur les dunes et nous cherchâmes des yeux; mais il avait mis son voile de vapeurs, et il fallut nous contenter de l'entendre gronder sourdement. Nous sûmes qu'il était toujours à la même place, et cela nous suffit.

Nous dînâmes à Blakenberghe, charmant petit village dans le goût hollandais, et tout entier peuplé de pêcheurs; puis nous revînmes coucher à Bruges.

Le lendemain nous étions de retour à Bruxelles; j'y trouvai une lettre de monsieur Van Praët : le roi, qui avait eu la bonté de s'apercevoir que nous ne nous étions pas rencontrés, m'invitait à dîner le surlendemain à Malines.

C'est qu'il y avait grande fête religieuse le surlendemain dans le chef-lieu du deuxième arrondissement de la province d'Anvers.

On y célébrait le jubilé de 850 ans en l'honneur de Notre-Dame d'Hanswyck.

LE JUBILÉ DE 850 ANS.

J'acceptai l'invitation avec d'autant plus de plaisir que, depuis que j'étais en Belgique, je n'entendais parler que du jubilé de Malines.

Il est juste de dire qu'après Notre-Dame-de-Lorette et Notre-Dame-du-mont-Carmel, Notre-Dame-d'Hanswyck est une des madones les plus vénérées du monde chrétien.

Comme ses rivales, sa première apparition est miraculeuse. Un bateau, d'une forme étrange et inconnue, s'arrêta un jour sur la Dyle; des pêcheurs y descendirent et y trouvèrent la statue de la Vierge, que l'on adore encore aujourd'hui. Cette station indiquait le désir qu'avait la madone qu'on lui bâtit un temple en cet endroit. On n'eut garde d'y manquer, et l'on éleva la première église, qui fut détruite en 1578 et rebâtie en 1676.

Or, il y avait juste, le 15 du mois d'août 1838, huit cent cinquante ans que la Vierge d'Hanswyck avait manifesté d'une manière si évidente sa prédilection pour les habitans de Malines, et le jubilé auquel j'étais invité à assister avait pour but de célébrer ce joyeux anniversaire.

Ce jour-là, il n'était pas question de chemins de fer; il y avait bien des départs de demi-heure en demi-heure, on avait bien augmenté chaque convoi d'une cinquante de voitures; mais, rien qu'à voir la foule qui enveloppait la station, il était facile de comprendre que jamais les départs, si rapprochés et si considérables qu'ils fussent, ne parviendraient à enlever la moitié de cette population qui faisait queue pour l'heure à laquelle je devais être rendu à l'Hôtel-de-Ville. Je pris donc le parti de me mettre tout bonnement en quête d'une voiture, qu'avec beaucoup de peine et moyennant deux louis pour la journée je parvins enfin à trouver.

Il y a quatre lieues de Bruxelles à Malines, et cependant

(1) Octave Delepierre, guide dans Bruges.

toute cette longue route était couverte de piétons, presqu'aussi pressés que le sont les soldats d'un régiment qui défile; hommes et femmes marchant gravement, comme il convient à de véritables Belges, qui croiraient indigne d'eux de s'amuser comme des *Fransche-Padden* ou des *fransquillons*. Aussi, n'y a-t-il pas de danger qu'on les confonde jamais avec les rats de Français, comme les plus polis d'entre eux nous appellent.

Au reste, le coup d'œil du cicerone bruxellois m'avait émerveillé par sa sagacité pendant les deux ou trois jours que j'étais resté dans la capitale de la Belgique. Je ne pouvais pas faire un pas hors de mon hôtel sans être assailli de gens qui offraient, les uns, de me conduire au palais du prince d'Orange, les autres à Sainte-Gudule, ceux-ci à l'Hôtel-de-Ville, ceux-là au jardin de botanique. J'avais beau régler mon pas sur celui de l'indigène qui me précédait, accepter ses façons nationales, et siffler des airs qui n'existent pas, j'étais, je ne sais par quoi, immédiatement dénoncé comme Français. Cela, je l'avoue, m'avait fort humilié : j'avais cru que quand j'avais un pantalon à la cosaque, mes mains dans mes poches, mon ruban de Léopold à la boutonnière, et que je ne parlais pas, j'avais l'air belge aussi bien qu'un autre ; mais sur ce point je reconnus bientôt que je m'étais trompé. Aussi avais je fini par en prendre bravement mon parti, et il y avait déjà deux ou trois jours que je ne cherchais même plus à dissimuler ma nationalité.

Il faut le dire à la louange de ces honnêtes piétons, quoique compatriote des vainqueurs d'Anvers, j'arrivai aux portes de Malines sans avoir été par trop insulté : mais à la porte il me fallut descendre ; il y avait une telle foule, qu'il était défendu aux voitures de circuler.

Je mis pied à terre, et me guidant sur la tour de la cathédrale, l'une des plus belles qui existent, tout inachevée qu'elle est, je parvins enfin à la place de l'Hôtel-de-Ville. La Belgique tout entière semblait s'être donné rendez vous à Malines. J'aurais parié pour 150,000 âmes.

Mais ce qui me restait à faire était bien autrement difficile à accomplir que ce que j'avais fait : quelque célérité que j'eusse mise à me rendre à Malines, j'étais en retard, et je trouvai l'Hôtel-de-Ville défendu par une triple barrière de soldats, au milieu desquels la musique exécutait des airs militaires.

Quand le Flamand est vêtu en simple particulier, il condescend à parler français ou à peu près ; mais lorsqu'il est sous les armes, il ne comprend plus que sa langue nationale. Il en résulta que j'eus beau expliquer le plus poliment possible à deux ou trois officiers que j'étais invité à dîner par le roi Léopold, comme je n'avais pas sur moi ma lettre d'invitation, ma prose resta parfaitement inintelligible, de sorte que je n'avais plus d'autre ressource que d'essayer d'emporter la position de force, lorsque j'eus le bonheur d'être aperçu par monsieur de Rodenbach, gouverneur du district, qui causait en ce moment à une fenêtre avec le roi : il me fit aussitôt remarquer à Sa Majesté, qui, voyant mon embarras, eut la bonté d'envoyer un aide de camp à mon aide. Il paraît que le mot *Place* est le même en français qu'en flamand, car à peine l'aide de camp l'eut-il prononcé, que les rangs s'ouvrirent et que je passai triomphant.

On allait se mettre à table : cependant le roi eut le temps de me présenter à la reine, pauvre jeune femme qui tombe à genoux à chaque bruit qu'elle entend venir du côté de la France; je pus lui donner de bonnes et récentes nouvelles de quelques personnes de sa famille, et je dus sans doute à cette circonstance l'accueil gracieux qu'elle me fit.

Le dîner fut court et bruyant, l'agitation que chacun semblait éprouver, et dont ce bienheureux Jubilé était cause, avait écarté ce que l'étiquette royale avait de plus rigoureux. D'ailleurs il me parut que le roi ressemblait beaucoup plus à un père entouré de sa famille, qu'à un souverain au milieu de ses sujets.

Au dessert, des députés de la procession vinrent demander pour elle la permission de se mettre en marche ; elle était fort longue, et il y avait à craindre si l'on tardait davantage qu'elle ne pût défiler tout entière pendant le jour. Le roi répondit en se levant, et chacun courut aux fenêtres. Au même moment, les soldats qui étaient dans la rue se formèrent en haie, afin d'ouvrir un passage au milieu de la foule. Les trompettes se firent entendre, et l'on vit paraître un détachement de chasseurs à cheval, musique en tête, et ouvrant la marche de la cavalcade.

Derrière ce détachement de chasseurs venait la musique à pied.

Puis, quatre renommées et porte-étendards de la Sainte-Vierge d'Hauswyck : là commence la procession.

Procession indescriptible, et dont nous serons forcés de citer purement et simplement le programme, en nous contentant de dire que, contre l'habitude, ce programme était exactement suivi.

Trente-six jeunes filles à cheval représentant allégoriquement les litanies de la Sainte-Vierge, toutes portant à la main droite une bannière blanche, et à la main gauche, les unes, la maison d'or, les autres le miroir de pureté ;

Le chœur des anges, tenant des harpes à la main et chantant des hymnes en l'honneur de la Vierge ;

Un premier char représentant la reine des anges, précédé de trois génies ;

Un deuxième char représentant la reine des patriarches, précédé de trois génies;

Un troisième char représentant la reine des prophètes, précédé de trois génies ;

Un quatrième char représentant la reine des apôtres, précédé de trois génies ;

Un cinquième char représentant la reine des martyrs, précédé de trois génies ;

Un sixième char représentant la reine des confesseurs, précédé de trois génies ;

Un septième char représentant la reine des vierges, précédé de trois génies;

Un huitième char représentant la reine de tous les saints, précédé de trois génies ;

La grande harmonie de Malines ;

La Vierge de Malines, entourée de neuf jeunes filles à cheval, représentant les vertus de la ville de Malines ;

Officiers d'ordonnance, aides de camp du roi et grands officiers de la cour précédant le char royal ;

Un neuvième char représentant la famille royale entourée des principales vertus qui lui sont propres ;

Navire représentant le bien-être de la patrie ;

Le cheval Bayard, monté par les quatre fils Aymon, accompagné de ses poulains ;

La famille des géans ;

Le grand-père des géans en empereur romain;

Deux chameaux montés par des petits amours ;

La roue de la fortune ;

Détachement de cavalerie fermant la marche de la cavalcade.

La procession avait eu raison d'envoyer des messagers à Sa Majesté pour la prier de presser son dîner, car elle mit près de trois heures à passer : il est vrai qu'elle se composait de plus de trois cents personnes et de quatre cents chevaux, et que chaque groupe s'arrêtait devant les fenêtres royales pour chanter ses hymnes.

Quant à moi, j'étais émerveillé, je l'avoue ; je me trouvais transporté au milieu d'une fête du quinzième siècle avec tout son luxe religieux. Malines avait mis au jour ses plus beaux enfans pour faire les amours, et ses plus belles jeunes filles pour faire les anges et les génies : tout cela couvert de bijoux, de velours et de soie. Tel page de dix ans portait sur lui pour trente mille francs de dentelles ; le total des dépenses était de cent cinquante mille francs. Or, Malines n'a que vingt-cinq mille âmes de population, et aucune autre ville n'avait concouru au luxe qu'elle déployait ce jour-là. Ce luxe aurait pu être mieux appliqué; la forme des ailes des anges n'était pas du plus pur *Beato Angelico ;* la coupe des robes aurait pu prendre une allure plus divine si elles eussent été taillées sur un dessin de Louis Boulanger; enfin, ces jockeys en casquettes de velours et en vestes rondes, qui se glissaient furtivement dans cette céleste société, sous prétexte de tenir les chevaux en bride, nuisaient un peu à l'harmonie de l'ensemble. Mais de nos jours, comme on sait, il n'y a si bonne société où il ne se mêle quelques faquins : il ne faut donc pas être trop difficile.

Trois des personnages de la procession devaient avoir l'honneur d'être reçus par le roi et par la reine : c'étaient la vierge de Malines et les deux enfans représentant le roi et la reine des Belges.

En effet, en arrivant à la porte de l'Hôtel-de-Ville, la vierge de Malines mit pied à terre, et laissant à cheval les vertus de la ville de Malines, elle monta dans la chambre où était le roi, lui débita en pur flamand un compliment auquel le roi répondit dans la même langue. La reine détacha une agrafe et la lui donna, moyennant quoi la vierge se retira fort contente, et fit place au petit roi et à la petite reine des Belges.

Ceux-ci descendirent de leur char sans s'inquiéter davantage des vertus qui sont propres à la famille royale, que ne l'avait fait la vierge de celles de la ville de Malines, et montèrent à leur tour. On avait sans doute donné d'avance aux parens le programme du costume du roi Léopold et de la reine Louise, car leurs deux représentans étaient vêtus absolument de la même manière, le petit roi portant les mêmes ordres, et la petite reine les mêmes bijoux. Le grand roi et la grande reine embrassèrent leurs miniatures, leur bourrèrent les poches de bonbons et de gâteaux, et les deux bambins enchantés remontèrent sur leur char, combinant de quelle façon ils pourraient conserver un air grave tout en grignottant leurs dragées.

Lorsque tout fut passé, jusqu'au vaisseau représentant le bien-être de la patrie, lequel allait sur des roulettes, jusqu'à la famille des géans, jusqu'au cheval Bayard, monté par les quatre fils Aymon, et entouré de ses coquecigrus, le roi se retourna de mon côté :

— Eh bien ! me dit-il, que pensez-vous de cela ?

— Sire, répondis-je, je pense que la Belgique tout entière est personnifiée dans la fête que Malines nous donne aujourd'hui. Un mystère du moyen âge qu'on vient voir par des chemins de fer !

En effet, ce n'est point un des moindres bouleversemens de notre époque que de voir un prince protestant être devenu de fait le roi très chrétien.

Il y avait à la suite de cela je ne sais quelle cérémonie à l'église de Notre-Dame-d'Hanswyck ; le roi eut la bonté de m'offrir une place parmi ses aides de camp ; mais je remerciai, en lui demandant la permission de prendre congé de lui, attendu que je quittais Bruxelles le lendemain matin, et que je n'étais pas sans inquiétude sur la manière d'y retourner, vu que les chemins de fer devaient être sans doute toujours encombrés, et que, selon toute probabilité, ma voiture était perdue. Le roi sentit la validité de pareilles raisons, et me rendit ma liberté.

J'en profitai immédiatement pour me mettre en quête de mon cocher, je courus à la porte où je l'avais quitté ; mais, comme je l'avais prévu, il n'y était pas. Je revins à l'Hôtel-de-Ville où je retrouvai monsieur de Rodenbach, qui m'offrit avec une obligeance charmante, à moi et aux personnes qui m'accompagnaient, un asile provisoire qui deviendrait définitif si notre cocher ne se retrouvait point. Nous acceptâmes, et monsieur de Rodenbach mit toute la police du district aux trousses de mon homme.

A neuf heures du soir, on vint nous annoncer qu'on l'avait retrouvé ivre mort dans les cuisines de l'Hôtel-de-Ville, tandis que de leur côté ses chevaux mangeaient l'avoine du roi. Le drôle avait pensé que puisque j'étais invité, il l'était aussi, et il avait agi en conséquence.

Nous revînmes à Bruxelles beaucoup plus vite que nous n'étions allés à Malines. L'hospitalité royale produisait son effet.

HOTEL D'ALBION.

Le lendemain, nous nous confiâmes de nouveau, non pas à un cocher ivre et à deux chevaux bien repus, mais à un mécanicien, à deux rails et à une trentaine de sacs de charbon, moyennant lesquels nous fîmes les dix-huit lieues qui séparent Liége de Bruxelles en quatre ou cinq heures. Quand je dis les dix-huit lieues, je me trompe ; nous n'en fîmes guère que dix-sept, attendu que le chemin de fer s'arrête à je ne sais combien de myriamètres de Liége. Là, nous tombâmes au milieu d'une armée d'omnibus, dont les cochers se précipitèrent sur nous. Après avoir été une dizaine de minutes tiraillé en tous sens, je restai la propriété de l'un d'eux qui m'enfourna dans sa machine ; je criais comme un dératé après mes malles, mes paquets et mes livres, et je voulais sauter à toute force à bas du fourgon : malheureusement j'étais juste le quatorzième, de sorte que sans s'inquiéter aucunement de mes réclamations, l'homme au marche-pied ferma la porte, poussa un ressort, cria au cocher : Complet ! et nous partîmes au galop pour la patrie de Malherbe, de Régnier et de Grétry. Après avoir roulé ainsi trois quarts-d'heure à peu près, pendant la dernière partie desquels il s'était arrêté pour donner la liberté à quatre ou cinq de mes compagnons, l'omnibus fit une nouvelle pause, l'homme du marche-pied rouvrit la portière, et s'adressant à moi :

— C'est ici votre hôtel, me dit-il.

— Ah ! Et comment s'appelle mon hôtel ?

— L'hôtel d'Albion.

— Et mes paquets ?

— Ils viendront dans un instant.

— Mais comment les reconnaîtra-t-on ?

— Vos noms sont dessus ?

— Oui.

— Eh bien ! soyez tranquille.

Je descendis de l'omnibus qui repartit au galop, et je me trouvai, la canne à la main, devant l'hôtel d'Albion.

J'attendis un instant pour voir si quelqu'un ne viendrait pas au-devant de moi ; mais voyant que la porte restait fermée, je pris le parti de me présenter moi-même. J'entrai donc, et je demandai à souper et une chambre.

L'hôtesse dormait dans un coin de la cuisine ; elle releva la tête et me regarda d'un air si parfaitement étonné, que je crus que j'avais pris une porte pour une autre, et que j'étais entré chez quelque honnête bourgeoise, où je n'avais nullement droit de faire une pareille demande. Mais en jetant les yeux autour de moi, je reconnus, à la façon dont étaient disposés la batterie de cuisine et les fourneaux, que je n'avais rien à me reprocher.

— Monsieur désire quelque chose ? me demanda l'hôtesse.

— Mais sans doute, je désire quelque chose.

— Alors, si monsieur veut dire ce qu'il désire ?

Je crus que je ne m'y étais pas pris assez poliment, et que la compatriote de Mathieu Laensberg voulait me donner une leçon de courtoisie.

— D'abord, répondis-je, je désire savoir des nouvelles de votre santé.

— Monsieur est bien bon, et la sienne ?

— La mienne n'est pas mauvaise, seulement j'ai grand'-faim.

— Monsieur est Belge ? reprit l'hôtesse sans avoir l'air de comprendre l'allusion adroite par laquelle je revenais à mon affaire.

— Pardon, je suis Français.

— Ah ! mille excuses ! c'est que nous n'aimons pas beaucoup loger les Flamands, nous autres Wallons. Mais si monsieur est Français, c'est autre chose : il n'a qu'à parler.

— Eh bien ! je désirerais souper, parole d'honneur !

— Oh ! il est bien tard pour souper.

— Raison de plus, ce me semble.

— A la place de monsieur, continua la bonne femme d'un air détaché, je ne souperais pas.

— Pourquoi cela? s'il vous plaît!

— Monsieur déjeunerait mieux demain matin.

— Je compte très bien déjeuner demain matin, même en soupant ce soir; voyons, qu'y a-t-il dans ce garde-manger?

— Ah! dit l'hôtesse sans bouger de sa place, si monsieur était venu avant-hier! C'était avant-hier qu'il était bien garni, le garde-manger! C'était jour de marché avant-hier, de sorte que nous avions des poulets, des canards, des perdrix.

— Ecoutez, dis-je en l'interrompant, je ne vous demande pas un souper à trois services. Si vous n'avez pas de poulets, pas de canards... (je m'arrêtais entre chaque volaille que je nommais) pas de perdrix... Non? pas de perdrix... (l'hôtesse secoua la tête.) Eh bien! si vous n'avez ni poulets, ni canards, ni perdrix, vous avez bien un morceau de bœuf ou un morceau de veau froid, hein?

— Oh! monsieur, si ç'avait été hier, me répondit l'hôtesse; oh! oui, il y avait un fier morceau de bœuf et un joli morceau de veau! parce qu'hier, voyez-vous, c'était jour de boucherie.

— Eh bien! mais, de ces deux morceaux-là, il ne vous reste pas de quoi en faire un?

— Absolument rien; un Flamand a mangé le reste il n'y a pas plus de deux heures. Vous n'êtes pas Flamand, vous!

— Mais non, je vous ai déjà dit que j'étais Français.

— Ah! c'est vrai! C'est que nous ne pouvons pas les souffrir, les Flamands, nous autres Wallons.

J'espérai en tirer quelque chose en disant comme elle.

— Effectivement, repris-je, c'est un triste peuple que le peuple flamand; cependant il a cela de bon, que dans ses auberges, à quelque heure qu'on y arrive, on trouve toujours quelque chose à manger.

— Eh bien! mais, est-ce que vous croyez qu'on meurt de faim chez nous?

— On ne meurt jamais de faim, répondis-je, en faisant, pour économiser le dialogue qui commençait à traîner un peu en longueur, une demande de ma réponse; on ne meurt jamais de faim quand on a du beurre et des œufs.

— Oh! ici dit l'hôtesse, c'est le pays du bon beurre, le pays wallon!

— A la bonne heure!

— Malheureusement, on a l'habitude ici de ne le battre qu'une fois par semaine.

— Et quel jour?

— Le vendredi.

— Nous sommes?

— Le mercredi.

— Ainsi, vous n'avez plus que du beurre fort.

— Nous n'en avons plus du tout; ah! bien oui! jamais nous ne gardons de beurre fort. Notre beurre frais est trop bon pour qu'il en reste!

— Alors, que voulez-vous! donnez-moi des œufs : je m'en contenterai.

— Ce matin, j'en avais quatre douzaines.

— Je n'ai pas besoin de tout cela; faites m'en cuire cinq ou six à la coque.

— Il faut vous dire que nous autres gens du pays wallon nous faisons des élèves.

— Des élèves en chirurgie?

— Oh! je vois bien que vous n'êtes pas Flamand! vous êtes farceur. Tant mieux, parce que nous autres Wallons, voyez-vous, nous ne pouvons pas...

— Bon, bon! c'est dit : vous ne pouvez pas souffrir les Flamands, n'est-ce pas? Vous avez raison; revenons à nos œufs.

— Eh bien! les œufs, je les ai donnés à couver.

— Que le diable vous emporte! Comment, il ne vous en reste pas un seul?

— Ah! si fait, je crois qu'il me reste un œuf de dinde.

— Un œuf de dinde n'est point méprisable; où est-il, cet œuf?

— Il est tout frais pondu, celui-là; il est de ce matin.

— Bon.

— Avec cela, vous allez souper comme un Dieu. Tenez, continua l'hôtesse en ouvrant la porte de l'armoire, est-il gros!

En effet, il était de la taille d'un œuf d'autruche.

— Allons vite, une bouilloire, je meurs de faim.

— Pardi! ce ne sera pas long, allez; il y a toujours de l'eau devant le feu ici. Tiens, tiens! ajouta l'hôtesse en prenant l'œuf.

— Qu'y a-t-il? demandai-je effrayé de son air stupéfait.

— C'est encore ce gueusard de Valentin qui m'aura fait ce tour-là!

— Quel tour?

— Il est soufflé!

— Qui est-ce qui est soufflé?

— Pardine, l'œuf!

— Comment, soufflé?

— Oui, soufflé. Imaginez donc que ce petit gueux-là c'est pire qu'une belette! il est fou des œufs : quand il peut en dénicher un, c'est fini; il lui fait un trou à chaque bout avec une épingle, il le souffle dans sa main et il le gobe tout chaud. C'est excellent pour l'estomac les œufs tout chauds.

— Comment! et le misérable a gobé celui-là?

— Oh! mon Dieu! oui.

— Un œuf de dinde!

— Tout de même. Aussi faut-il voir comme il profite! il est fort comme un Turc. Oh! c'est un bien bel enfant, allez! Vous le verrez demain.

— Oh! oui, je demande qu'on me le présente, je lui ferai mon compliment. Quelle canaille!

— Eh! madame l'hôtesse, dit un portefaix en ouvrant la porte de la rue, voilà les effets du monsieur Belge qui est descendu chez vous.

Je reconnus ma malle à la lueur de la lampe, et j'allai à la porte; le conducteur de l'omnibus ne m'avait point trompé : tout y était.

— Vous êtes donc Belge? me demanda l'hôtesse.

— Eh! non, vraiment, je ne suis pas Belge, je suis Français. Voulez vous voir mon passeport?

— Alors, pourquoi dis-tu que monsieur est Belge? reprit l'hôtesse en s'adressant au portefaix.

— Dame! moi, je dis qu'il est Belge parce qu'il vient de Bruxelles.

— Mais au fait, dit l'hôtesse, comme frappée de la justesse de ce raisonnement.

Je vis que les choses tournaient mal pour moi, et qu'après n'avoir pas eu de souper, je pourrais bien n'avoir pas de lit. Je me hâtai donc de tirer mes malles dans la cuisine et de payer le commissionnaire. Alors, appelant la servante, je lui dis de porter mes effets à ma chambre.

— Votre chambre? En avez-vous une? me répondit la fille.

— Je n'en ai pas encore, mais j'espère que votre maîtresse voudra bien m'en donner une.

— *Vergenie*, conduisez monsieur au numéro trente-cinq, dit l'hôtesse.

— Voulez-vous venir, monsieur le Flamand, me dit la fille en prenant la chandelle,

— Au moins, dis-je, en poussant un gros soupir, faites-moi porter dans ma chambre un morceau de pain, de l'eau et du sucre.

— On vous portera tout ce qu'il vous faudra, soyez tranquille.

— Allons, bonsoir.

— Bonsoir. Sont-ils difficiles ces Flamands!

J'avais du malheur : A Bruxelles je ne pouvais pas passer pour un Belge, et à Liége on ne voulait pas me reconnaître pour un Français.

Je suivis *Vergenie*, comme l'appelait l'hôtesse en langue wallonne, jusqu'au troisième étage; là, elle s'arrêta enfin et m'ouvrit la porte d'une chambre, que d'après les abords, je l'avoue, je ne m'attendais pas à trouver si propre!

— Là, dit *Vergenie* en posant la chandelle sur la cheminée, j'espère que vous serez bien, monsieur le Flamand?

— A merveille, répondis-je; seulement n'oubliez pas mon pain, mon eau et mon sucre.

— On va vous monter ça tout à l'heure.

— C'est bien, j'attends.

— Eh bien! c'est cela, attendez, dit la fille, et elle s'en alla.

J'attendis une bonne demi-heure, puis voyant que rien ne venait, je pris ma chandelle et je descendis. Tout le monde était couché dans la maison. Je tirai ma montre, il était dix heures et demie. Je remontai dans ma chambre, et j'écrivis sur mon album de voyage :

— Ne pas oublier l'hôtel d'Albion.

LIÉGE VUE EN DÉJEUNANT.

J'étais tellement fatigué que, malgré la dureté de mon lit, je ne me réveillai le lendemain qu'à neuf heures du matin. Je me levai aussitôt, et comme, d'après ce qui s'était passé la veille, je jugeais inutile de demander à déjeuner, je me fis aussitôt indiquer la maison de monsieur Polain, archiviste, pour lequel j'avais une lettre de recommandation ; il demeurait rue Pierreuse, près de la citadelle ; il y avait pour une bonne demi-heure de chemin de l'hôtel chez lui. J'y arrivai avec une faim d'enragé.

Monsieur Polain vint au-devant de moi, je me nommai, et je lui remis ma lettre, qui était de monsieur Van Praët. Il eut la politesse, quand il sut qui j'étais, de ne pas jeter les yeux dessus; mais j'insistai, et il finit par la lire.

— Monsieur, lui dis-je quand il eut fini, vous êtes lié avec monsieur Van Praët, n'est-ce pas ?

— C'est mon ami.

— Sa recommandation est pressante?

— Il me prie, en son nom et au nom de Sa Majesté le roi des Belges, de faire tout ce qui pourra vous être agréable.

— Et vous êtes disposé, monsieur, à faire honneur à la prière de votre ami et au désir du roi ?

— En tout point.

— Eh bien ! monsieur Polain, vous pouvez faire une chose qui me sera extrêmement agréable.

— Laquelle? Parlez à l'instant même.

— Ce serait de m'offrir à déjeuner.

— Comment! s'écria monsieur Polain, mais avec le plus grand plaisir. Vous n'avez donc encore rien pris ce matin?

— Je n'ai pas mangé depuis Bruxelles.

— Depuis Bruxelles! et quand donc êtes-vous arrivé?

— Hier soir.

— Et vous n'avez pas soupé?

— Je n'ai pas pu obtenir un morceau de pain et un verre d'eau.

— Mais où donc êtes-vous logé?

— A l'hôtel d'Albion.

— C'est cependant le meilleur de la ville.

— Eh bien! j'en fais mon compliment aux autres.

— Mais vous devez mourir de faim?

— Littéralement.

— C'est incroyable.

— Je vous demande pardon; il n'y a rien d'incroyable à cela : il y a juste vingt-quatre heures que j'ai mangé, et il est bien permis au bout de vingt-quatre heures d'avoir faim.

— Je ne dis pas cela, reprit monsieur Polain en riant; je dis qu'il est incroyable que vous n'ayez pu obtenir à souper.

— Tenez, il faut que je vous avoue une chose, répondis-je, c'est que je crois qu'on m'a pris pour un Flamand, et que c'est cela qui m'a fait du tort.

— Oh ! alors, cela ne m'étonne plus. Il faut vous dire que notre mariage avec la Belgique est une espèce de mariage de raison ; nous vivons séparés de corps, si bien que, lorsqu'un Liégeois va à Louvain, il dit : je vais en Flandre.

— Mais vous, lui dis-je, vous me reconnaissez bien pour Français, n'est-ce pas?

— Oui, pour tout ce qu'il y a de plus Français; aussi, nous allons déjeuner, soyez tranquille.

Cependant, malgré cette assurance, comme la porte de la salle à manger était ouverte, et que, du salon où nous étions, il m'était facile de voir qu'il ne s'y faisait aucun apprêt, je commençais à avoir quelques inquiétudes; mais, au bout d'un instant, on vint annoncer que nous étions servis.

— Venez, me dit monsieur Polain, je vous donne à déjeuner sur ma terrasse; de là vous verrez la ville tout entière : je veux vous raccommoder avec elle.

— Ma foi ! lui dis-je, vous avez pris le bon moyen ; c'est une bien belle ville qu'une ville qu'on voit en déjeunant.

— J'espère que vous ne vous en dédirez pas.

En effet, je jetai à la fois un cri de joie et un cri d'admiration ; un cri de joie à l'aspect du déjeuner, un cri d'admiration à l'aspect de la ville; aussi m'établis-je à table de manière à voir l'une, tout en faisant fête à l'autre.

Comme je présume que la description de ce bienheureux déjeuner, si désiré qu'il ait été par moi, serait d'une médiocre importance pour le lecteur, je me contenterai de signaler deux vins, que je recommande aux amateurs : l'un est un vin de Moselle de la montagne Noire, année 1834; l'autre est un vin du Rhin, intitulé lait de la Vierge, millésime indifférent.

La ville fumeuse qui était couchée à mes pieds fut fondée vers 550, par saint Monulphe, évêque de Tongres. Ce digne prélat, en se rendant au château de Chièvremont, fut frappé de la beauté du site, et résolut d'y bâtir une église à saint Côme et à saint Damien; la légende ajoute que les gens de l'évêque aperçurent à cet endroit une croix flamboyante, mais comme elle n'insiste pas autrement là-dessus, il est permis de croire que ce sont des propos de laquais.

Au commencement du VIIIe siècle, Saint-Hubert transporta à Liége le siége de l'évêché, qui avait déjà été transporté de Tongres à Maëstricht : Liége commençait donc à prendre sérieusement sa place dans le monde, lorsqu'en 882, elle fut dévastée par ces Normands prédits par les larmes de Charlemagne.

Le pieux empereur n'était plus là pour chasser ses vieux ennemis, ou pour réparer les désastres qu'ils avaient faits; mais la Providence envoya aux Liégeois l'évêque Notger, ancien abbé de Saint-Gall, qui, pendant un épiscopat de trente-cinq années, refit la ville plus belle qu'elle n'avait jamais été. Aussi, un vers contemporain consacre-t-il la reconnaissance due par Liége au pieux évêque. Le voici :

Notgerum Christo, Notgero cætera debes.

C'est-à-dire :

Tu dois Notger au Christ, et le reste à Notger.

C'est, comme on voit, lui faire la part belle; mais Notger ne méritait pas moins. Lorsqu'il vint s'établir à Liége, la ville, toute pauvre et malheureuse qu'il la trouva, était rançonnée par un petit tyranneau, qui habitait ce fameux château de Chièvremont, où se rendait le bon saint Monulphe lorsque le site où est bâtie aujourd'hui la ville de Liége eut le bonheur de lui plaire. Plus les tyrans sont petits, plus ils sont tracassiers : celui-là se mêlait des affaires de tout le monde; il connaissait les revenus de chacun, et il lui fallait sa dîme sur tout : grains, argent et femmes ; ce qui était devenu insupportable aux bons Liégeois. Cependant, comme le seigneur Idriel (le nom ne fait pas le tyran, comme on le voit); cependant, dis-je comme le seigneur Idriel habitait le château de Chièvremont, et que le château de Chièvremont, ancienne forteresse des rois de la première race, était situé sur des rochers inaccessibles, il fallait bien en prendre son parti et faire contre fortune bon cœur; c'est ce que faisaient les bons Liégeois, tandis que l'évêque Notger, moins endurant, ruminait un moyen de se débarrasser de l'ennemi commun. Ce moyen, Idriel le lui fournit lui-même.

La femme d'Idriel venait d'accoucher d'un fils; comme ce fils était fort désiré dans la maison, attendu que le noble seigneur n'avait encore que des filles, il résolut de donner un grand éclat à son baptême. Peut-être s'étonnera-t-on qu'un tel vaurien songe à faire baptiser son fils, mais il y a des exemples de ces anomalies. Idriel était dévot : c'était sa faiblesse; il avait pris pour devise : *Ennemi de tous, ami de Dieu seul*; ce qui n'était qu'une pure fatuité, on le comprend bien, Dieu étant plus difficile que cela dans le choix de ses amis, comme le prouve le proverbe : Beaucoup d'appelés et peu d'élus.

Tant il y a qu'Idriel voulant faire baptiser son fils et désirant que la chose fût faite en conscience, envoya prévenir Notger de se tenir prêt pour le baptême. C'était l'occasion qu'attendait depuis si longtemps le bon évêque. Il fit répondre en conséquence qu'il se rendrait le lendemain, à cinq heures du soir, avec tout son clergé, au château de Chièvremont.

Le lendemain, l'évêque convoqua à l'évêché vingt-cinq des plus braves et des plus forts Liégeois de sa connaissance, en leur ordonnant de venir, tout armés, et chacun de son côté, afin qu'on ne se doutât de rien. Quand il les tint dans une salle basse de son palais, il fit apporter des chappes et des soutanes, les transforma en chantres et en sacristains, donna à l'un la croix, à l'autre l'encensoir, commanda à ceux qui ne portaient rien de chanter à tue-tête pour n'avoir pas l'air d'intrus; puis, après leur avoir fait s'assurer une dernière fois que les lames ne tenaient point aux fourreaux, il prit avec ses vingt-cinq hommes le chemin du château de Chièvremont.

Idriel l'attendait sur la porte avec sa fille Isabelle, sa femme Bertha, et son nouveau-né, qui n'avait pas encore de nom. Il se mit humblement à la suite de l'évêque, en chantant les répons, et entra ainsi dans l'église.

Alors, l'évêque se voyant introduit au centre du château, jugea que le moment favorable était venu, et levant la sainte hostie qu'il tenait cachée pour cette grande occasion : « Au nom du Dieu vivant dont vous voyez l'image entre mes mains! s'écria-t-il; au nom du chef véritable de l'Eglise; au nom de l'empereur; au nom de l'Eglise de Liége, moi, Notger, je prends possession du château de Chièvremont. A ces mots, qui devaient être le signal, chantres, bedeaux et sacristains tirèrent leurs épées et voulurent se jeter sur Idriel, que le saint évêque avait recommandé de prendre vivant. Malheureusement on ne peut pas être à la fois un pieux prélat et un grand général. Notger avait commis une faute de stratégie en ne laissant pas Idriel s'engager davantage dans l'église : or, comme il était près de la porte, il se sauva, entraînant sa femme et ses deux enfans, et se précipita avec eux du haut en bas des murailles : ce qui fit que, si Satan eut plus que son compte, Dieu n'eut pas le sien.

Au reste, comme cela revenait au même pour les habitans de Liége, ils n'en furent pas moins reconnaissans à leur évêque, et ayant démoli le château, de ses pierres mêmes ils bâtirent une chapelle.

Une fois débarrassé d'Idriel, Notger consacra ses soins tout entiers à l'embellissement de la ville. La Meuse ne coulait pas encore dans l'intérieur de Liége : il recula l'enceinte jusqu'au-delà du fleuve, fit creuser un canal qui passait au pied du côteau de Sainte-Croix, et dont on voit encore aujourd'hui des traces, et construire une triple ligne de fortifications avec bastions, forts et tours, dont, après mille ans, il reste encore des ruines. Enfin, ne jugeant pas l'ancienne cathédrale digne de représenter la métropole d'un siége aussi important que celui de Liége, il la fit renverser, et, sur son emplacement, il en fit bâtir une nouvelle.

En 1106, l'empereur Henry IV, fuyant du vieux château d'Ingelheim, où son fils l'avait enfermé, après lui avoir arraché la couronne de la tête et le sceptre de la main, vint se réfugier à Liége, dont il voulut se faire une retraite sûre en fortifiant les hauteurs de Sainte-Valburge et de Saint-Barthélemy, de sorte que ces deux quartiers, qui n'étaient que des faubourgs, furent, à compter de cette époque, enclavés dans la ville.

En 1131, le pape Innocent II vint présider un concile à Liége, ce qui acheva de lui donner de l'importance. Le pape célébra l'office divin dans la cathédrale de Saint-Lambert, qui comptait alors parmi ses chanoines les deux fils de l'empereur, sept fils de rois, et trente-cinq fils de ducs ou comtes souverains. Mais la merveille de cette auguste assemblée, dit un vieux chroniqueur : « *C'était Saint-Bernard ki passit par Lige, don y fisit plusiors bell choises, et meut prouffitable à Saint-Angliese, et y akisit grand renom.* » On voit que, dès ce temps-là, on parlait déjà un assez joli français à Liége.

Pendant tout ce temps, à chaque évêque nouveau, les Liégeois obtenaient une concession nouvelle, si bien que de concessions en concessions ils finirent par tirer des mains d'Albert de Cuyek une Charte comme peu de peuples pouvaient se vanter d'en posséder une à cette époque. Cette Charte ne les rendit que plus mutins. Plus les peuples obtiennent, plus ils veulent avoir. Et de ce moment commencèrent entre les Liégeois et leurs évêques les démêlés qui ne finirent qu'en 1794.

Une des révoltes les plus célèbres des Liégeois, fut celle qui eut lieu à propos de Jean de Bavière. Ce jeune seigneur n'avait que dix-sept ans lorsqu'il fut investi de la principauté de Liége, et se sentant à cet âge plus d'entraînemen- pour les plaisirs du monde que pour les austérités ecclésiastiques, il prit l'évêché, mais ne voulut pas prendre les ordres : ce n'était point là l'affaire des Liégeois; ils avaient l'habitude d'être régis par la main de soie de leurs évêques, et craignaient le gantelet de fer des chevaliers; aussi, lui déclarèrent-ils que tant qu'il aurait le casque en tête, il ne resterait pas dans leur ville; qu'il ne tenait qu'à lui de se coiffer d'une mitre, et qu'alors ils redeviendraient ses très humbles serviteurs. Le prince n'était pas le plus fort pour le moment, force lui fut donc de quitter Liége. A peine eut-il tourné le dos que les Liégeois choisirent pour leur évêque et seigneur Thierry de Horn, fils de Henry de Horn, seigneur de Perwez. Quant à ce dernier, il fut nommé *mambour*, et, grâce à ce titre, prit l'administration du temporel, tandis que son fils se chargeait du spirituel.

Malheureusement pour les Liégeois, qui s'empressaient d'arranger ainsi leurs petites affaires, Jean de Bavière était frère du comte de Hainaut et du duc de Bourgogne. Il eut recours à eux, et ceux-ci, en bons frères, vinrent à son aide.

Mais, comme les hommes d'armes que le duc avait convoqués à la hâte dans ses Etats n'étaient point réunis, et que les Liégeois, au contraire, qui avaient compris que les choses ne finiraient pas ainsi, avaient devant Maëstricht un camp si bien fortifié qu'il semblait une ville, le duc de Bourgogne, malgré son caractère peu pacifique, commença par négocier, et leur envoya un messager pour leur porter des paroles de paix; mais le duc de Bourgogne avait affaire à un populaire fort grossier, qui remit, pour toute réponse, à son ambassadeur, un papier plié en forme de lettre, lequel contenait une réponse qui ne pouvait ni se lire, ni se sentir.

La plaisanterie était vive; aussi le duc Jean hâta-t-il son recrutement avec tant d'activité qu'il se trouva bientôt à la tête d'une belle et bonne armée. En ce moment, il reçut, par l'entremise de messire Guichard, dauphin d'Auvergne, une lettre du roi de France, qui l'invitait à se désister de toute entreprise contre les Liégeois, se réservant le jugement de cette affaire.

Mais le duc Jean était trop fort blessé de l'insulte qui lui avait été faite pour se rendre ainsi; aussi répondit-il à messire Guichard, dauphin, que ceci était une affaire qui ne regardait nullement le roi de France, lequel serait de fort mauvaise humeur, il n'en doutait pas, s'il avait reçu une lettre écrite de la même encre; que, par conséquent, il allait d'abord apprendre la civilité puérile et honnête à ces insolens, et qu'ensuite il se rendrait à la cour de France.

Ce à quoi maître Guichard, dauphin, répondit que monseigneur de Bourgogne avait grandement raison ; en preuve de quoi, il lui demanda une place dans son armée, afin de coopérer, autant qu'il était en son pouvoir, à la leçon que le duc promettait aux bonnes gens de Liége.

Alors les Bourguignons s'avancèrent par cette vieille voie romaine qui traverse tout le pays de Liége, et qu'on nomme la chaussée Brunehaut. Mais, au lieu de s'intimider à l'aspect de cette grande assemblée, les rebelles demandèrent à marcher à sa rencontre. Le sire de Perwez fit tout ce qu'il put pour les empêcher de commettre cette imprudence ; mais, voyant qu'on commençait à l'accuser de lâcheté, il fit publier par tout le pays que, le 22 septembre au matin, ceux qui voudraient marcher avec lui n'avaient qu'à s'assembler au son de la grosse cloche du Ban.

Au jour dit, il se trouva trente mille hommes, parmi lesquels cinq à six cents cavaliers armés selon la coutume de France, et cent vingt archers anglais.

Alors le sire de Perwez s'avança au milieu d'eux, et, se haussant sur ses étriers, il leur dit :

« Mes amis, je vous ai souvent remontré que livrer bataille à nos adversaires, c'était s'exposer à un grand péril : ce sont tous nobles hommes accoutumés et éprouvés à la guerre en bon ordre, et conduits par une seule volonté. Je crois qu'il eût mieux valu demeurer dans nos villes et forteresses, les laisser courir la campagne, prendre nos avantages et les détruire peu à peu ; mais je vois que mes remontrances ne vous sont point agréables. Vous vous fiez à votre nombre et à votre ardeur, je vais donc vous mener en bataille contre les ennemis. Je vous en conjure, soyez unis : n'ayez qu'une volonté, et soyez résolus à mourir tous ensemble pour défendre votre pays ! »

De son côté, le duc de Bourgogne, voyant toute cette multitude campée devant Tongres, s'adressa ainsi à sa chevalerie :

« Par la grâce de Dieu et de Notre-Dame, nous voici en face de ces rebelles qui ont violé le respect de la religion en profanant les églises, en brisant les vases sacrés et en répandant à terre les saintes huiles. Marchez hardiment contre ces gens des communes ; ne craignez rien de cette sotte et rude multitude, qui met toute sa confiance dans son grand nombre : ce sont gens qui ne sont propres qu'à la manufacture et à la marchandise. »

Aussitôt il proféra son cri de Notre-Dame au duc de Bourgogne ! et se mit en marche.

Maintenant, voici le bulletin de la bataille, écrit par le duc lui-même ; il est adressé au duc de Brabant :

« Très cher et très aimé frère, j'ai reçu les lettres que vous m'avez envoyées par le porteur de celle-ci, en faisant mention que vous avez appris que, par la grâce de Notre-Seigneur, j'avais combattu les Liégeois, et que, si je vous eusse signifié le jour de la bataille, vous y eussiez volontiers été. Veuillez donc savoir, très cher et très honoré frère, que ci-après vous verrez comment la chose se passa, et par là vous pourrez connaître que je n'eusse pu, à temps convenable, vous signifier la journée. La vérité est, très cher et très honoré frère, que notre beau-frère de Hainaut et moi entrâmes au pays de Liége en bonne et grande compagnie de chevaliers et d'écuyers, jeudi dernier, et sommes venus par deux terrains tenant les champs jusqu'à une lieue d'une ville nommée Tongres, en Hesbaing, et là, eûmes nouvelle que, ce jour, le sire Perwez et tous les Liégeois étant en sa compagnie, s'étaient partis, du siége qu'ils tenaient, devant la ville de Maëstricht, pour venir au devant de nous. Pour celle cause, ledit beau-frère de Hainaut et moi envoyâmes, le dimanche au matin, quelques-uns de nos coureurs sur le pays, pour en savoir la vérité, lesquels nous rapportèrent pour certain qu'ils avaient vu les Liégeois en bataille et en très grand nombre, qui s'en venaient vers nous. Nous nous mîmes en rang et en bonne ordonnance, et joignîmes nos gens ensemble, pour aller à l'encontre et au devant desdits Liégeois. Quand nous eûmes chevauché environ une demi lieue, nous les vîmes tous en plein, et assez près de ladite ville de Tongres ; et lors, ledit beau-frère et moi, ensemble nos gens, mîmes pied à terre sur une place assez avantageuse, croyant que là ils nous dussent venir combattre ; et mîmes tous nos gens en une bataille, pour mieux soutenir le faix et la charge que lesdits Liégeois étaient disposés à nous donner, et ordonnâmes deux ailes de gens d'armes et de traits ; et aussitôt après, ils s'approchèrent de nous comme à trois traits d'arc, et se portèrent sur la droite, vers ladite ville de Tongres, afin que ceux de la ville, qui étaient dix mille, se pussent joindre à eux ; et là, s'arrêtèrent en très belle ordonnance, et firent incontinent jeter plusieurs canons ; et quand nous eûmes un peu attendu, et que nous vîmes qu'ils ne partaient point, ledit beau-frère et moi, par l'avis des bons chevaliers et capitaines de notre compagnie, délibérâmes que nous irions tout bellement et tranquillement les combattre en leur place, et qu'il y aurait, pour rompre leur bataille et les désordonner, quatre cents hommes d'armes à cheval et mille gros varlets pour frapper par derrière quand nous marcherions sur eux ; et, pour les conduire, nous ordonnâmes le sire de Croy, le sire de Helly, le sire de Roni, vos chambellans et les miens ; Enguerrand de Bourneville et Robin Leroux, mes écuyers, et ainsi le firent : et ainsi, à une heure après midi, nous marchâmes, au nom de Dieu et de Notre-Dame, pour aller à eux, et en très belle ordonnance les joignîmes et les combattîmes tellement que, par la grâce de Dieu et à l'aide de Notre-Seigneur, la journée fut à nous. Et en vérité, très cher et très aimé frère, ceux qui en cela ont connaissance dirent qu'ils ne virent jamais gens mieux combattre, ni tant durer que ceux-là ont fait ; car la bataille dura près d'une heure et demie, et il y eut bien une demi-heure où l'on ne savait qui avait l'avantage ; et y ont été tués le sire de Perwez, l'intrus de Liége, son fils, et bien vingt-quatre à vingt-six mille Liégeois, ainsi qu'on peut le savoir par l'estimation de ceux qui ont vu les monceaux, et ils étaient tous, ou la plus grande partie, armés, et avaient en leur compagnie cinq cents hommes à cheval et cent archers d'Angleterre. Et il advint que, sur la fin de la bataille, ceux de Tongres sortirent en armes pour secourir les Liégeois, et vinrent jusqu'à trois traits d'arc près ; mais quand ils aperçurent comment la chose allait, ils tournèrent en fuite, et aussitôt furent chassés par les gens à cheval de notre côté, et il y en eut beaucoup de morts. Toutefois, à ladite bataille, nous avons bien perdu de soixante à quatre-vingts chevaliers et écuyers, dont j'ai très grand déplaisir, car ils n'étaient point des pires. Dieu leur pardonne ! Et quant au nombre que les Liégeois pouvaient être sans faute, très cher et très aimé frère, j'ai su par aucuns prisonniers faits à la bataille, qu'ils partirent du siége, le samedi au matin, quarante mille ; qu'ils s'en allèrent à la ville de Liége, où ils en laissèrent environ huit mille, de ceux qu'il sembla au sire de Perwez ne point convenir, et ledit dimanche, jour de la bataille, ils partirent de ladite ville de Liége environ trente mille ou plus, pour venir à nous : et en outre, très cher et très aimé frère, vous plaise savoir qu'hier, ledit beau-frère de Liége vint en très belle compagnie par devers notre beau-frère de Hollande et moi, et aujourd'hui la cité de Liége, Huy, Tongres, Dinant et autres bonnes villes du pays, sont venues par devers nous rendre obéissance, suppliant que ledit beau-frère de Liége voulût avoir pitié d'eux et les recevoir à merci. Ainsi qu'il a fait, par le moyen dudit beau-frère de Hainaut et de moi, pourvu que tous les coupables, dont il y a encore plusieurs, soient rendus et baillés aux mains dudit beau-frère de Liége, pour en faire et ordonner à son bon plaisir ; et au surplus lesdites villes ont fait leur soumission de tout ce qu'elles peuvent avoir commis envers ledit beau-frère de Liége, le tout selon l'ordonnance dudit beau-frère de Hainaut et de moi, pour le maintien de laquelle chaque bonne ville donnera telle sûreté que nous voudrons.

« Très cher et très aimé frère, le Saint-Esprit vous ait en sa sainte garde.

» Ecrit en mon host, sur les champs, devant Tongres, le vingt-cinquième jour de septembre.

» Votre frère,

» LE DUC DE BOURGOGNE,

» Comte de Flandre, d'Artois et de Bourgogne. »

La merci que le prince fit aux Liégeois ne fut pas grande, car le duc Jean reçut, à propos de la bataille, le titre de *Jean sans Peur*, et Jean de Bavière, à propos des exécutions qui en furent la suite, celui de *Jean sans Pitié*.

En effet, les sires de Rochefort et de Seraing et la veuve de Perwez eurent la tête tranchée, et une vingtaine de rebelles d'un ordre inférieur furent jetés dans la Meuse. Quant au sire de Perwez et à son fils, ils furent trouvés morts sur le champ de bataille, se tenant tous deux par la main. Le lendemain, lorsque Jean de Bavière entra dans Maëstricht, on lui présenta, au bout de deux piques, les têtes de ses deux ennemis.

C'était payer un peu cher une plaisanterie de corps de garde.

A Jean de Bavière succéda Jean de Valenrode; puis Jean de Hensberg monta sur le trône épiscopal; puis, enfin, Louis de Bourbon y parvint à son tour : ce fut sous son règne qu'eurent lieu, entre Charles le Téméraire et Louis XI, ces querelles si admirablement décrites par Walter Scott, et qui se terminèrent par la prise de la ville.

Le duc Charles y resta huit jours au milieu des exécutions, et la quitta en donnant ordre de la brûler et de la démolir, comme il avait fait deux ans auparavant de la ville de Dinant : les églises et les maisons des chanoines et des prêtres furent seules épargnées. Heureusement, comme Liége était une ville cléricale, ses maisons étaient en grand nombre, de sorte qu'il resta debout à peu près le tiers de la ville.

Bientôt l'évêque obtint la permission de faire rebâtir quatre cents maisons moyennant trente sous, une fois donnés par chacune, et une rente annuelle de deux chapons.

Ces quatre cents maisons rebâties, Louis de Bourbon continua ses constructions sans rien dire, et Charles de Bourgogne, qui avait pour lors les Treize cantons sur les bras, le laissa faire à son plaisir.

Par malheur le Sanglier des Ardennes, qui, n'ayant pas le temps de prier Dieu, voulait avoir un fils évêque, afin que ce fils le priât pour lui, assassina un beau jour Louis de Bourbon.

Ce ne fut pas le fils, mais le neveu de Guillaume de Lamark qui parvint au trône épiscopal. C'était un bon rameau, greffé on ne sait comment sur une mauvaise tige. Le premier acte de son gouvernement fut une ordonnance, rendue conjointement avec les magistrats, par laquelle il défendait aux Liégeois, sous peine de trois années d'exil, de se reprocher les uns aux autres aucune des choses qui s'étaient passées pendant les guerres civiles ; il espérait que si les bouches restaient muettes, les cœurs finiraient par oublier. Ce ne fut pas tout, il leur fit rendre une à une toutes leurs libertés par l'empereur Maximilien. Une de ces libertés, et la plus précieuse pour le peuple, était l'élection de ses deux bourguemestres. Un réglement de 1603 avait ainsi établi ces élections :

On tirait au sort trois personnes de chaque métier, et comme il y avait trente-deux métiers, le premier tirage donnait un total de quatre-vingts individus, puis dans ce nombre, on faisait un second tirage de trente-deux personnes; c'était ces trente-deux personnes qui, à la pluralité des voix, nommaient le bourguemestre. Les soixante-quatre restans, que le sort n'avait point nommé pour remplir les fonctions d'électeur, devenaient de droit conseillers.

Sur ces entrefaites, Ferdinand de Bavière monta sur le trône épiscopal, et l'on annonça, pour le 17 janvier de l'an 1613, sa joyeuse entrée dans la ville de Liége.

Certes, si la bonne harmonie ne fut pas longue entre les Liégeois et leur prince, ce n'est point que celui-ci eût à se plaindre de l'accueil qui lui fut fait. Le jour de son entrée fut un jour de fête, la garde de dix hommes, les arquebusiers, les arbalétriers, les archers de Saint-Photien et de Saint-Nicolas ; les corps des métiers, avec leurs bannières, étaient échelonnés dans les rues par lesquelles il devait passer, et le conseil de la cité et les principaux bourgeois, revêtus du costume espagnol, attendaient le prince au petit pont de la Creyr. Enfin, vers dix heures du matin, plusieurs coups de canon annoncèrent qu'il venait d'arriver.

Plus de cent-cinquante cavaliers des plus nobles familles de la Lorraine, de l'Allemagne et du Brabant, escortaient l'évêque, qui eut bientôt atteint le pont de la Creyr. Là, le conseil et les bourgeois lui firent un compliment, puis ils se mirent en marche, précédant le prince et marchant vers la cité. Arrivés à la porte Saint-Léonard, ils lui présentèrent les clefs de la ville, et avant de les prendre, Ferdinand prononça à haute voix le serment institué par les statuts, et qui garantissait les priviléges des Liégeois.

Près de Saint-Georges, le cortége rencontra un théâtre richement décoré, où des musiciens chantaient en l'honneur du prince. Une jeune fille s'y tenait debout dans une noble et riche parure : cette jeune fille représentait la Cité de Liége. A la vue de l'évêque elle se laissa glisser sur un chemin de fils de fer invisibles, et, arrivée aux pieds de Ferdinand, elle lui présenta un bouquet de lis et lui dit ces vers :

Grand prince noble d'ayeux,
Grand prince délicieux,
D'où m'arrive ce bonheur,
D'où m'aborde cet honneur,
Que chez moi, ta pauvre Liége,
Tu viens, quittant ta duché,
Laissant ton archevêché,
Planter les pieds de ton siége?
Las! prince, je n'ai loyer
Digne de toi, pour payer
Un si charitable office,
Si ce n'est la grand amour
Duquel ton peuple à l'entour
Te fait déjà sacrifice (1).

Ces vers, récités aux grands applaudissemens des seigneurs qui accompagnaient l'évêque, et des bourgeois de la ville, le cortége continua sa marche vers la grande place du Marché, où l'on avait élevé plusieurs théâtres, et où l'on représentait des mystères. A côté de ces théâtres on avait allumé trois grands feux de joie, et à côté de ces feux s'élevaient trois pyramides, ornées de guirlandes aux couleurs de la maison de Bavière.

Arrivé près de la cathédrale, le prince descendit de cheval, puisa dans une bourse que lui présentait son argentier, et, tout en montant les degrés de Saint-Lambert où l'attendait le chapitre, il jeta plusieurs poignées d'or au peuple, puis après avoir rendu des actions de grâce au Seigneur, Ferdinand fit son entrée dans le palais épiscopal, et assista au splendide banquet qui lui avait été préparé. Ce ne fut qu'à minuit que le peuple se dispersa. Mais en se dispersant, il faisait encore retentir l'air d'acclamations de joie et de vœux de prospérité.

Certes, il y avait tout lieu de penser qu'après de pareilles démonstrations faites de part et d'autres tout irait au mieux entre l'évêque et les Liégeois, mais il n'en fut pas ainsi : les évêques changeaient, les générations faisaient place aux générations, mais les intérêts demeuraient les mêmes, et les révolutions revenaient sur l'eau.

Cependant, plusieurs années s'étaient déjà écoulées au milieu des murmures, des récriminations et des plaintes, mais sans amener de collision armée. Il est vrai que le jour de la Saint-Jacques approchait, et que tout faisait présumer que les élections seraient orageuses.

Les prévisions ne furent pas trompées : les Trente-Deux, c'était ainsi que d'après leur nombre on nommait les électeurs, les Trente-Deux venaient d'élire bourguemestres Raës

(1) On se rappelle que je déjeune chez monsieur Polain. C'est lui qui raconte ; moi je rattrape le temps perdu, en dévorant un jambon de Mayence et en avalant tantôt un verre de Braunberger, et tantôt un verre de Liebfraumielk.

de Chokier et Michel de Selys; mais du moment où le héraut proclama ces deux noms, les bourgeois qui étaient rassemblés en armes sur la place, et qui en attendaient deux autres, firent entendre de tels murmures, qui bientôt furent suivis de si grandes vociférations, que chacun comprit, et même l'évêque, que le moment suprême était arrivé. Au milieu de toutes ces rumeurs, le nom de *Beckmann*, incessamment répété, indiquait que c'était sur celui qui le portait que se réunissait la majorité populaire. Mais le pouvoir ne pouvait pas céder ainsi à une simple démonstration : aussi bientôt le peuple ne s'arrêta-t il point à des cris. Bientôt les bourgeois refoulent la garde des Dix et se précipitent vers la colonne où l'on tire le scrutin. En ce moment, des fenêtres de l'Hôtel-de-Ville un coup de fusil part, qui, heureusement, ne blesse personne; mais la démonstration hostile n'en avait pas moins eu lieu : les fusils armés s'abaissent vers les fenêtres. Tout à coup le grand doyen de la cathédrale paraît au balcon de l'Hôtel-de-Ville :

— Bourgeois, s'écrie-t-il en étendant les mains vers le peuple en signe de paix, comme l'élection doit être l'expression des désirs de tous, si nous nous sommes trompés, dites-le, et nous choisirons les bourguemestres à votre volonté. Qui voulez-vous?

— Beckmann et Sand, répondent toutes les voix, et aussitôt ces deux noms sont proclamés.

Certes, cette fois la voix du peuple était bien réellement la voix de Dieu. Guillaume Beckmann, seigneur de Vieux-Sart, était à la fois un homme de haute qualité et de grand savoir : cinq fois déjà depuis 1608 il avait été nommé bourguemestre. Puis outre cela, sous le règne d'Ernest de Bavière, il avait été chargé de plusieurs missions près des Etats-généraux à la cour de Henri IV. Pendant cette longue vie de diplomate et de politique, il avait surtout appris à connaître les hommes; aussi Ferdinand de Bavière ne l'avait-il point trompé un seul instant, et dès l'abord avait-il prévenu le peuple de ses projets liberticides. On devine donc, qu'arrivé au pouvoir, la lutte ne tarda point à s'engager entre l'évêque et le mandataire du peuple; mais contre ce dernier tout échoua, menaces et promesses : c'était l'homme d'Horace; les ruines du monde pouvaient l'ensevelir, mais non l'ébranler.

Un pareil homme rendait la place intenable. Après avoir essayé de tout, on essaya du poison.

Mais on s'était bien gardé de donner à Beckmann un de ces poisons subtils, un de ces poisons à la Médicis qui tuaient comme la foudre, rien qu'à les goûter ou à les respirer. Non, on lui avait préparé un de ces poisons à la Borgia, comme le pape Alexandre VI en donna à Gem et à l'évêque de Cozence; un de ces poissons qui font blanchir les cheveux, qui courbent lentement les membres, qui paralysent le corps ligne à ligne, de sorte que chaque jour vous êtes entré d'un pouce dans le tombeau; un de ces poisons qui vous laissent la voix pour vous plaindre et les yeux pour vous voir mourir. Ainsi fut pendant près d'un an Beckmann paralysé de ses jambes, puis de ses bras; les bourgeois le portaient en litière au conseil et aux assemblées, et là cette bouche mourante s'ouvrait encore, non pas pour parler de ses souffrances, mais de celles de ses compatriotes. Enfin, ce pauvre corps, qui s'était éternisé tant qu'il avait pu pour bienheurer sa patrie, rendit son âme à Dieu et sa poussière à la terre. Mais sa statue, faite aux frais de tous, fut dressée en plein marché.

Sébastien Laruelle, son ami et son émule, lui succéda.

— Sébastien Laruelle, celui-là qui fut si tragiquement assassiné au banquet de Warfusée? demandai-je.

— Celui-là même, me répondit monsieur Polain.

— Alors, l'histoire de Sébastien Laruelle, s'il vous plaît?

— La voilà.

C'est toujours monsieur Polain qui parle.

LE BANQUET DE WARFUSÉE.

Quelques temps avant la mort de Beckmann, et par conséquent avant que Laruelle ne fût bourguemestre, un étranger était venu chercher asile dans la cité de Liége; beaucoup de bruits avaient couru sur lui, car c'était un noble seigneur, nommé le comte René de Warfusée, qui avait été chef des finances de Philippe IV dans les Pays-Bas. Les uns racontaient qu'il avait odieusement dilapidé les fonds qui lui avaient été confiés, ruiné les domaines de l'Etat et mis en gage les diamans de la couronne, si bien qu'il s'était vu contraint d'abandonner nuitamment Bruxelles, où après son départ il avait été exécuté en effigie. D'autres disaient qu'ils avaient devant les yeux une de ces grandes victimes de la haine des puissans, et au lieu de voir dans Warfusée un coupable, ils le regardaient comme un martyr.

Sébastien Laruelle était du nombre de ces derniers; ayant eu sans cesse à lutter contre les grands, il savait combien la calomnie leur est obéissante, et il n'était pas un de ceux qui avaient le moins insisté pour que, malgré les réclamations de Philippe IV, le droit d'asile fût maintenu en faveur du comte René de Warfusée.

Or, Warfusée songea que l'empereur serait un excellent intermédiaire entre lui et Philippe IV, et que s'il parvenait à débarrasser Ferdinand de son ennemi, Ferdinand n'aurait de son côté plus rien à lui refuser.

En conséquence, il écrit à Ferdinand de Bavière qu'un grand complot se trame pour livrer aux Français la ville et le pays de Liége, et que les chefs de ce complot sont Sébastien Laruelle et l'abbé Mouzon, ambassadeur de Louis XIII près la bonne ville. Ferdinand n'en croit rien; mais il n'a pas besoin de croire, un meurtre est toujours un meurtre, même pour un évêque; parfois celui de Beckmann lui a pesé, et il aime autant qu'un autre se charge de celui de Laruelle. Il envoie donc à René de Warfusée un ancien moine défroqué nommé Grandmont, qu'il a fait capitaine de ses gardes : Grandmont apporte à Warfusée les pleins pouvoirs de Ferdinand. Ces deux hommes devaient s'entendre : l'un avait renié l'honneur, l'autre avait renié Dieu.

Le 12 avril 1637, Sébastien Laruelle reçut une invitation à dîner chez René de Warfusée; il accepta. A ce dîner était invité aussi l'abbé de Mouzon, ambassadeur de France, le baron de Saisan et quelques autres personnes.

Plusieurs amis du bourguemestre, qui voyaient avec peine l'union d'un homme si pur avec un homme sur lequel il avait couru une si fatale accusation, essayèrent de détourner Laruelle d'aller à ce dîner; ils allèrent même jusqu'à lui parler de trahison possible. On avait vu ce Grandmont entrer chez le comte, on l'en avait vu sortir; on le connaissait pour l'épée ou plutôt pour le poignard de Ferdinand. On essaya donc d'intimider le bourguemestre avec des soupçons et des présages, mais c'était un homme d'une âme ferme, qui ne croyait que dans l'honneur humain et dans la justice divine; aussi ne fit-il que rire de tout ce qu'on lui put rapporter, et le soleil du 16 avril, soleil de printemps plein de chaleur et de vie, se leva sans qu'on eût pu lui rien faire changer à sa résolution.

A l'heure du dîner, le comte de Warfusée envoya son carrosse au bourguemestre, mais celui-ci, voulant profiter de cette belle journée, sortit à pied accompagné de deux hommes de sa garde; l'un d'eux quitta son maître à la porte de la maison, l'autre entra avec lui : celui qui entra se nommait Jasper.

Le comte René de Warfusée était assis dans la cour de sa maison, sous une vaste galerie qui en faisait le tour. A la vue du bourguemestre, un rayon de joie éclaira son visage ordinairement sombre; puis, s'avançant vers Laruelle, il l'embrassa comme avaient coutume de faire alors les amis, même après une courte absence. C'était, au reste, une habitude antique. Lorsque Judas embrassa Jésus, il n'y avait pas plus de deux heures qu'il l'avait quitté.

Puis, se tournant vers le garde du bourguemestre :

— Ah ! ah ! te voilà, Jasper, lui dit-il ; toujours fidèle à ton maître. Jasper s'inclina.

— Tu feras bonne chère aujourd'hui, mon camarade, car j'entends que tu n'épargnes pas les santés à notre bourguemestre. Jasper s'inclina une seconde fois en signe d'assentiment, car Jasper ne refusait jamais de boire ; mais il buvait deux fois plus lor qu'il buvait à la santé de Laruelle.

Derrière le bourguemestre arrivèrent successivement les chanoines Nyes et Kerkhem, l'avocat Marchand, le chantre de l'église Saint-Jean, l'abbé de Mouzon, le baron de Saisan, et enfin madame de Saisan et son fils, qui n'était âgé que de neuf ans.

La table était dressée dans une salle basse, aux fenêtres étroites et grillées ; des domestiques attendaient dans la chambre précédente avec des serviettes, des bassins et des aiguières. Ils donnèrent à laver à chacun, puis les convives entrèrent dans la salle à manger. Warfusée s'assit de manière à avoir la porte derrière lui, ayant à sa gauche l'avocat Marchand, et à sa droite madame de Saisan. Laruelle et l'abbé Mouzon s'assirent en face de lui ; les autres invités prirent place selon leur caprice, selon leur rang ou selon enfin l'opinion qu'ils avaient d'eux-mêmes. Jasper demeura debout derrière son maître.

Le dîner était copieux et riche en vins étrangers et en mets rares, comme il convient à un seigneur qui traite de si nobles hôtes. A la fin du premier service, le comte fit apporter des coupes ; puis, ayant rempli autant de coupes qu'il y avait de convives :

— A la santé du roi de France ! dit-il en se tournant vers l'abbé Mouzon, qui répondit à sa politesse par un salut, et chacun vida son verre à la santé de Louis XIII.

Quelques momens après que les convives eurent fait raison à leur hôte, un valet de chambre de confiance du comte, nommé Gobert, entra dans la salle, et vint lui parler bas à l'oreille. Ce qu'il venait lui dire, c'est que les soldats de la garnison espagnole dont il avait besoin pour consommer le meurtre étaient arrivés de Naivague, avaient trouvé au rivage de Beujards le bateau qui avait ordre de les y attendre, et enfin venaient de s'introduire dans la maison par une petite porte qui donnait sur la rivière. Gobert était certain de ce qu'il disait, car c'était lui-même qui avait ouvert cette porte et qui l'avait refermée derrière eux. Comme il achevait ces mots, un homme de haute taille, vêtu d'une hungherline de velours, et tenant une épée nue à la main, parut sur le seuil, s'approcha de Warfusée, et lui touchant l'épaule du bout du doigt :

— Me voilà, dit-il.

Warfusée se retourna et reconnut Grandmont ; les convives reconnurent aussi l'ancien moine défroqué, et cette apparition ne leur présagea rien de bon.

— Où sont vos hommes ? demanda Warfusée.

— Derrière moi.

— Faites-les entrer, alors.

Grandmont fit un signe, et une vingtaine de soldats s'élancèrent dans la salle à manger, entourant les convives, tandis que d'autres apparaissaient aux fenêtres et les mettaient en joue à travers les barreaux.

— Qu'est ceci, messieurs, s'écria Laruelle étonné en se levant debout à sa place, et que signifient ces hommes ?

— Ces hommes signifient, répondit en riant Warfusée, que vous avez bu tout à l'heure à la santé du roi de France, et que vous allez boire maintenant à celle de Sa Majesté l'empereur et de Son Altesse le prince de Liége. Et comme personne ne répondait :

— Ah ! voilà comme vous faites honneur à mon toast ! continua-t-il. Alors, désignant Jasper :

— Empoignez ce galant, dit-il. Les soldats obéirent.

— C'est bien.

— Maintenant, continua-t-il, faites-en autant du bourguemestre.

— Qui ? moi aussi, monseigneur ? s'écria Laruelle.

— Oui, toi, dit le comte de Warfusée ; toi et l'abbé de Mouzon, et monsieur de Saisan.

— Où est l'abbé Mouzon, demanda Grandmont qui ne le connaissait pas.

— Me voici, dit l'abbé d'une voix ferme et en se levant. Mais vous répondrez au roi mon maître, non-seulement de ce qui me sera fait à moi, mais de ce qui sera fait au dernier des convives avec lesquels j'ai l'honneur de me trouver, même à cet enfant, ajouta-t-il en étendant la main vers le fils de monsieur de Saisan.

— C'est bien, c'est bien, dit Warfusée, je sais ce que j'a à faire. Alors il fit signe qu'on tirât Jasper et Laruelle de la salle, et qu'on les conduisît dehors ; puis, quand cet ordre fut exécuté :

— Messieurs, continua-t-il, vous saurez que je fais tout ceci par ordre de Sa Majesté Impériale et de Son Altesse le prince Ferdinand ; ils ont assez longtemps souffert les désordres qui se commettent dans cette ville à l'instigation du misérable que je viens de faire arrêter. Les Liégeois sont des chevaux échappés, et je ferai si bien qu'ils reviendront d'eux-mêmes tendre leurs têtes à la bride, dussé-je, pour prix de mes efforts, voir périr mon fils qui est prisonnier du roi de France. A ces mots il sortit, suivi de l'avocat Marchand, du chanoine Litermans et du capitaine Grandmont, laissant les prisonniers sous la garde des soldats. Arrivé dans la cour, il aperçut Laruelle, que quatre ou cinq Espagnols tenaient au collet.

— Ah ! traître ! s'écria-t-il en allant à lui et en le menaçant du poing, je t'arracherai donc enfin aujourd'hui le cœur de la poitrine.

— Et en quoi vous ai-je donc offensé, monsieur, demanda Laruelle avec le plus grand calme. Est-ce pour m'assassiner que vous m'avez invité à dîner chez vous ? Alors c'est infâme.

— Des cordes ! des cordes ! s'écria Warfusée ; des cordes ! et qu'on le garrotte !

On ne trouvait pas de cordes, un soldat donna ses jarretières.

Warfusée se mit lui-même à l'œuvre, serrant les poignets du bourguemestre à lui faire jaillir le sang.

— Monsieur le comte, s'écria de nouveau Laruelle pendant qu'on le garrottait, au nom du ciel, dites-moi, je vous prie, ce que je vous ai fait.

Mais Warfusée continua la besogne sans lui répondre, et lorsqu'il eut fini :

— Maintenant, dit-il, crie merci à Dieu, car tu vas mourir ; puis s'adressant à Gobert : Cours chercher un moine pour le confesser, dit il à voix basse, et reviens sur-le-champ. Et, se retournant vers les Espagnols, il leur ordonna de conduire Laruelle dans une salle basse, ce qu'ils exécutèrent aussitôt.

Warfusée continua de se promener dans la cour avec l'avocat Marchand, qui, tremblant pour lui-même, lui faisait cependant quelques remontrances auxquelles il ne répondait qu'en lui présentant des lettres de l'empereur et du comte Ferdinand qui, probablement, ordonnaient la mort de Laruelle. Au milieu de cette discussion, il vit revenir le valet de chambre avec deux religieux dominicains : il alla lui-même à la porte et leur ouvrit :

— Mes pères, leur dit-il, le bourguemestre Laruelle est là ; allez le confesser, je vous prie, car il va être mis à mort, par ordre de Sa Majesté Impériale.

— Confesser le bourguemestre, monseigneur ? cela nous est impossible, répondit un des moines ; nous n'en avons reçu ni le pouvoir, ni la permission de nos supérieurs.

— Eh bien ! alors, s'écria Warfusée, il mourra sans confession, voilà tout : qu'on le tue !

Alors les deux moines, Marchand et le chanoine, crièrent d'une seule voix :

— Monseigneur ! monseigneur ! au nom du ciel ! grâce pour le bourguemestre !

Mais Warfusée, sans les écouter, et comme un homme qui a le délire, répéta de nouveau : Qu'on le tue ! qu'on le tue !...

— Monseigneur, dit l'avocat Marchand, si ce n'est pas pour lui, que ce soit pour vous ; Laruelle est fort aimé du peuple et il pourra vous arriver malheur.

Mais, sans l'écouter, Warfusée, comme un insensé, continuait de crier : Qu'on le tue! qu'on le tue! si bien que les convives l'entendaient de la salle basse où ils étaient.

Alors Grandmont s'approchant une dernière fois du comte, aussi calme que le comte était exaspéré :

— Est-ce bien votre volonté qu'il meure, monseigneur? lui dit-il.

— Qu'on le tue! qu'on le tue! répéta encore Warfusée.

— C'est bien, dit Grandmont, et s'inclinant, il entra dans la maison et alla transmettre l'ordre du comte au soldat qui gardait la porte de Laruelle; alors le soldat entra dans la salle basse, et s'approchant de Laruelle :

— Monsieur le bourguemestre, dit le soldat de la part du comte, il faut mourir!

— Oh! s'écria Laruelle en levant au ciel ses mains liées, voilà donc la récompense des services que je lui ai rendus; puis se retournant vers la porte qui était ouverte, et sur le seuil de laquelle les trois ou quatre soldats étaient groupés : Mes amis, leur dit-il, vous pourriez me sauver.

— Hélas! répliquèrent les gardes, nous ne sommes que de pauvres soldats, monsieur le bourguemestre; nos armes sont à ceux qui nous les ont données, et quand ils nous disent de frapper, il faut que nous frappions.

— Mais, reprit Laruelle, est-ce que vous aurez le cœur de frapper sur un homme sans défense, qui a les mains liées, et qui n'a commis aucun crime.

Les soldats se regardèrent en hésitant, puis l'un d'eux secouant la tête :

— Monsieur le bourguemestre, lui dit-il, il nous faut obéir à nos chefs, plût à Dieu que vous fussiez loin d'ici!

— Mais dépêchez-le donc, criait Warfusée, et que cela finisse.

— Ne me sera-t-il point permis de me confesser au moins, demanda Laruelle.

— On a fait venir deux moines, répondit un soldat, il est possible que ce soit pour vous.

— Mon ami, dit Laruelle, allez-y voir, je vous prie.

Il y avait un tel accent de douceur et de résignation dans la voix de Laruelle, que le soldat descendit aussitôt et remonta quelques instans après avec un des deux moines.

— Ah! monsieur le bourguemestre, dit le moine en entrant, quelle horrible catastrophe!

— Me faut-il donc mourir, mon père, demanda Laruelle; voyez du moins le comte, et tentez un dernier effort.

— Oh! de grand cœur, dit le moine.

Et il descendit vivement, et alla trouver le comte, mais il n'en put rien tirer que ces paroles :

— Monsieur Sébastien Laruelle nous aidera aujourd'hui à réconcilier la bourgeoisie avec le prince. Alors le moine se jeta à ses pieds et le supplia au nom de tous les saints, mais Warfusée resta inflexible.

Le moine rentra dans la prison, et, présentant un petit crucifix à Laruelle :

— Pensez à Dieu, lui dit-il, monsieur le bourguemestre, car il n'y a plus que Dieu qui puisse vous secourir maintenant.

— Hélas! hélas! dit Laruelle, quand il me restait tant de choses à faire encore pour le bonheur de mes concitoyens, faudra-t-il donc que je meure misérablement ici.

A ces mots, il se mit à genoux et commença sa confession; c'était celle d'une âme pure, dont la vie tout entière avait été consacrée au bien; aussi, lorsque le moine lui donna l'absolution, c'était le moine qui pleurait.

Laruelle embrassa le bon dominicain, et celui-ci sortit.

Trois soldats furent aussitôt désignés pour tuer le bourguemestre, mais voyant qu'ils demeuraient à leur place :

— Eh bien! leur dit le comte, n'avez-vous pas entendu?

— Si fait, répondit un des soldats; si fait, monseigneur, mais c'est que nous aimerions mieux mourir nous-mêmes que de tuer un homme qui ne nous a rien fait!

— Gobert, s'écria le comte en se retournant vers son valet de chambre, il n'y a qu'en toi que j'aie confiance, va!

— Monseigneur, répondit Gobert en secouant la tête, chargez quelqu'autre de cette besogne, je ne suis pas un bourreau.

— Eh! pardieu! dit Grandmont, voilà bien des mystères pour une pareille niaiserie.

Et il s'en alla en haussant les épaules choisir parmi les autres soldats trois hommes de sa main, puis revenant près du comte :

— Tenez, monseigneur, lui dit-il, voici trois homm comme il vous les faut.

Alors Warfusée tout joyeux les conduisit jusqu'à la porte de la chambre où était enfermé Laruelle; là, il leur donna une bourse pleine d'or, que les soldats partagèrent entre eux. Laruelle entendit le bruit de cet or, et il comprit qu'il fallait se résigner à mourir, puisque sa mort était payée.

Alors Grandmont ouvrit la porte, et les trois soldats, entrant comme des furieux, se précipitèrent vers Laruelle, et le frappèrent presqu'en même temps de quatre coups de braquets, mais ces braquets étaient de mauvais petits sabres courts avec lesquels ils n'avançaient guère, et comme les cris du malheureux bourguemestre, qu'ils ne pouvaient pas achever, les importunaient : Mordieu! dit l'un d'eux, nous n'en finirons jamais avec de pareilles armes, il nous faut une bonne épée.

Grandmont prêta la sienne, et au second coup de cette épée qu'il reçut dans la poitrine, Laruelle expira.

Les autres convives étaient toujours gardés à vue dans la salle à manger; tout à coup ils entendirent les blasphêmes des soldats, et les cris de mort de Laruelle.

— Ah! le traître, s'écria l'abbé de Mouzon, il fait assassiner le bourguemestre.

En ce moment les deux moines entrèrent et confirmèrent cette triste nouvelle; ils étaient suivis de Warfusée.

— Oui, dit le comte aux convives stupéfaits, oui, messieurs, le bourguemestre est mort, et mort bien confessé et bien repentant de ses fautes; il est mort après avoir résigné sa volonté dans les mains de Dieu, et demandé pardon à l'Empereur et à Son Altesse.

— Tu mens! s'écria monsieur de Mouzon, le bourguemestre pouvait mourir sans demander pardon à personne; c'est à un lâche comme toi de demander pardon quand ton jour sera venu, et non pas à lui.

Warfusée allait répliquer, lorsque Grandmont lui vint frapper sur l'épaule, et lui dit quelques mots tout bas. A ces mots, le comte pâlit et se retira précipitamment avec Grandmont; au bout d'un instant, Grandmont revint et appela le chanoine Kerkhem et le chanoine Nyes; tous deux sortirent, laissant le reste des convives, ignorant comme eux pourquoi ils étaient appelés.

Ce qu'était venu dire Grandmont au comte, c'est qu'une certaine agitation commençait à se manifester dans la ville; en effet, le bruit s'était répandu que des soldats espagnols (et le peuple était en éternelle défiance contre ces étrangers) avaient traversé la Meuse derrière Saint-Jean, et avaient été vus entrant par une porte de derrière dans la maison de Warfusée. Or, un des parens du bourguemestre qui se trouvait parmi le groupe qui causait de cet événement, se rappela que ce jour-là Laruelle dînait chez le comte, et ayant pensé que ces soldats auraient bien pu être appelés par lui pour enlever Laruelle, il fit part de ses soupçons à ceux qui l'entouraient; ceux à qui il s'adressait partageant ses craintes, coururent aussitôt avec lui sur la place Saint-Jean, où était située la maison, et comme depuis quelque temps on entendait un grand tumulte dans l'intérieur, ils y trouvèrent un certain nombre de bourgeois qui se demandaient d'où pouvait venir ce bruit; c'était un nouvel indice qu'il se passait dans cette maison suspecte des choses extraordinaires; aussi le cousin de Laruelle se mit-il aussitôt à frapper de toutes ses forces. A la manière dont retentissait le marteau, Grandmont courut lui-même à la porte, et demanda à travers le vasistas ce qu'on voulait.

— Nous voulons savoir, demanda le cousin de Laruelle

en continuant de frapper, si monsieur le bourguemestre n'est point céans.

— Sans doute il est ici, répondit Grandmont. Après?

— Après? Nous voulons lui parler, ouvrez-nous.

— Oh! ceci est autre chose, reprit le renégat, il n'y a que le comte qui ait la clef de la porte, et je vais l'aller chercher; ayez patience.

Comme il n'y avait rien de bien rassurant dans tout ceci, les bourgeois eurent patience ainsi qu'on le leur demandait, mais tout en envoyant dans toutes les rues de la ville des messagers chargés de dire que le bourguemestre était en danger.

C'était alors que Grandmont était venu chercher le comte.

Tous deux se rapprochèrent de la porte, et Warfusée, ouvrant la porte lui-même, fit entrer le parent de Laruelle et quatre autres bourgeois, et leur demanda ce qui les amenait.

— Excusez-nous, monsieur le comte, dit le parent du bourguemestre, mais le bruit s'est répandu que quelques soldats espagnols s'étaient introduits dans votre hôtel, et alors nous avons craint pour la sûreté du bourguemestre.

— Rassurez-vous, messieurs, répondit Warfusée, car c'est moi-même qui ai mandé ces soldats.

— Mais à quelle intention, monsieur le comte? demandèrent les bourgeois, car à tort ou à raison, vous savez que nous regardons ces soldats comme nos ennemis.

— Ecoutez, messieurs, dit Warfusée, regardant autour de lui et se voyant bien soutenu par les Espagnols, il faut en finir. Voulez-vous être Français, Espagnols ou Hollandais?

— Nous voulons être enfans de la ville de Liége, et pas autre chose, répondirent les bourgeois.

— Eh bien! alors, que diriez-vous si le bourguemestre Laruelle avait voulu vous vendre aux Français?

— Nous dirions, répondit le cousin de Laruelle, que celui qui porterait une pareille accusation contre le seigneur bourguemestre en aurait menti!

— Eh bien! messieurs, dit Warfusée s'excitant de plus en plus à la vue de la garde qui l'entourait, il en est cependant ainsi, et j'en ai les preuves; aussi vous êtes déjà vengés.

— Que voulez-vous dire?

— Que j'ai reçu de l'Empereur et de Son Altesse Monseigneur Ferdinand l'ordre de punir le traître, et qu'il est puni.

— Le bourguemestre est prisonnier?

— Le bourguemestre est mort.

— Impossible! s'écrièrent les bourgeois.

— Voulez-vous le voir, dit Warfusée.

En ce moment, les coups redoublèrent à la porte.

— Entendez-vous, monsieur, dit le cousin de Laruelle, malheur si vous avez dit la vérité, car voilà déjà la justice du peuple qui frappe à la porte.

— Messieurs, messieurs, cria à ceux du dehors un des bourgeois qui se trouvait dans la cour et qui craignait qu'avant que la porte ne fût enfoncée on ne leur eût déjà fait un mauvais parti, messieurs, apaisez-vous et attendez que nous sortions, nous vous dirons tout ce qui est arrivé.

— Messieurs, s'écria le cousin de Laruelle en s'élançant jusqu'à la grille qui couronnait la muraille de la cour, et en s'adressant aux bourgeois, enfoncez la porte, le bourguemestre est assassiné et nous sommes prisonniers.

A ces mots, un cri terrible retentit sur la place, se prolongea dans les rues, et revint, comme une rumeur immense, battre la maison du comte; presqu'en même temps la cloche sonna à coups pressés : c'était le tocsin.

Warfusée commença de trembler et de pâlir, car il vit que contre lui et ses soixante-dix Espagnols, il allait avoir la ville tout entière; alors son visage se décomposa et exprima la plus vive terreur. Les bourgeois profitèrent de ce moment pour courir à la porte, mais ils y trouvèrent Grandmont qui l'avait barricadée, afin que personne ne sortit et qui se tenait devant elle, sa longue épée toute sanglante à la main.

— Pardon, messieurs, dit Grandmont avec son calme habituel, mais j'ai la garde de cette porte, et personne n'en sortira que sur l'ordre du comte.

— Messieurs, s'écria Warfusée s'approchant d'eux, messieurs, je vais vous ouvrir, mais à la condition que vous me conduirez près du bourguemestre de la cité.

— Oui, oui, dirent les bourgeois, nous nous y engageons.

— Sans qu'il me soit fait aucun mal?

— Nous répondons de vous sur notre tête.

Warfusée fouilla à sa poche, en tira une clef, et se mit en devoir d'ouvrir la porte; mais en ce moment une main de fer s'abaissa sur son épaule et le tira quatre pas en arrière : c'était Grandmont.

— Un instant, mon maître, dit le renégat, il vous serait commode, je le conçois, de vous mettre en sûreté, et de me laisser payer ici pour vous; mais il n'en sera point ainsi; de ce moment vous êtes à moi comme je suis à vous, nous nous appartenons l'un à l'autre; nous serons sauvés, ou nous mourrons ensemble.

Warfusée poussa un soupir, car il sentait que de toute façon cet homme était plus fort que lui; il se laissa donc tomber accablé sur un banc. Grandmont alla à la porte.

— Maintenant, messieurs les bourgeois, leur dit-il, si vous voulez sortir, sortez; mais souvenez-vous en temps et lieu que c'est moi qui vous ouvre la porte.

Les bourgeois, en voyant la porte ouverte, s'élancèrent dehors sans même répondre à Grandmont.

— C'est juste, murmura celui-ci entre ses dents, chacun pour soi.

Et profitant de ce que le peuple était occupé autour de ceux auxquels il venait de rendre la liberté, il referma la porte, et la barricada avec plus de soin encore qu'elle ne l'était auparavant.

Pendant un instant il y eut une telle rumeur, que l'on ne put rien entendre. Enfin, le cousin de Laruelle parvint à se hisser sur une borne, alors chacun se tut.

— Bourgeois de Liége! s'écria-t-il, aux armes! Notre Seigneur bourguemestre est assassiné. Aux armes! aux armes!

Le cri provocateur fut à l'instant même répété par vingt mille bouches, chacun s'élança de son côté, puis les premiers armés revinrent contre la maison, tandis que les autres couraient par les rues en criant : Sus, sus, bourgeois de Liége! aux armes! aux armes! le seigneur bourguemestre est assassiné!

Alors, comme une marée immense, toute la ville vint battre les murailles avec d'horribles imprécations de vengeance. Les uns se ruant contre la porte avec des leviers et des poutres, les autres se jetant à la nage afin de traverser le bras de la Meuse, et de pénétrer par les jardins. Warfusée écoutait tous ces bruits de mort comme un homme déjà condamné; Grandmont le regardait avec un sourire de pitié.

En ce moment le comte aperçut Jasper, le garde de Laruelle, et s'élançant vers lui : Jasper, mon ami, lui dit-il, toi qu'ils connaissent, monte à la grille et dis-leur que le bourguemestre a été assassiné parce que c'était un traître.

Jasper monta à la grille, mais au lieu de dire ce que désirait le comte :

— Messieurs les bourgeois, cria-t-il, courage! courage! ils ont assassiné mon maître, maintenant les voilà qui tremblent.

— Pas moi, dit Grandmont.

— Que dis-tu là, mon bon Jasper, cria Warfusée?

— Il dit que vous êtes un lâche, dit Grandmont, et il dit la vérité. Rentrez et laissez-moi me défendre avec mes hommes.

Warfusée obéit.

Grandmont, débarrassé du comte, appela alors quelques soldats autour de lui et se prépara à faire résistance.

Cependant, les convives enfermés dans la salle basse, entendant les clameurs des bourgeois et jugeant au bruit toujours croissant que les choses allaient mal pour Warfusée, reprenaient courage, tandis qu'au contraire les soldats, se poussant du coude, se regardant de côté et parlant bas entre eux, perdaient leur assurance. Alors monsieur de Saisan s'adressant à eux :

— Mes amis, dit-il, nous sommes vos prisonniers, vous répondez de nous sur votre tête : gardez-nous bien, et empêchez qu'il ne nous arrive malheur ; protégez-nous contre le comte de Warfusée, et, à notre tour, si les bourgeois sont plus forts, nous vous protégerons contre eux.

— C'est chose convenue, répondirent les soldats, et ils fermèrent la porte de la salle en dedans.

Cependant, tout à coup une grande rumeur se fit entendre suivie de quelques coups de fusil ; c'étaient les bourgeois qui venaient d'escalader les murs du jardin. En même temps le même rumeur retentit dans la cour, la porte était forcée, et le flot qui battait les murs commençait à entrer dans la maison.

Alors l'abbé de Mouzon s'élança à une fenêtre, et voyant la cour s'emplir de bourgeois :

— Messieurs ! cria-t-il, sauvez-nous ; Sébastien Laruelle est assassiné, et nous sommes en danger de mort.

En ce moment l'abbé de Mouzon sentit qu'on embrassait ses genoux ; il se retourna : c'étaient les deux filles de Warfusée qui l'imploraient.

A son appel, les bourgeois avaient redoublé d'efforts ; Grandmont avait fait une résistance désespérée, mais enfin il était tombé frappé d'une balle, et ils lui avaient passé sur le corps. En un instant toutes les portes sont brisées ; monsieur de Saisan, pour tenir sa promesse, veut protéger les soldats, mais ils sont massacrés avant qu'il ait pu parvenir à se faire entendre ; l'abbé Mouzon ne sauve les deux filles de l'assassin qu'en les prenant dans ses bras et en les emportant lui-même jusqu'à la Meuse ; là il les confie à des bourgeois, qui les emmènent à l'hôtel de ville.

Pendant ce temps, monsieur de Saisan a pris une arquebuse des mains d'un mort, et il s'est mis à la tête de la populace qu'il dirige, car il espère que peut-être Laruelle vit encore et qu'il sera possible de le sauver. Il s'élance du côté où il a entendu les cris ; une porte est fermée, vingt bras s'étendent, la porte cède, et l'on aperçoit Laruelle défiguré, couvert de blessures, et tout à fait mort.

Alors ce n'est plus de la justice, ce n'est plus de la colère, c'est de la rage. On demande où est le comte, on l'appelle, on le cherche, on veut le mettre en morceaux ; chacun a soif d'une goutte de son sang. Tout à coup d'une chambre où l'on va entrer, une fusillade part, qui blesse et qui tue plusieurs bourgeois. Une vingtaine de soldats espagnols sont barricadés dans cette chambre ; une voix les exhorte à se défendre : cette voix c'est celle de Warfusée. Ainsi, il est là, il n'a pas fui, on l'aura mort ou vivant, c'est bien.

Tous accourent, tous se pressent, tous affluent : les soldats espagnols font une seconde décharge ; les corps morts encombrent la porte ; les bourgeois ripostent en criant : — Warfusée ! Warfusée ! Alors, l'un d'eux pense que c'est un moyen de se sauver. — Aurons-nous la vie sauve ? crie l'Espagnol, nous vous le livrons ?

— Warfusée ! Warfusée ! hurlent toutes les voix.

— Le voilà ! crie le soldat en l'arrachant de dessus le lit où il est couché.

— Mes amis ! mes amis ! cria le comte en se cramponnant aux matelas.

— Où est-il ? où est-il ? demande le cousin de Laruelle, qui s'élance au milieu de la chambre.

— Le voilà ! disent les Espagnols ; tenez, prenez-le.

— Mes amis ! s'écrie le comte en embrassant les genoux des bourgeois, conduisez-moi à l'hôtel de ville, près du second bourguemestre.

— Oui ! oui ! viens, nous allons t'y conduire, hurlent les bourgeois en l'entraînant.

— Le voilà ! le voilà ! crient toutes les voix.

— A mort ! à mort ! l'assassin, à mort !

Alors les bourgeois qui avaient pris Warfusée arrivaient sur le perron de la cour ; la cour était pleine de peuple criant : A mort ! à mort ! Ils poussèrent le prisonnier, qui descendit rapidement les marches du perron et tomba sur ses genoux ; au même instant un bourgeois s'élança sur lui et le frappa d'un coup d'épée. Warfusée jeta un grand cri, voulut se relever pour remonter les marches du perron, mais comme il mettait le pied sur le premier degré, un coup de hache le renversa de nouveau. De ce moment on ne vit plus rien : la populace se rua sur lui comme une meute, on lui arrache ses habits, on le broie sous les pieds, on lui perce le talon, on y passe une courroie, on le traîne par les rues dans la poussière dont il fait de la boue avec son sang ; on hisse son corps à une potence élevée à la porte du marché, puis on lui coupe la tête et les mains, et on va les clouer aux différentes portes de la ville ; enfin, on brûle son corps, et ses cendres sont jetées dans la Meuse.

La populace joua ainsi trois jours entiers avec ce cadavre, jusqu'à ce qu'il n'en restât plus rien, et que son dernier atome eût disparu en poussière.

Quant à Sébastien Laruelle, son corps demeura exposé plusieurs jours, le visage et la poitrine découverts, afin qu'on pût voir ses blessures, dans la nef de la cathédrale, tandis qu'hommes, femmes et enfans venaient dévotement faire leurs prières autour de lui : puis, on le déposa côte à côte de son ancien ami Beckmann ; et sur la tombe des deux martyrs, les différens corps de métiers, abaissant tour à tour leurs bannières, jurèrent au nom de Dieu, de Notre-Dame et de Saint-Lambert, patron de la ville de Liége, de mourir s'il le fallait, comme ils étaient morts pour le maintien de leurs priviléges et de leurs libertés.

En 99, on ouvrit le tombeau de Laruelle : le corps était resté intact et tel qu'il y avait été déposé plus d'un siècle et demi auparavant.

Ce qui fit penser au plus grand nombre, que non-seulement c'était un martyr, mais encore que c'était un saint.

AIX-LA-CHAPELLE.

Les Liégeois tinrent le serment qu'ils avaient fait sur le tombeau de Laruelle, car de 1737 à 1794, leur existence ne fut qu'une longue lutte contre leurs évêques ; en 1794, nous nous emparâmes de Liége et nous en fîmes la capitale du département de l'Ourthe. En 1815, elle fut comprise dans la circonscription du nouveau royaume des Pays-Bas. Enfin, en 1830, ayant fait de son côté sa petite révolution, elle se détacha de la Hollande et se trouva, bon gré, mal gré, réunie à ses bonnes amies Bruges, Gand, Anvers et Bruxelles. Le public a été mis à même de juger de l'affection qu'elle leur porte.

Au reste, d'où nous étions, et de cette terrasse où je venais à la fois de faire un si bon déjeuner et un si excellent cours d'histoire, je me trouvais merveilleusement placé pour voir, sans me déranger, toutes les localités où s'étaient passées les choses importantes que monsieur Polain venait de me raconter. Ainsi, de ce point situé au pied de la citadelle, j'avais, à mon extrême gauche, Herstal, le berceau des rois de la seconde race, où naquit Pepin le Gros, père de Charles Martel et grand-père de Pepin le Bref, et à mon extrême droite, le château de Ranignle, d'où Godefroy de Bouillon partit pour la Terre-Sainte. Puis, encadrés entre ces deux grands souvenirs, toujours en allant de gauche à droite, du nord à l'ouest au-delà de l'Ourthe, le point d'où Boufflers bombarda la ville en 1691 : puis, de ce côté de la Meuse, presqu'à mes pieds, au bout de la rue Hors-Château, l'église de Saint-Barthélemy, la plus vieille de Liége ; puis en reportant mes yeux sur l'Ourthe, le pont d'Amercœur, où le duc de Bourgogne fit jeter les bourgeois révoltés, et qui a gardé de ce triste fait son nom douloureux. Au-delà de ce pont, le faubourg d'où Dumouriez, en 92, délogea les impériaux, et que ceux-ci brûlèrent en se retirant, et qui, rebâti par le premier consul, conserva quelque temps le nom de faubourg Bonaparte, puis reprit celui de faubourg d'Amercœur, la vieille catastrophe ayant laissé plus de souvenir que le bienfait récent : puis sur le quai, au dessous de l'église Saint-Barthélemy, la maison du seigneur Curtius, avec ses trois cent soixante-cinq fenêtres, son œsopée complète, et sa tradition diabolique. Le palais de justice, autrefois le palais du prince évêque, avec sa belle cour entourée de colonnes du XIVe siècle, et son portail de Guillaume de Lamark, le fameux Sanglier des Ardennes, sculpté sur le quatrième pilier à droite, en entrant par la place Saint-Lambert. Puis, en plongeant au-delà de l'Université, entre le séminaire et le faubourg d'Avoy-Saint-Jacques, la merveille de Liége, avec son architecture à la fois gothique et arabe, Saint-Paul, devenue cathédrale depuis 1795, époque à laquelle elle a succédé à Saint-Lambert, l'ancienne métropole, qui tomba comme tombaient les reines en ce temps-là, abattue par le peuple. Saint-Jean et sa tour byzantine, la maison de Warfusée, de sanglante mémoire dont il ne reste, derrière la Meuse, que la poterne par laquelle entrèrent les Espagnols. Sur la même ligne et au-delà du faubourg Saint-Gilles, les Bénédictins de Saint-Laurent, qu'il ne faut pas confondre avec ceux de Saint-Maur, les derniers, fameux par leurs chroniques historiques, et les premiers par leur chronique scandaleuse. Puis l'église Saint-Martin ; la première où, sur la prière d'une religieuse nommée sœur Julienne, qui avait rêvé voir la lune partagée en deux le pape permit l'institution de la Fête-Dieu, qui se répandit sur tout le monde chrétien, et qui ne s'est encore retirée que de France. Enfin, la maison de campagne où l'évêque Henry de Gueldre se vantait d'avoir fait vingt-neuf bâtards en une année, et qui de cette prouesse monacale a conservé le nom de bâtarderie.

Après avoir embrassé ainsi tout l'ensemble de la ville, j'exprimai à monsieur Polain mon désir de visiter quelques détails : alors, avec sa complaisance ordinaire, il m'offrit de m'accompagner ; c'était un trop excellent cicerone pour que je n'acceptasse point, au risque d'être indiscret. Nous descendîmes ensemble.

Chemin faisant, il me fit remarquer que Liége était peut-être la ville qui a baptisé ses rues et ses faubourgs d'un plus grand nombre de noms propres ; en effet, nous traversâmes successivement les rues Laruelle, Grétry et Berthollet (1), et l'on se promettait d'appeler rue Robertson ou rue Redouté, la première qui serait bâtie : cela est d'autant plus méritoire que Liége est une ville tout industrielle, et qu'en cette qualité, il faut lui savoir gré de ne pas mépriser souverainement tout ce qui est histoire, art ou science.

Nos courses terminées, j'allai régler mes comptes à l'hôtel d'Albion, je n'y trouvai que la servante. Je demandai ce que je devais. elle me répondit que je devais 27 francs.

Cela me parut tant soit peu cher pour une simple nuit passée dans une auberge ; aussi, je hasardai quelques observations sur le total, mais alors mademoiselle *Vergénie* me fit remarquer qu'on avait donné trente sous au commissionnaire qui avait apporté mes effets. Je reconnus la vérité du fait ; mais cette avance, toute flatteuse qu'elle était comme preuve de confiance, ne réduisait ma note qu'à 25 francs 50 centimes. Je me permis donc d'insister de nouveau, en demandant le détail.

— Mais, dit la fille, monsieur a demandé à souper, hier soir.

— C'est vrai, répondis-je, mais on ne me l'a point servi.

— Et ce matin, monsieur a demandé une voiture.

— C'est encore vrai, mais on n'en a pas trouvé.

— Ah ! ça n'empêche, répondit la fille.

Je restai un instant confondu de la logique de ce raisonnement, puis, ne me tenant pas pour battu, je demandai à parler à l'hôtesse.

— Ah ! c'est impossible, me répondit la servante, c'est le jour de dévotion de madame : elle est au salut.

— Et monsieur Valentin ?

— Il déniche les œufs.

Je me retournai vers monsieur Polain.

(1) Ce dernier est le Berthollet sur lequel la Brinvilliers essaya quelques-uns de ses poisons, et qui lui servit, un temps, d'amant et d'alambic.

— A quelle heure part la voiture d'Aix-la-Chapelle ? lui demandai-je.

— Mais, dans une demi-heure à peu près, me répondit-il.

Je vis que je n'avais pas le temps de faire un procès à mon hôtesse ; je jetai 30 francs sur la table et je sortis.

— Merci, monsieur le Flamand, dit la fille en m'accompagnant jusqu'à la porte.

Je pris mon Album, et j'écrivis : *Errata* : Au lieu de : Liége *vu à vol d'oiseau;* lisez : Liége *vu à vol d'auberge*.

Nous arrivâmes dans la cour des messageries, juste au moment où l'on mettait les chevaux à la voiture. Il restait heureusement trois places d'intérieur. Je courus au bureau et je pris un billet : j'allais le mettre dans ma poche sans le lire, lorsque monsieur Polain m'invita à jeter les yeux dessus.

Pour la plus grande commodité des voyageurs, il était rédigé moitié en allemand, moitié en français ; j'y vis que j'avais la quatrième place, et qu'il m'était défendu de changer avec mon voisin, même de son consentement. Cette discipline toute militaire, plus encore que le baragouin infernal du postillon, m'apprit que nous allions entrer dans les possessions de S. M. Frédéric-Guillaume.

J'embrassai monsieur Polain, et je m'établis dans mon berlingot. A l'heure fixe la voiture partit.

Comme j'avais un coin, la tyrannie de Sa Majesté le roi de Prusse ne me parut point par trop insupportable, et je dois même avouer que je m'endormis d'un sommeil aussi profond que si j'avais parcouru le pays le plus libre de la terre ; mais vers les trois heures du matin, c'est-à-dire au point du jour, je fus réveillé par l'immobilité même de la voiture.

Je crus d'abord à un accident quelconque : que nous étions accrochés ou embourbés, et je passai la tête par la portière. Je me trompais, aucun accident n'était arrivé, et nous étions seuls sur la plus belle route du monde.

Je tirai mon billet de ma poche, je le relus d'un bout à l'autre, et m'étant assuré qu'il ne m'était pas défendu de parler à mon voisin, je lui demandai s'il y avait longtemps déjà que nous fussions stationnaires.

— Il y a vingt minutes à peu près, me dit-il.

— Et, sans indiscrétion, continuai-je, puis je vous demander ce que nous faisons là ?

— Nous attendons.

— Ah ! nous attendons. Et qu'attendons-nous ?

— Nous attendons l'heure.

— Quelle heure ?

— L'heure à laquelle nous avons le droit d'arriver.

— Il y a donc une heure fixée ?

— Tout est fixé en Prusse.

— Et, si nous arrivions avant cette heure ?

— Le conducteur serait puni.

— Et, si après ?

— Il serait puni tout de même.

— Tiens, c'est assez bien vu, cela.

— Tout est bien vu en Prusse.

Je m'inclinai en signe d'assentiment ; pour rien au monde je n'aurais voulu contrarier un monsieur qui me paraissait avoir une si grande conviction politique, et qui d'ailleurs répondait si complaisamment et si succinctement à mes questions Mon approbation parut lui faire plaisir ; cela m'encouragea, et je continuai.

— Pardon, monsieur, mais quelle est cette heure à laquelle le conducteur doit arriver à Aix-la-Chapelle ?

— Quatre heures trente cinq minutes du matin.

— Mais si sa montre retarde ?

— Les montres ne retardent jamais en Prusse.

— Expliquez-moi donc un peu cela, vous me ferez plaisir.

— C'est bien facile.

— Voyons ?

— Le conducteur a sous clef, en face de sa place, dans son cabriolet, une horloge réglée sur celle des messageries. Il sait qu'à telle heure il doit être dans tel village, à telle heure dans tel autre, et il presse et ralentit les postillons de manière à entrer dans la cour des messageries à quatre heures trente-cinq minutes.

— Je suis désolé d'insister comme je le fais, monsieur, mais vous y mettez une telle complaisance...

— Comment donc, monsieur?

— Mais avec toutes ces précautions-là, d'où vient que nous sommes forcés d'attendre.

— C'est que le conducteur aura fait comme vous, il aura dormi, et le postillon aura profité de cela pour aller plus vite.

— Tiens ! alors je vais profiter de la station pour descendre un peu de voiture.

— On ne descend pas de voiture en Prusse.

— Ah ! ah ! c'est fort commode, savez-vous ; et moi qui avais envie de voir quel était ce château, là, de votre côté?

— C'est le château d'Emmaburgh.

— Qu'est-ce que le château d'Emmaburgh ?

— Celui où est arrivée l'aventure nocturne d'Eginhard et d'Emma.

— Ah ! vraiment. Ayez donc la bonté de changer de place avec moi, que je le regarde au moins par la portière.

— Ce serait avec le plus grand plaisir, monsieur, mais on ne change pas de place en Prusse.

— Oh ! peste, c'est juste. Et moi qui l'avais oublié. Pardon, monsieur, je n'ai rien dit.

— Ces tiaples de Franzès, il être tré pavards, dit sans ouvrir les yeux un gros Allemand, qui tenait gravement son coin en face de moi, et qui n'avait pas desserré les dents depuis notre départ de Liége.

— Vous dites? monsieur, repris-je en me retournant vivement de son côté, médiocrement satisfait de l'observation.

— Che né tis rien, ché tors.

— Vous faites très bien de dormir, mais ne rêvez pas tout haut, hein ? Ou, si vous rêvez, rêvez dans votre langue maternelle.

L'Allemand se mit à ronfler.

— Postillon, *vor warts !* cria le conducteur.

La diligence partit au grand galop. Je me hâtai de jeter un coup d'œil par la portière pour apercevoir au moins les ruines poétiques que venait de me signaler mon obligeant voisin ; malheureusement la route faisait un coude, et elles avaient déjà disparu.

A quatre heures trente-cinq minutes, pas une seconde de plus, pas une seconde de moins, nous entrions dans la cour des messageries. Peu de villes répondent à l'idée qu'on s'est faite d'elles, sur leur nom, ou d'après le rôle qu'elles ont dans l'histoire; sous ce rapport, j'étais habitué aux déceptions, mais j'avoue que lorsque j'arrivai à quatre heures du matin sur la place de l'Hôtel-de-Ville, quand je vis le jour se lever sur le monument du bourguemestre Chorus, quand je vis cette grande place déserte, sur laquelle se dressait, comme un spectre de bronze, la statue du vieil empereur, avec son aigle étrange aux plumes hérissées, force me fut de reconnaître la capitale des rois Francs, et de saluer avec respect la ville impériale, comme ses habitans l'appellent encore aujourd'hui.

Nous ne ferons pas l'histoire d'Aix-la-Chapelle. Une ombre colossale s'élève entre la ville moderne et la ville antique ; c'est celle de Charlemagne, qui y naquit en 742 et qui y mourut en 814. Il semble qu'il n'y avait rien avant, et il est certain qu'il n'y eût rien après.

C'est que Charlemagne, ou plutôt Karl le Grand, véritable roi teuton, affectionnait Aix-la-Chapelle, sa ville allemande, bien autrement que Paris, sa ville française. Aussi, aujourd'hui encore, à Aix-la-Chapelle, tout est-il plein de lui, et n'y a-t-il pas une vieille pierre à laquelle le peuple ne rattache le souvenir de son vieil empereur.

LES PETITES ET LES GRANDES RELIQUES.

Ma première visite, en sortant de l'hôtel du Grand-Monarque que j'avais choisi pour ma résidence, fut pour la grande place que j'avais traversé au soleil levant, et que je retrouvai à la seconde vue pleine de caractère. La statue de l'empereur Charles, dans le style du temps de Maximilien ; son vieil aigle de bronze aux plumes noircies et hérissées ; son palais massif du XIVe siècle, avec sa tour de Granus et sa tour du Marché, en font bien la ville du couronnement de tous ces vieux empereurs, spectres historiques, qui nous apparaissent, à nous autres rêveurs, traînant dans la nuit du passé leurs linceuls de bronze.

Comme nous le disions, l'Hôtel-de-Ville, fondé au XIVe siècle par le bourguemestre Chorus, est situé à l'endroit même où devait s'élever le palais du grand empereur. Aucune partie de l'édifice ne date de cette époque, il est vrai, mais en jetant, en 1730, les fondemens de son immense perron, l'architecte Couven découvrit, à une profondeur de quinze pieds, un vaste escalier circulaire, qu'à la massivité de sa construction, il put avec quelque certitude faire remonter au VIIIe siècle. Cette découverte changea en conviction la probabilité traditionnelle, que l'Hôtel-de-Ville gothique était situé sur l'emplacement même où s'élevait le palais roman.

Cet hôtel de ville, fort remarquable au reste à l'extérieur, ne conserve à l'intérieur aucun grand souvenir particulier; d'ailleurs, le temps et les nécessités du conseil municipal ont changé ses dispositions; la salle du couronnement des empereurs elle-même, qui avait cent soixante-deux pieds de long, a été trouvée trop grande, et partagée aujourd'hui en deux par une cloison : elle semble s'être refaite elle-même à la taille de ceux qui l'habitent.

Le dôme, quoiqu'ayant reçu quelques changemens successifs, est cependant toujours le dôme fondé par Charlemagne. On y entre par la même porte qu'y entra le loup, et l'animal expiatoire est encore assis à la gauche du porche, sur son piédestal de bronze, en souvenir du service qu'il a rendu à la ville. Lors du passage de Napoléon à Aix-la-Chapelle, le moderne Charlemagne le toucha de la pointe de son épée, et il fut envoyé à Paris avec les colonnes de granit qui soutenaient la rotonde du temple; en face du loup est, sur une colonne parallèle à la sienne, une énorme pomme de pin en bronze, dont j'ignore complètement la signification. Je fis plusieurs questions à ce sujet aux habitans, mais on me répondit généralement que c'était l'âme du pauvre loup (1). Faute de meilleure explication, il fallut bien me contenter de celle-là.

J'entrai dans le dôme : au milieu de l'octogone est le tombeau de Charlemagne, c'est-à-dire une pierre colossale à fleur de terre avec cette simple inscription : « CAROLO MAGNO. » Au-dessus est suspendu un énorme lustre d'argent ayant la forme d'une couronne : c'est un don de Frédéric Ier à l'église, ou plutôt un hommage à la mémoire de Charlemagne.

Malheureusement pour le poëte ou pour l'historien qui vient s'incliner, ce tombeau n'est plus qu'un sarcophage ; il avait même disparu complétement, et, extérieurement effacée par deux invasions successives de Normands, on ignorait jusqu'à la place où dormait le grand empereur, lorsqu'en 997, Othon III fit faire des fouilles, et finit par retrouver le caveau ; il était tel que la chronique le dit, avec son pavé d'or, sa tenture de drapeaux, et son vieil empereur assis. Soit piété, soit impiété, Othon porta la main sur Charlemagne; son corps fut enfermé dans une châsse d'argent. Le trône sur lequel il était assis fut tiré du tombeau, ainsi que la croix d'or, la couronne, le globe, le livre des évangiles et

(1) Voir la Chronique de Charlemagne.

l'épée, qui servirent depuis au couronnement des empereurs, et qui, au milieu des révolutions successives, ont été dispersés, si bien que de tout cela il ne reste que le trône, encore est-il dépouillé des feuilles d'or qui le recouvraient, la pierre du tombeau elle-même fut enlevée pour y substituer celle qui y est maintenant, et on retrouve la première scellée dans le mur, à la partie gauche de l'église.

Pendant que, la tête inclinée sur la pierre tumulaire du vieil empereur, je me rappelais quelques vers du beau monologue de Charles-Quint, deux hommes vinrent m'offrir de me montrer, l'un, le trône, l'autre, les petites reliques; je demandai si je ne pouvais pas avoir affaire pour le tout au même, sachant les conséquences fâcheuses qu'ont d'ordinaire pour la bourse du voyageur cette mutation de ciceroni. Mais il me fut répondu que le trône appartenait au sacristain, et les petites reliques au bedeau. Cette division d'emploi me parut si bien tranchée que, comprenant qu'il n'y avait pas de réclamation à élever, je dis au bedeau de m'attendre, et je suivis le sacristain.

Il me fit monter par un escalier de pierre au premier étage, appelé Hochmünster. C'est là qu'est ce fameux trône dont il est tant question dans les chroniques, sur lequel était assis Charlemagne dans son tombeau, et sur lequel, en mémoire de ce fait, les empereurs s'asseyaient le jour de leur couronnement. Il est enveloppé d'une chemise de planches, qui s'enlève par le moyen d'une serrure; non point, hélas! pour conserver les plaques d'or qui le couvraient, car, dit le guide, les besoins de l'église ont forcé le chapitre de les vendre, mais pour le soustraire aux regards des curieux qui, s'ils pouvaient le voir gratis, enlèveraient, par cette facilité, au sacristain les seuls gages que lui donne probablement l'église.

C'est un fauteuil de marbre massif, de forme romane, comme ceux que l'on voit encore dans certaines basiliques, élevé sur cinq degrés, et qui doit être bien réellement de l'époque dont il porte la date. Mon sacristain, en voyant la vénération avec laquelle je le regardais, me raconta que l'empereur Napoléon n'avait point osé s'asseoir dessus, sans doute, ajouta-t-il, parce qu'il était un usurpateur; mais que le soir l'impératrice Joséphine, plus ambitieuse que lui, s'était fait ouvrir les portes, était montée seule à l'Hochmünster, et profitant de ce qu'à cette époque le trône n'était point enfermé, s'y était irréligieusement assise; mais bientôt on avait entendu un cri, on avait monté, et on avait trouvé l'impératrice évanouie.

En revenant à elle, elle avait raconté qu'à peine avait-elle été sur le trône, l'empereur Charlemagne lui était apparu, et lui avait prédit des choses si terribles, que, moitié frayeur du présent, moitié appréhension de l'avenir, elle n'avait point eu la force de les entendre, et avait appelé au secours. Mon sacristain ne doutait point que dans cette conférence entre l'impératrice et le spectre il n'eût été question de Leipsick, de Waterloo et de Sainte-Hélène.

J'étais malgré moi sous l'influence de ces traditions poétiques qui ont accompagné l'ombre du vieil empereur à travers les siècles. Je voyais Napoléon refusant de monter sur ce trône, et Joséphine, l'insoucieuse et curieuse créole, venant furtivement s'y asseoir, lorsque mon homme, se trompant sans doute à l'attention avec laquelle je regardais le siége royal, après avoir fait l'inspection du Hochmünster et de l'escalier qui y conduisait, vint à moi et me dit à demi-voix que pour cinq francs je pouvais m'asseoir sur le trône, et me donner pendant cinq minutes un plaisir d'empereur. Le moment était mal choisi pour me faire une pareille offre; aussi lui répondis-je que je n'avais point la prétention d'être plus brave que Napoléon, et que je ne voulais pas m'exposer à la colère de Charlemagne, comme avait fait Joséphine. Alors le bon sacristain, qui voyait par sa faute même sa pièce de cinq francs lui échapper, secoua la tête.

— Oh! monsieur, me dit-il, on raconte un tas de bêtises comme cela, mais au fond ça n'est peut-être pas vrai.

Je lui donnai trois francs pour ces bêtises vraies ou non, ce qui parut le consoler un peu, et j'allai rejoindre mon bedeau.

Celui-là savait mieux son métier. Avant d'entrer dans la sacristie, il me dit :

— Monsieur sait que, pour les petites reliques, c'est sept francs.

— Non, lui répondis-je, je ne le savais pas; mais n'importe, si vos petites reliques en valent la peine.

— Oh! je crois bien, monsieur.

— Eh bien! voyons, que me montrerez-vous pour sept francs?

— Je vous montrerai la ceinture de Notre Seigneur Jésus-Christ, en cuir.

— Sa vraie ceinture?

— Oh! monsieur, je crois bien! l'empereur Charlemagne l'a scellée lui-même aux deux bouts avec son sceau, à preuve que c'est bien la même.

— Ah! ah!

— Je vous montrerai une partie des cordes dont Notre Seigneur Jésus-Christ fut lié.

— Ah! ah!

— Je vous montrerai un fragment d'un des clous qui ont servi pour l'attacher sur la croix; une partie de l'éponge imbibée de fiel et de vinaigre que ses bourreaux lui ont présenté, et une partie de la verge dont il a été frappé.

— Vous me montrerez tout cela?

— Ce n'est pas tout.

— Vraiment!

— Je vous montrerai la ceinture de la Vierge, la tête de saint Anastase, le bras sur lequel le grand prêtre Siméon porta l'enfant Jésus, le sang et les ossemens de saint Etienne, martyr, sur lesquels les rois romains prêtaient leurs sermens; un anneau de la chaîne que portait saint Pierre dans sa prison, de l'huile de sainte Catherine, de...

— Tout cela pour sept francs.

— Oui, monsieur, c'est pour rien; mais que voulez-vous, il y a si peu de religion dans notre époque qu'il faut bien baisser les prix; il y a cent ans, vous n'eussiez pas vu tout cela pour un louis.

— Peste! alors j'ai bien fait de venir au monde en 1803.

— Mais aussi, si monsieur veut donner davantage, ce n'est pas défendu.

— Je conçois; mais avec votre permission, je m'en tiendrai au prix courant.

— C'est que je n'ai pas dit à monsieur tout ce qu'il y avait.

— Vous ne m'avez pas tout dit?

— Oh! non, monsieur; nous avons encore des cheveux de saint Jean-Baptiste; de la manne; des fragmens de la verge d'Aaron; les trois reliques qui étaient pendues au cou de Charlemagne dans son tombeau.

— Et qui sont?

— Un vase de cristal renfermant les cheveux de la Vierge, son portrait peint par saint Luc, et une parcelle de la vraie croix.

— La même qui avait été apportée par un ange, et qui, perdue par Pepin, fut reconquise par Roland sur le géant à l'émeraude?

— La même, monsieur, la même! plus, le cor de chasse d'ivoire de Charlemagne; plus, sa tête et son bras; plus... enfin monsieur voit bien qu'il y a en pour sept francs.

Je poussai un profond soupir en voyant ainsi profaner les choses saintes, et j'entrai. Le bedeau me montra tout ce qu'il avait dit là, me détailla chaque chose avec sa voix d'huissier priseur, touchant irréligieusement à toutes ces choses, dont il eut dû, au moins, respecter l'antiquité.

Le fait est qu'une partie de ces reliques, que la cupidité a conservées bien plus que la religion, fut envoyée à l'empereur Charlemagne en 799 par Jean, patriarche de Jérusalem; qu'une autre partie lui fut donnée par Aaron, roi de Perse, qui lui fit en même temps don de Jérusalem et des saints lieux, héritage qu'il serait bien temps de réclamer, et que le reste lui fut envoyé de Constantinople, ainsi qu'il l'avait constaté lui-même dans un diplôme scellé de son sceau.

Je baisai le fragment de la croix, car, s'il n'avait pas touché Jésus-Christ, il avait touché Charlemagne.

Puis je demandai à voir les grandes reliques, car je savais qu'il existait encore d'autres choses saintes, qui, exposées tous les sept ans, avaient, en l'année 1496, par exemple, attiré à Aix-la-Chapelle cent quarante-deux pèlerins, lesquels avaient versé en aumônes, dans le tronc de l'église, 80,000 florins d'or !

Malheureusement, on ne les expose que tous les sept ans, et, dans l'intervalle, on ne les montre qu'aux têtes couronnées; comme je n'étais pas compris dans la catégorie, j'offris au bedeau de porter la somme de sept francs à quinze, s'il voulait me considérer comme un empereur, ou tout au moins comme un roi. Il me répondit que pour quinze francs il me considérait comme bien au-dessus de tout cela, mais qu'il n'avait pas la clef. Je dois dire au reste que ce défaut de confiance paraissait le blesser profondément.

Les grandes reliques se composent :

1° De la robe que la Vierge portait lors de la naissance de Jésus-Christ. Elle est de coton filé et a cinq pieds et demi de long.

2° Des langes qui enveloppèrent le Sauveur dans la crèche.

3° Du drap sur lequel saint Jean-Baptiste a été décapité.

4° De la toile qui ceignit les reins de Notre-Seigneur sur la croix.

Toutes les reliques sont empaquetées chacune dans une pièce de soie, qui lors de chaque exposition est découpée, et dont les morceaux sont distribués aux personnes présentes.

Le bedeau, au reste, ne me parut pas faire beaucoup d'estime des grandes reliques, et si j'avais voulu lui donner seulement dix francs au lieu de sept, je crois bien qu'il m'eût avoué qu'il n'y croyait pas.

LES DEUX BOSSUS. — LE FRANKENBERG. — LA RUE DES LUTINS.

Une voiture, que j'avais louée pour faire une course dans les environs d'Aix-la-Chapelle, m'attendait à la porte de l'église. Je montai dedans, et j'ordonnai au cocher de me conduire au marché aux poissons, c'est que le marché aux poissons est célèbre non-seulement par ses anguilles de la Meuse et ses carpes du Rhin, mais encore par une vieille tradition qui remonte au jour de la Saint-Mathieu, de l'an de Notre-Seigneur 1549.

Donc, ce jour de la Saint-Mathieu, de l'an 1549, un pauvre musicien bossu, qui venait de faire danser une noce dans un village, rentrait avec les trois florins qu'il avait gagnés dans sa poche, lorsqu'en arrivant au parvis il fut tout étonné de voir la place au poisson parfaitement éclairée. Minuit venait de sonner à la cathédrale, ce n'était point l'heure du marché, aussi le pauvre musicien, croyant qu'il y avait cette nuit à Aix quelque fête particulière dont son calendrier ne l'avait pas prévenu, s'avança vers les lumières, espérant que si, comme il le croyait, on se réjouissait là, son violon n'y serait pas plus déplacé qu'ailleurs.

En effet, il y avait joyeuse assemblée sur la place; tous les étalages des marchands de poissons étaient illuminés avec une telle profusion, que le musicien se demandait comment on avait pu trouver tant de bougies dans la ville. Des mets tout fumans étaient servis dans des plats d'or; les vins les plus exquis brillaient dans des carafes de cristal, qu'ils faisaient de topaze ou de rubis; enfin, grand nombre de jeunes dames des plus élégantes et de cavaliers des mieux vêtus faisaient honneur au repas, qui tirait à sa fin. A cette vue, le musicien ne doutant point qu'il fût tombé au milieu de quelque sabbat, voulut fuir; mais, en se retournant, il trouva derrière lui des pages et des valets qui lui barrèrent le chemin, et lui ordonnèrent, au nom de leur maître et de leur maîtresse, de monter sur une table et de leur jouer du violon.

Jamais le pauvre musicien qui, même en état de quiétude, avait grand'peine à jouer juste, n'avait été disposé à jouer plus faux, lorsqu'à son grand étonnement, au premier coup d'archet qu'il donna, ses doigts se mirent à courir sur les cordes avec une rapidité et une justesse qui eussent fait honneur à Paganini ou à Bériot. En même temps, des sons, d'une suavité si grande, que le pauvre diable ne pouvait croire qu'ils émanassent de lui, se répandirent dans l'air, et chaque cavalier ayant choisi sa danseuse, une valse effrénée, une de ces valses comme en ont vu Faust et comme les peint Boulanger, commença, s'enlaçant, s'enroulant, se tordant comme les mille replis d'un immense serpent, et tout cela avec des cris de joie, des rires, des contorsions si étranges, que le vertige gagna le musicien sur sa table, et que, ne pouvant rester en place, il sauta » bas de son trône improvisé, s'élança d'un seul bond au milieu du cercle, et là, sautant sur un pied, sautant sur l'autre, marquant ainsi la mesure de plus en plus rapide, il finit à son tour par crier, rire et trépigner de toute sa force, si bien qu'à la fin de la danse, il était aussi fatigué que les valseurs.

Alors une belle dame s'approcha de lui tenant sur un plateau d'argent une coupe d'or pleine de vin délicieux, que le musicien avala jusqu'à la dernière goutte : pendant ce temps, deux pages lui ôtaient son habit, et la dame, lui appliquant le plateau sur sa bosse, prit un fin couteau à lame d'or, et, sans la moindre douleur, lui enleva l'excroissance qu'il avait jusque-là patiemment portée entre ses deux épaules. Enfin, un beau seigneur, fouillant à son escarcelle, versa dans la coupe vide une poignée de florins d'or pour remplacer le vin qu'il avait bu : le pauvre musicien voyant que jusque-là on ne lui voulait que du bien, laissait faire les beaux messieurs et les belles dames, tout en se confondant en excuses sur la peine qu'il leur donnait, lorsque tout à coup un coq chanta dans les environs; à l'instant même, bougie, souper, vins, dames, chevaliers, pages, tout disparut comme si la bouche même du néant avait soufflé dessus, et il se retrouva seul dans la nuit sans bosse, tenant son violon et son archet d'une main, et sa coupe pleine d'or de l'autre.

Il resta un moment tout étourdi, et comme s'il venait de faire un rêve, mais s'étant peu à peu rassuré, il vit qu'il était bien éveillé en se parlant à lui-même et en se félicitant tout haut sur le bonheur qui lui était arrivé. Il reprit le chemin de sa maison, frappa à la porte et appela. Sa femme se leva aussitôt et vint lui ouvrir; mais à l'aspect de cet homme parfaitement droit, à la place où elle s'attendait à voir un bossu, elle referma vivement la porte, croyant que c'était un voleur qui, pour pénétrer chez elle, avait imité la voix de son mari. Si bien que le pauvre diable eut beau faire et beau dire, force lui fut de passer la nuit sur le banc de pierre qui était près du seuil de sa maison.

Le lendemain au matin, le pauvre musicien fit une nouvelle tentative, et, plus heureux que dans la nuit, finit par être reconnu par sa moitié. Il est vrai que la bonne dame, voyant un homme droit et riche à la place d'un homme pauvre et bossu, donna peut-être quelque chose au hasard en voyant qu'elle ne perdait pas au change. Le musicien lui raconta alors tout ce qui s'était passé, et sa femme qui, comme on a déjà pu s'en apercevoir, était une femme de sens, lui conseilla de donner en aumônes le quart de son or, et comme avec le reste ils avaient encore de quoi vivre tranquillement et honorablement, de suspendre, en manière d'*ex voto*, le violon miraculeux au-dessous de l'image de son patron. C'était un bon conseil; aussi fut-il de point en point suivi par l'ex-bossu.

L'aventure, comme on le pense bien, fit grand bruit à Aix-la-Chapelle; les uns en furent contens, et c'était le plus grand nombre, car le pauvre musicien était généralement fort aimé; d'autres en furent affligés, et ceux-là c'étaient les envieux.

Or, parmi ces derniers, il y avait un musicien bossu par devant, qui, à cause de cette infirmité, ne pouvant jouer du violon comme son confrère qui était bossu par derrière, jouait de la clarinette, et qui, à cause de l'infériorité de l'instrument qu'il avait été forcé d'adopter, avait voué de longue main une grande haine au pauvre violoniste. Il avait donc naturellement été on ne peut plus affligé du bonheur qui lui était arrivé, et cependant il était venu des premiers avec un visage joyeux le féliciter sur sa bonne fortune, tout en trouvant cependant qu'il était mieux quand il avait sa bosse, et il s'était fait raconter l'histoire dans ses moindres détails. Alors, quand il avait été bien renseigné, il était parti, et d'après ce qu'il avait appris, il avait fait son plan.

Malheureusement, un an devait s'écouler avant qu'il ne le mît à exécution, et pour le pauvre bossu, cette année fut un siècle. Enfin, le jour ou plutôt la nuit de la Saint-Mathieu arriva : le musicien prit son instrument, s'en alla faire danser dans le village où un an auparavant avait fait danser son confrère, puis à minuit sonnant revint par la même porte, de sorte qu'il se trouva à minuit et quelques minutes sur la place du marché au poisson ; et arrivé là, sa joie fut grande, car elle était illuminée comme un an auparavant ; les mêmes dames et les mêmes cavaliers étaient attablés à un banquet pareil, mais autant l'autre était joyeux, autant celui-là paraissait triste. Le musicien n'en porta pas moins sa clarinette à sa bouche, et malgré les signes réitérés qu'on lui fit de se taire, il commença une valse, qu'accompagnèrent aussitôt les chouettes et les hibous, perchés sur les saints de pierre de la vieille cathédrale : alors les fantômes se prirent par la main, et, au lieu de cette joie folle avec laquelle ils avaient dansé un an auparavant, ils commencèrent un grave et triste menuet, qui finit par des révérences raides et empesées, comme doivent en faire les statues de marbre couchées sur les tombeaux. Néanmoins la dame qui, un an auparavant, avait donné au bon violon la récompense qu'ambitionnait si fort l'envieuse clarinette, s'approcha du musicien, et lorsque les deux pages lui eurent ouvert son pourpoint, opération qu'il laissa faire avec une patience remarquable, elle lui appliqua dans le dos le plat d'argent. Or, comme c'était le plat où avait été soigneusement conservée la bosse de son confrère, et que l'application se faisait juste à la même place, la bosse reprit de bouture à l'instant même, de sorte que, sur ces entrefaites, le coq ayant chanté, tout disparut, et que la clarinette se trouva bossue par derrière et par devant.

Chaque musicien avait été récompensé selon ses mérites.

Nous sortîmes d'Aix-la-Chapelle par la porte de Borcette, afin d'aller, comme tout voyageur doit le faire, goûter les eaux minérales. Comme toutes les eaux minérales, celles de Borcette sont détestables.

En sortant de Borcette, je descendis de voiture, et mon cocher, après m'avoir montré, au milieu d'un massif d'arbres, les ruines du Frankenberg, m'indiqua un petit chemin qui y conduisait. Je le suivis religieusement ; il longea pendant cent ou cent cinquante pas un petit ruisseau tout fumant, dont la tiède humidité me parut entretenir les herbes dans une délicieuse verdure ; puis je traversai le Felsembach. Je me perdis un instant dans les haies, et finis par me retrouver à la porte de la ferme. C'est à cette ferme qu'on vient se rincer la bouche avec du makey quand on a bu de l'eau de Borcette. Or, comme nos lecteurs ne trouveraient probablement pas le mot makey dans la *Cuisinière bourgeoise*, ils sauront que c'est tout bonnement un mélange de crème, de canelle et de sucre, fort agréable au goût.

Je parcourus les ruines, et je vis le lac où était enseveli l'anneau de Falstrade (1). Quand le château était neuf, et que l'eau du lac était pure, ce devait être une délicieuse habitation, et l'on comprend facilement, magie à part, la prédilection que le bon empereur avait pour cet endroit.

Cependant comme, moins heureux que lui, je n'y pouvais point passer ma vie, je remontai en voiture, et, après avoir suivi quelque temps les boulevards extérieurs, nous fîmes une pointe, et nous arrivâmes, toujours en voiture, au sommet du Loosberg ; c'est l'endroit où Satan, fatigué de porter sa dune, la laissa tomber (1) : il y a trente ans encore elle était toute sablonneuse, et telle qu'elle était sortie de ses mains. Mais depuis l'an 1807, époque où tout particulièrement on a cessé à peu près de croire au diable, la vieille montagne de la ruse a été transformée en jardins, et son sol aride a disparu sous une couche de verdure, au milieu de laquelle ont poussé pêle-mêle des arbres, des cafés et des casinos.

Le Salvatorsberg est resté plus fidèle à ses vieilles traditions, et l'on n'y trouve que la ruine d'une ancienne église fondée par Lothaire Ier, et une espèce de ferme appartenant je ne sais à qui.

Nous rentrâmes à Aix-la-Chapelle par la porte de Cologne, et comme je le lui avais recommandé, mon cocher m'arrêta devant la ruelle des Lutins ; c'est encore une vieille tradition qui a donné à cette petite rue le nom de *Hinzen Geeschen*.

C'est qu'il y avait autrefois dans le pays du Limbourg, à l'endroit même où s'élèvent aujourd'hui les ruines de ce château d'Emmaburch, que, grâce à la tyrannie de Frédéric-Guillaume, je n'avais pu voir qu'en me démanchant le cou, d'immenses souterrains dont personne n'avait jamais trouvé l'extrémité : ces souterrains, déserts en apparence le jour, devenaient la nuit la demeure de ces bons lutins de la famille des Trilby, dont Nodier nous a écrit l'histoire ; là, ces gracieux enfans de la Terre, aux malices innocentes et aux folles joies, se réunissaient dès que le soleil était couché, et restaient jusqu'à une heure du matin rangés autour de longues tables, chantant des chansons dans une langue inconnue, et trinquant dans de petites coupes d'or, dont le choc imitait si bien le tintement d'une clochette, qu'un jour un berger, qui avait perdu sa génisse, croyant qu'elle s'était enfoncé dans les souterrains, y descendit guidé par le son, et vit tout ce monde joyeux et souterrain buvant ses vins exquis et chantant ses folles chansons. Alors il comprit que ce bruit, qu'il avait pris pour celui de la clochette de sa génisse, était celui des petites timbales d'or, et il se retira aussitôt, sans que les lutins, qui cependant l'avaient vu, lui eussent fait le moindre mal.

Mais le berger ne leur garda point le secret qu'ils espéraient de lui, et sa première démarche, en sortant du souterrain, fut pour aller dénoncer à son confesseur les petits démons qui faisaient si bonne chère. le confesseur était un moine sévère qui n'aimait point les fêtes clandestines, et qui voulait qu'on ne s'amusât que les jours autorisés par le calendrier. Il fit une quête, rassembla une somme considérable, bâtit une église à l'endroit même où le berger était entré dans le souterrain, plaça une croix sur sa coupole, et vint en toute pompe, et suivi du clergé, dans la chapelle y dire une messe, et y procéder aux exorcismes indiqués par le rituel.

Mais il n'y avait pas besoin de tant de cérémonies : au premier coup de cloche, les pauvres petits diables de lutins avaient été forcés de déguerpir.

Cependant les exilés, privés de leur antique logement, avaient choisi un autre domicile ; et tandis qu'en punition de son indiscrétion le berger s'en allait mourant d'une maladie de langueur, ils s'étaient installés dans les souterrains d'une tour située entre les portes de Cologne et de Sand-Kaul. Mais hélas! les pauvres petits diables n'avaient point eu le temps, en quittant leur domicile, d'en emporter le mobilier qui le garnissait ; de sorte qu'ils n'avaient plus ni plats d'argent, ni timbales d'or ; de sorte qu'il leur fallait, chaque fois qu'ils avaient à célébrer quelque fête, emprunter des chaudières, des casseroles et des verres aux habitans des rues voisines ; ce qu'ils faisaient en entrant dans les maisons par les cheminées, et en emportant avec grand bruit les ustensiles dont ils avaient besoin, et que les habitans retrouvaient le lendemain soigneusement rapportés à leurs portes. Ils comprirent donc qu'il valait

(1) Voir la Chronique de Charlemagne.

(1) Voir la Chronique de Charlemagne.

mieux, lorsque certains signes, comme le pétillement du feu, comme le hennissement des chevaux, comme le frémissement de la batterie de cuisine, leur annonçaient que c'était jour de fête chez les lutins, mettre d'eux-mêmes à la porte de leur maison les ustensiles que les visiteurs nocturnes avaient l'habitude de leur emprunter, et ainsi en agirent-ils. Les lutins, reconnaissans, ne firent plus aucun bruit, et les habitans des rues avoisinant la tour purent enfin dormir.

Mais il arriva qu'un soir, deux braves soldats qui étaient logés à l'hôtel du Sauvage, justement situé dans la rue qu'on appelle aujourd'hui la ruelle des Lutins, virent l'hôtelier qui récurait les casseroles avec un soin tout particulier, et, qui lorsqu'elles étaient brillantes comme de l'argent, les mettait sur le pas de sa porte. Ils lui demandèrent alors dans quel but il se donnait tant de peine, et ayant appris que c'était à l'intention des lutins, ils se mirent à rire, et comme c'étaient des hommes qui n'avaient peur de rien, et ne croyaient ni en Dieu, ni en diables, ils lui dirent : « C'est bien, rentrez vos casseroles, et nous allons nous mettre sur la porte, de sorte que quand les lutins viendront, au lieu de toute votre batterie de cuisine, ils trouveront deux épées bien affilées. » L'hôtelier fit tout ce qu'il put pour les empêcher de commettre cette imprudence ; mais les deux soldats relevèrent leurs moustaches en jurant le nom du Seigneur ; de sorte que l'aubergiste leur tira sa révérence, et les laissa faire à leur volonté.

Lorsque la nuit fut venue, les deux soldats se mirent en effet sur le seuil de la porte, que l'aubergiste referma derrière eux; pendant quelque temps il les entendit causer amicalement, puis lorsque vinrent les dix heures du soir, il les entendit hausser la voix, puis se disputer, puis croiser le fer; pendant quelque temps il put suivre le cliquetis des épées ; il cessa tout à coup, et un profond silence lui succéda.

Le lendemain, au point du jour, l'aubergiste sortit et trouva les deux soldats morts ; ils s'étaient battus et enferrés l'un l'autre.

On ne douta point que ce ne fût une vengeance des lutins ; aussi le bruit de cette aventure étant venu aux oreilles du moine, il résolut de les chasser de la ville comme il les avait déjà chassés de l'Emmaburch : en conséquence, armé d'un bénitier et d'un goupillon, il descendit dans les souterrains de la tour, et les aspergea entièrement d'eau bénite, en accompagnant chaque aspersion des paroles puissantes qui déjà une fois les avaient chassés.

Depuis ce temps les lutins ont quitté Aix-la-Chapelle, et nul ne sait ce qu'ils sont devenus ; mais en mémoire du séjour qu'ils ont fait dans les souterrains de la tour, la rue où l'on trouva les deux soldats morts s'appelle encore aujourd'hui *Hinzen-Geeschen*, ou la ruelle des Lutins.

Comme nous n'avions plus rien à voir à Aix-la-Chapelle, nous rentrâmes vertueusement dans l'hôtel du Grand-Monarque, avec l'intention bien arrêtée de partir le lendemain matin, et d'aller coucher à Cologne.

Or, comme aucun lutin ne vint contrecarrer ce projet, le lendemain, à six heures du matin, nous mîmes, en quittant Aix-la-Chapelle, sa première partie à exécution.

COLOGNE.

Nous arrivâmes à dix heures du soir à Cologne. Comme notre cocher ne connaissait point la ville, il nous emmena dans un labyrinthe de petites rues qui finit par aboutir à une espèce de bouge nommé l'hôtel de Hollande. En Allemagne, une fois entré dans un hôtel pendant les heures indues, le malheureux voyageur est pris comme une souris dans une souricière. La porte se referme derrière lui, et il faut qu'il attende jusqu'au lendemain matin pour savoir ce qu'il adviendra de lui. Notre malaise tourna au profit de la curiosité. Le lendemain, au point du jour, nous étions dans les rues de Cologne.

Cologne dut sa naissance à un camp romain. Un jour Agrippa trouva la position heureuse, et s'établit sur la colline qui s'étend depuis l'église de Notre-Dame jusqu'à la place de Sainte-Marie-aux-Degrés. Les camps romains étaient de véritables forteresses avec leurs fossés, leurs murailles et leurs tours. Quelques cabanes craintives, qui s'étaient élevées sur la rive orientale du Rhin, passèrent alors le fleuve et vinrent s'adosser au camp romain pour lui demander sa protection. D'autres suivirent successivement leur exemple, et l'ancien camp d'Agrippa se trouvait déjà entouré d'une ceinture de maisons, lorsque, par fortune, Agrippine y naquit pendant les campagnes de Germanicus. Ce fut une raison pour Claude d'y envoyer une colonie romaine, qui prit le nom de Colonia-Agrippina, et qui donna au camp l'apparence d'une ville. Plus tard Vitellius y fut proclamé empereur, et, dès lors, elle compta dans les annales romaines et prit sa place dans l'histoire du monde.

Encore aujourd'hui il est possible de suivre, par les ruines, l'enceinte quadrangulaire tracée par les Romains, ces puissans bâtisseurs, et il est facile de déterminer les limites de la colonie d'Agrippine au moment où Trajan la quitta, rappelé par Nerva pour partager l'empire avec lui, c'est-à-dire vers la fin du premier siècle.

Dès lors Cologne, devenue la capitale de la Gaule rhénane inférieure, fut considérée comme une ville importante : l'empereur Constantin y fit bâtir un pont magnifique, dont l'arc a disparu, mais dont on voit encore le pilier quand les eaux du Rhin sont basses.

Entre ces deux périodes, c'est-à-dire vers l'an 220, une invasion des Goths avait pensé détruire la ville naissante : c'est à cette invasion que se rattache la tradition des onze mille vierges.

En 508, Clovis fut proclamé roi à Cologne. C'était par cette ville et par le point appelé Deutz, que les Ripuaires firent leur invasion. Pepin fut duc de Cologne avant de devenir roi des Francs ; Charlemagne, comme nous l'avons vu, faisait de fréquentes visites dans cette ville ; enfin, Othon le Grand la réunit à l'empire germanique, lui accorda de grands privilèges, et la confia à la protection de son frère Brunon, archevêque de Cologne et duc de Lorraine.

Au moyen-âge, c'est-à-dire vers la fin du XIVe siècle, Cologne, qui avait toujours été s'agrandissant, était le plus puissant appui de la fédération des villes dites Hanses. Alors, elle pouvait à elle seule mettre sur pied 30,000 combattans, et elle possédait 11 collégiales, 58 couvens, 19 églises paroissiales, 49 chapelles et 16 hôpitaux.

Au XVe siècle commence la décadence de Cologne, le commerce de la Flandre, du Brabant et de la Hollande la mine ; les proscriptions religieuses lui tirent le meilleur de son sang ; enfin, en 1794, Cologne devint ville de la république. Jusqu'à ce jour, c'est-à-dire depuis plus de seize siècles, elle avait conservé le patriciat romain, la toge des consuls, et les licteurs avec leurs faisceaux. En 1814, elle fut occupée par les Russes, et l'année d'ensuite cédée aux Prussiens, qui, à tout hasard, la fortifièrent en ajoutant sept tours aux quatre-vingt-trois qu'elle avait déjà. Or, ces fortifications ont un but étrange que l'on retrouve systématiquement appliqué sur toute la ligne du Rhin : c'est de menacer les villes bien plutôt que de les défendre.

En effet, les provinces rhénanes, séparées violemment de la France, et données à Sa Majesté Frédéric-Guillaume comme accroissement de territoire, ne sont que faufilées à la Prusse, et au premier appel se déchireront d'elles-mêmes. Leur nouveau maître, déjà séparé de ses nouveaux sujets par l'abîme religieux qu'on ne fait qu'agrandir avec la persécution, et qu'on ne comble que par la tolérance, au lieu de laisser aux habitans du Rhin le Code Napoléon, qui pendant vingt ans les avait régis ; au lieu de choisir dans leur sein même les fonctionnaires publics qui doivent les administrer ; au lieu enfin de leur accorder le libre exercice de la religion qu'ils ont reçue de leurs pères, et qu'ils veulent transmettre à leurs enfans, leur enlève peu à peu les lois françaises pour y substituer le bon plaisir prussien, choisit les employés du gouvernement hors du territoire qu'ils sont chargés de gouverner, et veut que tout fils d'un père protestant suive la religion de son père, ce qui serait juste peut-être dans tout autre pays ; mais ce qui, là, où tout avenir ne s'ouvre que par l'alliance avec les étrangers, et où tous les étrangers sont luthériens, devient une suprême injustice.

Ce fut contre cette dernière décision dont il sentait toute la portée, que se prononça Clément-Auguste, archevêque de Cologne, qui a eu le talent de se faire martyr dans une époque où l'on n'y croyait plus. En vertu du pouvoir spirituel qu'il avait reçu du pape, il déclara, se plaçant en opposition avec le pouvoir temporel du roi, qu'il n'autoriserait les prêtres à bénir les mariages mixtes qu'après que les pères, au contraire de ce qui était ordonné par l'arrêté royal, auraient pris l'engagement formel de faire élever leurs enfans dans la religion catholique, déclarant qu'à son défaut il y avait les pasteurs luthériens, et que pour ceux qui croyaient le mariage devant Dieu inutile, restait le mariage devant la loi. Quelques jours après cette déclaration, le gouverneur civil de la province et le colonel de la gendarmerie résidant à Coblentz, se rendirent à Cologne, et après s'être adjoint le maire de la ville, se présentèrent à l'archevêché. Introduits en présence de Clément-Auguste, ils lui intimèrent l'ordre d'obéir aux instructions du gouvernement. L'archevêque répondit que pour les affaires temporelles il était effectivement soumis au roi, mais que pour les questions spirituelles, il ne relevait que de Rome. On lui enjoignit alors de se démettre de son archevêché ; mais il répondit que, nommé par le pape, c'était au pape seul à l'interdire. Sur cette réponse, il fut arrêté et conduit à la forteresse de Minden, où il est libre, il est vrai, mais libre dans une ville protestante, et où il a pour domestiques deux soldats habillés en bourgeois.

Il est impossible de se figurer l'effet que produisit cette arrestation ; un frisson de fièvre parcourut toute cette ligne de villes assoupies sous la domination étrangère, et qui se réveillèrent tout à coup, se rappelant le temps où elles étaient libres. Sous le prétexte de surveiller les Belges et les Hollandais, en litige à cette époque sur la question du Limbourg et du Luxembourg, les troupes prussiennes furent poussées aux bords du Rhin ; la forteresse d'Ehrenbreisten, qui domine Coblentz, point central de l'agitation, se remplit de poudre et se hérissa de canons, dont toutes les gueules, à mesure qu'ils se mettaient invisiblement en batterie, se tournaient comme d'elles-mêmes vers la rive gauche du Rhin. Le prince Guillaume, envoyé dans le pays avec la mission apparente de passer des revues, s'arrêta à Cologne, où il fut sifflé, et vint à Coblentz prendre part à la fête que la province donnait au général Borstel. Voici à quelle occasion cette fête était donnée, et ce qui se passa :

Le vieux général Borstel, qui commandait à Coblentz depuis 1827, achevait sa cinquantième année de service ; la province, à cette occasion, lui donna une fête à laquelle assistèrent les envoyés de toutes les villes du Rhin et de tous les corps administratifs. A la suite de la revue qui fut passée par le général sur la grande place, et à la fin de laquelle le prince Guillaume lui amena les régimens comme s'il lui en remettait une seconde fois le commandement entre les mains, il y eut un grand dîner. Au dessert, le prince Guillaume demanda, pour tâcher de ramener à lui l'attention et les applaudissemens absorbés par le général, si personne ne se souvenait de quelque vieille chanson du Rhin ; un convive se leva alors, et chanta les couplets suivans, que je traduis ici dans leur littérale simplicité, mais non point dans leur native rudesse :

Chantons le fleuve dont les ondes
Chez nous d'un peuple libre apporte le salut ;
Chantons le Rhin aux eaux profondes,
Qui, roulant vers la mer son fidèle tribut,
Arrose la rive adorée
Où mûrit la grappe dorée.
Rhin,
Vin,
A ces deux mots l'oppresseur tremble,
Et ces deux mots riment ensemble.

Chantons ce doux jus qu'on renomme,
Qui rétablit chez nous la sainte égalité,
Qui de l'esclave fait un homme,
Et devant les puissans lui donne la fierté.
L'amour qui dort au fond du verre,
En palais change la chaumière.
Vin,
Rhin,
A ces deux mots l'oppresseur tremble,
Et ces deux mots riment ensemble.

Par cette fausse renommée,
Dont pour cacher son joug un peuple fait grand bruit,
Celui qui boit ta liqueur enflammée,
Noble vigne du Rhin, ne fut jamais séduit.
Tout cœur où le mot d'honneur vibre
N'est heureux qu'autant qu'il est libre.
Rhin,
Vin,
A ces deux mots l'oppresseur tremble,
Et ces deux mots riment ensemble (1).

Ces trois couplets furent accueillis avec des applaudissemens frénétiques qui, cette fois encore, ne s'adressaient point au prince Guillaume, si bien qu'il se retira fort mécontent, et que de nouvelles troupes furent mises en mouvement, toujours sous le prétexte de surveiller les frontières belges ; mais il résulte de tout cela que les villes qui bordent la rive gauche du Rhin, depuis le pont de Kell jusqu'à Nimègue, ne sont qu'une longue traînée de poudre à laquelle la moindre étincelle peut mettre le feu. Une fois allumé, il est difficile que l'incendie, surtout s'il conserve son côté religieux, ne se communique pas, sinon au gouvernement, du moins au peuple belge que toutes ses sympathies porteront à soutenir ses coréligionnaires.

La cour de Berlin ne laisse jamais échapper l'occasion de témoigner sa haine envieuse et contre-révolutionnaire pour la France. La France, de son côté, a Waterlooo sur le cœur ; de sorte qu'avec un peu de bonne volonté chez nos ministres, les choses peuvent s'arranger à la satisfaction de tout le monde.

Quant à nous qui avons foi dans l'avenir, nous proposerons au roi Louis-Philippe, au lieu de cette ridicule pancarte dont on a fait les armes de la révolution de Juillet, d'écarteler le vieil écusson de France :

Au premier, du coq Gaulois, avec lequel nous avons pris Rome et Delphes.

Au second, de l'aigle de Napoléon, avec lequel nous avons pris le Caire, Berlin, Vienne, Madrid et Moscou.

Au troisième, des abeilles de Charlemagne, avec lesquelles nous avons pris la Saxe, l'Espagne et la Lombardie.

Au quatrième, des fleurs de lis de Saint-Louis avec lesquelles nous avons pris Jérusalem, Mansourah, Tunis, Milan, Florence, Naples et Alger.

Puis on y ajouterait cette devise, que l'on tâcherait de tenir mieux que le roi Guillaume de Hollande n'a fait de la sienne :

Deus dedit, Deus dabit.

Et nous aurions tout bonnement le plus beau blason de la terre.

(1) Je dois avouer qu'ils riment mieux en allemand qu'en français, mais je n'étais pas le maître de choisir d'autres rimes.

LE DOME.

Notre première visite fut pour le dôme.

Ce fut l'archevêque Engelberg surnommé le saint, qui conçut, vers 1225, l'idée de faire bâtir une cathédrale; mais ce ne fut que son successeur, Conrad de Hochsteden, qui, ayant résolu vers 1247 de passer de l'idée à l'exécution, fit venir le premier architecte de la ville, et lui ordonna de bâtir un monument qui surpassât en architecture religieuse tout ce qu'on avait fait de plus beau jusqu'alors. Il mettait à sa disposition, pour arriver à ce but, le trésor du chapitre, l'un des plus riches du monde, et les carrières du Drakenfels, la plus haute des sept montagnes.

C'était là une de ces propositions qui rendent fou un artiste; aussi celui auquel s'était adressé le digne prélat sortit de l'archevêché doutant encore qu'il fût chargé d'une si glorieuse entreprise : néanmoins force lui fut de le croire, car le même jour Conrad lui envoya un sac plein d'or pour les premiers frais.

L'architecte auquel s'était adressé le généreux prélat était modeste comme un homme de génie; aussi résolut-il de visiter les plus belles églises de l'Allemagne, de la France et de l'Angleterre, avant de commencer la sienne. Il alla donc trouver l'archevêque et lui demanda la permission de commencer sa tournée. L'archevêque le lui accorda, à la condition que dans une année il serait de retour. L'artiste sollicita, mais en vain, quelques mois de plus; ce fut tout le délai qu'il put obtenir, tant l'archevêque était désireux de voir mettre son projet à exécution.

Au bout d'une année l'architecte revint, plus indécis que jamais. Il était bien fixé sur la pensée mythique de son ouvrage, c'est-à-dire qu'il voulait que le monument eût deux tours pour rappeler que le chrétien doit lever ses deux bras au ciel; qu'il eût douze chapelles en mémoire des douze apôtres; qu'il fût bâti sur la forme d'une croix, afin que les fidèles n'oubliassent pas un instant le signe de leur rédemption; que le chœur fût un peu plus incliné à droite qu'à gauche, parce que Jésus-Christ inclina la tête sur l'épaule droite en mourant; enfin que le tabernacle fût éclairé par trois fenêtres, parce que Dieu est triple et que toute lumière vient de Dieu. Mais ce n'était là, si on peut le dire, que l'âme du monument; restait encore son corps, sa forme, c'est-à-dire la traduction visible de cette pensée religieuse, si puissante au moyen âge qu'elle fit éclore comme une sève toute une végétation de granit : c'était donc cette forme que l'architecte cherchait le matin, le soir, à toute heure de la journée et partout où il se trouvait.

Or, un après-midi que l'architecte, toujours rêvant à son plan, avait, sans s'en apercevoir, dépassé les murailles de la ville et était arrivé à un endroit de la promenade appelé la Porte-des-Francs, il s'assit sur un banc, et du bout de sa baguette commença de tracer sur le sable des façades et des profils de cathédrale, les effaçant tous avant qu'ils ne fussent achevés, car tous lui paraissaient incomplets et mesquins à côté du riche monument que les anges bâtissaient dans son imagination; enfin, à force de tentatives différentes, il venait d'arriver a un ensemble plein de grandeur et de majesté, qu'il regardait déjà avec une certaine satisfaction, lorsqu'il entendit derrière lui une voix aigre qui disait :

— Bravo ! l'ami, voilà bien le dôme de Strasbourg.

L'architecte se retourna, et vit debout derrière lui, et la tête presque appuyée sur son épaule, un petit vieillard à la barbe taillée en pointe comme celle d'un juif, aux yeux creux et étincelans, et au sourire sardonique, vêtu d'un pourpoint noir qui lui collait tellement sur tous les membres, qu'on eût pu le prendre pour la peau d'un nègre, encore plus maigre que lui, et dont il se serait fait un vêtement. Tel qu'il se présentait à notre architecte, le petit vieillard n'était point de nature à lui inspirer une vive sympathie : cependant, comme son observation était juste, et comme l'artiste venait de reconnaître qu'en croyant inventer il s'était souvenu, au lieu de défendre son œuvre, il répondit en soupirant : « Cela est vrai. » Puis il effaça son œuvre presque achevée et en recommença une autre. Mais à peine la baguette avait-elle gravé sur la planche mobile les premières lignes d'un autre édifice, que la même voix aigrelette, accompagnée du même sourire sardonique, s'écria :

— A merveille, et c'est bien là la cathédrale de Reims.

— Oui, oui, murmura l'artiste, et j'aurais mieux fait de rester ici et de ne rien voir, car il n'y a de véritable créateur que Dieu.

— Et Satan, murmura le petit vieillard d'une voix qui fit tressaillir l'architecte.

Mais comme une seule et éternelle pensée l'absorbait, il effaça de nouveau les malheureuses lignes, sans s'inquiéter du timbre métallique de cette voix, et se remit de nouveau à la besogne. Il y était depuis un quart d'heure, doucement bercé par les encouragemens de son voisin, qui murmurait à son oreille : Bien, très bien, parfaitement! lorsqu'il en fut tiré par l'approbateur, qui lui dit tout à coup :

— Vous avez beaucoup voyagé, à ce qu'il paraît?

— Pourquoi cela?

— Parce qu'après avoir traversé l'Alsace et visité la France, vous êtes revenu par l'Angleterre.

— Qui vous dit cela?

— Le dessin de cette église, qui est celle de Cantorbery.

L'artiste poussa un profond gémissement. La critique du petit vieillard était terrible, mais vraie. Il effaça donc le monument avec son pied, puis, cédant à un mouvement d'impatience, il se retourna vers le petit vieillard, et lui présentant sa baguette :

— Pardieu ! mon maître, lui dit-il, vous qui êtes un si bon critique, est-ce que vous ne pourriez pas joindre un peu l'exemple au précepte, en me montrant à votre tour ce que vous savez faire?

— Volontiers, dit le petit vieillard en prenant la baguette avec son rire éternel.

L'architecte voulut lui donner sa place, mais lui, faisant signe de la tête que non, il s'appuya d'un bras sur l'épaule de l'artiste, et de l'autre, sans appui et à main levée, commença de tracer sur le sable de nouvelles lignes, à la fois si hardies, si élégantes et si correctes, que l'artiste s'écria aussitôt :

— Ah ! je vois bien que nous sommes frères.

— Dis, répondit en ricanant le petit vieillard, que tu es écolier et que je suis maître.

— Je suis tout prêt à l'avouer, répondit l'artiste avec la bonne foi du génie, mais il faudrait que je visse pour cela quelque chose de plus que des lignes isolées. Le détail n'est rien, l'ensemble est tout.

— Tu as du bon, et l'on peut faire de toi quelque chose, dit le petit vieillard; mais il ne me plait pas, à moi, d'en faire davantage.

— Pourquoi cela ? dit l'architecte.

— Parce que tu me prendrais mon plan.

— Vous avez donc aussi une cathédrale à bâtir, vous?

— J'espère en avoir une.

— Laquelle?

— Celle de Cologne.

— Comment, la mienne?

— La tienne?

— Sans doute, la mienne.

— Oui, si tu donnes un plan?

— J'en donnerai un.

— Et moi aussi : monseigneur Conrad choisira entre les deux.

L'architecte pâlit.

— Ah ! ah ! s'écria l'inconnu en ricanant; cela t'inquiète, confrère : tu as peur d'être obligé de rendre le sac d'or que t'a envoyé l'archevêque, et qu'à l'exception de cent écus tu as dépensé à faire inutilement ton tour de France et d'Angleterre?

L'architecte regarda autour de lui; il vit que le jour tombait et qu'il était seul avec le vieillard.

— Ecoute, lui dit-il, je ne sais comment tu as appris qu'il me reste encore cent écus sur les arrhes que m'a données monseigneur Conrad; mais achève le dessin que tu avais commencé, ces cent écus sont à toi?

Le vieillard éclata de rire, et, tirant de son pourpoint une petite bourse de cuir, il l'ouvrit et fit voir à l'artiste qu'elle était pleine de diamans dont le plus petit valait au moins mille écus d'or.

L'architecte soupira profondément, car il vit qu'il n'y avait pas moyen de corrompre cet homme; aussi demeura t il immobile et consterné, car il reconnaissait malgré lui à l'architecte étranger une supériorité étrange et incontestable dans son art. Pendant ce temps, le petit vieillard avait ajouté négligemment au plan commencé quelques lignes nouvelles si merveilleusement hardies, que l'architecte vit bien qu'il était perdu s'il avait à lutter avec un pareil homme. Alors, éperdu, hors de lui, il résolut de prendre par la violence ce qu'il n'avait pu obtenir par la corruption, et, comme l'autre s'arrêtait de nouveau et le regardait avec son rire goguenard, il le saisit par le bras, et, lui appuyant son poignard sur la poitrine :

— Vieillard! lui dit-il, achève ce plan, où tu mourras!

A peine avait-il prononcé ces paroles, qu'il se sentit saisi à bras le corps, qu'il se vit renversé en arrière, qu'un genou pesa sur sa poitrine, et que son propre poignard arraché de sa main brilla sur sa gorge.

— Ah! ah! dit alors le vieillard en ricanant, corrupteur et meurtrier! bien, bien; il y a encore récolte d'âmes à faire en ce monde, à ce qu'il me paraît.

— Tuez-moi! dit l'artiste, mais ne me raillez pas.

— Et si je ne veux pas te tuer, moi?

— Alors, donnez-moi votre plan?

— Je suis prêt, mais à une condition.

— Laquelle?

— Relève-toi d'abord, dit le vieillard en lâchant son ennemi qu'il avait tenu jusque là terrassé, et en lui rendant son poignard, nous sommes mal ainsi pour causer, asseyons-nous.

Et l'étrange petit homme s'assit au bout du banc, une jambe sur l'autre, et les deux mains croisées sur son genou, regardant le pauvre architecte qui, tout honteux, se relevait, et secouant la poussière attachée à ses habits, restait à la même place.

— Voyons, approche, lui dit le vieillard, tu vois bien que je suis sans rancune.

— Mais qui donc êtes-vous? s'écria l'architecte.

— Qui je suis? Eh bien! je vais te le dire.

L'artiste se rapprocha d'un pas, sa curiosité l'emportant sur sa terreur.

— Tu as entendu parler, lui dit le vieillard, de la tour de Babel, des jardins de Sémiramis, et du Colysée?

— Oui, lui répondit l'artiste en s'asseyant près de lui.

— Eh bien! c'est moi qui les ai bâtis.

— Alors, vous êtes Satan? s'écria en bondissant sur ses pieds le pauvre artiste.

— Pour vous servir, dit Satan avec son ricanement éternel

— *Vade retrò!* dit l'architecte en faisant le signe de la croix.

Le rire commencé s'acheva dans un grincement de dents; un éclair brilla, la terre s'ouvrit comme une trappe, et le démon disparut.

LE PÈRE CLÉMENT.

L'architecte rentra chez lui et trouva sa pauvre vieille mère qui l'attendait pour souper. Mais il ne voulut pas se mettre à table, et, prenant un crayon et du papier, il commença, sans répondre à ses instances, à essayer de fixer quelques-unes de ces lignes fugitives qu'il avait vues éclore sous la baguette de Satan.

La bonne femme alla se coucher tout en pleurs; depuis son retour de ses voyages, elle ne reconnaissait plus son fils tant il était inquiet et tourmenté, et tant cette inquiétude et ce tourment le changeaient à son égard.

L'architecte passa la nuit tout entière à tirer des lignes et à les effacer. Il y avait, dans ce plan mystérieux dont il avait entrevu un angle, un caractère de hardiesse fantastique à laquelle il ne pouvait atteindre. Au jour, accablé de lassitude, il se jeta sur son lit; mais le sommeil, au lieu d'être pour lui un repos, lui fut un nouveau supplice Il se réveilla à moitié fou, et courut à l'église de Saint-Géréon, auquel il avait une dévotion toute particulière.

Arrivé en face d'elle, il s'arrêta devant le portail. C'était une petite et lourde basilique romane du XIe siècle, construite par l'archevêque Annon, sur l'emplacement de l'ancien temple de sainte Hélène, et qui ressemblait bien plus à un tombeau qu'à une église. Alors il ne put s'empêcher de songer à la différence qu'il y avait entre ces tours élancées, ces flèches aigues et ces colonnettes hardies qu'il avait vues la veille éclore sous la baguette magique de Satan et la massive bâtisse bysantine qu'il avait devant les yeux. Aussi oublia-t-il complétement qu'il était venu pour prier, et s'en alla-t-il droit devant lui, sans savoir où il allait, préoccupé de sa seule et éternelle pensée.

Il erra ainsi tout le jour; puis le soir, sans qu'il pût se souvenir des chemins qu'il avait pris, ni se rendre compte comment il se trouvait là, il se retrouva en dehors de la porte des Francs, sur la promenade et près du banc où la veille il s'était assis. La nuit était tombée; la promenade était solitaire, et un seul homme, ainsi que lui, était resté hors des murs. C'était le petit vieillard. Au premier coup d'œil l'artiste le reconnut et s'approcha de lui.

Il était debout devant le rempart, et avec une verge d'acier, dessinait sur la muraille. Chacun de ses traits était une ligne de feu, qui s'effaçait petit à petit, de sorte qu'à mesure que le plan magnifique s'avançait, la partie la plus anciennement faite commençait par pâlir et finissait par s'éteindre. Si bien qu'il était impossible à l'œil de suivre les nouvelles lignes, et à la mémoire de se rappeler les anciennes; l'architecte haletant vit ainsi passer devant lui, dans ses moindres détails, une cathédrale phosphorique qui, au bout d'un instant, se perdit dans l'obscurité, mais dont il lui eût été impossible de reproduire l'ensemble.

Il poussa un profond soupir.

— Ah! ah! c'est toi, dit Satan en se retournant. Je t'attendais.

— Me voilà, répondit l'architecte.

— Je savais que nous n'étions pas brouillés, moi. Tiens, j'ai retouché le plan. Que dis-tu de ce portail?

Et promenant de nouveau sa baguette sur la muraille, il y fit éclore la triple porte d'une basilique de feu.

— Magnifique! dit l'architecte, n'essayant pas même de dissimuler son enthousiasme.

— Et de cette tour? continua Satan en répétant le même jeu.

— Splendide!

— Et de cette nef?

— Merveilleuse!

— Eh bien! tout cela est à toi, si tu veux.

— Et qu'exiges-tu en échange?

— Ta signature.

— Et tu me donneras ton plan?

— En toute propriété.

— Je ferai tout ce que tu voudras.

— A demain, minuit?

— A demain, minuit.

Satan disparut sans qu'on pût savoir de quel côté il était parti, et l'architecte rentra dans la ville.

Sa vieille mère l'attendait comme la veille; elle non plus n'avait point mangé. L'architecte se mit à table, et d'abord cette démonstration rassura quelque peu la pauvre femme; mais bientôt elle s'aperçut que son fils obéissait purement et simplement à un besoin physique, mais que son esprit était si loin de son corps, que l'un n'était pour rien dans ce que l'autre faisait.

De plus en plus préoccupé, l'architecte se leva de table et se retira dans sa chambre; sa mère n'osa l'y suivre, mais elle s'assit sur le seuil, afin d'être à sa portée s'il avait besoin de quelque chose.

Pendant quelque temps, elle l'entendit soupirer et prier; mais comme il n'y avait encore rien là d'inquiétant, elle se garda bien d'entrer. Puis il se coucha. Longtemps encore elle l'entendit se tourner et se retourner dans son lit; puis il se fit un instant de repos, auquel succédèrent des plaintes et des gémissemens. Enfin, il lui parut qu'on se disputait dans la chambre; un bruit se fit entendre, pareil à celui d'une lutte; cette lutte amena des cris étouffés. Il lui sembla que son fils appelait au secours. Alors elle entra, croyant le trouver aux prises avec quelque assassin. Il était seul et rêvait, criant de toute sa force :

— Non, non, Satan! tu n'auras pas mon âme!

A ce nom redouté, la pauvre mère fit le signe de la croix sur le front même du dormeur, ce qui parut quelque peu le calmer; puis elle se mit en prières, au pied du lit, devant une belle madone aux vives couleurs, qu'avait donnée à son fils un pèlerin qui arrivait de Constantinople. A mesure que la prière avançait, le sommeil de l'architecte redevenait plus tranquille; enfin, quand elle fut finie, sa respiration était pure et douce comme celle d'un enfant.

Le lendemain il se leva assez calme, et s'étant mis à la fenêtre pour respirer l'air du matin, il vit sortir sa mère vêtue de deuil, elle l'aperçut et vint à lui.

— Où allez-vous ainsi, ma mère? demanda-t-il, et pourquoi êtes-vous tout en noir?

— Parce que c'est aujourd'hui l'anniversaire de la mort de ton père, et que je vais à Saint-Géréon demander au curé une messe pour les âmes du purgatoire.

— Hélas! hélas! murmura l'architecte, il n'y aura ni messe ni prières qui pourra tirer mon âme de l'abîme où elle sera.

— Ne veux-tu pas venir avec moi? demanda la bonne femme.

— Non, ma mère; seulement, si vous rencontrez le vieux père Clément, envoyez-le moi : c'est un saint homme, et je serais bien aise de le consulter sur un cas de conscience qui me tourmente.

— Dieu te conserve dans ces saintes intentions, mon fils; car, ou je me trompe bien, l'ennemi des hommes tourne autour de toi.

— Allez, ma mère, dit l'architecte.

La bonne femme s'éloigna, et l'artiste resta pensif à sa fenêtre. Au bout d'un instant, il vit le vieux père Clément qui tournait le coin de la rue, et qui s'avançait vers la maison. Il referma la fenêtre et l'attendit.

Le vieux moine entra : c'était comme l'avait dit l'architecte, non-seulement un saint homme, mais encore un savant homme qui avait tiré des griffes de Satan nombre d'âmes prêtes à se perdre. Mais comme il vivait dans un éternel état d'innocence et de pureté, quelque envie qu'eût le diable de lui rendre le mal qu'il lui faisait, la chose avait toujours été impossible; et si violentes qu'eussent été les différentes luttes qu'il avait eues à soutenir avec lui, il en était toujours sorti vainqueur : de sorte que Satan s'était si souvent brûlé les griffes à l'endroit du saint homme, que depuis longtemps il ne s'y frottait plus, et lui laissait tranquillement gagner le paradis.

Aussi était-il si expert en ces sortes de matières qu'à peine eut-il jeté les yeux sur l'architecte, qu'en voyant ses traits fatigués et défaits, il jugea de l'âme par le visage, et s'écria :

— O mon fils! vous avez de mauvaises pensées.

— Oui, oui, murmura l'architecte, oui, de bien mauvaises pensées, mon père; aussi vous ai-je fait appeler pour m'aider à les combattre.

— Contez-moi cela, mon fils, dit le moine en s'asseyant.

— Mon père, vous savez que je suis chargé par monseigneur l'archevêque Conrad de bâtir la cathédrale.

— Oui, je le sais, et il ne pouvait s'adresser à un plus digne architecte.

— Voilà qui vous trompe, mon père, répondit l'artiste en baissant la voix comme s'il était honteux de l'aveu humiliant que la vérité le forçait à faire; j'ai composé plans sur plans, et peut-être y en avait-il parmi tous quelques-uns qui eussent été dignes de quelques villes secondaires comme Worms, Dusseldorf ou Coblentz; mais celui qui a composé un plan digne de notre ville de Cologne, continua l'architecte avec un soupir, c'est un autre que moi, mon père.

— Ah! ah! fit le moine; et n'y a-t-il donc pas moyen de le lui acheter pour de l'or?

— Je lui ai offert tout ce que j'en avais, et il m'a répondu en me montrant une bourse pleine de diamans.

— N'y a-t-il donc pas moyen de le lui prendre de force? dit le moine qui, dans son désir de voir Cologne devenir la reine du Rhin, se laissait malgré lui entraîner un peu au-delà des bornes de la charité chrétienne.

— J'ai voulu le lui prendre de force, mon père; mais il m'a terrassé comme un enfant, et m'a mis mon propre poignard sur la poitrine.

— Alors il ne le veut céder à aucune condition?

— Si fait; mais à une seule, mon père.

— Laquelle?

— C'est que je lui engagerai mon âme.

— Mais cet autre architecte, c'est donc Satan?

— C'est Satan.

— Et tu dis, répondit le moine sans paraître autrement effrayé du nom terrible que venait de prononcer l'artiste, que cette cathédrale ferait de Cologne la merveille de l'Allemagne.

— Elle en ferait la reine du monde, mon père.

— Jésus! s'écria le saint homme en joignant les mains et en levant les yeux au ciel.

Puis se retournant du côté de l'architecte :

— Est-ce que tu tiens beaucoup à ton âme? lui demanda-t-il.

L'architecte regarda le moine sans étonnement, car il comprenait, lui qui était prêt à vendre son éternité, combien l'éternité d'un autre devait être peu de chose aux yeux d'un homme qui voyait, au prix de cette éternité, sa ville devenir la plus belle de la terre.

— Mon père, lui dit-il, sans doute j'y tiens comme à un don qui vient de Dieu et que j'aurais voulu rendre à Dieu, mais cependant je suis prêt à le sacrifier, si ce sacrifice peut faire de moi le premier architecte du monde.

— J'aimerais mieux, dit le moine, te voir faire ce sacrifice à Dieu qu'à toi-même. Mais, quel que soit le motif qui te pousse, comme c'est la religion qui doit en profiter, je viendrai à ton aide. Cependant, prends garde à l'orgueil, car c'est l'orgueil qui te perdra.

— Eh quoi! s'écria l'architecte, je pourrais avoir le plan sans être damné?

— Peut-être.

— Comment cela, mon père? dites vite.

— Tu as essayé de la corruption et de la force; il te reste la ruse.

— La ruse, mon père. Oubliez-vous que l'Ecriture appelle Satan le Rusé?

— Oh! oh! si fin qu'il soit, dit le moine, ce n'est pas la première fois qu'avec l'aide de Dieu, un pauvre moine l'emportera sur lui. Saint Antoine, qui a eu toute sa vie affaire à lui, n'a-t-il pas fini par en triompher? Saint Barnabé ne lui a-t-il pas pris le nez avec des pincettes rouges? Enfin, les magistrats d'Aix-la-Chapelle ne lui ont-ils pas donné l'âme d'un loup au lieu de celle d'un homme?

— C'est vrai, dit l'architecte.

— Eh bien! dit le moine, viens te confesser et communier dans l'église de Saint-Géréon, et, quand tu seras en état de grâce, je te dirai ce que tu as à faire.

L'architecte suivit le père Clément, se confessa et communia. Puis, après qu'il eut reçu le corps de Notre-Seigneur Jésus-Christ, le moine, l'emmenant dans sa cellule, lui remit une relique dont la sainteté et la puissance lui avaient été démontrées par une quantité d'expériences qu'il avait faites avec elle.

— Tenez, mon fils, lui dit-il, prenez cette relique, et ce soir, quand Satan vous montrera le plan diabolique, prenez-le d'une main comme pour l'examiner à votre aise, tandis que lui le tiendra de l'autre; alors touchez-lui la main avec cette relique, et, quelque envie qu'il ait de le retenir, je vous réponds qu'il le lâchera. Alors, ne vous effrayez de rien, il hurlera, il menacera, il tournera autour de vous, faites-lui toujours face avec la relique, et ne craignez rien. Dieu est plus fort que Satan, et Satan se lassera le premier.

— Mais, mon père, dit l'architecte, quand je n'aurai plus la relique, n'y a-t il point de danger que Satan revienne, et me torde le cou?

— Non, tant que vous serez en état de grâce; mais gare au péché mortel.

— Alors, s'écria l'architecte, je suis sauvé, mon père, car je ne suis ni gourmand, ni envieux, ni avare, ni paresseux, ni colère, ni luxurieux.

— Vous avez oublié l'orgueil, mon fils; prenez garde à l'orgueil : c'est celui-là qui a perdu le plus beau des anges, et il peut vous perdre à votre tour.

— Je veillerai sur moi, dit l'architecte; d'ailleurs, j'aurai recours à vous, mon père.

— Que le Seigneur te conduise, mon enfant! murmura le vieillard en lui donnant sa bénédiction.

— *Amen!* dit l'architecte, et il se retira chez lui, où il passa le reste de la journée en prières.

A l'heure convenue, il se rendit à l'endroit indiqué par le diable; mais la promenade était solitaire; il n'y avait nulle part ni vieillard, ni homme, ni enfant. L'artiste se promena un instant seul, craignant que le diable ne manquât à sa parole. Sur ces entrefaites, minuit sonna. Au dernier coup du battant de la cloche :

— Me voilà, dit une voix pleine et forte qui parlait derrière l'architecte.

Celui-ci se retourna en tressaillant, car il ne reconnaissait point là la voix qui lui était familière. En effet, non seulement Satan avait changé de voix, mais encore de forme. Ce n'était plus le petit vieillard aux yeux ardens, à la barbe pointue et au pourpoint noir; c'était un beau jeune homme de vingt à vingt-cinq ans, aux formes merveilleuses, à la figure hautaine, au front large et pâle, tout sillonné encore de la foudre du ciel. Il tenait d'une main le plan et de l'autre le pacte. L'artiste recula d'un pas, ébloui qu'il était de cette infernale beauté.

— Ah! cette fois, je te reconnais, lui dit-il, et tu n'as pas besoin de me dire ton nom : tu es le démon de l'orgueil.

— Eh bien! lui dit Satan, tu vois que je ne t'ai pas trompé; es-tu prêt?

— Oui, dit l'architecte; mais, avant de signer, montre-moi le plan; je te paie assez cher pour savoir ce que j'achète.

— C'est juste, dit Satan, regarde.

Et, déroulant le plan, il le lui présenta sans le lâcher.

L'architecte fit alors ce que le moine lui avait dit de faire. Sous prétexte de le voir de plus près, il prit le parchemin par le bas de la feuille, tandis que Satan le tenait par en haut; et, pendant qu'au clair de la lune il le dévorait du regard, il glissa son autre bras en dessous, et toucha avec la relique sainte la main dont le diable tenait le plan.

Celui-ci, brûlé jusqu'aux os, fit un bond en arrière en jetant un grand cri, laissant le précieux papier aux mains de l'architecte.

— Au nom du Père, et du Fils, et du Saint-Esprit, s'écria l'artiste en faisant le signe de la croix avec la relique, retire-toi, Satan.

Celui-ci poussa un rugissement terrible.

— C'est un prêtre qui t'a conseillé; c'est une ruse d'église, c'est encore quelque nouveau tour de ce misérable moine.

— Au nom du Père, et du Fils et du Saint-Esprit, continua l'architecte en redoublant ses signes de croix.

— Attends, attends, dit le démon, tout n'est pas fini.

Au même instant l'architecte vit devant lui un lion énorme qui se battait les flancs avec sa queue, et qui, la gueule béante et les dents découvertes, s'apprêtait à le dévorer.

Mais il ne se laissa point intimider par le lion; l'animal furieux eut beau secouer sa crinière, tourner autour de lui et bondir, il lui présenta sans cesse la sainte relique; de sorte que, constamment repoussé, le lion finit par reculer. L'architecte profita de ce moment pour faire le signe de la croix. Le monstre poussa un rugissement et disparut.

Au même moment l'architecte entendit un grand bruit d'ailes au-dessus de sa tête. Un aigle immense fondait sur lui des profondeurs du ciel, et la lune était voilée par sa puissante envergure; mais il se douta bien que c'était Satan qui venait l'attaquer sous une nouvelle forme, et, serrant toujours son plan d'une main sur sa poitrine, de l'autre il présenta au roi de l'air la relique bénie.

Alors il en fut de l'aigle comme du lion. Après avoir volé tout autour de lui, avoir essayé de l'assommer à coups d'ailes, de l'étreindre dans ses serres, de le déchirer avec son bec, Satan comprit qu'il n'y avait rien encore à faire sous cette nouvelle forme. L'oiseau gigantesque poussa un cri et disparut.

L'architecte croyait être quitte enfin de son ennemi, lorsqu'il vit une masse qui se mouvait dans l'ombre : c'était un serpent colossal qui déroulait ses mille anneaux et s'approchait en sifflant; trois fois il s'enroula sur lui-même autour de l'architecte, l'enfermant dans un triple cercle d'écailles, tandis que, dressant sa tête vacillante, il cherchait de ses yeux ardens la place où plonger la flamme bisaiguë qui lui sortait de la gueule; mais ses combats précédens avaient déjà familiarisé l'artiste avec ces luttes fantastiques, et le talisman sacré, après l'avoir préservé du lion et de l'aigle, le préserva du serpent, qui poussa un long sifflement et disparut à son tour.

Alors Satan se retrouva devant l'architecte sous sa première forme.

— C'est bien, lui dit-il, je suis vaincu, et tu triomphes, grâce à ton Dieu, à tes prêtres et à tes religieux. Mais cette église que tu m'as volée ne s'achèvera pas, et ton nom, que tu veux rendre immortel, sera oublié et inconnu. Adieu, prends garde que je te surprenne en péché mortel.

A ces mots, Satan bondit de l'endroit où il était jusque dans le Rhin, où il s'enfonça et disparut avec un frémissement pareil à celui qu'eût produit un fer rougi.

L'architecte, tout joyeux, rentra dans la ville et regagna sa maison, où il trouva sa mère et le père Clément en prières. Il leur raconta tout ce qui s'était passé. La pauvre femme pleurait et faisait le signe de la croix; le bon moine se frottait les mains et applaudissait à sa ruse. L'artiste lui dit quels avaient été les adieux de Satan.

— Eh bien! dit le moine, le diable est encore plus loyal que je ne croyais, puisqu'il t'a prévenu; maintenant, c'est à toi de te tenir sur tes gardes, et d'écarter de toi tout péché mortel. Une dernière fois, défie-toi de l'orgueil.

L'architecte promit qu'il veillerait sur lui, et le moine sortit pour regagner son couvent, le laissant l'homme le plus heureux de la terre. La mère se retira à son tour, ne comprenant qu'à demi tout ce qui s'était passé, mais heureuse parce que son fils était heureux.

Resté seul, l'artiste, sans quitter le plan qu'il avait failli payer au prix de son âme, s'agenouilla, et fit une longue prière pour remercier Dieu de l'aide qu'il lui avait donné;

puis il se coucha après avoir roulé le plan sous son oreiller, s'endormit, et vit sa cathédrale en rêve.

LES SEPT PÉCHÉS CAPITAUX.

Le lendemain, dès le matin, il alla chez l'archevêque, qui commençait à s'impatienter de tant de lenteur, et lui montra le plan. Monseigneur Conrad avoua qu'il n'avait rien perdu pour attendre, et, ouvrant les trésors du chapitre, il autorisa l'artiste à y fouiller à pleines mains.

Le même jour, l'architecte jeta les fondations de sa cathédrale; et, comme depuis longtemps un monde d'ouvriers creusait les flancs du Drackenfels, la matière ne lui manqua point; aussi la vit-on bientôt sortir de terre comme une immense végétation de pierre pressée de s'épanouir au soleil.

Trois mois s'étaient déjà passés, et chaque semaine le monument montait d'une assise, lorsqu'un vendredi que l'architecte, emporté par son travail, était resté jusqu'au soir sans manger et revenait chez lui affamé, il rencontra le bourguemestre, bon vivant, connu pour les merveilleux repas qu'il donnait. Il venait justement de chez l'architecte afin de l'inviter à souper avec le bourguemestre de Mayence et celui d'Aix-la-Chapelle, qui passaient tous deux, de leur côté, pour de joyeux convives; et, ne l'ayant pas trouvé, il se dirigeait vers le lieu où on était sûr de le trouver toujours. L'architecte voulut refuser, disant que sa mère n'était point prévenue; mais le bourguemestre ne voulut entendre à rien, disant que c'était chose faite, puisqu'il lui avait parlé à elle-même, si bien que, si fort qu'il s'en défendît, il fallut que l'architecte suivît le bourguemestre, qui l'introduisit dans une salle à manger au milieu de laquelle s'élevait une table splendidement chargée des mets les plus délicats, tant en volaille qu'en venaison.

L'architecte, comme nous l'avons dit, mourait de faim; aussi commença-t-il, en voyant une si riche collation, à se féliciter d'avoir suivi le bourguemestre; mais, en se mettant à table, il se rappela qu'on était justement au vendredi, saint jour d'abstinence, où il était moins permis que dans tout autre de se livrer au péché de la gourmandise. Aussi, lorsqu'il eut fait sa prière, ne voulut-il rien prendre autre chose qu'un morceau de pain et un verre d'eau, refusant les viandes les plus délicates et les vins les plus exquis; car, ainsi qu'il l'avait dit, il n'était pas gourmand.

Quant aux trois bourguemestres, ils mangèrent de toutes ces viandes sans crainte de Dieu ni du diable, raillant pendant tout le repas le pauvre architecte de la maigre chère qu'il faisait.

Le lendemain, l'architecte se remit à son œuvre, et comme ni l'argent ni les hommes ne manquaient, on vit chaque jour la cathédrale s'élever davantage. De temps en temps l'artiste pensait bien aux menaces du diable; mais, à chaque fois qu'il y pensait, il puisait dans la crainte même une nouvelle force pour résister à la tentation, et comme la cathédrale marchait son train, il espérait que les prédictions infernales ne s'accompliraient pas.

Vers ce temps-là, le pape Innocent IV, qui était Génois, voulut faire bâtir à un de ses neveux un palais à Rome, et comme la ville de Cologne était réputée pour l'habileté de ses constructeurs, il fit demander à monseigneur Conrad un architecte. Monseigneur Conrad désigna à Sa Sainteté un fort habile homme, qu'il avait eu un instant l'intention de charger du soin de bâtir sa cathédrale, croyant faire grand'peine à l'architecte du dôme, avec lequel il avait eu, quelques jours auparavant, une légère discussion; mais celui-ci, tout entier à son travail, se félicita de ce que ce choix n'était pas tombé sur lui, et au moment du départ il embrassa son rival et lui souhaita un bon voyage, car, ainsi qu'il l'avait dit, il n'était point envieux.

La cathédrale continua de gagner à cette sérénité d'esprit. L'artiste ne vivait que pour le monument; tout son temps se passait au milieu des pierres, sculptant lui-même les parties qui avaient besoin de délicatesse et de fini. De son côté, l'archevêque, tout froid qu'il était avec son architecte, le payait royalement, de sorte que l'artiste tout en rêvant une grande gloire pour son nom, amassait une jolie fortune pour son existence : il en résulta qu'au bout de dix-huit mois il avait déjà près de 6 000 florins à lui, ce qui, pour cette époque, était une fort jolie somme.

Mais un soir, en rentrant, sa mère lui remit une lettre cachetée de noir : elle était de sa sœur, et lui annonçait qu'elle venait de perdre son mari, qui, en mourant, la laissait sans fortune avec trois petits enfans. La pauvre femme terminait sa lettre en le priant de lui envoyer quelques secours pour l'aider à élever sa famille.

L'artiste lui envoya ses 6,000 florins; car, ainsi qu'il l'avait dit, il n'était point avare.

La cathédrale marchait toujours; l'architecte semblait en avoir fait sa demeure réelle : dès le point du jour il y était, et souvent la nuit était venue qu'il ne l'avait pas encore quittée. Cependant il avait sous ses ordres plusieurs ouvriers assez habiles pour qu'il pût se reposer sur eux de certains travaux importans; aussi, après en avoir fait un dessin très détaillé, avait-il confié à l'un d'eux une porte latérale, pleine de merveilleuses arabesques, et où pendait, comme à une treille, une vigne toute chargée de raisins. L'ouvrier qui devait mener à bout ce travail s'était enfermé dans une espèce d'atelier de planches, afin de n'être pas dérangé. L'architecte respectait sa solitude, et, confiant dans son habileté, attendait que le voile tombât. Ce grand jour vint. L'ouvrier enleva son échafaudage; mais alors l'espoir de l'architecte fut trompé; quelques parties de la porte étaient loin d'être dignes du reste de l'édifice; de sorte qu'il résolut de refaire cette porte lui-même, quoiqu'il y eût au moins pour six mois de travail; et cette résolution ne lui coûta point à prendre; car, ainsi qu'il l'avait dit, il n'était point paresseux.

Depuis que le monument était commencé, et il y avait déjà près de quatre ans, jamais l'artiste n'avait manqué un seul jour de surveiller lui-même ses ouvriers, et de juger par ses propres yeux si chaque détail de son plan était scrupuleusement suivi; de sorte qu'il lui semblait qu'il lui eût été impossible de vivre autre part qu'au milieu de ses colonnades et de ses ogives. Or, il arriva qu'une nuit, des voleurs qui ignoraient que, grâce à la paie des ouvriers qui avaient eu lieu la veille, il ne restait plus un sou dans sa maison, s'étant introduits chez lui et n'ayant point trouvé l'argent qu'ils cherchaient, se dédommagèrent sur sa garde-robe de ce que son coffre était vide, et lui emportèrent jusqu'à l'habit qu'il venait de quitter et qui était sur une chaise au pied de son lit; de sorte que le lendemain il s'aperçut qu'il ne pouvait se lever faute de vêtemens. Il fit aussitôt venir son tailleur, qui lui promit un habillement complet pour le soir même, et qui ne le lui apporta qu'au bout de trois jours; de sorte que le malheureux architecte fut obligé de rester soixante-douze heures dans son lit. Aussi, lorsque, après l'avoir fait attendre ainsi, le tailleur lui apporta l'habillement tant désiré, lui fit-il force reproches; mais cependant d'un ton modéré, et ainsi qu'il convient à un homme calme et modéré; car, ainsi qu'il l'avait dit, il n'était point colère.

Cependant le bruit qu'une nouvelle merveille allait enrichir le monde commençait à se répandre; car il était déjà facile de voir, d'après ce qui existait, ce que serait l'édifice une fois achevé; de sorte que l'on venait déjà comme en pèlerinage, de France, d'Allemagne et de Flandre. Souvent, tous ces pèlerins, après avoir visité l'édifice, étaient curieux de voir l'architecte; de sorte que, lorsqu'il revenait de la cathédrale chez lui, il n'était pas rare qu'il rencontrât des groupes d'étrangers qui l'attendaient, afin de voir quel homme était celui-là qui avait eu assez de hardiesse et de génie pour espérer mener à bonne fin une pareille entreprise. Or, parmi ces pèlerins, il y avait bien aussi quelques pèlerines, et il arriva que l'une d'entre elles se prit d'une si grande passion pour notre architecte, qu'elle loua une maison dans la rue qui conduisait de chez lui à la cathédrale, si bien que, lorsqu'il passait, soit qu'il allât, soit qu'il revînt, il la voyait toujours à sa fenêtre, le sourire à la bouche et le suivant des yeux tant qu'elle le pouvait voir. Cela durait depuis trois semaines, lorsqu'un soir qu'il revenait elle laissa tomber, de sa fenêtre à ses pieds, le bouquet qu'elle tenait à la main. L'artiste le ramassa, et, sans penser à mal, entra dans la maison pour le remettre à quelque serviteur; mais, par hasard, tous les valets étaient sortis, de sorte qu'il fut obligé de monter lui-même à l'appartement de la belle inconnue, qui le reçut dans une chambre tout embaumée des plus doux parfums, et éclairée de ce demi-jour si dangereux pour un cœur qui n'est pas sûr de lui. Une fois arrivé là, il était impossible à l'architecte de se retirer aussitôt. Il accepta donc l'invitation que lui fit la belle pèlerine de s'asseoir un instant auprès d'elle. Mais à peine y était-il qu'elle lui avoua que c'était la cathédrale qu'elle était venue voir, mais que c'était l'architecte qui la retenait ainsi depuis un mois à Cologne; et, tout en lui disant de douces choses pareilles à celles-ci, elle lui jeta un de ses beaux bras autour du cou, et, appuyant sa bouche sur la sienne, elle lui donna un de ces longs et brûlans baisers qui se glissent des lèvres au cœur. Mais l'architecte se leva aussitôt, modeste et rougissant, et lui fit un long et éloquent sermon sur la nécessité de contenir les tentations de la chair, et, ce sermon achevé, il se retira, malgré ses instances et ses larmes; car, ainsi qu'il l'avait dit, il n'était point luxurieux.

Six mois à peu près s'étaient passés depuis cet événement : l'affluence des curieux augmentait tous les jours, car le portail était entièrement achevé ainsi que l'abside; et quoique l'une des tours n'eût encore atteint que la hauteur de vingt-et-un pieds, l'autre en avait déjà plus de cent quarante, et faisait bien voir ce qu'elle serait lorsqu'elle aurait atteint sa dimension entière qui devait être de cinq cents pieds: mais, plus sa cathédrale s'avançait, plus l'idée qu'elle ne serait jamais terminée, et que son nom demeurerait oublié et inconnu, tourmentait l'artiste ; aussi résolut-il d'aller au devant de cette dernière crainte, en faisant des lettres même de son nom la balustrade qui devait entourer la plateforme de la tour : de cette façon, ce nom frapperait tous les yeux tant que durerait le monument; ce nom vivrait avec lui. Cette résolution prise, l'artiste fut plus tranquille et résolut de la mettre à exécution dès le lendemain.

Au moment où il venait de s'arrêter à ce projet, l'archevêque l'envoya chercher pour lui montrer, disait-il, différentes reliques qu'il venait de recevoir ; l'architecte descendit de sa tour, et se rendit à l'archevêché, où il trouva monseigneur Conrad tout joyeux, car il venait de recevoir de Milan les têtes des trois mages, Gaspard, Melchior et Balthazar, avec des couronnes précieuses d'or, ornées de diamans et de perles. L'architecte s'agenouilla dévotement devant ces saintes reliques, fit sa prière, et, s'étant relevé, félicita fort l'évêque d'avoir reçu un si riche et si miraculeux présent.

— Eh bien ! dit l'évêque, je viens de recevoir quelque chose de plus précieux encore que tout cela de l'empereur de Constantinople

— Vraiment ! demanda l'architecte; serait-ce un morceau de la vraie croix retrouvé par l'impératrice Hélène ?

— Mieux que cela.

— Serait-ce la couronne d'épines mise en gage par l'empereur Baudoin?

— Au-dessus encore.

— Qu'est ce donc?

— Le plan du plus bel édifice qui ait jamais été construit.

— Ah! ah! fit l'architecte en souriant avec dédain.

— Un plan qui laisse aussi loin derrière lui les autres plans, que le soleil laisse derrière lui les étoiles, puisque tous les autres plans sont l'ouvrage des hommes, et que celui-là est l'ouvrage de Dieu lui-même qui l'a envoyé par un de ses anges au roi Salomon.

— Vous avez le plan du temple de Jérusalem? s'écria l'architecte.

— Oui.

— Je serais curieux de le voir.

— Levez ce rideau, dit l'archevêque en indiquant du doigt une tapisserie qui recouvrait un cadre.

L'architecte obéit avec empressement, et se trouva en face du plan céleste, que d'un seul regard il embrassa dans tous ses détails.

— Eh bien! dit l'évêque, que dites-vous de ce plan?

— Peuh ! fit l'architecte en allongeant les lèvres, j'aime mieux le mien.

En ce moment un éclat de rire infernal retentit aux oreilles de l'architecte : il reconnut le rire de Satan; après avoir échappé aux six autres péchés, il venait de tomber dans le péché d'orgueil.

L'architecte ne fit qu'un bond de l'archevêché à l'église de Saint-Géréon, où il espérait trouver le père Clément; mais le père Clément était mort pendant la nuit d'une apoplexie foudroyante Au moment où on lui annonça cette nouvelle, il entendit une seconde fois bruire à ses oreilles l'éclat de rire satanique qui l'avait déjà épouvanté, et un frisson qui lui courut par tous les membres pénétra jusqu'à son cœur et le glaça

Cependant il rappela toute sa résolution, et, comme il n'éprouvait aucune douleur physique, il reprit peu à peu courage et résolut de retourner à sa cathédrale, espérant que cet enthousiasme qu'il retrouvait toutes les fois qu'il se revoyait en face de son œuvre, chasserait le reste de crainte qui frissonnait au fond de son cœur.

L'artiste essaya de se perdre dans les profondeurs de sa cathédrale, mais il sentit bientôt que l'air commençait à y manquer et qu'il y étouffait comme dans un tombeau; en conséquence, il prit l'escalier qui conduisait à la plateforme. Arrivé là, il continua de monter par les échafaudages; au haut des échafaudages était une échelle qui conduisait au sommet de la tour. Ce sommet de la tour était le point le plus avancé de l'ouvrage, et c'était de là que l'architecte dominait ordinairement tout l'ensemble de ses travaux.

Rien ne paraissait changé, chacun était à sa besogne et y resta assidûment jusqu'à l'heure de la retraite; enfin, cette heure sonna comme le jour commençait à tomber. L'architecte entendit les ouvriers se retirer en chantant, contens qu'ils étaient de leur journée. Alors il resta seul comme il en avait l'habitude, car jamais, ainsi que nous l'avons dit, il ne revenait que le dernier.

Le soleil se couchait majestueusement comme un roi, n'éclairant déjà plus que les toits les plus élevés. Bientôt le fleuve et la ville furent entièrement plongés dans l'ombre; mais quelque temps encore le sommet de la tour, qui n'avait cependant encore atteint que le tiers de sa hauteur, demeura éclairé, et l'artiste, noyé dans la lumière, songea orgueilleusement que, lorsque la tour aurait atteint toute sa hauteur, elle semblerait un phare allumé dans la nuit. Enfin le soleil abandonna lentement la montagne de pierre, et l'architecte songea qu'il était temps de descendre.

Mais lorsqu'il chercha l'échelle, ce fut vainement, l'échelle n'y était plus.

Cet événement n'avait rien d'extraordinaire, car un des ouvriers, croyant que l'architecte était parti, pouvait avoir enlevé l'échelle; cependant dans les circonstances où l'architecte se trouvait, il en conçut quelque inquiétude; d'abord, selon sa coutume, il avait déjeuné fort légèrement, et ayant été rappelé chez l'archevêque vers les deux heures, il avait complétement oublié de dîner. Il en résultait que la faim commençait à le gagner ; d'ailleurs on était au mois d'octobre et les nuits devenaient froides : il tenta donc tous les moyens de descendre; mais, si adroit qu'il fût, il y avait impossibilité complète. Alors il essaya d'appeler, mais comme, avant de recourir à ce moyen, il avait usé plus d'une heure en tentatives inutiles, les rues étaient déjà désertes, et sa voix, sans qu'il s'en rendît compte lui-même, avait pris un tel caractère d'angoisse, que le peu de passans attardés qui l'entendirent, au lieu de s'arrêter pour lui répondre, pressèrent leur marche, épouvantés qu'ils étaient de ces cris nocturnes et inconnus.

Force fut à l'architecte de se résigner; mais il fallait pour cela une certaine résolution. Le sommet de la tour présentait une surface nue et n'offrait aucun abri. Pour comble de malheur, vers les onze heures, un orage terrible s'amassa au ciel. Il n'y avait pas moyen de dormir, aussi l'artiste se tenait-il assis, car il passait de temps en temps de telles rafales de vent, que s'il eût été debout, comme il n'y avait point de parapet, il eût sans doute été emporté; cependant l'orage croissait toujours.

A onze heures et demie, il s'arrêta sur Cologne, et l'on entendit gronder les premiers coups de tonnerre. De temps en temps un éclair, qui semblait ouvrir jusqu'aux dernières profondeurs du ciel, entr'ouvrait cette mer de nuages, et éclairait pour un instant la ville et le fleuve d'une lueur fantastique. Il semblait alors à l'architecte que la ville avait la forme d'un lion, le nuage celle d'un aigle, et le fleuve celle d'un serpent.

A minuit moins un quart, tout cet océan de vapeur poussé par le vent contre la cathédrale, s'arrêta à son sommet, comme font parfois les nuages à la cîme des montagnes. Alors l'architecte se trouva être au centre de la tempête. Le tonnerre grondait à son oreille, l'éclair serpentait autour de lui.

A minuit sonnant, il se fit un bruit étrange et inconnu; une insupportable odeur de soufre se répandit; et, comme le battant de l'horloge des Saints-Apôtres frappait le dernier coup, cet éclat de rire qui lui était si bien connu retentit derrière l'architecte. Il se retourna et se trouva en face de Satan.

Cette fois, c'était lui qui, à son tour, était en puissance de son ennemi.

L'architecte comprit qu'il était perdu, car il n'y avait pas à fuir. Cependant, comme Satan étendait la main vers lui, il fit un pas en arrière, ce qui lui donna le temps de prononcer un acte de contrition. Alors Satan vit que son âme allait lui échapper pour la seconde fois, il fit un bond vers lui, et, le touchant du doigt, le précipita du sommet de la tour.

Mais, si rapide qu'eût été ce mouvement, la prière avait eu le temps de monter jusqu'au trône de Dieu, et lorsque Satan s'élança après sa victime pour l'entraîner avec lui en enfer, il la trouva entre les bras de deux anges qui l'emportaient au ciel.

Satan demeura un instant stupéfait; puis, s'élançant après les messagers célestes, il passa près d'eux, rapide comme un tourbillon, en jetant encore une fois à la pauvre âme ce mot qui avait tant tourmenté son corps : Inconnu! Inconnu!

En effet, la prédiction de Satan s'est accomplie; la cathédrale interrompue resta dans l'état où elle était lorsqu'arriva cette nuit fatale, car, lorsqu'on voulut la continuer, on ne put retrouver le plan sur lequel elle avait été commencée, et, quelques recherches que depuis cette époque aient faites les savans, on n'a jamais découvert le nom de l'architecte.

La pauvre âme sait au ciel qu'elle est oubliée sur la terre, et c'est là la punition de son orgueil.

Tout inachevée qu'elle est, la cathédrale n'en est pas moins une merveille; aussi les habitans de Cologne ne perdent-ils pas l'espoir qu'elle sera terminée un jour, et la grue qui servait à monter les pierres est restée le cou tendu sur la plate-forme. De ces deux tours qui devaient monter chacune à la hauteur de cinq cents pieds, l'une s'est arrêtée à vingt-et-un pieds au-dessus du sol, et l'autre, celle dont la tradition dit que l'architecte fut précipité, comme nous le verrons plus tard, a atteint le tiers de son élévation. Le chœur seul est terminé, et une croix dorée le surmonte : cette croix est un don que Marie de Médicis a fait à Cologne, en reconnaissance de l'hospitalité qu'elle y avait reçue.

C'est dans la chapelle, derrière le maître-autel, qu'est le fameux monument des trois mages; il renferme, à ce qu'on assure sérieusement ici, les ossemens des trois princes qui vinrent apporter des présens à l'enfant Jésus : Fréderic Ier, de la maison de Hohenstaufen, après avoir pris et dévasté Milan, enleva les ossemens des trois rois qui se trouvaient là je ne sais comment, et en fit don à Renaud, archevêque de Cologne; celui-ci, enchanté d'avoir de si précieuses reliques, voulut faire bâtir une église digne d'elles; comme c'était vers l'année 1170 que la chose se passait, et qu'il n'était encore nullement question du dôme, il fit venir un architecte et tracer un plan. Le plan tracé, il réunit des ouvriers et les fit mettre à l'ouvrage.

Malheureusement le digne archevêque avait plus de zèle que les ouvriers n'avaient d'activité; mais comme c'était un ancien chevalier, qui avait longtemps manié la lance avant de tenir la crosse, il était naturellement porté à recourir de temps en temps aux moyens temporels, ce qu'il exécutait en prenant un bâton et en frappant de toutes ses forces sur les plus paresseux; puis, revenant aux moyens de persuasion, il leur faisait de beaux discours, et leur expliquait de quelle nécessité absolue était le travail pour le salut de l'homme. Les choses allèrent ainsi pendant quelque temps, mais comme tous les jours le zèle du bon archevêque redoublait, les ouvriers résolurent de s'en débarrasser à quelque prix que ce fût. Un jour ils montèrent tous sur les échafauds déjà dressés dans l'église, et firent auprès d'eux provision de pierres; lorsque l'archevêque parut, ils se cachèrent si bien que le bon prélat crut qu'il n'y avait personne à son église. Il s'avança jusque dans le chœur pour prendre à la place accoutumée le bâton de l'encouragement; mais lorsqu'il fut au milieu de l'église, une grêle de pierres tomba sur lui de tout côté. L'archevêque, qui ne s'intimidait pas facilement, voulut quelque temps tenir tête à l'orage, mais voyant que ses antagonistes s'étaient prudemment mis hors de sa portée en retirant les échelles, il battit en retraite vers la porte. Malheureusement une grosse pierre l'atteignit à la tête et le renversa évanoui : les ouvriers descendirent et l'achevèrent à coups de marteau. Mais soit que Dieu les voulut punir à l'instant même, soit qu'une pareille action les eût naturellement mis hors de sens, à peine l'archevêque fut-il mort qu'ils se répandirent comme des furieux dans la ville, vociférant et frappant. Il leur arriva alors ce qui était arrivé à l'archevêque, les bourgeois se lassèrent, et s'étant réunis contre eux, leur donnèrent la chasse et les tuèrent tous comme des bêtes féroces.

Justice était faite, mais les trois rois mages restaient sans asile : on les mit dans une église provisoire, et pour leur faire prendre patience on leur fit une châsse magnifique, toute garnie de lames d'or, et incrustée de pierreries; on mit en outre sur les trois têtes, que l'on rangea sur une seule ligne à l'extrémité de la châsse, trois couronnes magnifiques d'or, de diamans et de perles, qui pesaient chacune six livres, puis au-dessous des têtes on écrivit en rubis le nom de leurs propriétaires, Gaspard, Melchior et Balthazar.

Aussitôt que l'intérieur du dôme fut habitable, on y transporta les trois rois mages, et l'électeur Maximilien Henri, de la maison de Bavière, leur fit ériger un beau monument dans le style ionien. Ils y restèrent jusqu'en l'année 1794, où le Chapitre de Cologne, par la grande peur qu'il avait des Français, émigra à Amsberg, en Westphalie, et, ne voulant point se séparer des trois rois mages, les emporta avec lui. En 1804, le chapitre revint et rapporta les reliques; mais il en était des pauvres rois morts comme de beaucoup de leurs confrères vivans à cette époque : ils avaient perdu leur couronne et les plus riches joyaux de leur trésor. Pendant dix années, le Chapitre avait vécu en grignottant la châsse des pauvres saints; de sorte qu'il ne reste aujourd'hui que ce qu'il a laissé. On leur a bien remis une espèce de couronne en perles; mais les trois rois, qui se connaissent en bijoux, ne s'y sont point trompés, et ont l'air tout honteux de porter des pierres fausses. Il n'en reste pas moins quelques beaux antiques, parmi lesquels un Auguste, que l'on donne pour un Alexandre, et qui est le véritable portrait de Napoléon.

Près des rois mages sont rangés les autres débris de la

richesse du Chapitre; c'est l'épée électorale, une crosse épiscopale magnifique, et un calice d'un merveilleux travail. Le principal ornement du chœur, où reposent les entrailles de Marie de Médicis, est quatre chandeliers de dix pieds de hauteur à peu près, pour la matière desquels on estime que l'or entre dans la proportion d'un huitième : les chanoines, au moment de la fonte, étant venus avec des sacs pleins de ducats, et les ayant jetés dans le moule.

Nous donnâmes un dernier coup d'œil aux magnifiques vitraux qui décorent les quatre fenêtres que l'on trouve à gauche entrant, et qui sont de la fin du XIVe et du commencement du XVe siècle, et nous nous mîmes en quête des autres curiosités de la ville.

Après le dôme de la cathédrale, les deux églises les plus visitées par les étrangers sont celles de Saint-Pierre et de Sainte-Ursule. C'est dans la première que Rubens fut baptisé, et qu'il resta trois ans enfant de chœur; aussi voulut-il laisser de lui à cette église un grand et éternel souvenir, et il fit pour elle un de ses chefs-d'œuvre : l'apôtre saint Pierre crucifié la tête en bas. De pareils chefs-d'œuvre ne se décrivent pas; on se contente de dire : c'est un des plus beaux tableaux de Rubens. Pour en rehausser encore la valeur, le Chapitre de Saint-Pierre a employé un moyen qui donne une haute idée de la modestie des artistes indigènes. Il a fait faire par l'un d'eux une copie du tableau de Rubens, et l'a collé dos à dos avec l'original; de sorte que le cicerone qui vous fait les honneurs de son église commence par montrer aux voyageurs la copie, sans leur faire part du fait. Puis, lorsqu'ils se sont extasiés sur elle : — Ah! maintenant, dit le malicieux sacristain, vous allez voir l'original. Il retourne alors son tableau, et il vous montre une merveille, qui fait qu'à l'instant même ce que vous venez de voir passe à l'état de croûte. C'est fort ingénieux : mais je doute que la plaisanterie soit goûtée par le pauvre peintre, et qu'on lui ait dit d'avance à quelle surprise sa copie était destinée.

Saint-Pierre vu, nous nous rendîmes aussitôt à la ci-devant abbaye des Dames de Sainte-Ursule. Sans aucun doute nos lecteurs ont entendu parler des onze mille martyres anglaises, mais peut-être ne connaissent-ils pas leur histoire dans tous ses principaux détails. Les voici : car il est impossible de ne pas conter quelque chronique bien étrange quand on parle de l'Allemagne.

C'était vers l'an 220 de Jésus Christ : Dionest et Daria régnaient dans la Grande-Bretagne, et n'avaient point d'héritiers; aussi priaient-ils ardemment le ciel de leur en envoyer un. Le ciel, l'on ne sait pourquoi, ne fit les choses qu'à moitié; il leur envoya une fille : il est vrai que cette fille devait être une sainte.

L'enfant si longtemps et si ardemment attendu reçut le nom d'Ursule. Dès sa jeunesse, trompant l'espérance de ses parens, qui, à défaut d'un fils, comptaient au moins sur un un petit-fils, Ursule promit au Seigneur de se vouer à son service exclusif. Cette promesse imprudente fit grand'peine à Dionest et à Daria, mais ils étaient trop religieux tous deux pour forcer la sainte inclination de leur fille; si bien que des députés étant venus de la part d'Agrippinus, prince germain, afin de demander Ursule en mariage pour son fils, le prince Coman, Dionest refusa d'abord cette union. Mais un ange descendit la nuit suivante au chevet d'Ursule, la releva de son serment de la part de Dieu, et lui ordonna d'épouser le prince Coman.

Dionest et Daria n'étaient point gens à laisser partir leur fille sans lui donner une suite digne d'elle. Ils choisirent parmi les meilleures familles de la Grande-Bretagne onze mille vierges, pour servir de cortége à Ursule, et l'accompagner d'abord à Rome, où, selon le désir de son père, elles devaient être baptisées une seconde fois et revenir avec elle dans le pays des Germains. Ursule partit avec ses onze mille demoiselles d'honneur, et, en arrivant sur le port, elle trouva le plus grand vaisseau du roi son père qui l'attendait avec ses matelots et son capitaine. Elle renvoya tout l'équipage, s'assit au gouvernail, ordonna la manœuvre, et le vaisseau obéissant, s'éloigna de la terre, emportant vers les côtes bataves sa blanche volée de colombes.

Les ambassadeurs venaient derrière sur un autre bâtiment, et comme ils suivaient le sillage du premier, ils étaient fort récréés par les cantiques que chantaient toutes les belles jeunes filles qui les précédaient.

A cette époque, le Rhin ne se perdait point dans le sable; il se jetait tout bonnement dans la mer, ainsi que doit le faire tout fleuve qui a la conscience de sa mission, de sorte que les onze mille vierges, toujours guidées par Ursule, s'engagèrent dans le fleuve et le remontèrent jusqu'à Cologne. Aquilinus, préfet romain qui gouvernait alors la ville pour Septime-Sévère, empereur régnant, les reçut avec de grands honneurs; mais comme l'intention d'Ursule était de pousser jusqu'à Rome pour y recevoir un second baptême, elle ne fit que toucher terre à Cologne et se rembarqua aussitôt avec toute sa suite pour Bâle. Là, elle quitta son vaisseau qui, si bien manœuvré qu'il fût, aurait eu peine à remonter la chute du Rhin, et accompagnée de Pantulus, autre préfet romain, qu'une si bonne société tentait, elle traversa la Suisse et les Alpes à pied. Pantulus, qui était parti seulement pour faire quelques lieues avec elle, l'accompagna jusqu'à Rome : Ce fut une heureuse idée, qui lui valut plus tard les honneurs de la canonisation.

Arrivées à Rome, les onze mille vierges firent leurs dévotions furent baptisées par le pape Cyriaque, qui, touché de la foi qu'il trouvait dans toutes ces saintes filles, résolut de faire ce qu'avait fait Pantulus; en conséquence, il donna sa démission de pape, et quand elles quittèrent Rome, il les accompagna à son tour avec une grande partie de son clergé.

De retour à Bâle, les onze mille vierges s'embarquèrent de nouveau sur le Rhin et descendirent jusqu'à Mayence; Ursule y trouva Coman, son fiancé. C'était un prince payen, jusques-là même fort attaché à sa fausse religion; mais lorsqu'il vit sa belle fiancée, lorsqu'il entendit sa douce voix, il pensa que le Dieu qu'adorait un pareil ange devait être le vrai Dieu, et il se convertit à la foi catholique. Le pape Cyriaque ne laissa pas refroidir son zèle, et le baptisa à l'instant même. Les deux fiancés descendirent ensuite vers Cologne, où devait se célébrer le mariage.

Mais à peine étaient-ils arrivés, qu'une invasion de Goths fondit sur la ville. Les portes furent fermées, et les habitans, encouragés par Coman, firent la plus belle défense. Pendant ce temps, les onze mille vierges étaient en prières; mais, malgré les prières d'Ursule et le courage de Coman, le ciel avait décidé que les Goths seraient vainqueurs. Donc, la ville fut prise et les onze mille vierges placées dans l'alternative d'épouser onze mille Goths ou d'être onze mille martyres. Leur choix ne fut pas douteux, elles choisirent le martyre, et le supplice commença.

Toutes furent massacrées en un jour, avec des raffinemens de cruauté dont les Goths étaient seuls capables; une seule, nommée Cordula, parvint d'abord à se sauver, en se glissant dans un bateau et en restant cachée sous un banc; mais la nuit venue, ayant vu le ciel s'ouvrir et recevoir ses dix mille neuf cent quatre-vingt-dix neuf compagnes, elle eut une si grande honte de sa faiblesse, qu'à l'instant même elle alla se livrer aux bourreaux, et ayant été immédiatement mise à mort, arriva encore assez à temps pour entrer avec les autres avant que la porte des cieux se fût refermée.

Les os des saintes filles furent recueillis avec soin et portés dans une église. Les plus précieux manquaient, car quelques recherches qu'on eût faites on n'avait pu retrouver le corps de sainte Ursule. Mais un jour que saint Cumbert disait la messe, une colombe vint voler autour de sa tête; or, le saint pensa bien que la messagère du Seigneur ne venait point ainsi à lui sans une mission particulière; il la suivit dans la campagne. Arrivée au pied d'un peuplier, la colombe se mit à gratter la terre avec ses petites pattes roses. On creusa en cet endroit et on y trouva le corps de sainte Ursule.

Outre le tableau qui représente l'arrivée des onze mille vierges à Cologne, l'église en possède un dont le sujet est le martyre particulier de Coman et de sa fiancée Ursule. Saint Pantulus n'a point été oublié non plus, et il a son autel presqu'en face de la Chambre d'or.

LE RHIN.

Il est difficile, à nous autres Français, de comprendre quelle vénération profonde les Allemands ont pour le Rhin. C'est pour eux une espèce de divinité protectrice qui, outre ses carpes et ses saumons, renferme dans ses eaux une quantité de nayades, d'ondines, de génies bons ou mauvais, que l'imagination poétique des habitans, voit le jour, à travers le voile de ses eaux bleues, et la nuit, tantôt assises, tantôt errantes sur ses rives. Pour eux le Rhin est l'emblême universel; le Rhin c'est la force; le Rhin c'est l'indépendance, le Rhin c'est la liberté. Le Rhin a des passions comme un homme ou plutôt comme un Dieu. Le Rhin aime et hait, caresse et brise, protége et maudit. Pour l'un, ses eaux sont un doux lit d algue et de roses, où le vieux père des fleuves, tout couronné de roseaux, et tenant son urne renversée, comme un dieu payen, l'attend pour lui faire fête. Pour l'autre, c'est un abîme sans fond, peuplé de monstres hideux à voir, et pareil au gouffre qui engloutit le pêcheur de Schiller. Pour celui-ci, ses eaux sont un miroir poli, sur lequel il peut marcher comme le Christ, pourvu qu'il ait plus de foi que Saint-Pierre; pour celui-là, son cours est tumultueux et irrité comme celui de la mer Rouge engloutissant Pharaon. Mais, de quelque façon qu'il soit envisagé, c'est un objet de crainte ou d'espérance; symbole de haine ou d'amour, principe de vie et de mort. Pour tous c'est une source de poésie.

C'est surtout entre Cologne et Mayence que ses plus nombreuses traditions sont rassemblées, c'est que dans l'espace compris entre ces deux villes, le Rhin renferme, en effet, ses contrastes les plus opposés, ses points de vue les plus gracieux et les plus terribles; c'est que là tantôt vainqueur de ses collines qui semblent se tenir respectueusement loin de lui, il s'étend insouciant et paresseux comme un lac : c'est que tantôt vaincu, resserré, et comme enchaîné par ses montagnes, grâce aux cuirasses de granit contre lesquelles se brisent inutilement ses flots, il se tord, se roule, se replie comme un serpent qui lutte, et dans son impuissance bien reconnue, pressé de fuir, menace en fuyant. Alors on comprend que, selon qu'ils habitent tel ou tel endroit de ses rivages, les pêcheurs, dont il caresse ou dont il brise les barques, le regardent comme un dieu tutélaire ou comme un mauvais génie, et le remercient comme un père ou l'implorent comme un ennemi.

Il est vrai que depuis l'invention du bateau à vapeur, le Rhin a beaucoup perdu de son prestige. Ces espèces de monstres apprivoisés, qui comme les dragons antiques s'avancent en jetant du feu et de la fumée, pour lesquels il n'y a plus ni tourbillons, ni abîmes, ni tempêtes; qui remontent le cours du fleuve plus rapidement qu'un vaisseau ordinaire ne le descend, ont peu à peu chassé devant leur souffle ardent, et sous le battement de leurs nageoires de fer, carpes, saumons, nayades, ondines et génies; de sorte que si l'on veut aujourd'hui manger une friture ou entendre une ballade, il faut aller pêcher l'une sur le Mein ou le Necker, et aller chercher l'autre parmi une génération qui n'ait jamais entendu parler de Fulton. C'est un peu plus fatigant, il est vrai; mais ce qui est devenu plus rare n'en est que plus précieux. Quant à moi je sais que tant que j'ai remonté le cours du Rhin, il ne m'a été possible de trouver que des œufs frais et des côtelettes. Il est vrai que j'ai été un peu plus heureux pour les ballades et les traditions.

Au reste, excepté sous le rapport du poisson, qui, comme je l'ai dit, sur tout le cours du Rhin est devenu à cette heure un mythe, un hiéroglyphe, une chimère, toutes les mesures sont parfaitement prises par les administrations concurrentes, pour la plus grande satisfaction de la curiosité des voyageurs. Une fois la place payée de Cologne à Mayence, et même de Rotterdam, à Strasbourg ou de Strasbourg à Rotterdam, vous pouvez mettre six jours ou six mois à accomplir votre voyage, descendre ou remonter à chaque débarcadère; vous partez : bon voyage; vous revenez : vous êtes le bien reçu. Votre billet est un bon à vue auquel tout bâtiment appartenant à l'administration fait honneur, et qui à quelque heure qu'on le présente, est payé à vue.

A peine fus-je sur le Rhin que je compris la sagesse de cette mesure. En effet, quoiqu'en remontant le bâtiment marche moins vite, les deux rives du fleuve n'en sont pas moins une espèce de panorama sur lequel la vue a à peine le temps de s'arrêter, et capricieux et plein de replis, le Rhin vous cache aussitôt, derrière quelqu'un de ses angles, la ville, le village ou le château que vous suivez des yeux, et tandis que votre vue se fixe sur cette ville, ce village ou ce château, le bâtiment marche toujours, et d'autres villes, d'autres villages, d'autres châteaux passent, de sorte que, le plus souvent, vous êtes perdu au milieu de toutes ces montagnes, de toutes ces vallées, de toutes ces ruines, cherchant, votre *Guide* à la main, à vous raccrocher à quelque nom, et regrettant tout ce que vous avez laissé passer ainsi, que vous auriez voulu voir en détail, et qui fuit déjà derrière vous dans un ensemble confus et indistinct. Ainsi, en remontant les dix lieues qui séparent Cologne de Bonn, encore inhabile à cet exercice, à peine eus-je le temps d'enregistrer sur mon album, *Brülh* avec son vieux château romain dont les ruines ont disparu sous des maisons de campagne appartenant aux plus riches propriétaires de Cologne, et sous le palais d'Augustembourg, commencé en 1725 par l'électeur Clément-Auguste, et achevé par l'électeur Maximilien-Frédéric; *Rodinkirchen* avec son vieux château, sentinelle avancée de toutes ces ruines qui vont successivement apparaître comme des fantômes du temps passé; *Langel*, qui touchait autrefois au Rhin, et qui en est éloigné maintenant de près d'un quart de lieue, depuis que l'île de Langelerwerth s'est jointe au rivage; *Berghem* et *Mondorf* avec leur population de pêcheurs et de faiseurs de corbeilles; la *Sieg*, rivière torrentueuse qui change à chaque instant de lit, et où se sont, à ce que l'on assure, réfugiés les saumons chassés du Rhin, et où ces vieux exilés ont si bien profité de l hospitalité accordée, que quelques-uns y atteignent le poids de cinquante à soixante livres; *Benel*, que traversait la chaussée romaine qui allait de Cologne à Trèves; *Roisdorfs*, avec sa source d'eau minérale qu'on préfère à celle de Godesberg, parce que le gaz carbonique qu'elle contient étant moins volatile, elle devient plus transportable; enfin *Bonn*, la ville universitaire, entourée de jardins qui descendent jusqu'aux rives du fleuve, et dominée par le haut clocher de sa cathédrale accompagné de ses quatre clochetons.

Selon l'itinéraire que nous nous étions faits d'avance, nous descendîmes à Bonn avec l'intention de nous y arrêter, d'y coucher et de continuer le lendemain notre route par terre jusqu'au Drackenfelds.

Ce fut à Bonn que nous vîmes le premier échantillon de l'étudiant allemand avec sa pipe colossale, sa redingotte serrée, son col rabattu et sa casquette imperceptible, qui, quelque vent qu'il fasse, grâce à l'habileté avec laquelle le *studiosus* manœuvre son cou, demeure fixée comme par un clou sur l'extrême sommet de la tête. Ce n'était pas sans une certaine curiosité que j attendais cette apparition; autrefois les universités avaient été une puissance en Allemagne.

Voici comment cette puissance s'était formée :

Tout le monde a entendu parler des différentes sectes d'illuminés et de francs-maçons qui fleurirent en France vers la fin du XVIIIe siècle. Ces sectes, qui relevaient plus ou moins du philosophisme allemand, avaient des affiliations au-delà du Rhin, et l'une de leurs principales idées était, sous le nom de franc-maçonnerie, de faire revivre, au profit des peuples, l'ancienne sainte Wehme, établie au profit de l'empire. Ce prétendu secret, qu'on ne révélait qu'aux initiés, était donc : liberté universelle, affranchissement général.

1789 arriva; la révolution, qui annonçait au monde entier la prise de la Bastille, fut reçue avec enthousiasme par les sociétés secrètes, et peut-être concoururent-elles dans l'ombre plus efficacement qu'on ne le croit aux premiers succès de nos armées.

Bientôt arriva Bonaparte : non-seulement, disait-on, il avait eu connaissance de ces sociétés, mais même il en avait fait partie ; si bien que lorsqu'il troqua son habit de général pour le manteau d'empereur, toutes ces différentes sectes qui, quelles que fussent leur religion et leur nationalité, rêvaient la liberté universelle, le regardèrent comme un traître, et en France et à l'étranger se soulevèrent contre lui. Alors, comme elles venaient pour le moment en aide aux princes ses ennemis, non-seulement elles furent tolérées, mais encore encouragées par eux : et le prince Louis de Prusse accepta le titre de grand-maître d'une de ces associations. La tentative d'assassinat de Staps fut un des coups de tonnerre de cet orage.

Mais le surlendemain de cette tentative d'assassinat vint la paix de Vienne. L'empire, ce vieux géant germanique, fut abaissé au niveau des puissances de second ordre ; la police française s'étendit de la mer de Bretagne au Pont Euxin, et ces sociétés, qui depuis quinze ans s'organisaient publiquement, surveillées par l'aigle qui planait à cette époque sur toute l'Europe, furent forcées de se recruter dans l'ombre.

Les désastres de l'armée française en Russie ranimèrent le courage de ces sociétés, car il était évident que la coalition s'étendait jusqu'au ciel, et que Dieu lui-même commençait à se déclarer contre la France. Les émissaires de ces associations qui, pendant huit ans, s'étaient tenus cachés, reparurent donc, timides d'abord et parlant bas, mais parlant de liberté ; aussi furent-ils accueillis avec enthousiasme, par les étudians surtout. Plusieurs universités presque entières s'enrôlèrent, choisissant leurs chefs parmi leurs condisciples et leurs professeurs. Le poëte Kœrner, tué le 18 octobre à Leipsick, fut le Tyrtée de cette campagne.

Le 18 juin 1815, Waterloo vint faire un sombre pendant à Leipsick, et amena pour la seconde fois l'armée prussienne, presque entièrement composée de volontaires, dans la capitale de la France. Le triomphe étranger était accompli, mais alors commença la lutte intérieure.

En effet, lorsque les traités de 1815 et la nouvelle constitution germanique furent connus, une réaction terrible s'opéra en Allemagne. Tous ces jeunes gens qui, excités par leurs princes, s'étaient levés au nom de liberté, s'aperçurent qu'ils avaient versé leur sang au profit de la Sainte-Alliance, et que tout ce qu'ils avaient gagné à renverser le géant, c'était d'être gouvernés par des nains ; ils ne se tinrent point cependant pour battus, et confians comme on l'est à cette première époque de la vie, ils voulurent réclamer les promesses faites ; mais aux premières paroles qu'ils firent entendre, la politique combinée de messieurs de Talleyrand et de Metternich pesa sur eux, et les força d'abriter leur mécontentement et leurs espérances dans les universités, espèces d'oasis républicaines, qui, jouissant d'une constitution particulière, échappaient par le fait de leur organisation aux mouchards de la Sainte Alliance. Mais toutes comprimées qu'elles étaient, ces sociétés ne continuaient pas moins d'exister, correspondant entre elles par le moyen d'étudians voyageurs qui, sous le prétexte d'herboriser, parcouraient l'Allemagne chargés de missions verbales que, pareils aux anciens prophètes, ils semblaient répandre du haut des montagnes. Sand fut le produit de cette seconde ligue, comme Staps l'avait été de la première. Seulement, comme Mutius Scævola, il se trompa et tua un esclave pour un roi.

Par l'assassinat, bien exécuté mais mal compris, de Kotzebue, les universités s'étaient livrées elles-mêmes ; aussi de ce moment commence entre elles et les gouvernemens la lutte dans laquelle elles succombèrent. Toute puissance occulte est perdue à l'heure même qu'elle est découverte ; car elle n'était occulte que parce qu'elle était faible.

Mais l'étudiant allemand, en perdant sa puissance politique, a conservé son caractère insouciant et aventureux, de sorte qu'il n'en est pas moins digne d'être étudié. Sans un sou dans sa poche, mais confiant comme l'oiseau du ciel à qui Dieu a promis de donner la nourriture, il part pour faire son pèlerinage en Allemagne, sa pipe à la main, son sac à tabac au côté et son Kœrner en poche. La route, il la fera à pied, si longue qu'elle soit : le soleil et l'ombre sont à tout le monde. Quant au reste, le philistin y pourvoira. Aussi, qu'il passe une voiture, qu'elle contienne des naturels ou des étrangers, l'étudiant ôte sa pipe de sa bouche, décolle de son chef son embryon de casquette, s'approche du voyageur, et gaîment l'invite à l'aider à faire son chemin. Il est rare qu'un Allemand refuse son offrande à l'étudiant qui passe. Sur un autre point, sur une autre route de la Germanie, son fils passe aussi, et peut-être en ce moment même fait-il un appel à la bourse du père dont il aide l'enfant. De son côté, l'aubergiste est plein de bonne humeur et de désintéressement pour le *studiosus* qui voyage, quel que soit son grade dans la hiérarchie universitaire, et qu'il soit pinson, renard ou vieille maison ; c'est son hirondelle qui revient à chaque printemps ; il lui doit le gîte sous son toit. Et quant à la nourriture, on s'entendra toujours entre compatriote ; d'ailleurs, ce sont les Français ou les Anglais qui paieront cela. Aussi, sans qu'on s'informe s'il possède de l'argent ou non, l'étudiant a-t-il toujours, en arrivant, son verre de vin du Rhin ou sa bouteille de bière, si mieux il l'aime ; et encore, en général, lui demande-t-on de quel pays il la préfère ; un dîner pris sur tous les dîners, et si la maison est par trop pleine un lit de paille fraîche qui vaut quelquefois mieux que le meilleur lit de laine ou de copeaux de toute l'hôtellerie. Avec le jour l'étudiant se lève joyeux, boit un second verre de vin du Rhin, allume sa pipe éternelle, et se remet en route. Puis quand il a vu les champs de batailles d'Iéna, d'Ulm et de Leipsick, il rentre à son université avec le grade de maison moussue, boit encore quelques milliers de chopes de bière, fume encore quelques milliers de pipes, échange encore quelques vingtaines de coups de schlœger, et il rentre dans sa famille, où il boit toujours, fume toujours, mais ne se bat plus.

Nous arrivâmes à l'hôtel de l'Etoile, situé sur la place du marché, et tenu par Simrock, le frère du poëte, juste au moment où on allait se mettre à table pour le dîner de une heure, qu'on appelle le petit dîner. Car en Allemagne, quoiqu'on mange à peu près depuis le matin jusqu'au soir, on a cru cependant devoir désigner par des noms les stations que l'on fait après de courtes haltes. Ainsi le matin à sept heures, en ouvrant les yeux, on prend le café, à onze heures on fait un second déjeuner, à une heure on fait le petit dîner, à trois heures on dîne, à cinq heures on goûte, enfin à neuf heures du soir, en sortant du théâtre, on soupe, et l'on se couche par-dessus. Là-dedans ne sont point compris le thé, les gâteaux et les sandwichs que l'on prend dans les intervalles.

Quoiqu'en état ordinaire je jouisse en général d'un assez bon appétit, et qu'en voyage, mes facultés sous ce rapport s'augmentent de vingt-cinq ou trente pour cent, depuis mon arrivée à Aix-la-Chapelle, j'étais fort malheureux sous ce rapport. Et d'abord, comme tout Français né dans la vieille France, la substance nutritive que j'absorbe ordinairement à chacun de mes repas se compose d'une moitié de pain, à peu près d'un quart de viande, et enfin d'un quart d'entremets et de dessert. Mais depuis Aix-la-Chapelle, au lieu de pain on m'avait servi de la brioche. La brioche est une chose excellente en soi ; mais comme à mon avis, pour conserver toute sa valeur, elle doit être servie en son lieu, la première fois que l'aubergiste avait commis ce qui me paraissait un anachronisme, j'avais proprement mis ma brioche à part pour la manger avec le café à la crême, et je lui avais demandé du vrai pain. Alors le garçon avait souri avec une intelligence d'excellent augure, m'avait répondu en excellent français : — Je sais ce que monsieur demande, — et m'avait apporté du gâteau anisé. J'avais mordu dans mon gâteau ; comme gâteau je n'avais rien à dire contre lui, mais comme pain, attendu qu'il laissait beaucoup à désirer, je l'avais déposé sur une seconde assiette afin de le retrouver plus tard comme pudding, j'avais rappelé le garçon qui était revenu avec la figure d'excellente humeur qu'ont toujours les garçons allemands, et alors ne me fiant plus à mon idiome maternel, j'avais hasardé dans le meilleur saxon le mot *brod*.

— Ah! je comprends, avait alors répondu le garçon tout joyeux d'avoir enfin interprété exactement ma pensée, monsieur me demande du poumpernick. Et, sans attendre ma réponse, il s'était élancé hors de l'appartement.

Je n'avais fait aucun effort pour l'arrêter, d'abord parce que les deux échantillons de boulangerie que j'avais sous les yeux ne me paraissaient nullement destinés à remplacer le pain ensuite parce que je n'étais point fâché de voir en face l'animal qu'on désignait sous ce nom formidable de poumpernick. Au bout de cinq minutes le garçon rentra avec un de ces jolis pains ronds que dans nos fermes on appelle une miche.

— Ah dis-je tout content.

— Ah! dit le garçon plus content encore que moi.

— Et c'est là ce qu'on appelle ici du poumpernick? dis-je en lui prenant la miche des mains.

— Du vrai poumpernick? il n'y a qu'un seul confiseur qui le fasse bon ici.

— Comment! ce sont les confiseurs qui font le pain ici?

— Mais ce n'est pas du pain ce que je vous donne.

— Qu'est-ce que c'est donc?

— C'est du poumpernick.

— Le nom ne fait rien à la chose.

— Monsieur a bien raison, le nom ne fait rien à la chose; d'ailleurs le poumpernick, c'est très bon.

— Nous allons bien voir.

A ces mots, j'essayai de fendre en deux l'espèce de miche que je tenais à la main; mais j'éprouvai une résistance à laquelle je ne m'attendais pas.

— Ah! me dit le garçon, le poumpernick, ça ne se coupe pas; ça se casse, ou il faut des couteaux faits exprès et qui coupent comme des rasoirs.

— Comment! des couteaux qui coupent comme des rasoirs pour couper du pain?

— J'ai déjà eu l'honneur de dire à monsieur que le poumpernick n'était pas du pain.

— Mais qu'est ce que c'est donc, alors? demandai-je impatienté et en enfonçant involontairement mon pouce à travers la croûte.

— Monsieur, ce sont des poires tapées; c'est du raisin de Corinthe; ce sont des figues; toutes sortes de bonnes choses, enfin.

Je cassai mon poumpernick, et j'en vis sortir effectivement un assortiment de fruits secs. La croûte était creuse comme celle d'un chausson, et elle ne contenait de mie que juste ce qu'il en fallait pour lier, par une espèce d'éponge, tous ces différens fruits entre eux.

Je fus obligé d'en revenir à mon gâteau; si bien que, depuis Aix-la Chapelle, j'étais comme les sujets de je ne sais quelle reine, et, à défaut de pain, je mangeais de la brioche.

En échange, si depuis Aix-la-Chapelle il n'y avait plus de pain, il n'y avait plus de gendarmes, et le passeport était devenu une chose de luxe. En arrivant à l'hôtel, le garçon nous présentait un registre; nous y consignions nos noms, et tout était dit.

A partir de Cologne, la corruption culinaire ne s'était pas arrêtée au pain; elle avait gagné la viande. Tant qu'on me servait ma brioche et mon bœuf séparés, je faisais comme les gens qui boivent leur eau dans un verre et leur vin dans l'autre; de sorte qu'en ne mêlant pas les choses cela allait encore Une nouvelle épreuve m'attendait à Bonn. Le petit dîner se composait d'un potage aux boulettes, d'un morceau de bœuf aux pruneaux, d'un lièvre aux confitures, et d'un jambon de sanglier aux cerises; il était impossible, comme on le voit, de se donner plus de peine pour gâter, les unes par les autres, des choses séparément fort estimables.

Je ne fis que goûter à ces différens objets. Quand vint le tour du lièvre, le garçon n'y put pas tenir.

— Est-ce que monsieur, demanda-t-il, n'aimerait pas le lièvre aux confitures?

— Je trouve cela exécrable.

— C'est étonnant, pour un grand poëte comme monsieur.

— Eh bien! voilà ce qui vous trompe, mon cher ami, je fais des vers pour ma consommation particulière, c'est vrai, mais ce n'est pas une raison pour m'appeler un grand poëte, et pour m'abîmer l'estomac avec vos fricassées: d'ailleurs, quand je serais un grand poëte, après tout, qu'est-ce que la poésie a à faire avec le lièvre aux confitures?

— Notre grand Schiller adorait le lièvre aux confitures.

— Eh bien! je ne suis pas du goût de Schiller, servez-moi du *Guillaume Tell* ou du *Wallenstein*, mais emportez votre lièvre.

Le garçon emporta le lièvre; pendant ce temps je goûtai au sanglier aux cerises. Mais le garçon était à peine rentré que je lui tendis de nouveau mon assiette pleine; son étonnement redoubla.

— Comment, me dit-il, monsieur n'aime pas non plus le porc aux cerises.

— Non.

— Mais c'est que monsieur Goëthe aimait fort le porc aux cerises.

— Je ne le savais pas, mais j'ai le malheur de n'avoir pas les mêmes goûts que l'auteur de *Faust*. Faites-moi faire une omelette.

J'attendis patiemment; au bout de quelques minutes, le garçon revint avec l'omelette demandée: même pour un connaisseur elle était remarquablement appétissante, mais quelque faim que j'eusse, je rejetai la première bouchée sur mon assiette.

— Mais, que diable avez vous donc mis dans votre omelette? Une omelette, mon cher, cela se fait avec du beurre, des œufs, du sel et du poivre.

— Eh bien! monsieur, elle est faite avec du beurre, des œufs, du sel et du poivre.

— Et puis quoi encore?

— Un peu de farine.

— Et puis quoi encore

— Un peu de fromage.

— Allez toujours.

— Du safran?

— Bon.

— De la muscade, des clous de girofle et un peu de thym!

— Bon, bon, bon; portez l'omelette avec le reste, et tâchez de me procurer un cicerone au naturel.

Le garçon sortit à la porte; il rencontra le maître de l'hôtellerie et lui dit quelques mots. Monsieur Simrock s'avança vers moi.

— Monsieur n'est pas content du dîner? me dit il avec une aisance et des manières parfaites.

— Mais, répondis-je assez embarrassé des bonnes façons de mon hôte, je n'aime pas les choses que l'on m'a servies: voilà tout.

— Si monsieur avait eu la bonté de dire auparavant qu'il désirait dîner à la française, il n'aurait pas eu ce désagrément.

— Comment! lui dis-je, il me serait possible d'avoir du bouillon sans boulettes, du bœuf sans pruneaux, du lièvre sans confitures et du sanglier sans cerises?

— Monsieur n'aurait qu'à dire.

— Et... du pain?

— Mais oui, du pain; j'en fais cuire particulièrement pour ceux qui en mangent.

— Ah! mon cher monsieur Simrock, vous me sauvez la vie; et quand pourrais-je avoir cela?

— Au second dîner.

— Et quand a-t-il lieu, le second dîner?

— Dans deux heures. En attendant, et pour lui faire passer le goût de nos infamies allemandes, monsieur prendra un verre de vin du Rhin que j'aurai l'honneur de lui offrir: c'est du Johannisberg.

En ce moment, le garçon rentra portant sur un plateau deux verres et une bouteille au cou allongé. Monsieur Simrock ôta un des deux verres du plateau, remplit l'autre et me l'offrit.

— Et vous? lui demandai-je.

— Ce serait, me dit monsieur Simrock en s'inclinant, un grand honneur pour moi.

— Mais savez-vous, monsieur Simrock, lui dis-je en trinquant avec lui, que vous avez des façons de grand seigneur qui doivent souvent embarrasser vos hôtes.

— Aussi, monsieur, suis-je rarement autre part que dans ma chambre, entre mes livres de compte et mes livres de poésie. J'ai une belle bibliothèque, un hôtel bien achalandé; je suis heureux, surtout lorsque...

— Ah! pas de complimens, monsieur Simrock, je vous en prie; seulement permettez que le garçon aille me chercher mon cicerone.

— C'est inutile, on met les chevaux à la voiture.

— Comment! les chevaux à la voiture?

— Oui, et si monsieur le permet, j'aurai l'honneur de le conduire moi-même. Nous n'avons pas grand'chose à voir; mais de ce peu que nous avons, je serai heureux et fier de lui en faire les honneurs.

Il n'y avait pas moyen de résister à des offres faites de cette façon. On vint annoncer que les chevaux étaient attelés, et nous montâmes en voiture.

Monsieur Simrock avait raison : Bonn renferme peu de choses remarquables. Aussi, quand on a visité sa cathédrale, bâtie dans le style bysantin, sur l'emplacement d'une église fondée par l'impératrice Hélène, vers le commencement du IVe siècle; son casino, où étaient alors exposés les dessins du monument de Beethoven; le jardin de la cour, avec sa magnifique terrasse donnant sur le Rhin, on a à peu près tout vu. Cela s'accordait à merveille avec mon appétit; et, comme nous revînmes à trois heures juste, je n'eus qu'à me mettre à table.

Le dîner était parfait; c'était la première fois que je mangeais sérieusement depuis Liége.

Après le dîner, monsieur Simrock me proposa de faire avec lui deux nouvelles courses; l'une, de l'autre côté de la rivière, était à l'ancien couvent de Schwartz Rheindorf; l'autre, du même côté que la ville, était au Kreuzberg. Comme on le pense bien, j'acceptai sans hésitation.

Nous prîmes un petit bateau, et nous traversâmes le Rhin.

Schwartz Rheindorf est une ancienne église collégiale fort remarquable, avec deux voûtes au-dessous l'une de l'autre. La voûte supérieure forme l'église elle-même; la voûte inférieure est consacrée au caveau de sépulture de l'électeur Arnold II, fondateur de l'église et du couvent de religieuses qui y attenait, et qui, plus tard est devenu un chapitre de chanoinesses. Parmi ces tombeaux est celui de sainte Adélaïde de Quelder.

Cette Adélaïde de Quelder était, je crois, la sœur de l'empereur Othon III. On me pardonnerait, j'espère, si je me trompais d'un numéro; car j'écris d'après des traditions orales, et non point d'après des archives imprimées. Donc, en pieuse supérieure qu'elle était, elle exerçait ses religieuses au chant, et toutes chantaient à qui mieux mieux, excepté une seule, la plus jolie de toutes, dont la voix faussait de telle façon, qu'elle désaccordait toute la communauté. Ce défaut d'organisation mettait au désespoir la bonne supérieure, qui, dans un moment où la pauvre nonne lui déchirait le tympan par un fausset infernal, se trouva si fort agacée qu'elle ne put se retenir; elle lui donna un soufflet tellement vigoureux que la religieuse tomba en convulsions; mais aussi, revenue de ces convulsions, elle fut toute étonnée de chanter comme un rossignol.

On ne douta point, dès lors, que la grâce efficace n'eût été communiquée à la nonne par le contact de la pieuse main qui l'avait touchée; et, lorsque la mère Adélaïde mourut, ce soufflet eut grande part à sa canonisation.

Nous repassâmes le Rhin sur la rive gauche, où la voiture nous attendait; en trois quarts d'heure elle nous conduisit au Kreuzberg. Ce que ce couvent offre de plus remarquable, c'est un caveau qui conserve admirablement les cadavres. Comme j'avais vu la Morgue du Saint Bernard et les souterrains des Capucins, à Palerme, cette troisième représentation me parut moins curieuse que les deux autres; et, après nous être arrêtés un instant sur la terrasse pour admirer la vue qui s'étend de là d'un côté jusqu'aux sept monts, et de l'autre presque jusqu'à Cologne, nous reprîmes le chemin de la ville.

J'avais laissé passer l'heure du goûter, mais monsieur Simrock me fit observer que je pouvais encore souper et après souper prendre le thé, ce qui était une compensation au repas que j'avais laissé en arrière. Malheureusement j'avais si bien dîné, que ces offres, si attrayantes qu'elles fussent, ne pouvaient me tenter. D'ailleurs, depuis que j'avais apprécié l'obligeance de monsieur Simrock, je me proposais de lui faire une autre demande.

C'était celle d'un lit où un Français pût dormir.

Ceci demande explication.

En général, nous autres Français, soit dit pour l'instruction des peuples étrangers, nous dormons dans un lit : d'ordinaire, ce lit se compose d'une couchette de trois pieds à trois pieds et demi de large, et de cinq pieds huit pouces à six pieds de long. Sur cette couchette, on met un sommier, un lit de plume, un ou deux matelas, une paire de draps blancs, une couverture, un traversin, un oreiller; puis on borde le lit, celui pour lequel il est destiné se glisse entre les deux draps, et pour peu qu'il n'ait pas pris une trop grande quantité de café noir ou de thé vert, et qu'il ait une bonne santé et une conscience pure, il s'endort : quant à la longueur du sommeil, cela dépend de l'organisation.

Or, dans un lit comme celui-là, tout homme, qu'il soit Allemand, Espagnol, Belge, Russe, Italien, Hindou ou Chinois, peut dormir; à moins qu'il n'y mette de la mauvaise volonté.

Mais en Allemagne, il n'en est point ainsi des lits.

Voici de quoi se compose un lit allemand.

D'abord d'une couchette de deux pieds à deux pieds et demi de large, et de cinq pieds à cinq pieds et demi de long. Procuste a voyagé en Allemagne et y a laissé ses modèles.

Sur cette couchette on étend une espèce de sac rempli de copeaux destiné à remplacer le sommier.

Sur le sac de copeaux on étend un énorme lit de plumes.

Sur le lit de plumes on pose proprement un drap plus court et moins large que le lit de plumes : l'aubergiste appelle ce fragment de linge un drap, mais le voyageur ne le reconnaît pas même pour une serviette.

Puis enfin sur ce drap ou cette serviette, comme on voudra appeler le linge en question, on étend une courte-pointe piquée et doublée d'un second lit de plume moins épais que le premier.

Deux ou trois oreillers empilés au chevet complètent cet étrange échafaudage.

Si c'est un Français qui couche dans le lit, comme le Français est un peuple vif et effervescent, c'est la réputation que nous avons en Allemagne, ledit Français s'y fourre sans précaution, de sorte qu'au bout de cinq minutes les oreillers sont tombés d'un côté, la courte-pointe pend de l'autre, le drap est roulé et est devenu invisible; si bien que le susdit Français se trouve enfoncé dans son lit de plume, ayant un côté de son individu en sueur et l'autre glacé

Il a le choix.

Si c'est un Allemand, comme l'Allemand est un peuple calme et vertueux, ledit Allemand commence par garder son caleçon et ses bas, puis il soulève avec précaution la courte-pointe piquée, se couche sur le dos, appuie les reins aux trois oreillers et les pieds à l'extrémité de la couchette, de manière à former un ∾; il pose sur ses rotules sa courte-pointe, ferme les yeux, s'endort et se réveille le lendemain matin sans avoir changé de position.

Mais on comprend que pour arriver à ce résultat, il faut être calme et vertueux comme un Allemand.

Or, je ne sais pas laquelle de ces deux qualités me manquait, mais, ce que je sais bien, c'est que je ne dormais plus, que je maigrissais à vue d'œil, et que je toussais à me déchirer la poitrine.

Voilà pourquoi je demandai un lit à la française.

Monsieur Simrock en avait six.

Je lui aurais sauté au cou.

On me conduisit à ma chambre. Mon hôte ne m'avait point trompé, c'était un véritable lit, avec un véritable sommier, de véritables matelas, de véritables draps, une véritable couverture et un vrai traversin.

J'allais donc me coucher avec un sentiment de satisfaction que l'on peut comprendre, lorsqu'on frappa à ma porte.

— Qui est là ? demandai-je.

— Pardon, monsieur; c'est moi, répondit le garçon.

— Eh bien! que me voulez vous?

— Je viens de la part d'un Anglais, qui n'a pas pu voir monsieur, lui demander s'il ne voudra pas lui faire l'honneur de boire un verre de vin du Rhin ou de Champagne avec lui.

— Et qu'est-ce que c'est que cet Anglais ?

— Un étudiant.

— Alors, c'est autre chose, dites que je descends.

Malgré l'envie que j'avais de dormir, je n'étais pas fâché que cette occasion se présentât de faire connaissance avec un étudiant. Je suivis donc presqu'immédiatement le domestique; seulement je mis la clef de ma chambre dans ma poche de peur que, si je la laissais à ma porte, quelqu'un se trompât de lit.

En entrant dans la salle à manger, je regardai de tous côtés, et ne vis que deux buveurs, dont le plus jeune me paraissait avoir de quarante-cinq à cinquante ans. Le plus vieux des deux buveurs se leva.

— Pardon, monsieur, me dit-il en très bon français, quoiqu'avec un accent d'outre-mer un peu prononcé, la personne que vous cherchez, c'est moi. Puis, se retournant vers son compagnon : — Mylord, monsieur Alexandre Dumas. — Monsieur Alexandre Dumas, mylord S...

Je m'inclinai.

— Pardon, monsieur, lui dis-je à mon tour, mais on m'avait parlé de vous comme d'un étudiant...

— Eh bien! monsieur, on vous avait dit vrai. Asseyez-vous donc. — Je pris place. — On étudie à tout âge. — Il me versa un verre de Johannisberg. — Moi, par exemple, j'ai étudié, depuis l'âge de six ans jusqu'à l'âge de vingt, aux universités d'Oxford et de Cambridge; j'ai étudié depuis vingt jusqu'à trente, les chiens, les chevaux, les hommes d'Etat, les femmes et le jeu; à trente ans, j'ai commencé mes voyages; en passant à Heidelberg, j'ai entendu un professeur qui m'a paru très fort en théologie, alors j'ai résolu d'étudier la théologie. J'étais déjà assez savant en théologie, lorsqu'un jour, en descendant le Rhin, je m'arrêtai à Bonn, et j'entendis le professeur Keisel, le premier philosophe de toutes les universités d'Allemagne; il me sembla différer en quelques points de croyance avec mon théologien, je résolus de les mettre d'accord en résumant leurs deux systèmes en un. Depuis ce temps, je monte et je descends le Rhin, depuis Manheim jusqu'à Bonn, mangeant tranquillement mes deux mille livres sterling de rente qui ne me suffiraient pas à Londres, et qui ici me font riche. J'avais résolu de parcourir le monde; mais j'ai été plus heureux que Mahomet : ce n'est pas moi qui suis allé à la montagne, c'est la montagne qui est venue à moi. Le Rhin est à l'Europe entière ce que le passage du Perron est à Paris : tout ce qu'il y a d'étrangers le traverse. Je suis ici comme un chasseur à l'affût : j'attends le gibier. Depuis que les journaux ont annoncé votre arrivée à Bruxelles, je me suis dit que vous passeriez ici ; vous y êtes passé. Vous voyez donc que je suis un véritable étudiant : le matin j'étudie la théologie ou la philosophie, le jour j'étudie les hommes, le soir j'étudie les vins, et s'il plaît à Dieu, j'étudierai ainsi le reste de ma vie. — Que dites-vous de ce Johannisberg? C'est du véritable 1831 : monsieur de Metternich n'en aurait pas de meilleur à offrir à l'empereur d'Autriche, si l'empereur d'Autriche venait lui demander à dîner dans son château.

— Il est excellent.

— Sans compter que j'ai des élèves. Tenez, voilà mylord S..., par exemple (nous nous saluâmes de nouveau mylord S... et moi), il descendait le Rhin, et ne comptait que passer à Bonn. On lui avait écrit que sa femme était fort malade.

— Je vous demande pardon si mylord S... ne se mêle point de la conversation : il ne parle pas français. — Il passait donc; je le fis prier de m'honorer d'un toast, il y consentit; nous nous prîmes de discussion sur la supériorité du vin de Champagne sur le vin du Rhin, et *vice versâ*. — Goûtez cet Aï; c'est du rose mousseux de 1828, du meilleur cru de Moët. — Eh bien! nous discutons encore. Sa femme était morte dans l'intervalle, ça a fait grand'peine à mylord ; mais nous avons commandé un tombeau pour la défunte, à Mayence. Nous allons le voir de temps en temps, cela le console. Mylord dit que lorsque le tombeau sera fini, il l'accompagnera en Angleterre; moi je dis qu'il l'enverra tout bonnement à Rotterdam, où on l'embarquera pour Londres, et que mylord restera ici à discuter avec moi sur les différentes sortes de vins. N'est-ce pas, mylord ?

Mylord fit un signe de tête, tendit son troisième verre, et son compatriote le remplit jusqu'au bord d'un vin rouge pétillant comme du Saint-Péray et pur comme du rubis.

— C'est de l'Ingelheim, me dit l'Anglais, presqu'un compatriote à vous. Goûtez-y.

— Je ne connais pas ce nom-là parmi nos crus de France, lui répondis-je.

— C'est vrai ; car Ingelheim est l'ancienne résidence de Charlemagne. Or, le vieil empereur, qui estimait ce qu'il y avait de bon en France, avait apprécié un fort joli vin d'Orléans; il en fit venir des plants, qu'il planta lui-même. Ce sont les descendans de ces plants enfouis par Charlemagne lui-même que vous dégustez aujourd'hui. C'est le vin favori de mylord : c'est avec celui là que je l'ai arrêté net.

— Il ne fallait pas que son amour pour sa femme fût bien grand.

— Au contraire, il l'adorait. Vous allez le voir, je vais le faire pleurer :

— Mylord, dit l'étudiant s'adressant à son compagnon.

— *What do you want* (1)? répondit celui-ci.

— *Shall we not go presently and see how they are going on whith the tomb of that dear lady* (2)?

— Heu! fit l'Anglais; et deux grosses larmes coulèrent de ses yeux. Il les essuya d'une main et de l'autre tendit son verre en disant :

— *Another glass of this capital Ingelheim* (3).

— Je me suis trompé d'une bouteille, dit l'étudiant en versant un nouveau verre d'Ingelheim au pauvre veuf. Une bouteille de plus, et il aurait pleuré à sanglots, cela ne rate jamais.

— Mais savez-vous, dis-je à mon amphytrion, que mylord ne parle pas mieux les autres langues qu'il ne parle le français?

— Mylord est un penseur, et, comme le jeune Hamlet, il s'entretient avec ses propres idées, n'est-ce pas, mylord?— *To be, or not to be.*

— *Another glass of this capital Ingelheim*, répéta mylord.

— Est-ce que, même lorsque vous êtes tête à tête, votre élève n'a pas une conversation plus variée que cela? demandai je. En ce cas, du train dont il y va, il ne pourra pas vous tenir tête longtemps.

— Détrompez-vous. Il ira comme cela jusqu'entre trois et quatre heures du matin.

Je regardai la pendule, elle allait sonner minuit.

— Je regrette de ne pas savoir assez l'anglais pour faire à mylord mon compliment dans sa propre langue.

— Mylord, dit l'étudiant : *This gentleman pays you his best compliments* (4).

Mylord se leva à demi et me répondit par une phrase anglaise.

— Que dit mylord? demandai-je à son compagnon

— Il dit que si jamais vous allez en Angleterre, il est tout à votre service.

(1) Que voulez-vous ?
(2) Est-ce que nous n'irons pas bientôt voir où en est la tombe de cette chère mylady ?
(3) Encore un verre de ce bon Ingelheim.
(4) Mylord, monsieur vous fait ses complimens.

— Ah! je lui suis bien obligé.

— Et moi, monsieur, je dis que si vous redescendez ou remontez jamais le Rhin, j'espère que vous me ferez le même honneur que vous m'avez fait aujourd'hui. Vous me trouverez toujours entre Manheim et Bonn.

— Je vous prie de croire que je n'y manquerai pas.

Nous nous saluâmes une dernière fois. Je remontai à ma chambre, et les deux Anglais continuèrent de boire.

Le lendemain matin, le garçon me réveilla à cinq heures, et je lui dis d'aller me chercher la carte pendant que je m'habillais; il sortit, et rentra un instant après avec l'addition demandée.

Je cherchai en vain sur la carte le verre de Johannisberg que j'avais bu en arrivant, et le prix de la voiture. Quant au reste, j'étais traité comme tout le monde : c'était d'un goût excellent. Je demandai alors au garçon si, ainsi que je le lui avais dit, il m'avait procuré un moyen de transport quelconque? Il me répondit que monsieur Simrock m'attendait en bas avec sa voiture; il désirait me conduire jusqu'à Rungsdhof, c'est à dire jusqu'en face des sept monts.

Je descendis, et je lui demandai des nouvelles de ses deux Anglais.

— Ils sont toujours là, me dit-il.

— Comment, toujours là! ils boivent encore?

— Oh! non, maintenant ils dorment.

— Comment dorment-ils?

— Ils dorment comme ils se trouvent. Oh! ils n'ont pas besoin de lits à la française, ceux-là!

— Pardieu! je serais curieux de les voir.

— C'est facile. Entrez.

Je poussai la porte doucement, mylord S... avait glissé au bas de sa chaise et était étendu à terre, tenant son romer (1) à la main; l'*étudiant* était couché le visage sur la table, étranglant avec sa main droite le goulot d'une bouteille de vin de Champagne.

Je comptai les morts, tant de Johannisberg et de Champagne que d'Ingelheim : il y avait quatorze bouteilles vides.

Je respectai leur sommeil; mais ne voulant pas laisser à deux Anglais l'idée qu'un Français était en reste de politesse avec eux, je pris deux cartes, et j'en mis une dans le verre de mylord, et l'autre dans le goulot de la bouteille de son compagnon.

Ma visite était faite.

Je montai aussitôt en voiture, et nous partîmes.

LA DRACHENFELDS. — COBLENTZ.

Après être sortis de Bonn, nous nous avançâmes par une route charmante, qui longe d'un côté le Rhin, et de l'autre côté la base d'une chaîne de montagnes toutes parsemées de villages, de châteaux et de villas. Nous trouvâmes à notre gauche, sur un des bas-côtés du chemin, un petit monument appelé Hock Kreuz (la Haute-Croix). Aucune tradition ne se rattache à cette petite chapelle du plus beau gothique; c'est tout bonnement un témoignage de la piété de monseigneur Valram de Juliers, archevêque de Cologne, une de mes vieilles connaissances, qui joue un rôle dans mon roman de la *Comtesse de Salisbury*.

C'est de là que l'on commence à découvrir, sous son point de vue le plus pittoresque, les belles ruines de Godesberg. En sortant de ce village, nous prîmes à notre gauche un petit chemin de traverse qui nous conduisit en quelques minutes au village de Rhungsdof, au bord du Rhin, où nous trouvâmes plusieurs barques à l'affût des voyageurs; en quelques minutes encore nous fûmes transportés à Kœnigswinter, joli petit bourg situé sur l'autre rive. Nous nous informâmes de l'heure à laquelle passait le bateau à vapeur, on nous répondit qu'il passait à midi. Cela nous donnait une marge de près de cinq heures; c'était plus de temps qu'il n'en fallait pour visiter les ruines du Drachenfelds.

Dès que nous eûmes mis pied à terre, comme on se douta que nous étions des grimpeurs, nous fûmes chargés par un véritable escadron d'ânes, d'âniers et d'ânières, qui nous enveloppèrent et se mirent à vanter chacun les qualités de sa monture. L'un de ces coursiers nous séduisit par le contraste de sa selle magnifique et la modestie de son nom; il s'appelait Petit-Jean, Haenschen. Son maître, promit pour lui, sur l'honneur, qu'il ne se coucherait pas et ne passerait pas trop près des précipices. Moyennant ces deux promesses, notre compagne de voyage se confia à lui.

Petit-Jean tint parole, ce qui fait que je puis le recommander en conscience aux belles voyageuses de tous les pays qui tiennent à n'être pas précipitées dans quelque ravin.

Après trois quarts d'heure de montée à peu près, par un joli sentier qui contourne la montagne, nous arrivâmes au premier sommet, où se trouve une auberge et une pyramide. Petit-Jean alla droit à l'une, et moi droit à l'autre; si bien que pour ce qui regarde l'hôtel je suis obligé de renvoyer à lui. Quant à la pyramide, elle est élevée en mémoire du passage du Rhin par l'armée prussienne.

Sur les quatre faces de la base sont les inscriptions suivantes :

Honneur et gloire au Très-Haut!
Paix et liberté à la patrie!
Honneur aux héros qui ont succombé!
Aux héros, hommage de la Lansturm de Siebengeberg.

Il y a, comme on le voit, dans le quatrain de la Lansturm de Siebengeberg plus de patriotisme que d'imagination; mais il paraît que la Lansturm a tenu à le faire elle-même, et, comme on sait, la Lansturm est la garde civique de la Prusse.

De cette première plateforme, un joli chemin tournant et sablé comme celui d'un jardin anglais conduit au sommet du Drachenfelds. On arrive d'abord à une première tour carrée, dans laquelle on pénètre assez difficilement par une crevasse; puis à une tour ronde, qui, entièrement éventrée par le temps, offre un accès plus facile. Cette tour est située sur le rocher même du Dragon. Le Drachenfelds tire son nom d'une vieille tradition qui remonte au temps de Julien l'Apostat. Dans une caverne que l'on montre encore à moitié chemin de la montagne, s'était retiré un dragon énorme, si parfaitement réglé dans ses repas, que lorsqu'on oubliait de lui amener chaque jour un prisonnier ou un coupable, à l'endroit où il avait l'habitude de le trouver, il descendait dans la plaine et dévorait la première personne qu'il rencontrait. Il est bien entendu que le dragon était invulnérable.

C'était, comme nous l'avons dit, au temps où Julien l'Apostat vint avec ses légions camper sur les bords du Rhin. Or, les soldats romains, qui n'avaient pas plus de vocation pour être dévorés que les naturels du pays, profitèrent de ce qu'ils étaient en guerre avec quelques peuplades des environs pour nourrir le monstre sans qu'il leur en coûtât rien. Parmi les prisonniers, il se trouva une jeune fille si belle que deux centurions se la disputèrent, et qu'aucun des deux ne voulant la céder à l'autre, ils étaient près de s'entr'égorger, lorsque le général décida que pour les mettre d'accord la jeune fille serait offerte au monstre. On admira fort la sagesse de ce jugement, que quelques-uns comparèrent à celui de Salomon, et l'on s'apprêta à jouir du spectacle.

Au jour dit, la jeune fille fut conduite, vêtue de blanc et couronnée de fleurs, au sommet du Drachenfelds : on la lia à l'arbre, comme Andromède à son rocher; seulement elle demanda qu'on lui laissât les mains libres, et l'on ne crut pas devoir lui refuser une si petite faveur.

(1) On appelle les verres à vin du Rhin des romains, parce qu'ils ont conservé la forme de la coupe dans laquelle on faisait boire les empereurs le jour de leur couronnement.

Le monstre, nous l'avons dit, avait une vie très régulière, il dînait comme on dîne encore en Allemagne, de deux heures à deux heures et demi. Aussi au moment où il était attendu, sortit-il de sa caverne et monta-t-il, moitié rampant, moitié volant, vers l'endroit où il savait trouver sa pâture. Il avait l'air ce jour-là plus féroce et plus affamé que d'habitude. La veille, soit hasard, soit raffinement de cruauté, on lui avait servi un vieux prisonnier barbare, fort dur et qui n'avait que la peau sur les os; de sorte que chacun se promit un double plaisir de ce redoublement d'appétit. Le monstre lui-même, en voyant quelle délicate victime on lui avait offerte, en rugit de joie, fouetta l'air de sa queue écaillée et s'élança vers elle.

Mais lorsqu'il était prêt à l'atteindre, la jeune fille tira de sa poitrine un crucifix et le présenta au monstre. Elle était chrétienne.

A la vue du Sauveur, le monstre resta pétrifié; puis, voyant qu'il n'y avait là rien à faire pour lui, il s'enfuit en sifflant dans sa caverne.

C'était la première fois que les populations voyaient fuir le dragon. Aussi, tandis que quelques-uns couraient à la jeune fille et la déliaient, le reste des habitans poursuivit le dragon, et encouragé par sa frayeur, introduisit dans la caverne force fagots sur lesquels on versa du souffre et de la poix résine, puis on y mit le feu.

Pendant trois jours la montagne jeta des flammes comme un volcan, pendant trois jours on entendit le dragon se débattre en sifflant dans son antre; enfin les sifflemens cessèrent : le monstre était rôti.

On voit encore aujourd'hui la trace des flammes et la voûte de pierre, calcinée par la chaleur, s'écraser en poussière aussitôt qu'on la touche.

On conçoit qu'un pareil miracle aida fort à la propagation de la foi chrétienne. Dès la fin du IVe siècle, il y avait déjà force sectateurs du Christ sur les bords du Rhin.

Comme j'étais occupé à admirer le magnifique paysage qui se déroule à vingt-cinq lieues à la ronde du sommet du Drachenfelds, le plus élevé des sept monts, le propriétaire de Petit-Jean me montra bien au-delà de Bonn, c'est à dire à quatre ou cinq lieues sur le Rhin, un petit point noir, qui à cette distance paraissait à peine mobile, mais qu'à l'aide de ma lunette je reconnus pour notre bateau à vapeur, cet autre dragon moderne qui venait en jetant flamme et fumée par sa gueule béante, et en battant le Rhin de ses ailes de fer. Nous nous mîmes à redescendre la montagne, Petit-Jean se piqua d'honneur, et nous arrivâmes à propos à Kœnigswinter.

Je retrouvai sur le bateau nos deux Anglais, c'est-à-dire le soi-disant étudiant de quarante-cinq ans et son ami mylord S..., ce veuf inconsolable dont j'ai déjà parlé dans mon dernier chapitre sur Bonn; ils remontaient le Rhin pour aller de compagnie à Mayence, voir où en était le tombeau de milady S...

Il y avait de plus un Hollandais, qui, selon l'usage de son pays, voyageait en tête-à-tête avec sa promise. C'est une excellente coutume de la Hollande, et qui rachète bien sa manière d'accommoder le poisson à l'eau, que cette permission de voyager ensemble que les fiancés obtiennent de leurs parens. Comme le voyage est la situation de la vie dans laquelle se développent le plus librement les bonnes et les mauvaises habitudes, les futurs époux, en remontant seulement le Rhin de Nimègue à Strasbourg, connaissent leur caractère respectif comme s'ils avaient déjà vécu dix ans ensemble. S'ils se conviennent, ils reviennent se tenant par la main vers leurs grands parens, qui leur donnent leur bénédiction et les marient. S'ils ne se conviennent pas, ils se quittent, reviennent chacun sur un bateau séparé, et recommencent à voyager, le promis avec une nouvelle promise, la promise avec un nouveau promis. Il résulte de cette combinaison, qu'il est fort rare qu'au septième ou au huitième voyage les deux moitiés d'âmes qui se cherchent selon Platon et monsieur Dupaty, ne se soient pas rencontrées.

Une fois mariés, les Hollandais ne sortent plus de chez eux.

A peine celui là eut il su qui j'étais, qu'il se fit un devoir de me présenter à sa promise; c'était une belle grosse Hollandaise qui se crut obligée d'avoir l'air de m'avoir lu. Quant au promis, il me parla fort de la poésie hollandaise, et me demanda si je connaissais deux poëtes qu'il me nomma, je répondis que je n'avais pas cet honneur. Le promis partit de là pour me dire que c'étaient deux hommes fort au-dessus de Lamartine et d'Hugo, et qui seraient connus du monde entier, si on pouvait prononcer leur nom dans un autre pays qu'en Hollande.

Je plaignis le sort de ces deux génies méconnus et voués à l'obscurité par une conspiration de consonnes. Ce qui me mit au mieux dans l'esprit du promis et de la promise, lesquels me firent toutes leurs offres de service si l'envie me prenait jamais d'aller à Lekkerkerk. C'était le nom de leur endroit.

Heureusement le paysage, qui devenait merveilleux, me donna une occasion d'interrompre la conversation néerlandaise dans laquelle j'étais empêtré. En ce moment nous passions entre Rolandseck et Nonenwerth.

Le pèlerinage du *Rolandseck* ou des *ruines de Roland*, est une nécessité pour les âmes tendres qui habitent non-seulement les deux rives du Rhin, depuis Schaffouse jusqu'à Rotterdam; mais encore à cinquante lieues dans l'intérieur des terres. S'il faut en croire la tradition, ce fut là que Roland, remontant le Rhin pour répondre à l'appel de son oncle, prêt à partir pour combattre les Sarrasins d'Espagne, fut reçu par le vieux comte Raymond. Celui-ci, apprenant le nom de l'illustre paladin qu'il avait l'honneur de recevoir chez lui, voulut qu'il fût servi à table par sa fille, la belle Hildegonde. Peu importait à Roland par qui il serait servi pourvu que le dîner fût copieux et que le vin fût bon. Il tendit donc son verre : alors une porte s'ouvrit, et une belle jeune fille entra, un hanap à la main, et s'avança vers le chevalier. Mais, à moitié chemin, les regards d'Hildegonde et de Roland se rencontrèrent, et chose étrange! tous deux commencèrent à trembler de telle façon que moitié du vin tomba sur les dalles, tant par la faute du convive que par celle de l'échanson.

Roland devait partir le lendemain; mais le vieux comte Raymond insista pour qu'il passât huit jours au château. Roland sentait bien que son devoir était à Ingelheim; mais Hildegonde leva sur lui ses beaux yeux, et il resta.

Au bout de ces huit jours, les deux amans ne s'étaient point parlé de leur amour, et cependant, le soir du huitième jour, Roland prit la main d'Hildegonde et la conduisit dans la chapelle. Arrivés devant l'autel, ils s'agenouillèrent tous deux d'un même mouvement. Roland dit : « Je n'aurai jamais d'autre femme qu'Hildegonde. » Hildegonde ajouta : « Mon Dieu! recevez le serment que je fais d'être à vous si je ne suis à lui. »

Roland partit. Une année s'écoula. Roland fit des merveilles, et le bruit de ses prouesses retentit des Pyrénées aux bords du Rhin; puis tout à coup on entendit vaguement parler d'une grande défaite, et le nom de Roncevaux fut prononcé.

Un soir, un chevalier vint demander l'hospitalité au château du comte Raymond; il arrivait d'Espagne où il avait suivi l'empereur. Hildegonde se hasarda à prononcer le nom de Roland, et alors le chevalier raconta comment, dans la gorge de Roncevaux, entouré de Sarrasins, et se voyant seul contre cent, il avait sonné de son cor pour appeler l'empereur à son secours, et cela avec une telle force, que, quoiqu'il fût à plus d'une lieue et demie, l'empereur avait voulu retourner; mais Ganelon l'en avait empêché, et le bruit du cor s'en était allé mourant, car c'était le dernier effort du héros. Alors il l'avait vu, pour que sa bonne épée Durandal ne tombât point entre les mains des infidèles, essayer de la briser sur les roches; mais, habituée à fendre l'acier, Durandal avait fendu le granit, et il avait fallu que Roland enfonçât la lame dans une gerçure, et la brisât en appuyant dessus. Puis, couvert de blessures, il était tombé à côté des tronçons de son épée, en murmurant le nom d'une femme qui s'appelait Hildegonde.

La fille du comte Raymond ne versa pas une larme et ne jeta pas un cri; seulement, elle se leva pâle comme une morte, et, s'approchant du comte :

— Mon père, lui dit-elle, vous savez ce que Roland m'avait promis, et ce que, de mon côté, j'avais promis à Roland. Demain, avec votre permission, j'entrerai au couvent de Nonenwerth.

Le père regarda la fille en secouant tristement la tête, car il se disait en lui-même : Roland était il donc tout? et moi, n'étais-je donc rien? Puis, se rappelant qu'il était chrétien avant d'être père :

— La volonté de Dieu soit faite en toute chose ! répondit-il. Et le lendemain Hildegonde entra dans le couvent. Puis, comme elle avait hâte de prendre le voile, car il lui semblait que plus elle serait séparée de la terre, plus elle serait rapprochée de Roland, elle obtint de l'évêque diocésain, qui était son oncle, que le temps des épreuves fût réduit à trois mois pour elle; et, au bout de ces trois mois, elle prononça ses vœux.

Huit jours ne s'étaient pas écoulés, qu'un chevalier demande l'hospitalité au château du comte Raymond. Le comte descend au-devant de lui, le chevalier s'arrête et le regarde avec étonnement; car depuis trois mois qu'il était séparé de sa fille, le comte avait vieilli de plus de dix ans. Alors le chevalier lève la visière de son casque :

— Mon père, dit-il, j'ai tenu ma parole. Hildegonde m'a-t-elle gardé la sienne?

Le vieillard jeta un cri de douleur. Ce chevalier, c'était Roland. Les blessures qu'il avait reçues étaient profondes; mais elles n'étaient point mortelles. Après une longue convalescence, il s'était mis en route pour venir rejoindre sa fiancée.

Le vieillard s'appuya sur l'épaule de Roland; puis, rappelant son courage, il le conduisit, sans répondre une seule parole, à la chapelle, et là, lui faisant signe de s'agenouiller et s'agenouillant près de lui :

— Prions, lui dit-il.

— Elle est morte ? murmura Raoul.

— Elle est morte pour toi et pour le monde! N'avait-elle pas promis de n'être qu'à toi ou à Dieu? Elle a tenu son serment.

Le lendemain matin, Roland sortit à pied, laissant son cheval et ses armes au château du vieux comte; il s'enfonça dans la montagne, et vers le soir il arriva au sommet d'un des pics qui dominent le fleuve; il vit à ses pieds, à l'extrémité de son île verdoyante, le couvent de Nonenwerth. En ce moment, les nonnes chantaient le salut, et au milieu de toutes ces saintes voix qui montaient au ciel, il y eut une voix qui vint droit à son cœur.

Roland passa la nuit étendu sur le rocher; le lendemain, au point du jour, les nonnes chantèrent matines, et il entendit de nouveau cette voix qui faisait vibrer toutes les fibres de son âme. Alors il résolut de se bâtir un ermitage au sommet de cette montagne, afin de ne point s'éloigner du moins de celle qu'il aimait. Il se mit à l'œuvre.

Vers les onze heures, les nonnes sortirent et se répandirent dans leur île; mais une d'elles s'éloigna de ses compagnes, et vint s'asseoir sous un saule au bord de l'eau. Elle était voilée; elle portait le même costume que les autres religieuses, et cependant Roland n'avait point douté un instant que ce ne fût Hildegonde.

Pendant deux ans, soir et matin, Roland entendit au milieu des voix religieuses cette voix qui lui était si chère; pendant deux ans, tous les jours, à la même heure, la même religieuse solitaire vint s'asseoir à la même place, quoique chaque jour elle y vînt plus lentement. Enfin, un soir, la voix manqua. Le lendemain au matin la voix manqua encore. Onze heures vinrent, et Roland attendit inutilement. Les religieuses se répandirent, comme de coutume, dans le jardin, mais aucune d'elles ne vint s'asseoir sous le saule au bord de l'eau. Vers les quatre heures, quatre religieuses creusèrent, en se relayant, une fosse au pied du saule; quand la fosse fut creusée, Roland entendit de nouveau les chants auquel la plus douce et la plus belle voix manquait toujours, et la communauté tout entière sortit, escortant le cercueil dans lequel était couchée une vierge au front couronné de fleurs et au visage pâle et découvert.

C'était la première fois depuis deux ans qu'Hildegonde levait son voile.

Trois jours après, un pâtre qui avait perdu sa chèvre grimpa jusqu'au sommet de la montagne, et trouva Roland assis, le dos appuyé contre la muraille de son ermitage, et la tête inclinée sur la poitrine. Il était mort.

Les deux sujets du roi de Hollande, le promis et la promise, dont j'ai parlé plus haut, se firent descendre au village de Rolandswerth, et avant que le bateau à vapeur n'eût tourné la pointe d'Unkelbach, nous les vîmes paraître, les bras amoureusement enlacés, au sommet du Rolandseck.

En face de la pointe d'Unkelbach, sur la rive opposée, est le village d'Unkel, avec ses carrières de basalte, dont quelques colonnes se dressent au fond du Rhin, comme les ruines d'une ville submergée; et de l'autre côté, Remayen, l'ancien Regomayen des Romains, à travers lequel l'électeur palatin, Charles Théodore, fit construire une route qu'acheva Bonaparte en 1801. Seize siècles auparavant, Marc-Aurèle avait eu la même idée et accompli le même travail. Aussi les ouvriers retrouvèrent-ils partout les vestiges de la chaussée romaine, des pierres milliaires, des monnaies, des colonnes, des inscriptions et des cercueils; de sorte qu'on n'aurait eu, à la rigueur, qu'à suivre le tracé antique. Derrière Remayen s'élève l'Appollinarisberg, où l'on conserve la tête de saint Apollinaire, laquelle, dit-on, est une relique fort miraculeuse.

En ce moment mon vieil étudiant anglais vint à moi, toujours suivi de mylord S... qui, avec son crêpe à son chapeau et son crêpe à son bras, avait l'air d'une vieille pleureuse. Il tenait à la main une bouteille et deux verres, un troisième verre était à celle de mylord S..

— Tenez, me dit-il en me tendant le verre, il faut que vous goûtiez du vin de Ley, en face de la montagne où on le récolte, et, quoique vous ne m'ayez point paru un grand amateur, vous me direz ce que vous en pensez...

— Mais, répondis-je après l'avoir goûté, c'est d'excellent vin.

— Je le crois bien, répondit l'Anglais en faisant claquer sa langue; avec le *Johannisberg* et le *Lait de la Vierge*, c'est le meilleur de tout le Rhin.

— Et où croît ce nectar?

— Tenez, me dit l'Anglais, voyez-vous ce rocher de basalte.

— Eh bien?

— Saluez, c'est sa patrie.

— Mais il n'y a pas un pouce de terre sur votre rocher, et à moins que le vin ne coule de quelque source...

— Ah! voilà, mon cher monsieur; quand vous aurez étudié trente ans comme moi, vous saurez que l'homme étant un animal industrieux, a trouvé remède à tout, et, chaque fois que la chose a été nécessaire, a revu et corrigé l'œuvre de la création. Or, ici où la création n'avait jamais songé à faire venir de la vigne, l'homme a reconnu que la vigne viendrait à merveille; alors il a planté de la vigne dans des paniers, et il a porté ses paniers contre la montagne; le raisin s'y est laissé prendre, il a mûri comme s'il était en pleine terre, et on a fait ce vin là.

— Il est excellent.

— Je crois bien. Mylord, *another glass, to the memory of that dear lady* (1).

— Heu ! fit mylord en avalant piteusement son *wein Ley*.

— Vous le voyez, me dit son compagnon ; selon les paroles du Psalmiste, il boit son vin mêlé de ses larmes. Moi, je l'aime mieux pur ; encore un verre?

— Merci.

— Moi, dit l'étudiant, j'en bois toujours trois en passant à cette place. Le premier pour moi-même, le second par reconnaissance pour l'inventeur inconnu du système de la vigne en panier, et le troisième en l'honneur du seigneur

(1) Encore un verre en mémoire de cette chère milady.

d'Alpenahr? vous voyez bien que vous êtes en retard de deux verres.

— Très bien! le premier je l'ai bu pour vous faire raison à vous-même. Je vais boire le second en reconnaissance de l'homme aux paniers? mais quand au troisième, comme le vin du Rhin, dont je fais le plus grand cas au reste, m'agace odieusement les nerfs, vous me permettrez de vous demander, avant de boire à sa mémoire, ce que c'était que le seigneur d'Alpenahr.

— Ah! eh bien! le seigneur d'Alpenahr était un digne chevalier dont le manoir était situé sur le bord de la rivière qui se jette dans le Rhin, là, justement à notre droite, et qu'on appelle Lahr. Il était assiégé par un de ses ennemis dont je ne me rappelle pas le nom, mais n'importe; au moment où l'assiégeant plantait sa bannière sur les murailles, le seigneur d'Alpenahr parut à cheval et tout armé sur son balcon, et s'adressant à son ennemi : « Comte Hermann, lui dit-il (il s'appelait Hermann), vos traits et vos pierres ont tué mes gens. La famine et la maladie ont emporté ma femme et mes enfans; il ne reste plus au château que moi et mon cheval de bataille; vous ne nous aurez ni l'un ni l'autre vivans. Adieu, comte Hermann, et soyez maudit! »

A ces mots, il piqua son cheval, qui sauta en hennissant par-dessus le balcon, et disparut avec son maître dans les flots.

— Oh! je ne puis refuser de boire un verre de vin du Rhin à la mémoire d'un si brave chevalier; versez tout plein, sir... — Si vous n'avez pas oublié votre nom comme celui du comte Hermann, oserai-je vous le demander?

— Sir Patrick Warden.

— Mais il me semble que vous êtes injuste, sir Patrick.

— Comment cela?

— Vous buvez à la mémoire du chevalier d'Alpenahr et vous oubliez son cheval!

— Sur mon âme, vous avez raison! En ce cas j'ai un énorme rappel à faire! Il y a dix ans que je monte et que je descends le Rhin. A quatre fois par année (je cote au plus bas), c'est quarante verres que je dois à l'ombre du cheval. Garçon, une autre bouteille de vin de Ley! — Mylord, monsieur dit une chose fort juste, continua en anglais sir Patrick, et en s'adressant à mylord...

Je profitai de l'explication pour gagner l'autre bout du bâtiment, et de là je vis mylord reconnaître visiblement l'erreur que son compagnon avait commise, et l'aider autant qu'il était en lui à la rectifier.

Il y passa six bouteilles de vin de Ley, mais sir Patrick, qui était un homme d'ordre, se retrouva au courant de ses comptes.

Pendant ce temps nous avançions toujours et nous avions dépassé Leusdorf, avec la tour blanche de son église; Linz, que Charles le Téméraire prit en 1476, c'est-à dire un an avant sa mort; Jenzig, l'ancien *Sentiacum* des Romains, fondé par Sentius, lieutenant d'Auguste; Argenfels et son vieux château; Rheineck, où mourut, en 1544, le dernier descendant mâle de la famille de ce nom; Brohl, charmant village, dont les toits rouges et bleus brillent à travers un voile de peupliers. Enfin, Hammerstein, célèbre par sa vieille hospitalité envers l'empereur Henri IV.

C'était vers la fin de l'année 1105. L'habitant du vieux château dont on voit aujourd'hui les ruines, se nommait le comte Wolf de Hammerstein, c'était le dernier de sa race, car il n'avait point eu de fils mais seulement deux filles, qui étaient si belles qu'on les appelait les roses du Rhin.

Mais loin de calmer sa douleur, les deux jeunes comtesses étaient pour leur vieux père un objet éternel de regret; et il les eût données toutes deux, si belles qu'elles fussent, pour un fils, si laid qu'il eût plu à Dieu de le lui envoyer, pourvu qu'il fût brave, et qu'il pût transmettre noblement à ses fils le noble nom qu'il avait reçu de ses pères.

Aussi quand il voyait ses filles filer au fuseau un lin plus fin que les fils de la Vierge, ou broder à l'aiguille quelque étoffe plus vive, plus diaprée et plus fleurie que ne l'étaient ses prés au mois de mai, il s'écriait tout en colère :

— Que faites-vous là? Est-ce votre robe de noces? — Que faites-vous là? Est-ce mon linceul de mort?

Et ses filles lui répondaient tendrement et les larmes aux yeux, car elles savaient quelle angoisse lui serrait le cœur. « Mon père, ce n'est point ma robe de fiancée que je brode, car je ne me marierai jamais, afin de rester toujours auprès de vous.—Mon père, ce n'est point votre linceul de mort que je file, car, par la grâce de Dieu, rien ne presse, et vous avez encore bien des années à vivre. »

Or, un soir que le vieux comte était plus sombre que d'habitude, car il y avait une tempête au ciel, et le vent sifflait tristement dans ses vieilles tours, tandis que la pluie battait contre ses fenêtres, que de temps en temps venaient illuminer ardemment quelqu'éclair bleuâtre, il entendit frapper à la porte du château, et tressaillit, tant il était extraordinaire qu'à cette heure et par ce temps, un voyageur fût monté si haut quand il pouvait s'arrêter dans le village; de leur côté les deux jeunes filles se levèrent tout debout, inquiètes et craintives. En ce moment, un serviteur ouvrit la porte et dit qu'un vieillard demandait l'hospitalité.

A ces mots les deux jeunes filles s'élancèrent au devant de lui, et bientôt elles rentrèrent, soutenant effectivement, sous chaque bras, un homme aux cheveux blancs et à la barbe grise, dont les vêtemens ruisselant d'eau et souillés de boue indiquaient qu'il venait de faire à pied une longue route; aussi les jeunes filles ne s'étaient point informées de son rang, et malgré les habits grossiers qui le couvraient, elles l'avaient fait entrer dans la plus belle chambre du château; car il en était ainsi chez le comte de Hammerstein. Quel que fut l'hôte qu'il recevait, la place d'honneur à table était sa place; la chambre d'honneur était celle où on dressait son lit.

Wolf s'avança vers le vieillard, mais quel fut l'étonnement des deux filles du comte, lorsque leur hôte ayant relevé la tête, elles virent leur père mettre un genou en terre devant lui.

— Tu me reconnais donc, Wolf, mon vieil ami, dit le voyageur.

— O mon empereur! dit le comte, pourquoi avez-vous quitté votre palais d'Ingelheim ou de Cologne, et que vous est-il arrivé de fatal que vous veniez seul, à pied, à cette heure et par ce temps, frapper à la porte de votre humble serviteur. Et au premier mot de leur père, les jeunes filles voyant que le vieillard qu'elles soutenaient par-dessous les bras n'était autre que l'empereur Henri IV, s'étaient éloignées de chaque côté par respect, et le regardaient avec vénération.

— Il y a, mon vieux porte-bannière, répondit le voyageur, que non-seulement je ne suis plus ni roi ni empereur, mais qu'hier encore, à cette heure, j'étais prisonnier, et qu'aujourd'hui, ce qui ne vaut guère mieux, tu le vois, je suis fugitif.

— Et quel est celui-là qui a osé porter la main sur l'homme qui est deux fois l'oint du Seigneur?

— Celui-là qui aurait dû le défendre avant tous et contre tous, c'est celui qui est né de mon sang, c'est celui qui porte mon nom; c'est Henri, c'est mon fils.

Les deux jeunes filles se voilèrent le visage, le comte de Hammerstein fit un pas en arrière, et le vieil empereur poussa un gémissement.

— Oui, c'est mon fils, continua-t-il. Il m'écrivit qu'il était malade au château de Klopp. Tu sais comme je l'aimais. Je ne pris pas le temps de me faire accompagner de mes gardes; d'ailleurs pouvais-je me défier de mon fils? Je montai à cheval et je partis; je marchai nuit et jour, priant tout le long de la route le Seigneur de m'ôter le peu de jours qui me restaient pour les ajouter aux siens. Enfin, j'arrivai; une garde m'attendait, je crus que c'était pour me faire honneur, ou plutôt je ne fis pas attention à elle. Je demandai seulement où était mon fils; on me montra du doigt le perron; je montai sans défiance. J allais de chambre en chambre appelant mon fils, mon fils. Et à mesure que j'avançais, les portes semblaient se fermer toutes seules derrière moi et j'entendais grincer les verroux. Alors un frisson me saisit, non pas que j'eusse peur pour mon corps, mais je commençais à me douter de ce qui se passait, et j'avais peur pour son âme. Je ne m'étais point trompé : cette lettre, qu'il m'avait écrite, c'était un piége. Le malheureux ! il avait compté sur ma tendresse, et j'étais prisonnier.

— Un fils ! un fils ! murmura le vieux comte.

Et les jeunes filles se reculèrent encore davantage et se mirent dans l'ombre.

— Je passai quinze jours ainsi, croyant à chaque instant qu'il allait entrer et tomber à mes genoux. Et à chaque fois qu'on ouvrait la porte, j'étendais les bras pour le recevoir sur mon cœur. Au bout de quinze jours, ma porte s'ouvrit lentement, et le soldat qui me gardait entra :

— Que veux-tu? lui demandai-je.

— Monseigneur, me dit-il, entendez-vous ce bruit qui se fait par la ville?

— Eh bien! qui fait ce bruit?

— Monseigneur, ce sont les princes ecclésiastiques. La Diète de Mayence, présidée par votre fils, vous a déposé et l'a élu; c'est lui qui est empereur maintenant, et ils viennent au château de Klopp pour y chercher la couronne, l'épée et le globe qui y sont déposés.

— Etait-ce pour me dire cela que tu as ouvert ma porte? lui demandai-je.

— Non, sire, c'était pour vous dire que si vous craignez quelque chose pour vous-même, je savais un chemin qui vous ferait sortir de ce château.

Je regardai cet homme, car son visage ne m'était point inconnu.

— Et qui es-tu? lui demandai-je, toi qui offres ton appui à celui que son fils trahit, que ses amis renient, que le ciel oublie et que la terre abandonne.

— Qui je suis? Hélas! monseigneur, je ne suis rien qu'un pauvre soldat qui vous vis ceindre à Worms l'épée de chevalier. Nous étions au même âge, et vous aviez alors un air si fier et si guerrier, que je jurai de m'attacher éternellement à votre fortune. J'étais simple fantassin dans les troupes de Zehving, quand la révolte des Saxons vous força de fuir de la ville de Harsbourg. J'étais de votre escorte lorsque nous traversâmes les Alpes pour descendre en Italie. et que le roi des prêtres vous fit attendre, les pieds nus sur la neige dans la cour de son château de Canossa. J'étais au combat de Mersebourg, et j'y restai blessé sur le champ de bataille.

Depuis, la misère m'a forcé de m'engager dans les troupes mayençaises, et c'est Dieu sans doute qui m'a conduit à vous de cette façon. Car, en voyant mon empereur si malheureux que non-seulement sa liberté est perdue, mais que peut-être encore sa vie est menacée, je me suis rappelé mon serment de Worms. Voulez-vous fuir, il vous reste un guide; voulez-vous combattre, il vous reste un soldat.

— Merci, lui dis-je, conserve-moi ce dévouement pour une autre heure et pour une autre circonstance; mais aujourd'hui je ne fuirai pas.

— Vous êtes mon empereur et mon maître, je dois vous obéir, dit le soldat : que votre volonté soit donc faite, car, pour moi, vous êtes toujours sur le trône.

Et à ces mots il sortit.

A peine la porte fut-elle refermée, que j'allai dans la chambre où étaient renfermés les insignes de l'empire ; je ceignis l'épée de Charlemagne, je posai la couronne sur ma tête, je jetai le manteau sur mes épaules et je pris le globe dans ma main; puis, les entendant entrer dans la chambre voisine, j'allai au-devant d'eux. A ma vue, ils reculèrent, car ils s'attendaient à me trouver en prisonnier suppliant, et non en empereur qui commande.

— Qui t'amène ici, Ruthor de Mayence; que cherches-tu en ce château, archevêque de Cologne? demandai-je. Et un instant ils restèrent muets et les yeux fixes; mais Ruthor, mon vieil ennemi, retrouva bientôt la parole.

— Nous venons te demander, dit-il, ce qui ne t'appartient plus. La Diète de Mayence t'a déposé, l'Église t'a rejeté de son sein; rends-nous ce qu'il t'est défendu de porter, et ce qui appartient à l'empereur Henri V; rends-nous cette épée, rends-nous cette couronne, rends-nous ce manteau, rends-nous ce globe.

— Venez les prendre, leur dis-je en riant, car, je l'avoue, je ne pensais pas qu'ils auraient osé porter la main sur leur empereur. Mais Ruthor se jeta sur moi et m'arracha la couronne, mais l'archevêque se jeta sur moi et m'arracha le manteau impérial; et les autres, enhardis par leur exemple, firent ainsi qu'eux, et m'arrachèrent le globe et l'épée, tandis que les chevaliers criaient, de la porte de la chambre sur les escaliers de la cour : Vive l'empereur Henri V! notre magnanime souverain !

Le soir même, on me transféra au château d'Ingelheim, et j'y restai cinq mois prisonnier. lorsqu'un jour je vis la porte s'ouvrir, et le vieux soldat de Klopp reparut.

— Mon empereur, dit-il, c'est encore ton fidèle serviteur qui revient t'offrir ses services. Cette nuit, je suis de garde à ta porte, de dix heures à minuit; si tu veux me suivre, tu es libre.

J'acceptai, et je le suivis; mais il y a deux heures que les soldats de mon fils sont entrés tout à coup dans le village où nous prenions un instant de repos. Alors, fidèle jusqu'au bout, le vieux soldat a pris mes habits et m'a donné les siens, et tandis qu'ils le poursuivent, moi, à la lueur des éclairs, je suis venu chercher ton château, sachant que j'y trouverais du pain et un lit.

— Monseigneur! monseigneur! s'écria le vieux comte, vous ne vous êtes point trompé, car le château et le châtelain sont à vous.

Et en disant ces mots, il lui donna ses plus beaux habits et voulut l'en revêtir lui-même; puis, lorsqu'il fut habillé, il le fit asseoir à table et le servit; puis, lorsqu'il eut soupé, il le conduisit à sa chambre, et veilla à la porte l'épée nue.

Puis, le lendemain, quand l'empereur fut parti, il appela ses deux filles, il les serra sur son cœur, et leur dit : Vous êtes deux anges du ciel, soyez bénies.

Et plus jamais il ne lui arriva de regretter qu'au lieu de ses deux filles Dieu ne lui eût pas donné un fils.

De la petite île qui est en face d'Hammerstein, on aperçoit déjà Andernach avec sa haute tour ; c'est l'ancienne Antoniacum des Romains, et l'une des sept villes du Rhin prises par Julien dans son expédition contre les Allemands, en 359. Sa porte romaine et sa haute tour datent probablement de cette époque. Les rois francs y eurent un palais, des fenêtres duquel, disent les anciens historiens, ils pouvaient pêcher dans le Rhin. Ou les anciens historiens se trompent, ou le Rhin s'est fort détourné de son ancien cours, car ces ruines, situées au sud-est de la ville, sont aujourd'hui à près d'un quart de lieue du rivage. En 1688, comme une partie des villes du Palatinat, Andernach fut brûlée par Turenne.

Comme nous étions en train d'examiner de notre mieux et à grand renfort de lunettes la vieille ville romaine, notre timonier poussa un véritable cri de joie qui fut répété par quelques personnes de l'équipage; il venait de reconnaître à la hauteur d'Irrlich, et venant droit à nous, ce qu'on appelle un grand radeau, c'est-à-dire une des constructions les plus curieuses que les hommes aient essayé de faire depuis l'arche de Noé.

Chacun accourut sur le pont.

Le grand radeau descendait majestueusement le Rhin que nous remontions, et semblait une montagne de bois flottant. Il pouvait avoir de huit à neuf cents pieds de long et de soixante à soixante-dix de large. A mesure qu'il venait à nous, nous distinguions un village, une population, des troupeaux. Ce village se composait d'une douzaine de cabanes, cette population de sept ou huit cents rameurs ou ouvriers, et ces troupeaux d'une trentaine de bœufs et de plus de cent moutons conduits par des bouchers. Je crus d'abord que c'étaient les habitans de quelque ville détruite qui émigraient, avec armes et bagages. Mais le capitaine me dit que c'était tout bonnement un radeau portant du bois de chêne et de sapin de Mayence à Dordrecht.

Comme il était six heures du soir, c'est-à-dire l'heure du souper, nous eûmes bientôt un nouveau spectacle. A six heures sonnant le pilote du radeau poussa un cri, et un grand panier fut hissé au bout d'une perche; c'était, à ce qu'il paraît, le signal du repas : chacun quitta sa besogne, à l'exception du pilote et d'une douzaine d'hommes qui, à l'aide de longues perches, continuèrent à diriger l'énorme masse; chacun s'approcha, une écuelle à la main, d'une énorme chaudière qui contenait quelque chose comme huit à neuf cents portions de soupe. Nous leur dîmes bon appétit.

Si l'on veut se faire une idée de ce que c'est que ce monde tout entier qu'on appelle un gros radeau, on saura que la population qui l'habite consomme d'ordinaire pendant son trajet sur le Rhin de quarante-cinq à cinquante mille livres de pain, de dix-huit à vingt mille livres de viandes fraîches, de huit à dix quintaux de viande salée, de dix à douze mille livres de fromage, de dix à quinze quintaux de beurre, de trente à quarante sacs de légumes secs, de cinq à six cents mesures de bière, et de huit à dix foudres de vin.

Il faut être un habile pilote pour diriger une pareille masse au milieu des détours, des rochers et des tourbillons du Rhin; aussi arrive-t-il quelquefois que des parties du radeau se détachent, ou même qu'il s'engloutit tout entier. C'est pourquoi les habitans des bords du Rhin ont l'habitude de dire qu'il faut à un maître de radeaux trois capitaux différens, un sur l'eau, l'autre sur terre, le troisième dans sa poche. Un radeau flottant sur le fleuve revient, en effet, à son maître, à 350 ou à 400,000 florins, c'est-à-dire à plus de 1 million de notre monnaie.

On conserve comme le nom d'un grand homme le nom d'un batelier qui a conduit de Mayence à Dordrecht plus de cinquante de ces grands radeaux sans qu'il lui soit jamais arrivé aucun accident. C'était un nommé Zung, de Rudesheim.

Nous suivîmes le radeau des yeux pendant quelque temps, mais en arrivant à la hauteur de Neuwied, un monument tout français, situé sur la rive gauche du Rhin, réclama à son tour mon attention; c'est la pyramide élevée par l'armée de Sambre-et-Meuse au général Hoche. C'est en effet sur ce point que l'armée passa le Rhin le 18 avril 1797, le hasard fit que ce fut justement au même endroit où César l'avait passé dix huit siècles auparavant, l'an de Rome 699.

De Neuwied à Coblentz le Rhin n'offre rien de bien autrement remarquable, aussi les dispositions sont-elles prises pour faire ce trajet à la nuit tombante.

Nous arrivâmes à Coblentz vers les neuf heures, et nous descendîmes à l'hôtel des Trois-Frères, pour ne pas perdre le Rhin de vue. Une demi-heure après mon arrivée, ayant aperçu de ma fenêtre un très beau pont, je voulus y aller faire un tour de promenade, mais au premier pas que je hasardai dans la rue, le *qui vive* d'une sentinelle se fit entendre. Comme je ne parlais pas assez couramment la langue du roi Frédéric-Guillaume pour dialoguer avec le soldat prussien, le plus laconique des soldats du monde connu, je jugeai plus prudent de rentrer, et je remis au lendemain le plaisir de voir le pont qui, si magnifique qu'il fût, ne me parut cependant pas valoir une balle de calibre.

Le lendemain, en descendant de ma chambre, je trouva dans la salle commune un banquier français nommé monsieur Leroy, qui, ayant appris mon arrivée, venait gracieusement se mettre à ma disposition pour toute la journée. J'acceptai avec reconnaissance; nous déjeunâmes, et nous partîmes.

Le fameux pont sur lequel j'avais voulu m'engager la veille, et dont m'avait dégoûté le *qui vive* de la sentinelle, conduit au village d'Ehreinbrestein, situé dans une charmante allée qui conduit aux eaux d'Ems; au bout du pont, à gauche, on trouve une très belle route : c'est celle de la citadelle.

La citadelle a son histoire à part. D'abord château fortifié élevé par Julien, Ehreinbrestein commençait à tomber en ruines, lorsqu'en 1153 l'archevêque Hellinus la restaura. Puis vint l'électeur Jean, margrave de Bade, qui y ajouta de nouvelles fortifications et y fit creuser un puits de cinq cent quatre-vingt pieds de profondeur.

En septembre 1795, Marceau bloqua Ehreinbrestein pendant un mois. En 1797, après le passage du Rhin à Neuwied, Hoche l'assiégea à son tour, mais sans plus de succès; enfin, au moment de l'assassinat des plénipotentiaires de Rastadt, un corps de troupes françaises parut tout à coup devant la forteresse sans qu'elle eût eu le temps de faire sa provision de vivres, de sorte qu'au bout de quelques temps la disette s'y fit sentir. Bientôt la famine devint si terrible, qu'on payait un chat quatre francs, une livre de cheval quarante sous, et un rat quinze kreutzers. Le colonel Faber, après avoir tenu plus de six semaines encore, rendit enfin la forteresse le 27 janvier 1799.

A peine maîtres d'Ehreinbrestein, les Français, qui l'avaient assiégée deux fois sans pouvoir la prendre, comprirent l'importance d'une pareille position, et non-seulement réparèrent les fortifications déjà existantes, mais encore en bâtirent de nouvelles. Ils étaient au plus fort de leur ouvrage, lorsqu'arriva la paix de Lunéville. Alors, jugeant inutile de laisser subsister pour le profit d'une puissance ennemie une forteresse dont ils avaient appris à connaître l'importance, ils se mirent à faire jouer les mines de telle façon, qu'au bout de quelques jours, Ehreinbrestein se trouva complétement démantelé.

Les Prussiens sont des gens d'ordre. Lorsqu'en 1814 Coblentz leur fut rendu, ils arrivèrent avec un mémoire de frais qu'ils présentèrent à Louis XVIII, et en vertu du vieux proverbe, que celui qui casse les verres les paie, nous nous chargeâmes des frais de reconstruction. De leur côté, les Prussiens, voyant que cela ne leur coûtait rien, firent les choses en grand. Il en résulta l'Ehreinbrestein rebâti sur les plans de Montalembert et de Carnot, et que l'on regarde comme le chef-d'œuvre des fortifications modernes; ce qui est très flatteur pour nous, puisque c'est avec l'argent de la France et d'après les plans de deux Français qu'elle a été élevée.

Notre carte nous ouvrit les portes, et nous arrivâmes sur la terrasse qui domine le Rhin, la ville et tout le paysage. C'est un des plus magnifiques panoramas qui se puissent voir.

A l'extrême gauche, la vue est délicieusement bornée par la petite ville d'Oberwerth, appartenant au comte de Staffendorf; puis, en ramenant les yeux de gauche à droite, on les arrête successivement sur le fort Alexandre; sur la ville et ses monumens; le palais électoral; l'hôtel Metternich; Winnebourg, où monsieur de Metternich est né; l'église Notre-Dame, avec ses deux cloches jaunes; l'église de Saint-Castor, dont une tradition populaire attribue la fondation à Louis le Débonnaire; la maison Teutonique, dont Walpoll de Bassenheim fut le premier grand-maître; la Moselle, pauvre fille de France fiancée à l'étranger, et que ne peut consoler le pont magnifique que son vieil époux lui a donné comme une couronne; le fort de l'empereur François, à quelques pas duquel s'élève le tombeau du général Marceau. Puis, entre le tombeau et le village de Saint-Sébastien, au milieu d'un massif de peupliers, le palais où les princes français se retirèrent en 92; enfin, à l'extrême droite, Seïn et Neuwied, où, comme nous l'avons dit, Hoche passa le Rhin.

En face, dans les montagnes de Rubenach, où le duc de Brunswick fit sa fameuse proclamation, s'élève le village de Metternich, berceau et propriété de la famille du premier ministre de la cour de Vienne, et qui, comme la famille, s'appelait Metter, avant qu'elle n'eût ajouté nicht à son nom. Voici comment les Chérin de l'Autriche racontent l'adjonction de ce monosyllabe.

Dans le XVe siècle, un empereur d'Allemagne ayant livré une grande bataille, vit fuir sous ses yeux tout un régiment, à l'exception d'un seul homme qui resta et se défendit jusqu'à ce qu'il tombât accablé sous le nombre. L'empereur fit demander le nom de ce brave : il s'appelait Metter.

Le soir, l'empereur dit à son souper, en parlant du régiment :

— Ils ont tous fui, mais *Metter*, *non*. Chacun sait que *non*, en allemand, se traduit par *nicht*.

De là l'origine du nom Metter-Nicht. C'est, comme on le

voit, une origine peu diplomatique, mais qui n'en est pas moins noble pour cela.

J'avais commencé par le côté le plus agréable; il me restait à voir la forteresse. L'officier prussien m'avait dépêché un caporal, avec injonction de ne pas me faire grâce d'une demi-lune. Il me fallut tout visiter, depuis les casemates jusqu'aux poivrières; et quand ce fut fini, c'est-à-dire après une heure de montées et de descentes à travers des arsenaux, des magasins, des casernes, des plates-formes, des machicoulis, des fossés et des poternes, le caporal se désespéra très sérieusement de ne pouvoir me montrer le Griffon, qui était une grande coulevrine pesant deux cents quintaux, et lançant des boulets de cent soixante livres; mais la géante avait été transportée à Metz, et quand les Prussiens l'avaient redemandée, on leur avait dit qu'elle était déjà sciée en pièces. Je lui répondis, pour le consoler, que j'étais fort content de ce que j'avais vu. Je remontai dans la voiture, parfaitement au courant du nombre de grains de poudre que contient une gargousse de quarante-huit. C'était ma faute, pourquoi étais-je venu dans une forteresse?

En descendant de la citadelle, mon compagnon, monsieur Leroy, qui, à la minutieuse religion avec laquelle j'avais suivi mon guide, avait pensé que je prenais un grand plaisir à tous les ouvrages de guerre, me dit que je pourrais visiter encore, si cela me faisait plaisir, le fort de l'empereur Alexandre, et le fort de l'empereur François; mais je le remerciai : j'étais approvisionné d'ouvrages à cornes pour longtemps.

Nous repassâmes le pont et nous rentrâmes en ville. Pour me remettre de toute cette architecture militaire, je m'acheminai vers Saint-Castor. Le nom de Louis le Débonnaire, son fondateur, m'avait alléché; mais la première chose qui me frappa fut un portail moderne. Cependant, en cherchant bien, je retrouvai à peu près la vieille basilique où, en 803, s'était tenu le fameux synode auquel assistaient trois rois et onze évêques. Encouragé par le résultat, j'entrai dans l'intérieur et j'y trouvai le tombeau de sainte Ritza, fille de Louis le Débonnaire. Sainte Ritza, est une sainte peu connue à Paris peut-être, mais fort vénérée à Coblentz. En effet, la grâce du Seigneur s'était manifestée pour elle d'une façon irrécusable. La bonne sainte demeurait à Ehreinbrestein, et comme elle avait une grande dévotion à l'église de Saint-Castor, bâtie par son père, elle y venait tous les matins faire sa prière. Or, à cette époque, il n'y avait point encore à Coblentz ce beau pont que la sentinelle prussienne ne m'avait pas permis de voir au clair de la lune. Mais sainte Ritza, grâce à la foi ardente qu'elle ressentait, avait trouvé moyen de s'en passer : elle marchait sur l'eau, comme saint Pierre aurait fait s'il avait cru comme elle, et de cette façon, à la vue de tout le monde, elle traversait le fleuve qui se contentait de mouiller la plante de ses pieds.

Il y avait deux ou trois ans que sainte Ritza opérait chaque jour ce passage miraculeux avec un égal succès, lorsqu'un matin elle trouva le fleuve fort gonflé par un orage nocturne. Jamais elle ne l'avait vu si rapide et si agité; une crainte inconnue jusqu'alors s'empara d'elle, et au lieu de se mettre en route avec sa confiance habituelle, et de ne s'appuyer que sur sa foi dans le Seigneur, elle alla vers une vigne et prit un échalas pour se soutenir; mais à peine avait-elle fait quelques pas sur le fleuve, qu'elle se sentit enfoncer graduellement, de sorte que ne sachant pas nager elle se trouva fort embarrassée. Heureusement sa foi première lui revenant, elle jeta loin d'elle le maudit échalas dont elle reconnaissait l'inutilité, et le fleuve la repoussa doucement à sa surface: alors elle gagna l'autre bord, sans que ses habits eussent même gardé la moindre trace de cet accident.

On devine qu'après un pareil miracle Ritza fut canonisée sans opposition.

De son côté, Saint-Castor accomplit un miracle d'un autre genre, qui avait bien aussi son mérite. En 1688, Louis XIV en personne vint mettre le siége devant Coblentz avec le maréchal de Boufflers, et chargea Vauban de diriger les opérations obsidionales. Vauban y mit sa célérité ordinaire. Au bout de quelques jours, le roi qui, comme on le sait, n'aimait point à attendre, avait fait commencer un bombardement des mieux ordonnés, lorsqu'à son grand étonnement il vit hisser sur Saint-Castor un drapeau blanc aux fleurs de lis de France. Il fit demander ce que signifiait ce drapeau, et il lui fut répondu qu'en sa qualité d'église française, fondée par Louis le Débonnaire, Saint-Castor se mettait sous sa protection. Louis XIV, qui voyait que le siége, jugé inutile d'ailleurs par ses généraux, menaçait de tirer très fort en longueur, profita de cette occasion pour faire de la magnanimité, et leva le siége en disant qu'il ne voulait pas exposer aux ravages d'un plus long siége une église fondée par *un de ses ancêtres*. La réponse n'était pas très forte d'histoire, mais comme elle arrangeait les Coblentzois, ils ne se montrèrent pas autrement méticuleux sur la généalogie.

En sortant de Saint-Castor nous traversâmes une place sur laquelle est une fontaine remarquable par sa double inscription : elle fut élevée en 1812, au milieu des mille travaux qu'accomplissait à la fois de ses trois cents bras le Briaré impérial; et lorsqu'elle fut finie, le chef-lieu de département de Rhin et Moselle fit graver les quatre lignes suivantes :

An 1812,
remarquable par la campagne contre les Russes,
sous la préfecture de
Jules Dauzan.

Le 1er janvier 1814 les Russes s'emparèrent de Coblentz, et leur général ayant trouvé la fontaine commémoratrice toute neuve, et l'inscription à peine terminée, fit écrire au-dessous :

Vu et approuvé par nous, commandant russe de la ville de Coblentz.
1er janvier 1814.

La plaisanterie était assez bonne pour un cosaque. Il est vrai que ce cosaque était un Français qui avait pris du service chez les Russes.

Nous traversâmes le pont de la Moselle, un des plus beaux qui se puissent voir, et un chemin qui va de Suisse en Hollande, ouvrage de Napoléon, nous conduisit en face du tombeau de Marceau.

MARCEAU.

C'était le 1er septembre 1791, le conseil militaire et le conseil civil étaient assemblés à l'hôtel-de-ville de Verdun, car la ville était assiégée par les Prussiens, et le commandant Beaurepaire avait manifesté hautement l'intention de se défendre, et les bourgeois celle de capituler. Il y avait plus, la populace avait déjà pillé les magasins de la garnison, dès le premier jour de l'investissement, qui était la surveille, c'est-à-dire le 30 août.

En effet, le 30 août, dès le matin, la ville de Verdun, en se réveillant, avait vu une partie de l'armée prussienne campée sur les hauteurs de la côte Saint-Michel, situées à deux mille pas de Verdun à peu près et qui dominent la ville : une autre partie de l'armée était arrivée la veille entre F[illegible] et Grand-Bras : le corps d'avant-garde du prince de Hohenlohe Kirberg était à Belleville, c'est-à-dire à moins d'une demi-heure : Clairfaix était à Marville reconnaissant Montmédy et Juvigny : enfin le duc de Brunswick et le roi de Prusse en personne avaient leur quartier-général à Grand-Bras, sur la rive droite de la Meuse, à une lieue à peu près de la ville : le tout formant 40 à 50,000 hommesl environ.

Verdun, de son côté, avait pour gouverneur militaire un des plus braves officiers supérieurs de l'armée : c'était le commandant Beaurepaire. Elle avait une garnison de 3,500 hommes, pris parmi les plus braves de nos jeunes troupes républicaines. Elle avait dix bastions liés entre eux au moyen de courtines, couvertes par des tenailles et des demi-lunes, des fossés profonds, quelques ouvrages à cornes et à couronne Plus, une citadelle composée d'un pentagone irrégulier et entourée d'une fausse braie. Ce n'était point là des fortifications de premier ordre, mais c'était tout ce qu'il fallait pour arrêter l'armée ennemie pendant quelque temps; or, chaque minute qui retenait les alliés loin du cœur de la France était une minute précieuse et qui ne pouvait se payer par trop de sang, car elle donnait une minute de plus à l'Assemblée législative pour organiser la défense de la patrie.

Tel était donc l'état des choses lorsque, le 31 août, les alliés ayant jeté un pont sur la Meuse, le général Kalkreuth la traversa avec la brigade Wittingoff, deux bataillons et quinze escadrons, et par la position qu'il prit compléta l'investissement. Le même jour, à dix heures du matin, le roi de Prusse fit faire à la ville sommation de se rendre; la réponse de Beaurepaire, comme on devait s'y attendre, fut négative.

Aussitôt que le refus fut connu, une sourde rumeur courut par les rues, l'esprit de la ville était royaliste, et à cet esprit venait se joindre, comme un puissant auxiliaire, la peur qu'un siége, en détruisant une partie de la ville, ne ruinât ceux sur lesquels tomberait le dommage. Les citoyens qui ne devaient regarder que du côté de la patrie comptèrent leurs trois mille cinq cents défenseurs, puis, reportant les yeux vers l'armée qui les étreignait, ils la virent douze fois plus forte qu'eux. Et tandis que les républicains étaient prêts à répandre jusqu'à la dernière goutte de leur sang, ils hésitèrent, eux, à compromettre une partie de leur fortune.

Néanmoins, les dispositions énergiques de Beaurepaire étouffèrent d'abord les premiers murmures. Mais à peine l'ennemi avait-il été informé de la réponse du commandant de Verdun qu'il établit trois batteries, l'une sur les hauteurs de Saint-Michel, l'autre au camp du prince de Hohenlohe, et la troisième au camp du général Kalkreuth. Du haut de leurs maisons, les habitans de la ville, tout en murmurant sourdement, mais sans oser encore entrer en opposition ouverte, suivaient les terribles préparatifs. A six heures du soir, l'une de ces batteries s'enflamma, les deux autres lui répondirent comme à un signal, et les premiers obus, en se croisant sur la ville comme un réseau de fer, de feu et de fumée, annoncèrent que le moment du dévouement ou de la trahison était venu.

Le bombardement dura toute la nuit. Pendant la nuit, les citoyens restèrent enfermés dans leurs maisons; mais, au point du jour, ils sortirent, et, malgré le danger qu'il y avait à rester dehors, ils se rassemblèrent sur la place. Un obus tomba et éclata au milieu de la foule ; plusieurs bourgeois furent blessés.

Ce fut le signal de la révolte. On alla trouver en tumulte Beaurepaire ; on menaça d'ouvrir les portes sans capitulation et de livrer la ville à l'ennemi, si on ne se rendait pas. Beaurepaire fut obligé de convoquer le conseil ; car, à cette époque, un conseil civil et militaire était chargé d'apprécier l'état de défense des places-fortes, et le commandant de la place était forcé de se soumettre à ce conseil, sinon, il devenait lui-même passible d'un conseil de guerre.

Beaurepaire avait fixé l'ouverture de ce conseil pour six heures du soir ; il s'y rendit donc avec ses officiers dont il était sûr. Mais la majorité était aux bourgeois, et comme le bombardement avait duré toute la journée et avait amené de nouveaux malheurs, les bourgeois décidèrent à l'unanimité qu'il fallait se rendre. Beaurepaire leur démontra tous ses moyens de défense, répondit sur sa tête que la ville ne serait point prise d'assaut; mais il eut beau prier, supplier, les bourgeois maintinrent leur décision. Alors Beaurepaire se leva, promena un œil de mépris sur l'assemblée, puis, prenant un des pistolets qui étaient posés sur la table devant laquelle il était assis :

— Vous êtes tous des lâches et des traîtres, leur dit-il ; déshonorez-vous, mais sans moi. — Et il se brûla la cervelle.

Monsieur de Noyon, le plus ancien lieutenant colonel, remplaça le commandant. Devant le corps tout sanglant de Beaurepaire, on fit entrer le parlementaire prussien, et l'on arrêta une suspension d'armes jusqu'au lendemain matin ; le lendemain matin, monsieur de Noyon et le général comte Kalkreuth devaient régler les articles de la capitulation. Les bourgeois, enchantés d'avoir obtenu ce qu'ils désiraient, se retirèrent en disant que Beaurepaire s'était tué dans un instant de fièvre. Ce fut la version qu'adoptèrent, à cette époque, tous les ennemis de la République.

La capitulation fut réglée, la garnison devait sortir avec tous les honneurs de la guerre, emportant ses armes, ses bagages, deux pièces de quatre et leurs caissons. Selon l'habitude, c'était le plus jeune officier supérieur de la garnison qui devait la porter au roi de Prusse. On consulta les cadres, et l'on appela Marceau. Alors, un jeune homme de vingt-deux ans, aux longs cheveux blonds tombant jusque sur ses épaules, et au teint pâle, portant les épaulettes de chef de bataillon, sortit des rangs, et s'avança pour recevoir la capitulation des mains de monsieur de Noyon. Mais avant de la prendre :

— Mon colonel, dit-il, ne pourriez-vous charger quelqu'autre que moi de cette mission?

— Impossible, dit le commandant; les lois de la guerre vous désignent, obéissez.

Alors Marceau tira son sabre du fourreau et le brisa.

— Que faites-vous? demanda monsieur de Noyon.

— Je ne veux pas, répondit Marceau, qu'il soit dit qu'ayant au côté un sabre avec lequel je pouvais me défendre ou me tuer, j'aie porté à l'ennemi une capitulation qui nous déshonore tous.

Introduit devant le roi de Prusse qui le reçut au milieu d'un état-major de princes, de ducs et de généraux, Marceau voulut parler; mais aux premiers mots les larmes lui coupèrent la voix. Le roi voulut le consoler; mais alors Marceau releva sa belle tête, et souriant au milieu de ses pleurs avec toute la confiance que la jeunesse a dans l'avenir.

— Sire, dit-il, il n'y a qu'une seule chose qui console un Français d'une défaite, c'est une victoire.

Le roi de Prusse s'inclina devant cette douleur, et fit reconduire Marceau avec tous les honneurs que la guerre accorde aux parlementaires.

Le lendemain, la garnison sortit de la ville emportant, outre ses armes, ses bagages et ses canons, un fourgon dans lequel était le corps du brave Beaurepaire. A Sainte-Menehould, elle se joignit à l'armée du général Galbaut. Marceau avait perdu à ce siége ses équipages, ses chevaux et son argent.

— Que voulez-vous qu'on vous rende en échange des pertes que vous avez faites? lui demanda un représentant du peuple.

— Un autre sabre, dit Marceau.

Quant à Beaurepaire, l'Assemblée législative le récompensa comme aurait pu faire le sénat de Rome : elle décida que ses restes seraient inhumés au Panthéon; que sa tombe porterait cette inscription : *Beaurepaire aima mieux se tuer que de capituler avec les ennemis de la France*, et que l'on donnerait son nom à l'une des rues de la capitale.

Pendant ce temps, Verdun ouvrait ses portes à l'ennemi, et vingt jeunes filles, vêtues de blanc, allaient au-devant du roi de Prusse avec des corbeilles remplies de fleurs.

Deux mois après, le roi de Prusse repassait la frontière en fugitif, et les vingt jeunes filles de Verdun marchaient à l'échafaud.

Marceau passa avec son grade dans les cuirassiers de la légion germanique, et partit avec eux de Philippeville pour aller combattre les Vendéens; mais en arrivant à Tours, il se trouva que la dénonciation et la calomnie l'avaient précédé, ainsi que les officiers ses camarades; et tout l'état-major fut arrêté en corps. Mais la dénonciation fut reconnue absurde, et la veille de la bataille de Saumur on rouvrit les portes aux prisonniers et on leur rendit leurs épées, dont ils se servirent le lendemain de manière à prouver à la Convention qu'elle avait bien fait d'en agir ainsi.

La guerre de la Vendée était une guerre terrible et qui tuait vite ceux qui la faisaient : car là on était tué non-seulement par le fer et le plomb de l'ennemi, mais encore par les dénonciations des envieux. A peine arrivé sur cette terre fatale, Marceau avait eu à lutter contre la calomnie, qu'on aurait cru cependant n'avoir rien à démêler avec son cœur loyal et sa douce et belle figure : il s'en vengea en faisant des prodiges de valeur à la déroute de Saumur, et en sauvant le conventionnel Bourbotte, qui démonté allait être pris, et qu'il mit presque de force sur son cheval, soutenant la retraite, ou plutôt essayant d'arrêter la déroute, à pied et un fusil à la main. Bourbotte fit son rapport à la Convention, et Marceau fut nommé général de brigade : il avait 22 ans et trois mois.

Bientôt Marceau prit sa revanche : désigné par Kléber, son ami, pour commander les deux armées de l'Ouest, il rassembla toutes les troupes dispersées dans leurs différens cantonnemens, et vint attaquer le Mans, le 13 décembre 1793. Le même jour les Vendéens sont chassés de toutes les positions extérieures et refoulés dans la ville ; il était cinq heures du soir. Marceau, voyant son armée fatiguée et à demi-portée du canon de la ville, remet au lendemain la bataille décisive; mais alors arrive Westerman le général en chef.

— Que fais-tu? crie-t-il à Marceau; tu t'arrêtes au milieu de ta victoire. Profite de ta fortune, jeune homme, et marche en avant.

— C'est jouer gros jeu, dit Marceau en lui présentant la main avec son doux et triste sourire ; mais n'importe, marche et je te suivrai.

Et aussitôt l'armée tout entière s'élance sur les pas des deux généraux : on joint l'ennemi corps à corps ; mais comme les rues du Mans sont encombrées, les Vendéens opposent la même résistance qu'opposerait une muraille. Pendant toute la nuit, Marceau attaque, perce, renverse ces remparts vivans, et, au point du jour, les royalistes, rompus de tous côtés, après avoir fait de chaque maison une citadelle qu'il a fallu emporter d'assaut, fuient par toutes les portes, laissant dans les rues du Mans plus de trois mille morts et quinze cents blessés; car, dans cette guerre fatale où tout prisonnier est mis à mort, tout ce qui a pu se traîner a fui.

Mais, parmi les prisonniers, se trouve une prisonnière. Du milieu d'une maison tout en flammes, s'est élancée une jeune fille ; elle a vu Marceau le sabre à la main, et elle est venue mettre son honneur et sa vie sous la sauvegarde de sa loyauté. Marceau a gardé religieusement le double dépôt qui lui a été confié ; aussi, pour prix de sa victoire, est-il dénoncé à la Convention comme ayant soustrait au supplice une femme vendéenne, prise les armes à la main.

C'était une accusation grave, aussi fut-il arrêté ainsi que la jeune Vendéenne. En se séparant d'elle, il lui donna une rose rouge qu'il tenait à la main, au moment où ils avaient été arrêtés tous deux. La jeune fille aimait Marceau : elle reçut le don qu'il lui faisait, et le garda précieusement.

Il y allait de la tête de tous deux ; aussi Bourbotte, qui se souvenait de la déroute de Saumur et du service que Marceau lui avait rendu, prit-il aussitôt la poste et vint-il devant la Convention plaider la cause de son sauveur. Il obtint facilement sa liberté ; mais il n'en fut point ainsi de la vie de la jeune Vendéenne.

Le matin même du jour où Marceau devait sortir de prison, elle fut conduite à l'échafaud. Elle y marcha tenant entre ses dents la rose rouge que lui avait donnée le jeune général, et lorsque le bourreau montra, selon l'habitude, la tête au peuple, cette rose rouge fit croire à beaucoup de spectateurs qu'elle vomissait le sang.

Marceau quitta le Mans et revint à Paris. A peine y fut-il, que la Convention alla au-devant de ses désirs en lui ôtant le commandement de l'armée de l'Ouest, et en le donnant à mon père, qui, trois mois après, envoyait à son tour sa démission, en demandant à servir comme volontaire dans une autre armée.

A l'ouverture de la campagne de 1794, Marceau fut envoyé dans les Ardennes, pour prendre le commandement d'une division ; il passa de là à l'armée de Sambre-et-Meuse, resta deux ans dans le Hundsruck et dans le Palatinat, sous les ordres du général Jourdan, entre Kléber et mon père, ses deux meilleurs amis; enfin il était occupé du siége de la forteresse d'Ehreinbrestein, lorsqu'il reçut du général Jourdan l'ordre de venir le rejoindre.

Jourdan était en pleine retraite, et se trouvait acculé aux défilés d'Altenkirken : il fallait donc arrêter l'ennemi, afin de donner à l'armée le temps de traverser les défilés; ce fut Marceau que le général en chef chargea de cette dangereuse mission.

Marceau prit le commandement de l'arrière-garde : il était adoré des soldats ; aussi à sa vue le mouvement rétrograde s'arrêta. L'archiduc Charles crut qu'il était arrivé un renfort aux Français, et s'arrêta de son côté. Le soir même il apprit que ce n'était qu'un seul homme.

Mais pendant cette halte, Marceau avait eu le temps de prendre toutes ses dispositions, et, à compter de cette heure, l'armée ne recula plus que pied à pied, et sans que, malgré ses attaques incessantes, l'archiduc Charles pût l'entamer une seule fois. Ce fut ainsi qu'ils traversèrent la forêt de Rossembach ; mais arrivés de l'autre côté de la forêt, un aide-de-camp de Jourdan vint annoncer à Marceau que l'armée française n'avait point encore achevé de franchir le défilé, et qu'il était nécessaire qu'il s'arrêtât et fît tête aux Autrichiens. Le mot : halte ! retentit aussitôt sur toute la ligne, et l'arrière-garde française présenta à l'ennemi un mur de fer ; puis aussitôt, ayant jeté les yeux autour de lui pour voir quel parti il peut tirer du terrain, il aperçoit deux mamelons qui dominent la sortie de la forêt ; il ordonne de mettre en batterie six pièces d'artillerie légère, fait avancer le gros de ses troupes pour soutenir son arrière-garde, et, pour mieux examiner l'ennemi qui s'avance, part au galop accompagné du capitaine du génie Souhait, du lieutenant colonel Billy, et de deux ordonnances. Arrivé presqu'à la lisière de la forêt, Marceau s'arrête, montrant du doigt à Souhait un hussard de l'empereur qui caracole devant lui. En ce moment, un coup de carabine part à une vingtaine de pas de distance, et, au milieu de la fumée qui s'élève d'un buisson, on voit un chasseur tyrolien qui se retire en rechargeant son arme. Marceau vient d'être frappé par une balle de carabine. Il fait machinalement quelques pas en avant, la main sur sa poitrine. Le lieutenant-colonel Billy s'aperçoit qu'il chancelle ; il court à lui et le reçoit dans ses bras.

— Ah ! c'est toi, Billy, lui dit Marceau ; je crois que je suis blessé à mort.

Jourdan accourt bientôt et se jette en pleurant sur le corps de Marceau ; mais Marceau lui dit avec son sourire doux et triste : — Tu as quelque chose de plus important à faire que de pleurer ma mort ; tu as à sauver l'armée. Jourdan fait de la tête un signe affirmatif, car il ne peut parler ; il prend le commandement de l'arrière-garde, et ordonne de transporter Marceau à Altenkirken.

L'armée passa le défilé sans être atteinte. Le soir, Jourdan rentra à Altenkirken ; il fit appeler les chirurgiens, et apprit d'eux que non seulement il n'y avait aucun espoir de sauver Marceau, mais encore que le moindre mouvement hâterait sa mort. Il entra dans la chambre du blessé, et, en le voyant, pâle et mourant qu'il était, calme et souriant comme d'habitude, il ne put s'empêcher de pleurer, lui, vieux soldat des premières guerres, qui avait tant vu d'hommes tomber autour de lui. Marceau fit un effort et tendit la main à ceux qui l'entouraient.

— Mes amis, leur dit-il, je suis trop regretté. Pourquoi donc me plaindre? Ne suis-je pas heureux ? Je meurs pour notre pays !

Le lendemain matin, il fallut quitter Altenkirken ; ce fut

l'heure terrible. Il en coûtait à Jourdan de laisser Marceau au pouvoir de l'ennemi ; mais il était très évident qu'aucun secours humain ne pouvait le rappeler à la vie. Jourdan écrivit aux généraux autrichiens pour leur recommander Marceau. Puis l'armée française se retira, laissant près du lit mortuaire deux officiers de l'état-major, deux chirurgiens, et deux hussards d'ordonnance.

Deux heures après la retraite de l'armée française, on annonça le général Haddick; c'était le commandant de l'avant-garde autrichienne.

Après le général Haddick vint le général Kray, le vétéran de l'armée ennemie.

Enfin, après le général Kray, pour qu'aucun honneur ne manquât à l'agonie du jeune officier républicain, apparut l'archiduc Charles lui-même. Il amenait son propre chirurgien, afin qu'il unît ses efforts à ceux des chirurgiens français.

Tout fut inutile. Marceau expira le 27 septembre 1796, à cinq heures du matin, pleuré par les officiers ennemis comme il l'avait été la veille par ses compagnons.

C'était, depuis Bayard, la première fois que pareil exemple était donné.

A peine Marceau fut-il mort, que les officiers qui étaient restés près de lui demandèrent à l'archiduc que son corps fût rendu à ses compagnons d'armes; et non-seulement l'archiduc y consentit, mais encore il ordonna que le cadavre fût escorté jusqu'à Neuwied par un nombreux détachement de la cavalerie autrichienne. Puis il demanda même comme une faveur qu'on lui fît connaître le jour où Marceau serait enterré, afin que l'armée impériale pût se réunir à l'armée républicaine dans les honneurs qui lui seraient rendus.

Quatre jours après, l'archiduc Charles fut averti que l'enterrement de Marceau aurait lieu le lendemain.

Alors l'armée impériale occupait la rive droite du Rhin, en même temps que l'armée républicaine occupait la rive gauche; mais pour toute la journée les hostilités furent suspendues. Français et Autrichiens renversèrent leurs armes, et les canons ennemis répondirent par des salves égales aux canons français pendant tout le temps que dura la funèbre cérémonie.

Le corps de Marceau fut déposé en avant du fort qui, jusqu'en 1814, porta son nom, et qui depuis cette époque a pris celui de Pétersberg ou de l'empereur François. Il consistait en une pyramide tronquée, haute de vingt pieds, placée sur un sarcophage et surmontée d'une urne où était son cœur. Cette inscription était gravée sur l'urne : *Hic cineres; ubique nomen*,

Ici ses cendres ; partout son nom.

Puis sur les quatre faces du monument, on lit entre autres inscriptions les suivantes :

Ici repose Marceau, né à Chartres, département d'Eure-et-Loir. Soldat à seize ans, général à vingt-deux, il mourut en combattant pour sa patrie le dernier jour de l'an IV de la république française, dans la vingt-sixième année de son âge.

Qui que tu sois, ami ou ennemi de ce jeune héros, respecte ses cendres.

* * *

L'armée de Sambre-et-Meuse, après sa retraite de Franconie, quitta la Lahn; le général Marceau commandait l'aile droite ; il était chargé de couvrir les divisions qui défilaient sur Altenkirken, le 1er jour complémentaire an IV.

* * *

Il faisait ses dispositions au sortir de la forêt de Hœchstembach, lorsqu'il fut mortellement atteint d'une balle : on le transporta à Altenkirken, où sa faiblesse obligea de l'abandonner à la générosité des ennemis. Il mourut entre les bras de quelques Français et des généraux autrichiens, dans la XXVIe année de son âge.

* * *

Il vainquit dans les champs de Fleurus, sur les bords de l'Ourthe, de la Rouer, de la Moselle et du Rhin. — L'armée de Sambre-et-Meuse à son brave général Marceau.

* * *

« Je voudrais qu'il m'en eût coûté le quart de mon sang et vous tinsse en santé mon prisonnier, quoique je sache que l'empereur mon maître n'eut en ses guerres plus rude ni plus fâcheux ennemi (1). »

(*Mémoires du chevalier Bayard*).

Un an ne s'était pas écoulé que le général Hoche, son ami, était venu le rejoindre et se coucher près de lui dans la tombe; mais moins heureux que lui, celui-là mourait empoisonné.

Ces deux généraux, qui avaient commandé en chef chacun trois armées, et rempli le monde de leur renommée, avaient à peine cinquante-quatre ans à eux deux.

Au mois de mars 1817, l'officier de génie prussien qui dirigeait les nouvelles fortifications du fort Pétersberg, trouva que le monument du général français gênait ses plans, et il l'abattit ; mais averti par la rumeur publique du sacrilége qui avait été commis, le roi de Prusse ordonna que ce monument fût rebâti dans la plaine. On réunit alors les deux tombeaux en un seul.

Ce fut le dernier hommage à la mémoire du général Marceau.

SAINT-GOAR.

A six heures du matin, la cloche du bateau nous appela à bord; je trouvai, en m'y rendant, monsieur Leroy déjà levé, et qui, en sa qualité de propriétaire administrateur, avait voulu venir nous recommander lui-même au capitaine, afin que, s'il nous prenait l'envie de descendre sur quelque point où il n'y aurait point de débarcadère, on mît la chaloupe à nos ordres. Il m'avait en outre apporté un charmant album de toutes les vues du Rhin, qu'il me pria d'emporter avec moi en souvenir du beau pays que je venais de parcourir.

J'avais perdu mes deux Anglais : ils étaient probablement à cette heure arrivés à Mayence, car, au lieu de descendre comme moi à Coblentz, ils avaient continué leur chemin, pressés qu'ils se sentaient de voir où en était le tombeau de cette bonne milady. Mais, en revanche, j'avais retrouvé mes deux fiancés hollandais, qui se tenaient amoureusement sur le pont, les doigts entrelacés, au vu de tout le monde; ils avaient fait leur pèlerinage à Rolandseck, et ils en étaient revenus avec un surcroît de tendresse. Ce fut du moins ce que me dit d'un air fort gaillard le fiancé, tandis que la fiancée baissait la tête et faisait tout ce qu'elle pouvait pour rougir.

En sortant de Coblentz, on aperçoit à droite, et par conséquent sur la rive gauche du fleuve, une des plus belles ruines des bords du Rhin; c'est le château de Holzenfels. Et cependant cette ruine, qui appartenait à la ville de Coblentz, fut près de deux ans en vente pour 10 louis, sans qu'il prît envie à aucun voyageur de l'acheter; ce que voyant, le conseil municipal en fit don au prince royal. Comme le prince royal est parfaitement artiste et homme de goût, il apprécia le cadeau, fit restaurer et meubler dans le goût gothique une des meilleures chambres, y mit un gardien, et l'autorisa à faire voir le château aux étrangers ; depuis ce temps il y a des Anglais qui en ont offert jusqu'à 1,000 livres sterling. En face est le château de Lasneck, qui domine la petite rivière de ce nom, qui vient se jeter dans le fleuve, et un peu plus loin la ville d'Oberlaustein, toute hérissée de tours et pareille à une vieille cité féodale.

Bientôt on se trouve en face de la petite ville de Rhensée, où se trouvait autrefois le *fameux Siége royal*, qui fut démoli en 1802 par les Français, dont quatre pierres de moyenne dimension, et qu'on aperçoit du milieu du Rhin, à quatre cents pas à peu près au-dessous de la ville, indiquent seules maintenant la place : c'est sur ce Kœnigstuhl que se

(1) Allusion aux paroles du général autrichien, baron de Kray

rassemblaient les électeurs du Rhin pour délibérer sur les intérêts de l'Allemagne, et il était érigé en ce lieu parce que les quatre territoires des quatre électeurs s'y touchaient comme les rayons d'une étoile. Du haut des siéges on voyait en même temps quatre petites villes : Laustein, sur le territoire de Mayence; Capellen sur celui de Trèves; Rhensée sur celui de Cologne; et enfin Braubach, fief palatin. En face, sur l'autre rive du Rhin, est la petite chapelle où, en 1400, les électeurs, après avoir terminé leur délibération sur le Kœnigstuhl, déclarèrent l'empereur Wenceslas déchu du trône.

A peine a-t-on eu le temps de jeter un coup d'œil sur les ruines du Siége royal et sur la chapelle historique qui s'y rattache par ce grand événement, qu'on se trouve en face du château de Marksburg, appartenant au duc de Nassau. C'est un vieux château féodal fort bien conservé, et qui est aujourd'hui une prison fort pittoresque, où entr'autres prisonniers d'Etat était, lorsque nous y passâmes, un cousin de monsieur de Metternich portant le même nom que lui, lequel, lors de l'émeute du 5 juin qui, comme on le sait, eut un grand retentissement à Francfort, eut l'idée d'arborer sur le Johannisberg le drapeau national. Malheureusement pour le pauvre jeune homme, il faisait probablement à cette heure du brouillard sur le bord du Rhin, en sorte que le drapeau ne fut vu que par les espions de la Prusse, lesquels l'arrêtèrent et le conduisirent au château de Marksburg, où il put voir, pour se récréer, les instrumens de torture que l'on y conserve, heureusement dans un simple but de curiosité. On peut visiter le château, mais comme pour obtenir cette faveur il faut un certificat de bonne vie et mœurs délivré par la Sainte-Alliance, et que je ne m'étais pas muni de cette pièce importante, force me fut, à mon grand regret, de passer outre. C'est sur cette même rive du Rhin, et en la remontant de quelques milles, que se récolte le raisin qui donne le fameux vin appelé Lait de la Vierge,

Nous perdîmes bientôt de vue le magnifique château-prison, car le Rhin fait de Marksburg à Boppart un de ses plus grands détours. A son angle le plus prononcé s'élève la petite ville de Boppart, l'ancienne Baudobriga des Romains, dont les murs sont bâtis sur les fondemens d'un fort de Drusus. C'est la patrie de l'empereur Henri VII, qui y naquit en 1312.

De Boppart, on aperçoit au haut d'une montagne géminée les deux châteaux des Deux frères : ce sont deux des plus vieilles ruines du Rhin, car leur abandon date, dit-on, du XIIIe siècle. Elles étaient habitées par deux frères jumeaux qui se ressemblaient tellement, qu'il arrivait parfois à leurs parens eux-mêmes de les prendre l'un pour l'autre. Ils vécurent dans l'union la plus parfaite jusqu'à l'âge de vingt-cinq ans, mais à vingt-cinq ans, tous deux devinrent amoureux de la même femme, et la discorde commença à se mettre entre eux. Bientôt les choses en furent au point que, ne voulant la céder ni l'un ni l'autre, ils résolurent de se la disputer par les armes. Prévenue de cette résolution, la dame de leurs sanglantes pensées accourut pour tâcher de les mettre d'accord, mais on lui dit que les deux frères étaient sortis ensemble en se dirigeant vers la vallée. Elle se fit indiquer le chemin qu'ils avaient pris, et se mit à leur poursuite; à moitié de la descente de la montagne à peu près, elle entendit le cliquetis de leurs épées; elle doubla le pas, mais quelque promptitude qu'elle y mit, elle arriva trop tard, et lorsqu'elle parvint au champ de bataille, elle trouva les deux malheureux frères couchés l'un sur l'autre comme Etéocle et Polynice. Désespérée d'être la cause d'un double fratricide, elle se retira dans le couvent de Mariemberg, que l'on aperçoit au-dessus de Boppart, et y mourut religieuse. Quant aux châteaux des deux frères, à compter de ce jour, ils demeurèrent inhabités.

Saint-Goar est non-seulement un débarcadère, mais encore un pèlerinage. Autrefois un beau château fortifié veillait sur la ville, mais en 1794 nous en avons fait sauter les murailles. Un aubergiste est entré par la brèche et y a bâti une auberge.

Quant au vieux saint qui avait donné son nom à la ville, il a bien perdu matériellement quelque chose aussi au passage des Français ; mais moralement, il a conservé une influence encore fort raisonnable pour le XIXe siècle.

Voici comment saint Goar a mérité cette grande réputation qui, de nos jours encore, s'étend depuis Strasbourg jusqu'à Nimègue.

Saint Goar était contemporain de Charlemagne, et par conséquent assistait à la lutte du grand empereur contre les infidèles. Pendant longtemps le saint regretta amèrement de ne pouvoir aider le fils de Pépin autrement que par ses prières. Saint Goar était non seulement ermite, mais encore batelier. Il se livrait à ce regret tout en allant prendre sur la rive droite du Rhin un voyageur qui lui avait fait signe de le venir chercher, lorsque tout à coup il lui vint une idée qui lui parut être tellement une inspiration du ciel, qu'il résolut de la mettre à l'instant même à exécution.

En effet, à peine saint Goar se trouva-t-il avec le voyageur au milieu du Rhin, c'est-à-dire à l'endroit où le fleuve est le plus rapide et le plus profond, que, cessant tout à coup de ramer, il demanda à son passager de quelle religion il était, et ayant appris qu'il avait affaire à un hérétique, il quitta la rame, se jeta sur lui, le baptisa en un tour de main, au nom du Père, du Fils et du Saint-Esprit, et aussitôt, de peur qu'un baptême ainsi administré perdît de sa vertu, il jeta le nouveau converti dans le fleuve, qui l'emmena tout droit dans le paradis. La même nuit, l'âme du noyé apparut à saint Goar, et, au lieu de lui faire des reproches sur la manière tant soit peu brutale dont il l'avait forcée de sortir de ce monde, elle le remercia de lui avoir procuré la félicité éternelle. Il n'en fallut pas davantage au saint, avec les dispositions naturelles qu'il avait, pour le lancer dans cette nouvelle voie convertissante ; aussi, à partir de ce moment, y eut-il peu de jours qui ne fussent marqués par une conversion nouvelle. Quand il avait affaire à un chrétien, au contraire, saint Goar ne se contentait pas de lui faire traverser le Rhin, il le conduisait à son ermitage, et là il partageait avec lui les dons que la piété des fidèles y entassait avec une prodigalité qui, en s'augmentant d'heure en heure, prouvait que la réputation du saint grandissait à vue d'œil.

Or il arriva que cette grande réputation parvint jusqu'à Charlemagne, qui, en sa qualité de connaisseur, appréciait le moyen de conversion adopté par saint Goar, et résolut de ne point laisser un si puissant auxiliaire sans récompense. Il vint donc comme un simple étranger pour passer le Rhin, et ayant fait le signe accoutumé, il vit venir à lui le bon ermite ; mais son désir de passer le fleuve incognito fut sans résultat, car Dieu avait empreint sur sa face une telle majesté, que saint Goar le reconnut avant même qu'il n'eût mis le pied dans la barque.

Un pareil hôte devait laisser trace de son passage ; aussi, arrivé à l'autre bord, et ayant bu d'un petit vin qui lui parut agréable, Charlemagne demanda des renseignemens sur la terre qui le produisait, et, ayant appris qu'elle était à vendre, il l'acheta et en fit don à l'ermite, lui promettant de lui envoyer de plus un tonneau et un collier.

Effectivement, quelques semaines après le passage de l'empereur, saint Goar reçut les deux objets promis. Tous deux étaient l'ouvrage de l'enchanteur Merlin, et avaient chacun une propriété particulière. Le tonneau, tout au contraire de celui des Danaïdes, était toujours plein, pourvu qu'on n'en tirât le vin que par le robinet; quant au collier c'était bien autre chose.

Dans l'épanchement du tête-à-tête, saint Goar s'était plaint à Charlemagne de la mauvaise foi des infidèles, qui maintenant qu'ils savaient les habitudes de saint Goar, au lieu d'avouer leur hérésie, répondaient tout bonnement qu'ils étaient chrétiens, traversaient le fleuve, protégés par ce titre, et quand, ils étaient sur l'autre rive, buvaient son vin et s'en allaient en lui faisant des cornes. Il n'y avait pas de remède à cela, rien ne ressemblant à un chrétien comme un infidèle qui fait le signe de la croix.

C'était à cet inconvénient que l'empereur Charles avait promis d'obvier, et c'était pour tenir sa promesse qu'il envoyait le collier préparé par Merlin.

En effet, le collier avait une vertu particulière. A peine avait-il touché la peau, qu'il sentait à qui il avait affaire : Si c'était à un chrétien, il restait dans son *statu quo*, et laissait tranquillement passer le vin de la bouche à l'estomac ; si c'était à un infidèle, il se resserrait immédiatement de moitié, de sorte que le buveur lâchait le verre, tirait la langue et tournait de l'œil. Alors, saint Goar, qui se tenait près de lui avec une tasse pleine d'eau, le baptisait lestement, et la chose revenait au même. C'était donc deux cadeaux inappréciables et bien faits pour aller ensemble que celui du tonneau et du collier.

Saint Goar sentit la valeur de ce don ; aussi, non-seulement pendant toute sa vie en fit-il usage, mais encore ordonna-t il aux moines, qui s'étaient réunis à l'entour de lui, et qui de son vivant avaient fondé une abbaye dont il était le supérieur, d'en faire usage après sa mort. Les moines n'y manquèrent pas, et le collier et le tonneau miraculeux traversèrent les siècles en conservant leur puissance.

Malheureusement, en 1794, les Français s'emparèrent de Saint-Goar tellement à l'improviste que les moines n'eurent point le temps de sauver leur tonneau. En entrant au couvent, le premier soin des vainqueurs fut de descendre à la cave, et comme par un seul robinet le vin ne coulait pas à leur soif, ils employèrent l'expédient en usage en pareil cas, et lâchèrent trois ou quatre coups de pistolets dans la bienheureuse futaille, sans se donner la peine de boucher le trou des balles. Le soir, le régiment était ivre, mais la tonne, dont le charme se trouvait rompu, était à tout jamais vide.

Quant au carcan, le tambour-maître l'avait pris pour en faire un collier à son caniche, et les amateurs d'archéologie peuvent le voir tel qu'il était encore en 1809, dans le joli tableau d'Horace Vernet, intitulé le *Chien du Régiment*.

Mais depuis 1812, on ne sait pas ce qu'il est devenu, le pauvre caniche ayant été gelé avec son maître dans la retraite de Russie.

LE LORE-LEI.

Au reste, saint Goar a pour sa réputation un terrible voisin, ou plutôt une terrible voisine, c'est la fée Lore, qui a donné son nom à un immense rocher à pic qu'on trouve à un demi-quart de lieue au-dessus des ruines de Katzenellen, et que, d'après elle, on appelle le *Lore-Lei*.

Depuis Coblentz, nous entendions parler de cette partie du Rhin, à part la légende poétique qui s'y rattache, comme de la plus curieuse que le fleuve offrît aux voyageurs durant tout son cours. En effet, pour traverser cet endroit, les passagers les plus indifférens étaient montés sur le pont, et il régnait sur tout l'équipage une agitation traditionnelle qu'on remarque sur le Rhône lorsqu'on s'approche du pont Saint-Esprit. C'est qu'effectivement, en cet endroit, le Rhin se resserre et s'assombrit; son cours devient plus rapide; car, dans un espace de cinq cents pas, ses eaux ont une pente de cinq pieds. Enfin, le Lore-Lei s'élève comme un sombre promontoire, et l'on voit sortir du fleuve la pointe des rochers qui ont roulé de ses flancs et qui ont semé ce passage d'écueils. C'est au sommet de cette montagne que se tenait la fée Lore.

C'était une belle jeune fille de dix-sept à dix-huit ans, si belle, que les bateliers qui descendaient le Rhin oubliaient, pour la regarder, le soin de leurs bateaux, de sorte qu'ils allaient se briser contre les rochers, et qu'il n'y avait pas de jour où l'on n'eût à déplorer quelque nouveau malheur.

L'évêque qui habitait la ville de Loreh entendit parler de ces accidens, si souvent réitérées qu'ils semblaient l'effet d'une fatale influence, et les filles, les femmes et les mères de ceux qu'elle avait fait périr étant venues, avec des habits de deuil, accuser la belle Lore de magie, il l'assigna à comparaître devant lui.

La belle Lore promit de venir, mais, au jour qu'elle devait venir, elle l'oublia, de sorte que l'évêque envoya deux hommes pour la prendre, et ces hommes la trouvèrent, selon son habitude, assise sur son rocher : elle chantait une vieille ballade comme en chantent les nourrices aux enfans qu'elles bercent, et, sans faire aucune résistance, elle se leva et les suivit.

Bientôt elle parut devant l'évêque, et l'évêque voulut l'interroger sévèrement; mais à peine l'eut-il vue que, subissant le charme universel, il fixa ses yeux sur les siens; puis, avec un accent qui trahissait la pitié qu'il éprouvait pour la jeune fille :

— Est-il vrai, belle Lore, lui dit-il, que vous soyiez une magicienne?

— Hélas! hélas! monseigneur, répondit la pauvre enfant, si j'étais une magicienne, j'aurais eu des charmes pour retenir mon amant, et mon amant ne serait point parti ; et je ne passerais pas mes jours et mes nuits à l'attendre au sommet d'un rocher, en chantant la ballade qu'il aimait. Et en disant ces mots, la belle Lore se mit à chanter la ballade devant l'évêque si bien que l'évêque vit qu'elle était folle.

Alors au lieu de songer à la punir, il commença à la plaindre, et craignant en la voyant ainsi hors de sens, qu'après avoir perdu son corps elle ne perdît son âme, il ordonna qu'elle fût conduite au monastère de Marienberg, et la recommanda par une bulle à la supérieure qui était sa parente.

La belle Lore partit, montée sur la plus douce haquenée que l'on pût trouver, car l'évêque craignait qu'il ne lui arrivât malheur en route, et lui-même la suivit des yeux au milieu de l'escorte qui l'accompagnait, jusqu'à ce que l'escorte et elle eussent disparu derrière le château de Nottingen; et tout alla bien ainsi jusqu'à ce que l'on fut en vue des rochers où elle avait l'habitude de se tenir pour attendre son amant.

Mais lorsque l'on fut en vue de ces rochers, elle demanda à monter à leur sommet pour jeter un dernier coup d'œil sur le Rhin, et pour voir si celui qu'elle attendait depuis si longtemps ne revenait pas; et comme l'évêque avait commandé qu'on ne la contrariât en rien, ses gardes l'aidèrent à descendre de cheval, et deux d'entre eux la suivirent à quelques pas, afin de la rattraper si elle cherchait à fuir.

Mais à peine eut-elle posé le pied à terre qu'elle se mit à courir si légèrement, qu'elle semblait comme une hirondelle raser la terre, et qu'elle sautait de rocher en rocher avec tant de facilité, quelle que fut leur hauteur et leur escarpement, qu'on eût dit une ombre, plutôt qu'une créature humaine appartenant encore à la terre des vivans.

Et ainsi, elle arriva au sommet de la montagne, à l'endroit même où elle surplombait le fleuve : et s'avançant sur la dernière extrémité, elle ramassa la harpe qu'elle y avait laissée la veille, et de cette voix triste qui ôtait la raison à ceux qui l'écoutaient, elle se mit à chanter sa ballade accoutumée. Mais cette fois, quand la ballade fut finie, elle prit sa harpe contre sa poitrine, et les yeux au ciel, les cheveux au vent, elle se laissa lentement choir, non pas comme un corps qui tombe, mais comme une colombe qui s'envole; au même instant l'escorte qui l'accompagnait jeta un grand cri; la belle Lore avait disparu dans les flots.

L'escorte revint près de l'évêque et lui raconta ce qui s'était passé : alors l'évêque, tout en secouant sa tête mitrée, ordonna que des messes fussent dites pour le repos de l'âme de la pauvre folle; mais il avait lui-même peu d'espérance car il savait que le crime que Dieu a le plus de peine à pardonner est le suicide.

En effet, quelques jours après, il apprit qu'on avait de nouveau vu la belle Lore sur son rocher, et qu'à sa douce vue et à son doux chant des bateliers s'étaient perdus ; or, comme il savait à n'en point douter qu'elle s'était précipitée dans le fleuve, il pensa que pour cette fois il y avait réellement là-dessous quelque enchantement, et fit venir un mathématicien très savant en affaire de magie.

Le savant consulta les astres, et dit à l'évêque qu'effectivement la belle Lore était morte, mais que comme elle était morte en péché mortel, elle était condamnée à revenir au même lieu où elle se tenait de son vivant, et qu'elle reviendrait ainsi jusqu'à ce qu'elle rencontrât un jeune chevalier qui lui fît oublier son premier amour.

L'évêque était trop pieux pour s'opposer en quelque chose que ce fût aux arrêts du ciel; seulement il fit annoncer en tout lieu qu'on eût à se défier de la fée Lore, attendu qu'en punition de ses péchés, la pauvre folle était devenue une méchante enchanteresse; et l'on n'eut point de peine à le croire, car les chants si doux qu'elle faisait entendre autrefois étaient devenus railleurs, et si quelque batelier échouait au pied de son rocher, elle répondait à son cri de mort par un grand éclat de rire, comme répondent la nuit les chats-huants aux cris des voyageurs perdus dans les forêts.

Et cela dura pendant plus d'un siècle; l'évêque mourut. La génération qui avait vu la pauvre Lore vivante disparut en racontant son histoire à la génération qui devait la suivre, et quatre autres générations passèrent ainsi en se racontant les unes aux autres comment était venue là cette méchante fée que l'on voyait ainsi comme un spectre sur son rocher, et dont on entendait les éclats de rire chaque fois que quelque barque égarée chavirait dans les ténèbres.

Cent ans et plus s'étaient écoulés; l'empereur Maximilien régnait en Allemagne, et Roderic-Lenzoli Borgia, de terrible mémoire, était pape à Rome, lorsqu'un soir, un jeune chasseur, perdu dans la vallée de Ligrenkofp, parut tout à coup à la sortie de cette vallée et se trouva en face du Rhin.

C'était par une de ces chaudes soirées d'été, où toute eau fraîche et limpide vous attire; aussi, fatigué de sa course, le jeune chasseur descendit aussitôt de cheval pour se baigner. Mais avant de descendre dans le fleuve, voulant indiquer à sa suite où il était, il sonna du cor; aussitôt l'air qu'il venait de faire entendre fut répété si distinctement, qu'il crut que quelque piqueur lui répondait; il recommença aussitôt une autre fanfare, qui fut reproduite si parfaitement encore, qu'il commença à douter; enfin, à une troisième épreuve, il secoua la tête en disant: — C'est l'écho! et ayant posé son cor à terre, il se déshabilla et se jeta dans le fleuve.

Walter, c'était ainsi que se nommait le jeune nageur, était fils d'un comte palatin; il avait dix huit ans à peine, et c'était déjà non-seulement le plus beau, mais encore le plus brave et le plus adroit des jeunes seigneurs qui, de Mayence à Nimègue, habitaient les bords du Rhin.

Aussi, à la vue de ce bel enfant, dont elle avait commencé par se moquer, en lui renvoyant le son de son cor, et qui venait pour ainsi dire se livrer à elle, la fée Lore éprouva-t-elle tout à coup un sentiment que depuis longtemps elle croyait mort dans son cœur; mais, s'abusant elle-même, elle attribua son trouble à la pitié. La fée Lore se trompait: c'était de l'amour.

De son côté, le jeune homme l'avait aperçue assise sur son rocher, et s'était mis à nager vers elle; la fée Lore le voyait s'approcher avec joie, et elle se mit à chanter cette vieille ballade que tout autour d'elle avait oublié, excepté elle; et à cette voix, Walter redoubla d'efforts pour aborder au pied du rocher. Mais tout à coup la fée songea qu'entre le beau nageur et elle était l'abîme où tant de malheureux s'étaient engloutis; aussitôt, elle interrompit son chant et disparut, si bien que tout rentra dans le silence et dans l'obscurité.

Alors Walter vit qu'il avait été le jouet d'une illusion, et comme il se sentait entraîné malgré lui, il se souvint du gouffre; heureusement il était temps encore, et le jeune homme, grâce à sa vigueur et à son adresse, parvint à regagner le rivage; à peine y était-il qu'il vit venir son vieil écuyer Blum. Blum avait entendu le triple appel du cor, et était accouru.

Walter et le vieil écuyer rejoignirent bientôt leur suite; puis, tous les chasseurs ensemble reprirent le chemin du château. Chacun revenait en parlant joyeusement des exploits de la journée; Walter, seul, marchait pensif et la tête inclinée sur sa poitrine; il pensait à cette apparition gracieuse qui n'avait duré qu'un instant, mais qui lui avait laissé une impression si profonde.

Et le lendemain et les jours suivans, les pêcheurs eurent beau regarder sur le Lei, ils ne virent point la fée. En échange, à partir de ce moment, tout ce qu'entreprenait Walter lui réussissait; on eut dit qu'un génie veillait près de lui, qui lui aplanissait toutes les difficultés.

En effet, le ciel était-il couvert de nuages, et la plus affreuse tempête menaçait-elle, il suffisait que Walter sortît pour que le ciel s'éclairât à l'instant même. Parlait-on dans les environs d'un cheval fougueux, Walter, selon ses habitudes, se le faisait amener, et à peine était-il en selle, que le cheval devenait doux comme un mouton. Était-il altéré, une source fraîche et limpide s'offrait à sa vue; était-il las, un lit de fleurs...

De sorte que sur les bords du Rhin on ne parlait plus que de son adresse et de son bonheur; sa flèche atteignait le but partout où elle était lancée, que ce fût l'aigle planant au plus haut des airs ou le daim fuyant au plus épais de la forêt: ses faucons étaient les plus audacieux, ses chiens les plus fidèles.

Or, un jour que sa meute poursuivait un chevreuil, et que pour la suivre dans les chemins escarpés où elle s'était engagée, il avait quitté son cheval, le jeune chasseur s'égara, et quoiqu'il se trouvât dans une partie de la contrée qui lui fût bien connue, il ne put retrouver son chemin; car il lui semblait que par une magie dont il ne pouvait se rendre compte, les objets avaient changé de forme.

Mais comme poussé par une puissance invisible, Walter avançait toujours. Bientôt, les sons d'une harpe parvinrent jusqu'à lui, et pensant qu'il devait être dans le voisinage de quelque château, il marcha vers l'endroit d'où lui semblait venir le son. Mais le son reculait à mesure qu'il avançait, demeurant toujours assez près pour qu'il ne cessât point de l'entendre, trop loin pour qu'il vît l'instrument qui le rendait.

Il marcha ainsi depuis l'heure où l'ombre était descendue jusqu'à l'heure de minuit. A minuit, il se trouva presqu'au sommet d'une haute montagne qui dominait le Rhin, à droite et à gauche le fleuve fuyait dans la vallée, comme un large ruban argenté. Walter gravit un dernier mamelon, et sur la pointe la plus élevée du rocher, il vit une femme assise.

Cette femme tenait à la main la harpe dont les sons l'avaient guidé; une douce lumière, pareille à celle de l'aube, l'enveloppait comme si elle n'eût pu respirer que dans une atmosphère différente de la nôtre, et elle souriait avec un si merveilleux sourire, que ce sourire renfermait depuis le premier aveu de l'amour jusqu'aux dernières promesses de la volupté.

Walter reconnut à l'instant même l'être mystérieux qu'il avait déjà entrevu pendant la nuit où il se baignait dans le Rhin; son premier mouvement fut d'aller à lui, mais à peine eut-il fait quelques pas qu'il s'arrêta en songeant à tout ce qu'on lui avait raconté de la Lore-Lei; puis, comme c'était un cœur religieux, il fit dévotement le signe de la croix, à l'instant même la lumière s'éteignit, et celle qui la répandait jeta un cri et disparut comme une ombre.

Mais, disparue aux yeux de Walter, elle fut depuis ce moment présente à son esprit: sans cesse il entendait retentir à ses oreilles la musique mélodieuse qui l'avait guidé jusqu'au haut du rocher, et à peine fermait-il les yeux qu'il revoyait resplendissante de sa lumière étrange cette belle fée qui l'avait accueilli avec un si gracieux sourire.

Et Walter tomba dans une profonde mélancolie, car en face de cette image sans cesse présente à sa pensée, aucune femme ne lui paraissait belle; et comme il sentait instinctivement qu'il aspirait à quelque chose qui n'était point de la terre, chaque fois qu'on lui demandait la cause de sa tristesse, il secouait la tête, soupirait, et montrait du doigt le ciel.

Enfin, un jour, le père de Walter lui annonça qu'il eût à

se préparer à partir pour Worms, où l'empereur Maximilien tenait sa cour : il était question de faire la guerre au roi de France, et l'empereur appelait à son aide ses plus braves chevaliers. Les yeux de Walter brillèrent un instant de joie à l'idée de la gloire qu'il pouvait acquérir en cette guerre, et il répondit à son père qu'il était prêt à partir.

Cependant, dès le lendemain, il retomba dans sa mélancolie habituelle. Sans cesse il semblait écouter des bruits que nul n'entendait, sans cesse ses yeux semblaient suivre une image qui échappait à tous les yeux, et le vieil écuyer voyant cette préoccupation éternelle, pressait tant qu'il pouvait les préparatifs du départ, espérant tout d'un changement de lieux.

Mais, la veille de ce jour tant attendu par le pauvre Blum, Walter le fit appeler. L'écuyer se hâta de se rendre aux ordres de son jeune maître, et le trouva plus sombre et plus accablé que jamais; cependant, il tendit comme d'habitude la main au vieil écuyer, lui dit qu'avant de quitter la contrée, il avait résolu de faire une dernière pêche sur le Rhin, et lui demanda s'il voulait l'accompagner.

Blum, qui avait bien souvent partagé ce plaisir avec son jeune maître, ne vit dans cette demande rien que de très simple; il ordonna de porter les filets dans la barque, et Walter ordonna que la barque les attendît en face du petit village d'Urbar.

C'était par une de ces belles soirées de printemps où toute la nature, se réveillant de son sommeil, est harmonieuse comme si chaque chose de la création, de cette voix que Dieu a donné aux élémens comme aux hommes, chantait son hymne au Seigneur : le vent avait des mélodies étranges; le soir des parfums inconnus; le fleuve réfléchissait le ciel comme un miroir, et les étoiles filantes, traversant l'azur, semblaient, au milieu du calme universel, pleuvoir silencieusement sur la terre.

Le vieux Blum jeta les filets; mais Walter, au lieu de s'occuper de la pêche, regardait le ciel, de sorte que la barque en dérive suivait le courant de l'eau. Tout à coup une mélodie bien connue parvint jusqu'aux oreilles du jeune comte; il baissa les yeux, et, de sa place accoutumée, il vit, sa harpe à la main, la fée Lore assise sur son rocher.

C'était la troisième fois qu'elle lui apparaissait ainsi, et cette fois, comme il l'était venu chercher, il ne songea point à s'éloigner d'elle; mais au contraire, il prit les avirons et se mit à ramer de son côté. A ce mouvement inattendu et qui dérangeait ses filets, Blum leva les yeux et vit que la barque se dirigeait droit vers le gouffre.

Alors il voulut arracher les rames des mains de Walter; mais il était trop tard, et quoiqu'il les lui eût cédées sans résistance, le courant était si rapide que, malgré tous les efforts du vieil écuyer, il emportait la barque vers l'abîme. Déjà on entendait les mugissemens du gouffre qui appelait sa proie, Blum lâcha les avirons et se tourna vers Walter, espérant qu'en se jetant à l'eau avec lui ils pourraient encore tous deux gagner le rivage; mais Walter avait les bras tendus vers l'apparition magique qui, de son côté, semblait glisser aux flancs de la montagne et se rapprocher de lui. Blum le conjura de ne point se jeter ainsi au-devant de sa perte; mais Walter était sourd et immobile. Le vieil écuyer voulut le prendre à bras le corps et se précipiter avec lui dans le fleuve, mais Walter le repoussa. Alors, le fidèle serviteur, voyant qu'il ne pouvait le sauver, résolut de mourir avec lui, et comme Walter ne songeait point à prier, il se mit à genoux au fond de la barque, et pria pour eux deux.

Et la barque s'avançait toujours vers le gouffre, et les mugissemens de l'abîme devenaient de plus en plus forts; on voyait dans la nuit sortir du fleuve la tête noire des rochers, contre lesquels se brisait l'écume, et chacun d'eux semblait au pauvre Blum un monstre informe monté à la surface de l'eau pour le dévorer.

De son côté, la fée Lore, enveloppée de cette douce lumière qu'elle semblait répandre, comme une statue d'albâtre au milieu de laquelle brûlerait une flamme, s'approchait avec son doux sourire, et tendant les bras vers le jeune homme, comme le jeune homme les tendait vers elle : déjà elle était descendue du rocher, et légère comme une vapeur, semblait glisser sur l'eau ; enfin Blum sentit la barque trembler et frémir, comme un être animé qui s'approche de sa destruction. Il leva les yeux, il vit qu'ils étaient au milieu des rochers, à quelques pas du gouffre. Walter et la fée Lore allaient se rejoindre; tout à coup il sentit que la barque, attirée comme par la main d'un géant, s'abîmait dans les profondeurs du fleuve; il n'eut que le temps de faire le signe de la croix et de recommander son âme à Dieu ; car sa tête ayant porté contre un rocher, il sentit qu'il s'évanouissait, et crut qu'il allait mourir. Lorsqu'il revint à lui, il faisait grand jour, et il était couché sur le sable au pied du rocher.

Le pauvre écuyer chercha et appela Walter; l'écho moqueur du Lei lui répondit seul; alors il résolut de reprendre la route du château ; mais aux trois quarts du chemin, il rencontra le comte lui-même qui, inquiet de l'absence de son fils, s'était mis à sa recherche. Blum se jeta à ses pieds et se voila la tête avec son manteau en signe de deuil.

Enfin, il lui fallut s'expliquer, et il raconta tout au comte, comment deux fois son jeune maître avait échappé à la fée Lore ; mais comment, à la troisième fois, il l'était venu chercher lui-même. Le comte resta un instant immobile et comme écrasé par la douleur ; mais pas une larme ne tomba de ses yeux, pas un soupir ne sortit de sa bouche. Enfin, après un instant de silence :

— Celui, s'écria-t-il, qui me livrera cette infernale fée, recevra une récompense royale.

— Oh! s'il en est ainsi, monseigneur, s'écria Blum, permettez que ce soit moi qui tente l'entreprise; car, par l'âme de mon jeune maître ! j'y réussirai ou j'y perdrai la vie.

Le comte fit signe de la tête qu'il accueillait la demande du vieil écuyer, et reprit le chemin du château, où il s'enferma en rentrant; et personne ne le vit plus de la journée, aucun serviteur ne fut appelé auprès de lui ; seulement, à travers la porte de l'oratoire, on l'entendait pleurer à sanglots.

Le soir venu, Blum choisit parmi les hommes d'armes du comte ceux sur lesquels il croyait pouvoir compter pour monter avec lui sur le rocher, tandis qu'il ferait envelopper sa base par les moins braves, afin que si la fée Lore cherchait à s'échapper, elle fût prise entre eux et le fleuve. Puis ces dispositions arrêtées, il monta hardiment au sommet.

La nuit était sombre et pareille à cette autre nuit où Walter avait fait la même ascension : Blum arriva à ce premier sommet où s'était arrêté le jeune comte; puis, ayant de nouveau encouragé les soldats, il gravit la dernière cime. Arrivé au sommet de celle-ci, il aperçut la fée Lore, assise sur son rocher et les yeux tendrement fixés sur le fleuve.

A cette vue, si peu faite qu'elle fût pour effrayer, les hommes d'armes, saisis de terreur, refusèrent d'aller plus loin ; mais le vieil écuyer, au lieu de partager leur épouvante, sentit redoubler sa colère contre l'enchanteresse qui lui avait enlevé son jeune maître; et voyant que quelqu'instance qu'il fît aux soldats pour l'aider à prendre la fée, ils n'osaient faire un pas de plus, il s'avança seul vers elle en criant :

— O magicienne maudite ! tu vas enfin payer tout le mal que tu as fait.

A cette voix et à cette menace, la fée leva doucement la tête, et le regardant avec son doux sourire :

— Que veux-tu, vieillard, lui dit-elle, et qu'espères-tu me faire, à moi qui ne suis qu'une ombre?

— Ce que je veux, répondit Blum, je veux que tu me rendes le cadavre de mon jeune maître que tu as précipité au fond du Rhin. Ce que j'espère, j'espère venger sur toi sa mort et celle de tant d'autres qui ont péri avant lui dans le gouffre où il a disparu.

— Le jeune comte n'appartient plus à la terre, murmura la fée de sa voix mélodieuse; le jeune comte est mon époux. Il est le roi du fleuve comme j'en suis la reine ; il a une couronne de corail ; il a un lit de sable mêlé de perles ; il a un beau palais d'azur avec des piliers de cristal; il est plus heureux qu'il n'aurait jamais été sur la terre; il est plus riche que s'il eût hérité de l'héritage paternel, car il a toutes les richesses que le Rhin a englouties depuis le jour de la création jusqu'à ce jour. Retourne donc vers son père, et dis lui de ne pas pleurer!

— Tu mens, méchante fée, répondit Blum, et tu voudrais échapper à ma vengeance; mais tu ne me tromperas pas ainsi; tu es en mon pouvoir, et ton heure est arrivée, à moins que je ne voie mon jeune maître lui-même, et que lui-même ne me confirme, soit de la voix, soit du geste, ce que tu m'as dit. Ainsi donc, apprête-toi à me suivre. Et il tira son épée et fit un pas pour s'approcher de la fée; mais d'une voix puissante, et en étendant le bras vers lui :

— Attends! dit l'enchanteresse.

Et elle détacha son collier de son cou, et en prit deux perles qu'elle jeta dans le fleuve. Au même instant le fleuve bouillonna, et deux vagues énormes ayant cette forme indécise et fantastique que l'on prête aux chevaux marins, montèrent le long des rochers jusqu'au sommet de la montagne, et sur l'une de ces deux vagues, était un bel adolescent au visage pâle et aux longs cheveux pendans, que le vieux Blum crut reconnaître pour le jeune comte; si bien qu'il resta immobile de stupeur.

Pendant ce temps, les deux vagues montaient toujours jusqu'à ce qu'elles vinssent mouiller les pieds nus de la fée; alors la belle Lore s'assit sur celle qui était vide, et, enlaçant ses bras à ceux du jeune homme, elle lui donna un baiser. Puis les vagues commencèrent à redescendre, et, voyant que la fée lui échappait, Blum voulut la poursuivre. Alors le jeune homme le regarda en souriant.

— Blum, lui dit-il, va dire à mon père qu'il ne pleure pas, et que je suis heureux.

A ces mots, il rendit à son épouse le baiser qu'elle lui avait donné, et tous les deux disparurent dans le fleuve.

Depuis ce jour, nul ne revit la Lore-Lei, et les bateliers n'eurent plus à craindre son chant de sirène. Tout ce qui reste d'elle est un écho moqueur qui répète quatre ou cinq fois le son du cor, ou la Tyrolienne nationale que le pilote ne manque pas de chanter en passant devant le rocher de la Lore-Lei.

MONSIEUR DE METTERNICH ET CHARLEMAGNE.

Les extrêmes se touchent. Après la pauvre Lore-Lei victime de son amour, viennent les sept vierges victimes de leurs rigueurs, ces sept vierges sont autant de sœurs qui s'amusaient à faire mourir les beaux jeunes gens d'amour. Saint Nicolas, sans doute l'antique protecteur des garçons, les changea en autant de roches qui sortent de l'eau, et qu'on ne manque pas de montrer en passant aux jeunes filles, pour les guérir de la même maladie, si par hasard elles en étaient atteintes.

Nous quittâmes Oberwesel, sa grande tour, et la Prusse rhénane, pour rentrer dans le pays de Nassau d'où nous venions de sortir. Le château de Gutenfelds, démoli en 1807, et qui domine Caub, domine un corps de garde à peu près conservé en mémoire de Gustave-Adolphe, qui s'y tint pour donner ses ordres dans un combat qu'il livra aux Espagnols qui voulaient l'empêcher de passer le Rhin. Presqu'en face de ce corps de garde, et au milieu du Rhin, s'élève une bâtisse massive et de forme étrange, qui de loin semble un navire à l'ancre, tout prêt à descendre le fleuve. C'est le Pfalz, auquel on monte par un escalier étroit, et dans lequel les princesses palatines venaient accoucher. Maintenant qu'il n'y a plus de Palatinat, le château appartient au duc de Nassau. Un puits creusé dans le roc, et avec lequel ne communiquent pas les eaux du Rhin, a été chercher une source à vingt pieds au-dessous du lit du fleuve.

Cent pas au-dessus du Pfalz on rencontre Bacharah : trois choses le recommandent à la curiosité du voyageur, ses ruines, son das Wilde-Gefœhrt et son vin. Les ruines sont celles de l'église de Werner. Son das Wilde-Gefœhrt, ou passage furieux, est une espèce de tourbillon que forme le fleuve, peu dangereux dans les temps calmes, mais terrible dans les jours orageux; enfin son vin, dont l'empereur Wenceslas faisait si grand cas, que moyennant quatre foudres de ce vin il accorda la liberté à la ville de Nuremberg. Au reste, grâce à un rocher qui se trouve entre l'île de Bacharah et la rive droite du fleuve, on peut savoir d'avance quelle sera la qualité de ce merveilleux liquide. Si du mois de juillet au mois de septembre le rocher montre sa tête hors du fleuve, ce qui n'arrive que dans les années de grande sécheresse, on peut acheter la récolte sur pied; si au contraire le rocher reste couvert par l'eau, les amateurs sont prévenus d'attendre à une autre année.

Quant aux ruines de l'église, dont nous n'avons dit qu'un mot, elles demeurent, toutes délabrées qu'elles sont, un lieu de pèlerinage fort fréquenté : leur réputation leur vient des miracles que saint Gualbert fit, non-seulement pendant sa vie, mais encore après sa mort. Ayant été assassiné à Vesel, par des juifs qui voulaient lui faire renier sa religion, et jeté dans le Rhin, son cadavre, au lieu de descendre le fleuve, remonta le courant jusqu'à Bacharah, si bien que, le lendemain du jour de son assassinat, lorsque ses meurtriers le croyaient au moins à Coblentz, on le retrouva en face de son église, couché et comme endormi sur le rivage.

Au reste, à mesure que l'on remonte le Rhin, les traditions passent du poétique au matériel; c'est que peu à peu les rivages s'abaissent, et que les côteaux couverts de vignes succèdent aux montagnes surmontées de vieux châteaux, si bien que, lorsqu'on a passé le château de Sonneck, détruit en 1282 par Rodolphe de Habsbourg, et rebâti par la famille de Waldeck, qui, éteinte avant lui, l'a laissé s'éteindre à son tour; le château de Falkembourg, détruit à la même époque, et qui, comme son voisin, rebâti au commencement du XIVe siècle par un comte palatin, fut abandonné ensuite à l'archevêque de Mayence, aux mains des créanciers duquel il est resté; et enfin le château de Rheinstein, qui, plus heureux que ses devanciers, doit son illustration antique à la légende de Cunon de Falkenstein et de sa fiancée, et son illustration moderne à la protection que lui accorde le prince Frédéric de Prusse; si bien, dis-je, que, lorsqu'on a passé ces trois châteaux, le poëte n'a rien de mieux à faire que de laisser là son cicerone et de prendre quelque commis voyageur d'une bonne maison de Cologne ou de Mayence, et de s'informer des meilleurs crus qu'il lui reste à rencontrer. Et alors, selon qu'il préférera le vin rouge au vin blanc, ou le vin blanc au vin rouge, il fera son choix entre l'Ingelheim, planté par Charlemagne, ou le Johannisberg, exploité par monsieur de Metternich.

La première de ces deux célébrités doublement historiques que l'on rencontre sur sa route, est le Johannisberg : c'est une hauteur avancée et saillante du Taurus, remarquable par sa convexité, et qui, de terrasses en terrasses, descend presque au niveau du fleuve. C'est sur ces terrasses que croissent les vignes qui fournissent le fameux Château-Johannisberg, qui jouit d'une si haute réputation, que, si peu gourmet que nous soyons, nous ne pouvons nous dispenser de consacrer quelques lignes à son histoire.

Le fameux Bischofsberg ou Johannisberg, selon qu'on voudra l'appeler mont l'Évêque ou mont Saint Jean, était d'abord surmonté par un prieuré fondé en 1109 par l'archevêque de Mayence, Richard II. En 1130, c'est-à-dire vingt-et-un ans après sa fondation, l'archevêque en fit une abbaye qui fleurit pendant quatre siècles, et qui enfin, en 1552, fut brûlée par Albert de Brandebourg. Cet incendie, qui avait détruit le couvent, entraîna sa suppression en 1587; quant à ce qui restait du bâtiment, il fut démoli par les Suédois pendant la guerre de Trente ans.

Mais ce qui faisait la richesse du mont Saint-Jean n'était ni ses prieurés, ni ses abbayes : c'étaient ses vignes. Aussi, en 1641, la première montagne fut-elle engagée au trésorier de l'empire, Hubert de Bleymann, pour la somme de 30,000 florins, 66.000 francs à peu près, et, comme le remboursement de cette somme ne fut jamais opéré, en 1716, le prince de Foulde fut subrogé aux droits de ses héritiers. C'est à compter de ce moment que l'exploitation de ce fameux vignoble commença à être faite selon les règles de l'art; aussi le produit des soixante-trois arpens qui forment sa surface monta-t il entre les mains de son nouveau propriétaire, de quinze ou seize tonneaux qu'il rapportait, jusqu'à vingt-trois et quelquefois même jusqu'à vingt-quatre. Or, comme chaque tonneau contient treize cents bouteilles, et que, dans les grandes années, comme dans celles de 1779 et de 1783, par exemple la bouteille fut vendue jusqu'à 12 florins, c'est-à-dire jusqu'à 24 francs, on comprend que le revenu de ces soixante trois arpens ne laisse pas que d'en valoir la peine. Aussi, lors de la suppression de l'abbaye de Foulde, qui eut lieu en 1803, le prince d'Orange ne négligea-t-il point de faire valoir ses droits sur ce précieux domaine : malheureusement, à peine avait-il eu le temps de déguster son produit, que Napoléon le lui emprunta comme il fit depuis du royaume de la Hollande, et le donna au maréchal Kellermann, en souvenir, sans doute, de sa belle charge de Marengo. Le duc de Valmy le garda jusqu'en 1816, l'époque à laquelle l'empereur d'Autriche, qui ne devait naturellement pas avoir envers lui les mêmes motifs de reconnaissance que Napoléon, l en dépouilla au profit de monsieur de Metternich, qui le reçut à titre de fief et à la condition d'en payer le dixième. Le célèbre diplomate en agrandit les jardins, rehaussa d'un étage le corps de logis du château, et fit peindre dans la chapelle ses armoiries sur verre. A-t-il voulu indiquer par là la fragilité des possessions humaines?

Outre son goût pour la diplomatie et pour l'agriculture, monsieur le prince de Metternich a encore la passion des autographes. Ses relations pendant trente ans avec tous les souverains de l'Europe, dont quelques-uns lui doivent leurs couronnes, lui donnèrent la facilité de réunir une assez belle collection de lettres royales et impériales, et à plus forte raison, comme on le comprend, de tous ces petits princes dont huit ou dix fois les Etats lui sont passés et repassés par les mains. De plus, comme les odes des poëtes allemands et les sonnets des improvisateurs italiens ne durent pas lui faire faute, il n'avait encore rien à désirer sous ce rapport, lorsqu'il s'aperçut que, dans une époque où la presse est devenue une puissance, il lui fallait au moins quelques autographes de journalistes. Or, comme en Italie et en Allemagne, grâce à la censure, il y a bien des journaux, mais pas de journalistes, force lui fut de recourir à la France. Monsieur Jules Janin fut un de ceux qui reçurent, avec toutes les formes d'aristocratique politesse qui le distinguent, la requête du rival de monsieur de Talleyrand.

Monsieur Jules Janin prit à l'instant même la plume, et il écrivit spirituellement ce laconique autographe :

« Reçu de monsieur le prince de Metternich vingt-quatre
» bouteilles de Johannisberg, première qualité.

« Paris, ce 15 mai 1838. »

Un mois après, le journaliste recevait de monsieur de Metternich les vingt-quatre bouteilles de Johannisberg, dont il avait, avec une confiance qu'apprécia sans doute le prince, accusé d'avance la réception.

Monsieur de Metternich a gardé précieusement le spirituel autographe de Janin. Quant à Janin, je doute qu'il ait gardé le vin de monsieur de Metternich.

L'Ingelheim, qui est le Johannisberg de la petite propriété, peut, malgré l'infériorité où les gourmets le tiennent, se vanter d'avoir une origine non moins aristocratique que son rival, car, s'il n'est pas vendu par un prince, il fut planté par un empereur. Ce fut Charlemagne qui, ayant remarqué l'excellente exposition du terrain, y transporta les ceps du meilleur cru d'Orléans, et, selon son espérance, la vigne gagna cent pour cent par la transplantation. Ce fut une grande joie pour l'empereur d'avoir si bien réussi, attendu qu'après Aix-la-Chapelle, sa résidence préférée était Ingelheim ou la maison de l'Ange. Voici à quelle occasion ce château fut baptisé de ce poétique et céleste nom.

Vers l'année 868, Charlemagne avait résolu de se faire bâtir un palais qui commandât le Rhin, et en 874 ce palais était bâti. C'était un magnifique édifice, moitié forteresse, moitié château, qui était soutenu par cinquante colonnes de marbre et cinquante colonnes de granit. Ces colonnes de marbre lui avaient été envoyées de Rome et de Ravenne par le pape Étienne III, et les colonnes de granit avaient été tirées de l'Adenwald. Si bien que, voyant sa nouvelle demeure impériale si heureusement achevée, il résolut d'y tenir une diète. En conséquence, les princes et les seigneurs environnans furent convoqués à cette grande solennité.

La nuit qui précéda le jour où la diète devait avoir lieu, et comme l'empereur venait de s'endormir, un ange lui apparut et lui dit ces paroles : « *Charles, leve-toi et vole.* » Charlemagne se réveilla aussitôt et sentit un parfum céleste dans sa chambre. Mais comme les paroles que l'ange lui avait dites lui paraissaient médiocrement en rapport avec les Commandemens de Dieu et de l'Église, il se figura avoir fait un rêve, et se rendormit.

Mais à peine l'empereur avait-il les yeux fermés, que la même vision lui apparut de nouveau, et qu'avec un visage sévère comme celui d'un messager qui a droit de s'étonner qu'on n'obéisse pas à ses ordres, l'ange répéta une seconde fois, d'une voix sévère, les paroles qu'il avait déjà dites et que l'empereur croyait avoir mal entendues. Il ouvrit aussitôt les yeux, et vit la chambre pleine d'une lumière céleste, qui alla peu à peu s'affaiblissant et finit par s'éteindre tout à fait.

Cependant, l'ordre était si étrange que Charlemagne hésita encore d'y obéir, et reposant la tête sur l'oreiller, se rendormit une troisième fois. A cette fois encore, le même ange lui apparut, mais avec un visage si menaçant, et il lui réitéra le même ordre avec une voix si impérieuse, que l'empereur, qui cependant n'était point facile à effrayer, en tressaillit de terreur, et se réveilla en sursaut. Cette fois, non-seulement la même céleste odeur était répandue et la même lumière éclatante brillait, mais encore l'ange était debout près de son lit, et ce ne fut que lorsqu'il eût été certain que l'empereur ne pouvait pas douter de la réalité de sa présence, qu'il étendit ses ailes d'or et disparut. Cette fois, Charlemagne n'eut plus aucun doute que l'ordre ne lui vint du ciel, car le messager était trop beau pour être un envoyé de l'enfer.

Charlemagne n'hésita donc plus ; il se leva aussitôt, s'habilla à tâtons, tout en déplorant ce commandement du ciel qui lui ordonnait de commencer si tard un métier si infâme. Mais l'empereur était, comme Abraham, decidé à tout sacrifier à Dieu, même son honneur. En conséquence, il revêtit sa cuirasse, ceignit son épée et prit son casque à sa main, comme s'il allait commander une de ces expéditions guerrières pour lesquelles il avait autant de sympathie que pour celle-ci il avait de répugnance; enfin, il sortit de sa chambre, et s'arrêtant sur une galerie qui dominait tout le pays, il fit une pose pour décider de quel côté il irait commettre ce vol qui l'embarrassait tant à accomplir.

La nuit, au reste, était sombre, et comme il convient à une telle expédition ; mais, si inspiratrice que fût l'obscurité, l'empereur était tellement novice dans le nouvel art qu'il lui fallait exercer, que, quoiqu'il se promenât de long en large depuis près d'une heure, il ne lui était pas encore venu la moindre bonne idée, lorsque, tout à coup, il s'aperçut qu'on venait de lui voler son casque, qu'il avait posé sur la balustrade de la galerie. L'empereur chercha bien de tous les côtés, regarda en dedans et en dehors; mais toute recherche fut inutile : le casque avait disparu.

Plus le vol était audacieux, plus le voleur était adroit ; et, plus le voleur était adroit, plus, en pareille circonstance, il pouvait donner un bon conseil à l'empereur. Aussi il lui parut que ce vol était une nouvelle faveur du ciel qui, voyant son embarras, en avait eu pitié. En conséquence, élevant la voix :

— Que celui qui m'a volé mon casque, s'écria-t-il, se présente devant moi, et, sur ma poitrine royale, au lieu d'être puni, il recevra une récompense de cent ducats.

Aussitôt, un éclat de rire aigu retentit dans la galerie même, et, de dessous le tapis qui recouvrait une table, Charlemagne vit sortir son nain, qui s'approcha de lui et lui tendit le casque afin qu'il y jetât la somme promise.

— Ah ! c'est toi, infâme voleur, dit Charlemagne ; j'aurais dû me douter qu'il n'y avait que toi capable de faire un pareil coup, et ordonner qu'on te donnât cent coups de verges, au lieu de te promettre aussi imprudemment que je l'ai fait cent ducats.

— Oui, maître, dit le nain, c'eût été plus économique : c'est vrai ; mais un honnête homme n'a que sa parole. Voilà ton casque ; où sont les cent ducats ?

— Tu les auras tout à l'heure, quand tu m'auras donné un bon conseil.

— Les cent ducats, dit le nain, ont été promis pour le casque et non pour le conseil ; donne-moi les cents ducats pour le casque, et tu auras le conseil gratis.

Charlemagne étendit la main pour empoigner le drôle qui lui parlait avec tant de hardiesse ; mais le nain vit le mouvement, et, rapide comme la pensée, il sauta sur la balustrade, et, avec l'adresse et l'agilité d'un singe, il se mit à grimper le long d'une des colonnes, et ne s'arrêta que lorsqu'il fut à cheval sur une des feuilles du chapiteau. Là il se mit à chanter une chanson dont il composait à la fois l'air et les paroles. Cette chanson disait :

« J'ai déjà un casque, un beau casque, un casque surmonté d'une couronne royale : un casque qui me coûte cent ducats.

» Et je vais tâcher d'avoir au même prix une cuirasse et une épée, et alors je me ferai armer chevalier par quelque empereur qui n'ait jamais manqué à sa parole.

» Puis, quand je serai armé chevalier, que j'aurai une grande épée et une bonne lame, je m'en irai par monts et par vaux faisant justice, car dans les pays de Germanie et de France justice a grand besoin d'être faite.

» Mais, hélas ! où trouverai-je, pour m'armer chevalier, un empereur qui n'ait jamais manqué à sa parole. »

Le bruit d'une bourse qui tombait sur les dalles interrompit l'improvisation du chanteur ; le nain comprit que sa morale avait produit son effet, descendit de sa corniche et alla ramasser la bourse, un œil sur elle et un œil sur l'empereur.

— Allons, viens ici, drôle, dit Charlemagne, et ne crains rien. J'ai besoin de toi.

— Oh ! alors, dit le nain, si tu as besoin de moi, c'est autre chose, et je n'ai plus peur.

— Je voudrais voler, dit Charlemagne.

— Mauvais métier, dit le nain, surtout lorsqu'on a affaire à des gens qui promettent et qui ne tiennent pas ; aussi, si tu m'en crois, puisque tu as le malheur d'être né honnête homme, reste honnête homme.

— Je te dis que je veux voler, dit Charlemagne d'un ton qui prouvait qu'il commençait à se lasser des réflexions philosophiques de son interlocuteur.

— Oh ! alors, dit le nain, si c'est une vocation décidée, il n'y a plus rien à dire. Que veux-tu voler ?

— Ah ! voilà ce que je ne sais pas, dit Charlemagne. Mais je veux voler quelqu'un, et cela tout de suite, cette nuit.

— Diable ! dit le nain, eh bien ! volons.

— Mais qui voler ? demanda Charlemagne.

— Tiens, dit le nain en étendant la main, vois tu cette pauvre cabane ?

— Oui, dit l'empereur.

— Eh bien ! il y a là un bon coup à faire. Si pauvre qu'elle te paraisse, elle renferme aujourd'hui cent florins ; depuis près de dix ans le paysan qui l'habite travaille tous les jours de cinq heures du matin à huit heures du soir, de sorte qu'à force de remuer la terre, il a mis de côté cette somme. La porte ferme mal, le brave homme a le sommeil dur, tu vois qu'il est facile à voler.

— Misérable ! s'écria Charlemagne, tu veux que j'aille prendre à un malheureux le fruit de dix ans de travail, un argent tout trempé de sa sueur !

— Moi ! dit le nain, je ne veux rien ; tu me demandes un conseil, je te le donne, et voilà tout.

— A un autre, à un autre ! s'écria Charlemagne.

— Vois-tu cette maison de campagne, dit le nain en étendant le doigt dans une autre direction ?

— Je la vois, répondit l'empereur.

— C'est celle d'un riche commerçant ; celui-là, ce ne sont point des florins que tu trouveras chez lui, ce sont des ducats, et ce ne sera point par centaines que tu les trouveras, ce sera par milliers.

— Et sans doute, dit Charlemagne, c'est en faisant l'usure et en vendant à faux poids qu'il a acquis une pareille fortune.

— Non, dit le nain, non. C'est, au contraire, en faisant pour lui comme pour les autres des calculs tellement exacts, que sa probité est devenue un proverbe, et que par hasard, à celui-là, la probité a rapporté ce que rapporte aux autres la friponnerie.

— Comment ! gredin, dit l'empereur, et c'est justement un homme qui a fait fortune d'une manière si honorable que tu veux que je ruine.

— Je ne veux rien, dit le nain ; c'est toi au contraire qui veux voler. Je te dis quels sont ceux qui ont de l'argent, voilà tout.

— Oui, sans doute, je veux voler, dit l'empereur, mais non pas le pauvre laboureur, non pas le commerçant industrieux ; j'aimerais mieux voler quelque bon abbé, engraissé par le repos, enrichi par la dîme, qui n'ait jamais rien fait que dormir, manger et boire. Voilà qui je voudrais voler, si tu veux le savoir.

— Peste ! pour un commençant, dit le nain, ce n'est pas mal raisonné ; mais en volant un tel homme, ce serait toujours les pauvres que tu volerais, car il saurait bien se faire rendre le lendemain par le peuple le double de ce que tu lui aurais pris.

— Eh bien ! alors, dit l'empereur, je voudrais voler quelqu'un de ces mauvais chevaliers qui ne vivent que de pillages et de roberies ; qui trahissent ceux qu'ils devraient servir, et qui oppriment ceux qu'ils devraient défendre.

— Oh ! alors, c'est autre chose, que ne t'expliquais-tu tout de suite, dit le nain. J'ai ton affaire. Vois-tu ce château-fort ?

— Oui, dit Charlemagne.

— Eh bien ! c'est au seigneur Harderic, le plus grand brigand que la terre ait porté après le roi Attila et le faux prophète Mahomet.

— Tant mieux, dit l'empereur.

— Mais là ce ne sera pas chose facile. Il a le sommeil léger et la main lourde. Il y aura des coups à gagner.

— Tant mieux, tant mieux ! dit l'empereur.

— Eh bien ! alors, va-t-en mettre une autre cuirasse, une cuirasse sombre comme la nuit dans laquelle il faut que nous nous glissions. Va prendre un poignard court au lieu de cette longue épée. L'épée est une arme de jour pour atteindre de loin. La nuit on ne frappe que ce qu'on touche. On a les yeux à la main, et il ne faut pas que les yeux soient trop loin de la lame. Va et reviens, je t'attends ici, en comptant les ducats pour voir si mon compte y est.

L'empereur ne se le fit pas dire à deux fois ; il rentra chez lui, et revint bientôt couvert d'une cotte de mailles d'acier bruni, qui lui prenait le corps comme un pourpoint, et lui emboîtait la tête comme un capuchon. Il avait de plus à sa ceinture un couteau, large, court et tranchant comme le glaive romain. Le nain l'examina des pieds à la tête et fit un signe approbatif.

— Allons, dit Charlemagne, en route.

— En route, dit le nain.

Et tous deux sortirent du palais ; et dans la route la plus

directe, c'est-à-dire à travers terre, s'avancèrent vers le château de Harderic.

Chemin faisant, Charlemagne ayant rencontré une borne qui servait à marquer les limites d'un champ, l'arracha de terre et la mit sur son épaule.

— Que diable fais-tu là ? dit le nain.

— Crois-tu que nous trouverons la porte ouverte ? demanda l'empereur.

— Non pas, répondit le nain.

— Eh bien ! j'emporte de quoi l'enfoncer.

Le nain éclata de rire.

— C'est cela, dit-il, et au premier coup que tu frapperas, toute la garnison sera sur pied, et alors que trouveras-tu à prendre ? quelque poule effarouchée qui se sera sauvée dans les fossés. Je te croyais plus fort, maître ?

— Comment faut-il donc faire ? demanda Charlemagne un peu confus de son inexpérience.

— Cela me regarde, dit le nain.

Charlemagne laissa tomber sa borne, et continua sa route sans dire une seule parole.

Arrivés à la porte, comme l'avait pensé Charlemagne, ils trouvèrent la porte fermée. Alors il regarda son nain comme pour lui demander ce qu'il fallait faire ; le nain lui fit signe de se tenir le plus près de la porte qu'il lui serait possible ; et s'élançant sur un figuier qui croissait dans les fossés, et du figuier se cramponnant à la muraille, il monta, enfonça successivement ses mains et ses pieds dans les intervalles des pierres jusqu'aux créneaux, et disparut. Un instant après Charlemagne entendit une clef grincer dans la serrure : la porte s'ébranla lourdement, mais sans bruit, puis s'entre-bâilla juste ce qu'il fallait pour laisser passer un homme. Charlemagne passa ; le nain repoussa la porte avec les mêmes précautions qu'il avait prises pour l'ouvrir, et les deux voleurs se trouvèrent dans la cour du château.

— Voilà votre chemin, dit le nain en montrant à Charlemagne l'escalier qui conduisait aux appartemens du château ; voilà le mien, continua-t-il en montrant l'écurie.

— Pourquoi ne viens-tu pas avec moi ? demanda Charlemagne.

— Parce que j'ai aussi mon coup à faire, moi, dit le nain.

Et se mettant à courir à quatre pattes comme un chien, afin de ne pas être reconnu pour une créature humaine dans le cas où il serait vu, il traversa le préau, et entra dans l'écurie.

Cette confiance du nain piqua d'honneur Charlemagne ; il monta l'escalier le plus doucement qu'il put, entra dans les appartemens, et grâce à un rayon de la lune qui justement parut au ciel en ce moment, il parvint jusqu'à la chambre qui précédait celle où Harderic couchait avec sa femme. Arrivé là, il étendit la main pour voir s'il ne trouverait rien à prendre, et sa main tomba sur un coffre cerclé qui lui parut devoir contenir de l'argent ou des bijoux. En ce moment le cheval du châtelain hennit si violemment, que Charlemagne en tressaillit.

— Holà ! dit Harderic en s'éveillant en sursaut, que se passe-t-il dans mon écurie ?

— Rien, répondit la voix de sa femme, c'est ton cheval qui hennit.

— Mon cheval n'a pas l'habitude de hennir ainsi, dit Harderic, il faut que quelqu'un qu'il ne connaît pas essaie de le détacher.

— Et qui veux-tu qui essaie de détacher ton cheval ?

— Qui, pardieu ! un voleur.

Et à ces mots, Charlemagne entendit Harderic descendre de son lit et prendre son épée. Alors il se retira en arrière, et grâce au rayon de la lune, il le vit passer. Charlemagne demeura dans son coin, en maudissant le nain, et en tenant à tout hasard sa main sur la garde de son épée.

Au bout d'un instant le châtelain rentra.

— Eh bien ! lui dit sa femme, qu'y avait-il dans l'écurie ?

— Il n'y avait rien, répondit Harderic, mais depuis trois ou quatre nuits je ne puis pas dormir.

— Et tu ne peux pas dormir parce que tu médites sans doute quelque chose.

— C'est vrai, dit le châtelain.

— Et que médites-tu ?

— Je puis te le dire maintenant, répondit Harderic, car le moment où notre projet doit s'accomplir est presqu'arrivé ; demain, moi et onze autres comtes, barons et seigneurs, nous devons tuer le roi Charles, qui nous empêche d'être les maîtres chez nous, ce que nous sommes las de supporter, et ce que nous ne voulons plus souffrir.

— Ah ! ah ! fit tout bas Charlemagne.

— Oh ! mon Dieu, mon Dieu ! dit la châtelaine désolée, et si votre complot échoue, vous êtes tous perdus.

— Impossible, dit le châtelain, nous sommes liés entre nous par les sermens les plus terribles ; demain, convoqués à la diète avec tous les autres, nous entrons au palais sans exciter aucun soupçon ; nous serons bien armés, et il ne le sera pas, nous entourons son trône, nous le frappons, et il tombe.

— Et quels sont les conjurés ?

— C'est ce que je ne puis pas dire, même à toi ; mais leur engagement signé de leur sang est ici dans la chambre à côté, enfermé dans la cassette qui se trouve sur la table. Charlemagne allongea la main, la cassette était bien là où l'avait dit Harderic.

— Hélas ! dit la châtelaine, Dieu veuille que tout cela tourne bien !

— *Amen*, dit le châtelain.

Et il se remit à dormir : pendant quelques temps encore on entendit les soupirs de la châtelaine, mais bientôt sa respiration douce et égale se mêla aux ronflemens de son mari : tous deux avaient repris leur sommeil interrompu.

Alors Charlemagne prit la cassette, la mit sous son bras, traversa les appartemens, descendit l'escalier, et arriva dans la cour. Là, il vit son nain qui se débattait sur le cheval de guerre du châtelain qui hennissait et piaffait, comme s'il jugeait indigne de lui d'obéir à un si misérable écuyer. Mais alors le bon empereur s'élança dessus, et à peine le cheval eut-il senti le poids d'un homme, et eut-il compris à quel cavalier exercé il avait affaire, qu'il devint doux comme un mouton. Alors Charlemagne prit le nain par le collet de son habit, le mit en croupe, et partit au grand galop.

En arrivant au château, Charlemagne ouvrit la cassette qu'il avait volée, et y trouva les engagemens des douze conjurés signés de leur sang. Alors il fit éveiller ses gens et ordonna qu'on dressât dans une des cours du palais onze potences de taille ordinaire, et une douzième plus élevée que les autres, et au haut de chacune de ces onze potences, il fit clouer sur un écriteau le nom d'un des douze conjurés, et sur la potence la plus élevée le nom de leur chef Harderic.

Puis, comme il y avait deux entrées au palais, il ordonna de recevoir tous les autres barons convoqués par une autre porte et dans une autre cour, et de ne recevoir que les conjurés par la porte et dans la cour des potences.

Et il fut fait ainsi que Charlemagne l'avait ordonné, si bien que lorsqu'il vit tous les barons réunis, il leur raconta le complot tramé contre lui, leur montra l'engagement signé du sang des douze conjurés, et leur demanda quelle peine ils avaient mérité : et tous les barons, d'une seule voix, dirent qu'ils avaient mérité la mort.

Alors Charlemagne fit ouvrir les fenêtres qui donnaient sur la seconde cour, et les barons virent les douze conjurés pendus aux douze poteaux.

Et en mémoire de l'apparition céleste à laquelle il devait la vie, il nomma le palais où elle avait eu lieu *Ingelheim*, ou *la maison de l'ange*.

Au reste, à peine a-t-on dépassé Ingelheim, que les montagnes disparaissent, que la vallée s'élargit presque à perte de vue, et que le Rhin s'étend comme un immense lac. On a laissé derrière soi la partie la plus pittoresque, et l'on a à sa gauche le château de Biberick, et, en face de soi, comme fond d'horizon, la ville de Mayence, qui semble barrer le fleuve.

Biberick est la résidence du duc de Nassau. Le matin même du jour où nous passâmes devant le château ducal, Son Altesse y était arrivée revenant de présider ses Etats, qui n'avaient duré qu'une heure, attendu que le souverain les avait ouverts et fermés par le même discours. Voici l'allocution qu'il avait faite à ses chambres :

« Messieurs,

» Nous sommes à peu près trois cent cinquante mille âmes dans le duché de Nassau.

» Depuis les Romains jusqu'à nous, il a été fait à peu près, par mes prédécesseurs et par les prédécesseurs de mes prédécesseurs, trois cent cinquante mille lois ; c'est une loi par homme, ce qui me paraît fort raisonnable. Je vous donnerai donc le conseil de vous en tenir à nos anciennes lois, et de ne pas en faire de nouvelles.

» Quant à ma liste civile de cette année, comme il me reste encore à peu près la moitié de la somme que vous m'avez votée l'année dernière, il est inutile que nous nous en occupions avant l'année prochaine.

» Sur ce, messieurs, je prie Dieu qu'il vous ait en sa sainte et digne garde. »

Et sur ces paroles les Etats avaient été fermés.

C'est ainsi qu'on pratique le gouvernement parlementaire en Allemagne.

Dix minutes après avoir dépassé Biberick, nous abordions sur le quai de Mayence.

Notre premier soin, en arrivant à Mayence, fut de visiter la place de la Parade, où l'on venait de dresser la statue de Guttemberg, fondue à Paris sur un modèle de Thorwaldsen. J'en suis désolé pour l'inventeur de l'imprimerie, mais il méritait mieux que cela, et il n'a pas gagné grand chose à passer du grès au bronze.

Au reste, j'ai à me reprocher d'avoir contribué pour ma part à cette méchante œuvre. Tous les moyens d'encouragement qui ont ordinairement action sur les souscripteurs épuisés, par cela même peut-être qu'on avait eu l'imprudence de montrer au grand jour le résultat de la souscription, il restait un déficit de 8,000 francs ; on eut alors l'idée de donner une représentation à bénéfice pour couvrir cette somme, et l'on fit choix d'un drame français qui venait d'être traduit en allemand. Ce drame était *Kean*.

La recette avait dépassé de deux mille francs le vide qu'elle était destinée à combler, ce qu'il faut très certainement attribuer au patriotisme des Mayençais.

Je fis trois fois le tour de la statue pour bien m'affermir dans mon opinion, et je revins à l'hôtel parfaitement fixé.

Deux heures après, nous roulions sur le chemin de Francfort.

FRANCFORT.

Un avantage inappréciable des grandes routes allemandes, c'est qu'on y dort mieux que dans les auberges. Aussi, en sortant de Mayence, profitai-je de l'excellent état des chemins pour me venger du mauvais état des lits. Depuis Bonn je n'avais pas dormi.

Je ne sais pas à quelle heure nous arrivâmes à Francfort. Je fus réveillé en sursaut par un Autrichien qui me secouait par le bras pour avoir mes papiers. Depuis une aventure arrivée à l'un d'eux, les Autrichiens sont féroces à l'endroit des passeports.

La ville libre de Francfort qui, en sa qualité de ville libre est gardée par un régiment prussien et par un régiment autrichien, avait, par l'organe de ses deux bourguemestres, manifesté le désir d'arrêter un fameux voleur, qui, au moment de la foire d'automne, avait exercé son industrie aux dépens des nationaux et des étrangers. En conséquence, comme malgré les recherches de la police la foire tirait à sa fin et que le voleur n'était pas pris, ordre fut donné aux sentinelles de redoubler de surveillance, et de faire entrer au corps de garde tous ceux qui sortiraient de la ville, afin d'examiner avec attention si les passeports étaient en règle, et si les signalemens portés sur les passeports s'accordaient avec la figure, la taille et les signes particuliers des individus ; puis, ces mesures prises et communiquées aux commandans des deux régimens, les autorités de la ville, satisfaites de leur sagacité, se couchèrent parfaitement tranquilles.

Il n'en fut pas de même du voleur ; le pauvre diable était fort inquiet ; la nature l'avait doué d'un physique tout particulier, ce qui lui rendait fort difficile l'usage d'un passeport qui n'aurait pas été fait exactement pour lui. Il n'en passa pas moins la revue de ses papiers ; mais dans les cinq ou six passeports qu'il possédait, il n'en trouva pas un seul qui le rassurât suffisamment pour lui faire tenter l'épreuve du corps de garde. Il résolut de sortir sans passeport et comme un bourgeois qui se promène.

Il se présenta donc à la porte de l'Affenhor, gardée par un poste autrichien, et essaya de passer en se dandinant, et une badine à la main. Mais la sentinelle, qui avait reçu sa consigne, cria : *Qui vive!* de toute la force de ses poumons.

— Bourgeois ! répondit le voleur.

— Avancez à l'ordre, dit la sentinelle.

Il n'y avait pas moyen de se refuser à une pareille invitation, accompagnée d'un geste militaire qui ne laissait aucun doute sur les intentions de celui qui la faisait.

— Me voici, dit le voleur en s'approchant.

— Votre passeport ? demanda la sentinelle.

— Mon passeport ! répondit le voleur, comme s'il était on ne peut plus étonné de la question, je n'en ai pas.

— Eh bien ! dit la sentinelle en remettant l'arme au bras, vous êtes fort heureux de n'en pas avoir, car, si vous en aviez eu un, j'aurais été obligé de vous faire entrer au corps de garde, où l'on aurait examiné si votre signalement était en rapport avec votre physionomie, ce qui vous aurait pris une bonne demi-heure ; mais puisque vous n'en avez pas, c'est autre chose. Allez.

Le voleur profita de la permission qui lui était si gracieusement donnée par la sentinelle.

Quant à nous, comme notre physique, en rapport avec nos signalemens, n'excita, à ce qu'il paraît, aucune défiance, nous en fûmes quittes pour une demi-heure d'attente, après laquelle notre voiture nous déposa à la porte de l'*Empereur-Romain*, où j'achevai ma nuit si bien commencée dans la diligence.

Le lendemain, en me réveillant, je me mis à la fenêtre ; j'étais dans le Zeile, la plus belle rue de Francfort. Au-dessus de ma tête, j'avais un magnifique empereur, dont l'intention est de représenter Charlemagne ou Louis de Bavière, je ne sais trop lequel, mais qui, certainement, ne représente ni l'un ni l'autre ; puis à droite et à gauche les plus riches maisons de Francfort. Ce premier aspect me donna la plus haute idée des villes libres.

Je descendis à la salle commune ; les tables d'hôtes étaient, comme dans le reste de l'Allemagne, indiquées pour une heure et pour quatre heures, ce qui donne à chacun la facilité de dîner selon ses habitudes. A la table d'hôte de une heure, il n'y a que des Allemands, et à celle de quatre heures, en revanche, il n'y a que des Anglais et des Français.

J'avais deux heures devant moi ; je demandai la route du Rœmer ou de l'Hôtel-de-Ville. Ce monument, comme on le sait, est celui où l'on élisait les empereurs.

Francfort, dont le nom teuton *Francfurt* veut dire *gué Franc*, doit son origine à un château impérial qu'y avait fait bâtir Charlemagne, à l'endroit même où le Mein est guéable. La première trace qu'on en trouve dans l'histoire est la date du concile qui y fut tenu en 794, concile dans lequel l'adoration des Mages fut rejetée. Quant au palais de Charlemagne, il n'en reste plus aucun vestige ; seulement, les antiquaires prétendent qu'il s'élevait juste à l'endroit où l'on a bâti depuis l'église de Saint-Léonard.

Depuis Louis le Débonnaire jusqu'à la fin de la dynastie

Carlovingienne, Francfort fut la capitale du royaume oriental des Francs ; les trois Othons la firent successivement entourer de murailles, et sous Louis de Bavière, son protecteur direct, elle atteignit à peu près le degré d'extension où elle est arrivée aujourd'hui. Du reste, depuis 1152, c'était à Francfort que l'on élisait les empereurs romains, lorsqu'en 1356 parut la bulle d'or, donnée par Charles IV, et qui devint la loi fondamentale de l'empire. Cette fameuse bulle, écrite sur quarante-cinq feuilles de parchemin, et commençant par ces paroles sacramentelles : *Omne regnum in se divisum desolabitur*, est conservée dans les archives de l'Hôtel-de-Ville. Son nom lui vient de la lame d'or qui recouvrait et qui recouvre encore son sceau, afin de le conserver intact. Deux siècles plus tard, les souverains furent non-seulement élus à Francfort, mais encore ils y furent couronnés, ce qui donna à la ville une nouvelle importance.

Francfort se gouverna ainsi, tant bien que mal, comme ville municipo-impériale, jusqu'au moment où, après avoir été bombardée par les Français pendant les guerres de la révolution, elle fut donnée un beau matin par Napoléon au prince primat, Charles de Dalberg, et devint alors la capitale du grand duché de Francfort ; enfin, le 9 juin 1815, l'acte du congrès de Vienne fit de Francfort le siége de la diète de la confédération germanique, et la capitale du grand duché de Francfort se retrouva ville libre.

Grâce à sa nouvelle constitution, les Francfortois ont droit à un quart de voix à la diète, les trois autres quarts appartenant aux trois villes libres, Hambourg, Brême et Lubeck.

En échange de cet honneur, Francfort doit tenir 750 hommes à la disposition de la Confédération germanique, et tirer le canon le jour anniversaire de la bataille de Leipsick. Ce dernier article souffrit d'abord quelques difficultés, attendu que la ville libre n'avait, depuis 1808, plus de remparts, et, depuis 1813, plus de canons. Mais on profita du premier moment d'enthousiasme pour ouvrir une souscription à l'effet d'acheter deux pièces de quatre. Grâce à cette libéralité volontaire, la ville libre fait, à jour fixe, avec une exactitude toute commerciale, le feu et la fumée qu'elle doit à la Sainte-Alliance.

Quant aux remparts, il n'en est plus question : au lieu de vieilles murailles et de fossés fangeux, les Francfortois ont vu s'élever, comme une ceinture gracieuse et odoriférante, un charmant jardin anglais qui permet de faire le tour de la ville sous des arbres magnifiques et sur des chemins sablés. Si bien qu'avec ses maisons peintes en blanc, en pistache et en rose, Francfort ressemble à un énorme bouquet de camélias tout entouré de bruyères. Le tombeau du maire à qui l'idée de cette amélioration est venue, s'élève au milieu de ce charmant labyrinthe que les bourgeois et leurs familles peuplent tous les jours à cinq heures.

Si curieux que je fusse de visiter la promenade du rempart, comme on l'appelle, je ne voulus pas quitter l'Hôtel-de-Ville sans avoir vu la salle des empereurs. Je parvins à déterrer une espèce de concierge qui monta devant moi, un trousseau de clefs à la main, et m'ouvrit cette salle qui porte aujourd'hui le titre de salle du Sénat. Une des choses curieuses de cette salle, qui renferme tous les portraits des empereurs, depuis Conrad jusqu'à Léopold II, c'est que l'architecte qui la bâtit avait fait juste autant de niches qu'il devait y avoir d'empereurs, de sorte qu'au moment où François II fut élu, le tour de la salle étant achevé, il ne se trouva plus de niche pour le nouveau César. Il y avait donc grande discussion pour savoir où l'on mettrait le portrait du nouvel élu, lorsqu'en 1806, le vieil empire romain croula au bruit du canon de Wagram, et tira ainsi les courtisans d'embarras.

L'architecte avait prévu juste le nombre d'empereurs qu'il devait y avoir. Nostradamus n'aurait pas fait mieux.

Depuis Conrad jusqu'à Ferdinand Ier, c'est-à-dire de 911 à 1556, le couronnement avait eu lieu à Aix-la-Chapelle : Maximilien II commença en 1564 la série des empereurs couronnés à Francfort.

Après la cérémonie qui avait lieu dans l'église cathédrale de Saint-Barthélemy, plus connue sous le simple nom du Dôme le nouvel élu, accompagné des électeurs, rentrait à l'Hôtel-de-Ville et montait à la grande salle pour accomplir et voir accomplir les cérémonies usitées en pareil cas.

Les électeurs de Trèves, de Mayence et de Cologne se plaçaient à la première fenêtre, en allant de droite à gauche.

L'empereur, en grand costume, le manteau impérial sur les épaules, couronne sur la tête, le sceptre et le globe en main, se plaçait à la seconde fenêtre.

La troisième était occupée par un dais, où se tenaient l'archevêque et le clergé.

La quatrième était destinée aux ambassadeurs de Bohême et du Palatinat.

La cinquième aux électeurs de Saxe, de Brandebourg et de Brunswick.

Au moment où paraissait cette brillante assemblée, la place tout entière éclatait en cris et en acclamations.

Cette place mérite une description particulière.

Le milieu était occupé par un bœuf qui rôtissait tout entier au milieu d'une cuisine de planches.

Un des côtés était occupé par une fontaine surmontée d'un aigle à deux têtes, qui, par l'un de ses becs, jetait du vin rouge, et par l'autre bec du vin blanc.

Le second côté était occupé par un monceau d'avoine qui pouvait s'élever jusqu'à la hauteur de trois pieds.

Quand toutes les fenêtres étaient garnies, quand l'empereur, l'archevêque et les électeurs étaient assis à leurs places respectives, le son de la trompette se faisait entendre, et l'archi-maréchal sortait à cheval, poussait jusqu'à la sangle sa monture dans l'avoine, y remplissait une mesure d'argent, remontait dans la salle, et présentait cette mesure à l'empereur.

Cela voulait dire que les écuries étaient approvisionnées.

Alors la trompette se faisait entendre une seconde fois, et l'archi-échanson sortait à cheval, et s'en allait emplir deux coupes d'argent à la fontaine, l'une de vin rouge, l'autre de vin blanc, et il portait ces deux coupes à l'empereur.

Cela voulait dire que les celliers étaient garnis.

Puis la trompette se faisait entendre une troisième fois, et l'archi-tranchant sortait à cheval, s'en allait couper une tranche du bœuf, et l'apportait à l'empereur.

Cela voulait dire que les cuisines étaient florissantes.

Enfin, la trompette se faisait entendre une quatrième fois, et l'archi-trésorier sortait à cheval, tenant à la main un sac où des pièces d'or et d'argent étaient mêlées, et il jetait ces pièces d'or et d'argent au peuple.

Cela voulait dire que le trésor était plein.

La rentrée du grand-trésorier était le signal d'un grand combat que se livrait le peuple pour avoir l'avoine, le vin ou le bœuf. En général, on laissait les bouchers et les encaveurs assiéger et prendre la cuisine ; la tête du bœuf était le trophée le plus honorable de la lutte. La victoire était censée rester au parti qui avait la tête ; et encore aujourd'hui les encaveurs montrent dans les caves du palais et les bouchers à leur halle, les têtes que leurs ancêtres ont conquises dans les mémorables journées des couronnemens.

Après avoir visité religieusement les caves et la halle, et avoir fait mes complimens aux descendans des encaveurs et aux successeurs des bouchers, je me dirigeai vers le quai, que je descendis jusqu'au Mainlust, et sortant par la porte voisine, je me trouvai dans ces charmans jardins dont j'ai parlé plus haut, et qui sont réellement délicieux. Je les suivis jusqu'à la porte de Bockenheim, et je rentrai en ville. Comme je savais que j'étais dans la patrie de Goëthe, et la maison de ce grand poëte ne devant pas être très éloignée du quartier où je me trouvais, je m'approchai d'un vénérable monsieur qui, une canne à pomme d'or en main, traversait la place du théâtre ; puis, avec toute la politesse possible, je m'informai s'il parlait français.

— Si je parle français, monsieur ? me dit-il. Un banquier doit parler toutes les langues, et je suis banquier retiré. Je m'inclinai avec tout le respect que je professe pour cette estimable classe de la société, et lorsqu'il m'eut rendu mon salut :

— En ce cas, monsieur, lui dis-je, vous me feriez grand plaisir de m'indiquer la maison de Goëthe?

— La maison Goëthe? la maison Goëthe? reprit par deux fois le brave homme en se prenant le menton avec la main, et en cherchant à rappeler tous ses souvenirs. La maison Goëthe? hum! hum! Monsieur, il faut que ce soit une maison qui ait fait banqueroute ou qui n'ait pas encore de réputation, car je ne la connais pas.

— Alors, mille excuses de vous avoir importuné.

— Il n'y a pas de quoi, monsieur; je suis à votre service.

Et nous nous séparâmes enchantés l'un de l'autre. L'honnête homme m'avait donné plus que je ne lui demandais.

En rentrant à l'*Empereur-Romain*, je m'informai auprès du garçon de l'hôtel où était située la maison de Goëthe. J'appris que c'était la maison désignée sous la lettre F, n° 74, dans la rue *Grosser-Hirschgraben*, ce qui veut dire, je crois, la rue du Grand-Fossé-aux-Cerfs.

Cela soit dit en passant pour épargner aux voyageurs l'embarras de trop longues recherches.

LA RUE DES JUIFS.

Aussitôt après le déjeuner je me remis en campagne, et comme je savais maintenant où trouver la maison de Goëthe, je me contentai de demander le nom de la rue. Quoique Francfort, de compte fait, se vante d'en posséder 217, chacun par bonheur connaissait celle-là; aussi fus-je bientôt en face de la lettre F, n° 74.

Cette lettre et ce numéro sont ceux d'une maison qui ne se distingue en rien des maisons voisines; seulement au-dessus de la porte sont les armes de la famille, armes prophétiques, dont par l'ignorance héraldique de celui qui les a taillées, on ne peut reconnaître les couleurs, mais dont la pièce la plus saillante est une bande chargée de trois lyres.

C'est dans cette maison que Goëthe a écrit une partie de *Werther*.

Goëthe est, sans contredit, un des plus puissans génies, je ne dirai pas qu'ait possédé l'Allemagne, mais qu'ait possédé le monde. Dans chaque branche de littérature il a laissé quelque chef-d'œuvre. En romans *Werther* et *Wilhelm meister*, sont des merveilles; *Gœtz de Berlichingen* et le *Comte d'Egmont* sont à la hauteur des drames de Shakespeare. La *Fiancée de Corinthe*, le *Pêcheur* et le *Roi de Thule*, valent ce que les plus grands poëtes anciens et modernes ont fait de mieux. Faust n'a son égal dans aucune langue, et, chose étrange, Goëthe, malgré tout cela, a vécu heureux et respecté; il a trouvé à la fois un prince et un peuple qui l'ont compris vivant; il a assisté à sa gloire comme si déjà la sanction des siècles avait passé dessus : si bien que lorsqu'il mourut chargé d'ans et d'honneur, chacun parut étonné qu'il payât le tribut commun; on s'était habitué à le croire immortel.

Ce fut Goëthe qui le premier donna de nouvelles sœurs à cette famille d'anges créée par Shakespeare. Claire, Mignon, et Marguerite sont des créations aussi chastes dans leur dévouement, aussi pures dans leur amour, aussi grandes dans leur abaissement que Desdemone, Juliette et Ophélie. Tout notre théâtre, à nous, a passé entre ces deux hommes, créant des femmes passionnées ou des jeunes filles timides, mais sans rien rêver même qui ressemblât à l'aristocratique amante d'Othello, ou à la pauvre maîtresse de Faust.

Au coin de la rue où est située cette maison sainte, je lus l'affiche du spectacle du soir : on jouait *Griselidis*.

La rue que j'avais prise au hasard, selon mon habitude, me conduisit tout droit à la cathédrale. C'est une bâtisse irrégulière, toute entourée de maisons qui la cachent, et surmontée d'un clocher tronqué : commencée par les Carlovingiens, elle a été achevée ou plutôt interrompue au XVIe siècle. Son aspect a quelque chose d'étrange par l'énorme quantité d'écussons qui la décorent, et qui lui donnent l'air bien plutôt d'une salle d'armes que d'un lieu saint. Elle renferme deux tombeaux remarquables.

On y montre en outre une grande horloge, *chef-d'œuvre de mécanique*, qui, à mon avis, a un grand avantage sur celles qui vont mal, c'est de ne pas aller du tout.

Dans la cathédrale, je fus rejoint par le maître de l'hôtel, qui était sorti de chez lui à mon intention, et qui me cherchait pour se mettre à ma disposition le reste de la journée. Je le priai de me conduire à la rue des Juifs.

A Francfort, comme partout, la rue des Juifs est le quartier le plus malpropre, mais aussi le plus pittoresque de la ville. La rue qu'ils habitent est encore aujourd'hui ce qu'elle était au XVe siècle. Tant qu'il est possible de rester dans une maison, jamais un juif, j'entends un juif pur sang, un juif de la race des juifs, jamais un juif ne l'abat. La maison se lézarde, il la calfeutre; la maison penche, il la soutient. Ce juif-là a horreur du neuf. Tout changement l'effraye; ses yeux aiment à se reposer sur les objets qui ont été vus par ses pères.

Cependant, il y a quelque quarante-cinq ans, un événement troubla fort la fourmilière israélite. En 1796, Jourdan fit bombarder la ville pendant deux jours et deux nuits; la plus grande partie des obus tomba sur la rue des Juifs, où elle brûla et fit écrouler plus de cent maisons. Cet accident a amené sinon la création, du moins l'agrandissement d'une rue nouvelle.

Cette rue, comme l'autre, était close par des portes que l'on fermait le soir à une certaine heure, et devant lesquelles on plaçait une sentinelle. Tout juif attardé devait payer une amende; mais depuis 1819 toutes ces mesures oppressives ont heureusement disparu; les juifs, qui ne pouvaient avoir qu'une maison dans la rue qui leur était spécialement réservée, peuvent loger où ils veulent et posséder autant de maisons qu'il leur convient. C'est en grande partie à leur coréligionnaire, monsieur de Rotschild, qu'ils doivent cette amélioration dans leur état : aussi, contre l'habitude de ceux qui font du bien, monsieur de Rotschild est-il adoré à Francfort.

Il y a cependant des coutumes que malgré ses prières monsieur de Rotschild n'a pu vaincre, des répugnances que malgré ses instances il n'a pu surmonter : ce sont les coutumes et les répugnances de sa mère pour toutes ces nouvelles inventions de bien-être et de luxe qu'elle méprise souverainement. Elle n'a jamais voulu quitter sa petite maison du Ghetto pour aucun des palais que ses fils ont fait élever, soit à Paris, soit à Londres, soit à Vienne, soit même à Francfort. Jamais elle n'a voulu aller en voiture, jamais elle n'a rien changé à sa manière de vivre, et la fortune de ses fils étale ailleurs toutes ses magnificences sans avoir pu faire tomber visiblement sur elle aucun de ses reflets dorés.

Au reste, la source de cette fortune est aussi curieuse qu'honorable. Le prince de Hesse-Cassel, forcé de quitter ses Etats en 1795, et ne sachant à qui confier une somme de deux millions, demanda conseil à un de ses amis qui lui indiqua, en le lui donnant pour le plus honnête homme qu'il connût, un juif avec lequel il avait eu quelques relations d'affaires. Le prince de Hesse-Cassel le fit venir et lui remit la somme. Le juif lui demanda si c'était à titre de dépôt ou pour la faire valoir. Le prince était pressé; il lui répondit d'en faire ce qu'il voudrait, et se borna à lui en demander un reçu. Alors le juif secoua la tête et le pria de reprendre cet argent, attendu que si lui, prince de Hesse-Cassel, était pris, et qu'on trouvât le reçu dans ses papiers, ce reçu serait pour le dépositaire une cause de persécution.

Sans reçu, il répondait de tout; mais avec un reçu, il ne répondait de rien. Le prince hésita un instant; le juif avait l'air honnête, mais la somme était assez forte pour mériter quelques précautions. Néanmoins la confiance l'emporta sur la crainte; le prince lui rendit la somme, puis il battit en retraite avec tous les autres princes ses confrères.

Enfin, en 1814, le traité de Paris rendit à chaque prince à peu près ce qu'il avait possédé avant tous ces grands tremblemens d'empires, qui, de 1795 à 1814, avaient englouti tant de trônes; le prince de Hesse-Cassel rentra dans sa capitale. En son absence, Napoléon en avait fait la capitale d'un royaume, de sorte qu'il fut fort satisfait de l'état où il la retrouvait.

Un matin, on lui annonce qu'un juif le demande; le prince de Hesse-Cassel répond que, si le juif a quelque demande à lui faire, il n'a qu'à en écrire à ses ministres. Le juif dit que la chose dont il a à entretenir le prince ne regarde que le prince, et qu'il ne la dira qu'au prince. Le juif est introduit.

Le prince le reconnaît : c'était le même habit, un peu plus râpé; la même figure, un peu plus vieille; les mêmes cheveux, un peu plus rares; et la même barbe, un peu plus blanche. Le juif s'incline.

— Ah! pardieu! lui dit le prince, c'est toi; je ne comptais guère te revoir. Eh bien! que viens-tu me dire? que mon argent a été découvert et a été volé? Que veux-tu, mon brave homme, c'est un malheur. Grâce à Dieu et à la sainte alliance, je ne suis pas trop pauvre, et je puis perdre deux millions sur lesquels je ne comptais guère.

— Ce n'est pas cela, monseigneur, répondit le juif en s'inclinant entre chaque parole. Grâce au Dieu d'Israël, on n'a pas touché à vos deux millions; mais Votre Altesse m'avait donné la permission de les faire valoir.

— Ah! je comprends, dit le prince; tu les as si bien fait valoir qu'ils sont perdus. Que veux-tu! ces malheureux temps ont été si terribles pour le commerce.

— Ce n'est pas cela, Votre Altesse. Les deux millions ne sont pas perdus.

— Comment! s'écria le prince, tu me rapportes mes deux millions?

— Ce n'est pas cela, monseigneur; je ne vous rapporte pas vos deux millions, je vous en rapporte six. L'argent, quand c'est bien cultivé, cela rapporte.

— Eh bien! mais, et toi?

— Moi, j'ai ma petite affaire, ma petite commission, mon six pour cent; mais c'est en dehors. D'ailleurs, vous verrez les registres, monseigneur; ils sont en ordre.

— Et à quoi diable as-tu pu gagner quatre millions?

— A un tas de petites choses qu'il serait trop long de vous dire, monseigneur; mais vous verrez tout cela sur les registres.

— Et tu crois que je vais prendre cet argent-là? Je prendrai mes deux millions, mais le reste est à toi; je ne fais pas le commerce.

— Votre Altesse a tort; avec un fonds de roulement comme celui dont elle peut disposer, on pourrait entreprendre de grandes affaires, puisque, avec deux millions seulement...

— Rends-moi, te dis-je, les deux millions avec lesquels tu as opéré, et garde les quatre millions de bénéfices.

— Mais, puisque je vous dis que j'ai ma petite affaire!

— Ah çà! si tu dis encore un mot, je ne reprends plus rien.

— Ah! monseigneur, il y a des lois, même pour les pauvres juifs; je vous y forcerai.

— A reprendre six millions quand je ne t'en ai donné que deux? Pardieu, la chose est forte!

— Non, reprit le juif après avoir réfléchi un instant; non, je ne puis pas forcer Votre Altesse à reprendre les six millions, attendu qu'elle peut nier qu'elle m'ait autorisé à faire valoir son argent, et que, si elle n'a pas de parole, je serai condamné.

— Eh bien! dit le prince, je n'ai pas de parole; je ne t'ai pas autorisé à faire valoir mes deux millions, et, si tu dis encore un mot, je t'attaque en violation de dépôt!

— Il n'y a plus de bonne foi dans le monde! murmura le juif entre ses dents.

— Que dis-tu là? demanda le prince.

— Rien, monseigneur; je dis que vous êtes un grand prince, et que je ne suis qu'un pauvre juif. Voilà vos deux millions en bon papier à vue sur le trésor de Vienne; quant aux quatre autres millions, puisque vous n'en voulez pas absolument (le juif poussa un soupir), il faut bien que je les garde.

Et le juif s'en retourna à Francfort, remportant les quatre millions, et ne comprenant plus rien à la manière dont marchaient les choses.

Ce juif était monsieur Rothschild père.

Voilà l'origine de cette grande fortune, telle qu'elle m'a été racontée à Francfort; je la reproduis parce qu'elle ne peut blesser, tant s'en faut, aucun de ceux qui portent le même nom.

Depuis, j'ai été présenté à monsieur Rothschild de Francfort, qui est consul de Naples, comme son frère de Paris est consul d'Autriche, et j'en ai été reçu comme monsieur de Rothschild traite les étrangers, avec une bienveillance parfaite. Quant à sa femme, je n'en dirai rien, sinon que c'est un des priviléges des dames Rothschild d'être des modèles de goût et de bonnes manières, qu'elles habitent Londres, Paris ou Francfort.

Mon cicerone me proposa, pour en finir, de visiter l'hôpital juif, en grande partie fondé et surtout entretenu par monsieur de Rothschild.

C'est un hôpital semblable à tous les hôpitaux, seulement un peu plus propre, peut-être. Est-ce pour dégoûter les juifs de Francfort de tomber malades?

Une des fenêtres de l'hôpital donne sur le vieux cimetière. Je n'ai jamais rien vu de plus triste que ce champ de mort abandonné : toutes les pierres tumulaires sont pareilles, et si l'égalité existe quelque part, c'est certainement sur ce coin de terre. Un bouc l'habite; c'est sans doute le bouc émissaire. En broutant l'herbe des tombes, il doit être chargé de digérer les péchés de ceux qui sont couchés dessous. C'est, du reste, une besogne dont il s'acquitte en conscience : je n'ai jamais vu de bouc plus gras et mieux portant. Il est vrai qu'à moins qu'il n'ait peur des revenans, il y a peu d'existences qui se puissent comparer à la sienne : remplaçant d'un bouc qui est mort de vieillesse, il mourra de vieillesse à son tour. C'est la mort qu'ambitionnait Arlequin, et Arlequin n'est pas un imbécile.

En rentrant à l'hôtel, je me rappelai que l'abbé Sméets m'avait donné une lettre pour le pasteur D... Je me rendis chez lui, mais le pasteur D... était aux eaux de Viesbaden. Cette lettre avait pour but de m'obtenir des renseignemens sur Sand. J'écrivis au pasteur D... Sa réponse était accompagnée d'une lettre pour monsieur Widemann, docteur en chirurgie, Grande Rue de Heidelberg, n° 111.

EXCURSION.

Les environs de Francfort sont curieux; il y a surtout la petite principauté de Hombourg, qui mérite d'être vue, non pas précisément pour elle-même, mais à cause de sa colonie française.

Qu'on se figure tout un village protestant exilé de France, lors de la révocation de l'édit de Nantes, c'est-à-dire vers 1686 à peu près, qui a emporté du pays natal les habitudes, la langue, et presque le costume du siècle où il vivait, pour qui la terre a vainement tourné depuis ce temps-là, qui ne sait rien que par tradition, qui croit qu'on dragonne toujours les protestans, et qui vous parle de Cavalier et de monsieur de Baville, comme s'ils étaient morts hier; tout cela dans un langage qui n'est plus le nôtre, avec des tournures de phrases qu'on ne trouve plus que dans Molière; si bien que, moins l'esprit, on croirait, quand on entend parler ces habitans, lire une lettre de madame de Sévigné ou de Bussy-Rabutin.

En arrivant dans la capitale, dont la colonie française est

éloignée d'une lieue à peu près, je vis deux soldats qui se promenaient bras dessus bras-dessous. Comme je ne reconnaissais pas leur uniforme, je demandai à l'aubergiste à quel corps ils appartenaient.

— C'est notre infanterie, me répondit-il.

— Ah ! c'est votre infanterie.

— Oui, monsieur. Hier, j'aurais même pu vous montrer notre cavalerie ; mais notre cavalerie, *il* est mort cette nuit.

— Comment, votre cavalerie, *il* est mort?

— Sans doute, *il* est mort. C'était un hussard. — Nous devons trois hommes à la confédération, deux fantassins et un cavalier. Les deux fantassins, les voici ; quant au cavalier, il est mort. Mais demain il y en aura un autre.

Le prince de Hombourg, qui a droit de vie et de mort dans ses Etats, est commandant en second de la forteresse de Luxembourg, ce qui fait que, malgré son titre de souverain, le commandant en premier peut l'envoyer aux arrêts s'il a manqué à son service.

— Alors, continuai-je, votre prince est un des plus petits souverains de l'Allemagne, puisqu'il n'est coté qu'à trois hommes?

— Oh! monsieur, répondit l'aubergiste, il y en a de bien plus petits; il y en a qui sont cotés à deux hommes, à un homme, à un demi-homme.

— A un demi-homme ? comment font ceux-là?

— Eh bien ! ils s'arrangent avec un autre qui doit un homme et demi. Il y en a un qui fournit l'homme et l'autre qui l'habille.

Quinze jours après, nous rencontrâmes à Bade le prince de N... Celui-là, c'était bien autre chose!

Comme il était cadet de famille, il ne lui était tombé dans son partage qu'un village de douze maisons.

Il avait vendu successivement ses douze maisons, et par conséquent ses sujets, à l'exception d'un seul dont il avait fait son aide-de-camp. Mais en arrivant à Bade, il s'était pris de dispute avec son aide-de-camp; et l'aide-de-camp, pour lui faire niche, lui avait donné sa démission ; de sorte qu'il était bien encore prince souverain, mais il n'avait plus de sujets.

Le pauvre prince s'en arrachait les cheveux de colère. Il était réduit à battre son chien.

J'espère que quelque beau jour il aura tant battu la pauvre bête, qu'elle en sera devenue enragée, et l'aura mordu.

Au reste, j'ai oublié de dire que le prince de Hombourg nous avait paru adoré de ses sujets. — Mieux vaut être aimé de peu, que détesté de beaucoup.

L'excursion de Hombourg nous avait mis en train; nous résolûmes de faire le lendemain une course dans le Taunus.

Le Taunus est une des plus gracieuses chaînes de montagnes que j'aie vues. Il fait à Francfort un horizon charmant, qui change de couleur à toutes les heures de la journée, et qui, le soir, subit toutes les variations de la lumière que lui envoie le soleil couchant. Il avait autrefois des mines d'argent qui furent exploitées par les Romains. De temps en temps on trouve dans ses flancs de larges ouvertures, de profondes cavernes, où l'on reconnait la trace de la pioche légionnaire ; puis, de place en place, des restes de chaussée qui semblent être des chemins de géants, et qu'on attribue soit à Germanicus, soit à Adrien, soit à Charlemagne.

Nous partîmes un matin pour visiter Vinternœde et sa jolie rivière, la Nida ; Sden avec ses quatorze sources minérales, dont quelques-unes ont la saveur de l'encre ; Sellers, dont l'eau mousseuse, sucrée et citronnée, ressemble assez à du vin de Champagne, et enfin Kœnigsfelden ou la Pierre du roi.

Malgré le nom ambitieux qu'elles portent, les ruines de Kœnigsfelden ne sont l'objet d'aucune tradition du moyen-âge ; tout ce que l'histoire en dit, c'est que le dernier rejeton de ses comtes étant mort en 1581, cette forteresse devint la bastille de l'archevêque de Mayence, qui mettait là ses prisonniers. En 92, les Français s'en emparèrent et y soutinrent un siége contre les Prussiens, qui, dans leur ardeur à le reprendre, battirent Kœnigsfelden en brèche le jour et la nuit ; mais, comme la nuit leurs boulets mal dirigés se perdaient, les Français, pour leur épargner la poudre, allumèrent des lanternes qu'ils attachèrent aux murailles. Les Prussiens furent si piqués de cette plaisanterie qu'ils levèrent le siége; si bien que les Français gardèrent Kœnigsfelden jusqu'en 1796, époque à laquelle ils le firent sauter.

On demandait au duc de Nassau pourquoi il ne réparait pas, en le rebâtissant, les dommages que les Français avaient faits à Kœnigsfelden.

— Pas si bête ! répondit-il, ce château-là est sur leur route.

Nous avons déjà eu l'occasion de faire remarquer que le duc de Nassau était un homme plein de sens.

L'envie nous prit de déjeuner au milieu de cette ruine de notre façon. Je courus jusqu'au village pour nous procurer quelques provisions, mais ce n'était pas chose commode avec ma façon de parler l'allemand. J'entrai en conséquence chez un barbier, espérant que, dans ses relations avec les mentons des voyageurs, il avait eu l'occasion d'apprendre le français. Je ne fus désappointé qu'à moitié; mon barbier me parla latin, du vrai latin ! Cela ne valait pas Cicéron, il est vrai, mais c'était plus fort que d'Elvincourt. Il en résulta que nous eûmes à peu près ce que nous voulions.

Quant au barbier, il ne voulait absolument rien recevoir pour la peine que nous lui avions donnée, et je fus obligé, pour qu'il acceptât quelque chose, de me faire couper les cheveux.

De notre salle à manger, que nous avions établie sur la plate-forme de Kœnigsfelden, nous avions une vue magnifique. A notre gauche, l'Alt-Kœnig, la seule montagne du Taunus que le vautour des Alpes juge digne de son nid ; le grand Felberg, où une ancienne tradition dit que se retira la reine Brunehaut, et où l'on montre encore son ermitage creusé dans le rocher ; enfin, en face de nous, Falkenstein ou la Pierre-aux-Faucons, dont les ruines conservent la vieille tradition du chevalier Cuno de Sagen et d'Ermangarde.

C'étaient deux beaux jeunes gens qui s'aimaient ; ils étaient jeunes, riches et nobles tous deux, et chacun avait à offrir autant qu'il donnait. Ils ne virent donc à leur bonheur d'autre empêchement que l'humeur fantasque du vieux comte de Falkenstein. Au moment où le chevalier de Sagen fit sa demande, le père d'Ermangarde était sans doute dans de mauvaises dispositions d'estomac ; car, conduisant celui qui désirait être son gendre sur un balcon, d'où l'on dominait toute la montagne sur laquelle était situé le château appelé la Pierre-du-Faucon, parce qu'il fallait, en quelque sorte, les ailes de cet oiseau pour y parvenir :

— Vous me demandez ma fille? lui dit-il. Eh bien! elle est à vous, mais à une condition : faites tailler dans la montagne un chemin par lequel on puisse monter à cheval jusque dans la cour du château, car je commence à me faire vieux, et monter à pied me fatigue.

— La chose est difficile, dit Sagen; mais n'importe ! mes mineurs sont les meilleurs de tout le Taunus, et je l'entreprendrai. Combien de temps me donnez-vous pour cela?

— Je vous donne jusqu'à demain matin, à six heures.

Sagen crut avoir mal entendu.

— Jusqu'à demain matin ! reprit-il.

— Pas une heure de plus, pas une heure de moins ; venez demain matin me demander à cheval la main de ma fille, et cela par un chemin où je puisse la conduire à cheval à l'église, et Ermangarde est à vous.

— Mais c'est impossible ! s'écria Sagen.

— Rien n'est impossible à l'amour, répondit le vieillard en riant. Ainsi, à demain, mon gendre.

Et il ferma la porte au nez du pauvre chevalier.

Sagen descendit tout pensif le sentier maudit; à peine si, à pied et avec de grandes précautions, on ne courait pas le risque de se rompre le cou. Tout le long du chemin il frappait la montagne du taillant de son épée. C'était une véritable malédiction. La montagne était composée de la roche la plus dure, du véritable granit de première formation.

Aussi ne fût-ce que pour l'acquit de sa conscience et

pour n'avoir rien à se reprocher, qu'il s'achemina vers ses mines. Arrivé à l'ouverture, il fit appeler le chef de ses mineurs.

— Wigfrid, lui dit-il, tu t'es toujours vanté à moi d'être le plus habile de tes confrères.

— Et je m'en vante encore, monseigneur, répondit Wigfrid.

— Eh bien! combien te faudrait-il de temps, en rassemblant tous tes ouvriers, pour tailler, depuis le bas jusqu'au haut du Falkenstein, un chemin par lequel on pût monter au château à cheval.

— Mais, dit le mineur, à tout autre il faudrait dix-huit mois, moi je ferai le travail en un an.

Le chevalier poussa un soupir et ne répondit même pas. Puis, faisant signe au vieux mineur qu'il pouvait retourner à sa besogne, il s'assit pensif à l'entrée de la galerie.

Il tomba dans une si profonde rêverie, qu'il ne s'aperçut pas que, l'heure du repos étant arrivée, tous les ouvriers avaient quitté la mine.

Bientôt le soir arriva, et avec lui ce moment qui n'est déjà plus le jour et pas encore la nuit, où les vapeurs s'élevant de la terre montent au ciel en nuages pour en retomber en rosée; mais le chevalier ne voyait qu'une chose, c'était, perdu dans la brume fantastique des prairies, le château inaccessible de Falkenstein.

Tout à coup il entendit qu'on l'appelait par son nom; il se retourna. Au haut de l'échelle qui conduisait de la galerie inférieure au jour, et sur le dernier échelon, se tenait debout un petit vieux bonhomme, haut d'une coudée à peine, dont les cheveux et la barbe étaient blanchis par l'âge, et dont cependant les yeux brillaient comme ceux d'un jeune homme.

— Chevalier de Sagen! dit encore une fois le nain.

— Eh bien! que me veux-tu? demanda le chevalier en regardant avec étonnement cette étrange apparition.

— Je veux t'offrir mes services; j'ai entendu ce que tu demandais au vieux mineur.

— Après.

— J'ai entendu aussi ce qu'il t'a répondu.

Le chevalier poussa un soupir.

— C'est un brave garçon qui sait bien son métier, continua le nain, mais moi je le sais encore mieux que lui.

— Et combien te faudrait-il de temps, à toi, pour faire ce chemin?

— Avec l'aide de mes compagnons, bien entendu?

— Avec l'aide de tes compagnons.

— A moi, il me faudrait une heure.

Le chevalier poussa un cri de joie.

— Une heure! Et qui es-tu donc?

— Je suis le chef des lutins qui habitent les profondeurs de la montagne.

Le chevalier se signa.

— Oh! ne crains rien, dit le nain, nous ne sommes ni ennemis des hommes, ni maudits de Dieu; nous sommes un des anneaux invisibles qui unissent la terre au ciel, seulement, autant au-dessus des hommes que les hommes sont au-dessus de la bête, nous avons mille moyens qui sont inconnus de tes pareils.

— Et parmi ces moyens, tu auras celui de faire le chemin en une heure?

— Oui, mais tu sais, rien pour rien.

— Que veux-tu dire? demanda le chevalier avec inquiétude.

— Je te parle la langue des hommes, cependant.

— Eh bien! demande ce que tu voudras, et tout ce qui est au pouvoir de l'homme, tout ce qui ne compromettra pas le salut de mon âme, je te l'accorderai.

— Fais cesser aujourd'hui même la mine de Sainte-Marguerite, qui est déjà si près de mon palais souterrain que j'entends de mon lit les coups de marteaux de tes ouvriers. Je ne te demande pas un grand sacrifice, car tu dois remarquer que le filon s'épuise et que le minerai devient rare.

— N'est-ce que cela? s'écria le chevalier.

— Pas davantage, dit le nain, et encore je te donnerai un dédommagement. A gauche de la mine, à l'endroit où tu trouveras la tête d'un cheval, creuse, et tu trouveras deux filons abondans à enrichir un roi.

— Cent fois merci! dit le chevalier. A compter de demain, tu dormiras tranquille.

— Ta parole?

— Foi de chevalier! La tienne?

— Foi de lutin!

— Et qu'y a-t-il à faire maintenant?

— Rien, va te coucher, rêve à ta belle, et demain à cinq heures, monte à cheval, tu trouveras la route faite.

Et, à ces mots, le petit vieux disparut comme si l'échelon eût manqué sous ses pieds et qu'il se fût abîmé dans le puits.

Le chevalier rentra chez lui, fit appeler Wigfrid, lui donna ordre de changer dès le lendemain la direction des travaux, puis il attendit avec impatience.

Lorsque la nuit fut tout à fait tombée, il s'avança vers son balcon qui donnait sur Falkenstein, et comme il en était éloigné d'une demi-lieue à peu près, il n'entendit rien, mais il vit une multitude de lueurs qui montaient et qui descendaient aux flancs de la montagne, si nombreuses qu'on eût dit un essaim de lucioles.

Le vieux comte de Falkenstein entendit au contraire un grand bruit et courut à sa fenêtre, mais ne vit rien; il lui semblait que des milliers de mineurs sapaient la montagne par sa base; il entendait le marteau retentir, il entendait la pioche mordre, il entendait les roches rouler, et il se dit: — C'est mon gendre qui est à la besogne. Demain, il fera jour, nous verrons où il en sera. Et il se recoucha bien tranquille, attendant le jour.

A six heures du matin, il fut réveillé par le hennissement d'un cheval, et en même temps sa fille entra toute joyeuse dans sa chambre, criant:

— Mon père, mon père, le chemin est fait, et voilà le chevalier Cuno de Sagen, qui vient vous faire visite monté sur son bon cheval de bataille.

Mais le vieux comte ne voulut pas croire ce que lui dit sa fille, et il se mit à rire en haussant les épaules. Cependant, ayant entendu une seconde fois les hennissemens d'un coursier, il se leva et alla à sa fenêtre.

Le chevalier était dans la cour, caracolant sur le plus beau et le plus fringant de ses palefrois. En ce moment six heures sonnèrent à l'horloge du château.

— Comte, dit le chevalier en saluant le vieux seigneur, j'espère que vous serez aussi fidèle à votre promesse que j'ai été exact au rendez-vous, et qu'aujourd'hui même vous essaierez, en venant à l'église, le chemin que je vous ai fait faire cette nuit.

— Un gentilhomme n'a que sa parole, et ma parole est donnée, répondit le vieux comte; si le chemin est tel que vous le dites, ma fille est à vous.

Le même jour, une cavalcade descendit du château de Falkenstein, se dirigeant vers l'église de Kronberg, par le chemin taillé dans le roc qui existe encore aujourd'hui, et qu'aujourd'hui encore on appelle le chemin du diable.

Après le déjeuner, nous grimpâmes par le chemin du diable, au plus haut de cette Pierre-du-Faucon, d'où l'on peut compter, dans un horizon de cent cinquante lieues, jusqu'à soixante-dix villes, bourgs ou villages. Quant aux montagnes entre l'Alt-Kœnig et le Feldberg que l'on touche de la main, on aperçoit encore Iselberg près de Gotha, le mont Mercure près de Bade, le Donon dans les Vosges, les Siebengeberg près de Bonn, enfin le Meinner dans la Basse-Hesse et le Habichtswald près de Cassel.

Au milieu de ce panorama s'élève le vieux château d'Eppstein, dont je raconterais la légende si je n'en avais déjà trop racontées.

Nous revînmes par Kroninberg, et nous traversâmes sa châtaigneraie qui date du XIIe siècle: quelques-uns des arbres primitifs existent encore, ce sont les premiers qui aient été plantés en Europe.

En rentrant à l'hôtel, j'y trouvai la carte de l'abbé Sméets, qui était, comme il me l'avait dit, venu célébrer son jubilé: il était trop tard, ou plutôt j'étais trop fatigué pour aller chez lui le même soir. Je remis ma visite au lendemain matin.

Le lendemain matin, on me remit une lettre, c'était la réponse du pasteur D..., dont j'ai déjà parlé. Comme j'allais sortir, l'abbé Sméets entra. Nous nous embrassâmes comme de vieux amis. Il savait déjà que je n'avais point trouvé le pasteur D... Je lui montrai la lettre que j'en avais reçu ; il en lut l'adresse et parut réfléchir un instant.

— Eh bien! lui dis-je inquiet, est-ce que le pasteur D... s'est trompé! est-ce que celui à qui il m'adresse pour avoir des renseignemens sur Sand n'est point à même de m'en donner?

— Au contraire, me répondit-il, et de plus exacts certainement qu'aucun autre.

— Alors, à quoi donc pensiez-vous?

— Je pensais à une histoire que je vais vous raconter.

— Une histoire qui a rapport à Sand?

— Non ; mais une histoire qu'il faut que vous sachiez.

— Elle a donc quelque rapport avec cette lettre, puisque c'est cette lettre qui vous y a fait penser?

— Indirectement, oui.

— Mon cher abbé, vous parlez ce matin comme un sphinx.

— A Heidelberg, vous aurez le mot de l'énigme.

— Alors, passons à l'histoire.

— La voilà :

Le soir du couronnement de Louis de Bavière, il y eut à l'hôtel-de-ville un magnifique bal masqué auquel assista l'impératrice.

Il y avait à ce bal masqué un cavalier qui était entièrement vêtu de noir, et qui avait le visage couvert d'un masque noir.

Il invita l'impératrice à danser : l'impératrice accepta, et comme il dansait avec elle, un autre masque se pencha à l'oreille de l'empereur, et lui demanda s'il savait avec qui dansait l'impératrice.

— Non, répondit l'empereur. Avec quelque prince souverain, sans doute.

— Moins que cela, dit le masque.

— Avec quelque seigneur, quelque comte ou quelque baron?

— Descends.

— Serait-ce avec un simple chevalier?

— Descends encore.

— Avec un écuyer?

— Descends toujours.

— Avec un page?

— Tu n'y es pas encore, Auguste.

— Un varlet?

— Plus bas.

Le rouge monta au visage de l'empereur.

— Un palefrenier?

— Plus bas encore.

— Un manant?

— Si ce n'était que cela, dit l'inconnu en éclatant de rire.

— Mais, qui est-ce donc? s'écria l'empereur d'une voix étouffée.

— Arrache-lui son masque, et tu le verras.

L'empereur s'approcha du cavalier noir, lui arracha son masque, et l'on reconnut le bourreau.

L'empereur tira son épée.

— Misérable! lui dit-il, recommande ton âme à Dieu. Tu vas mourir.

— Sire, répondit le bourreau en s'agenouillant, quand vous me tueriez, l'impératrice n'en aura pas moins dansé avec moi, et, s'il y a déshonneur à cela, elle n'en sera pas moins déshonorée. Faites mieux que cela : armez-moi chevalier, et, si quelqu'un attaque sa gloire, de la même épée dont je fais justice, je ferai raison.

L'empereur resta un instant pensif. Puis, relevant la tête :

— Le conseil est bon, lui dit-il. Désormais, tu ne t'appelleras plus le bourreau, mais le dernier juge. Puis, lui ayant donné trois coups du plat de son épée sur l'épaule : — Relève-toi, ajouta-t-il. A compter de cette heure, tu es le dernier des nobles, et le premier des bourgeois.

— Et en effet, continua l'abbé Sméets, depuis ce moment, dans toutes les cérémonies publiques, soit civiles, soit religieuses, le bourreau marche seul derrière les nobles et devant les bourgeois.

— Je vous remercie de votre histoire, lui dis-je, elle est fort curieuse. Mais, puis-je savoir pourquoi vous me l'avez racontée?

— Parce qu'il pourrait bien se faire, me répondit-il, que vous vous trouvassiez un jour ou l'autre en présence d'un des descendans du Chevalier Noir, et, dans ce cas, je suis bien aise que vous sachiez à quels égards il a droit, comme le dernier des nobles et comme le premier des bourgeois.

— Je vous remercie de la précaution, mon cher abbé, mais j'espère qu'elle sera inutile.

— Qui sait? répondit l'abbé.

Et nous sortîmes ensemble pour aller faire un tour sur la foire, lui, souriant d'un air goguenard, et moi, cherchant dans ma tête quel pouvait être le but de l'apologue qu'il venait de me raconter.

Quatre ou cinq jours après, je quittai Francfort sans avoir pu obtenir de l'abbé Sméets aucune autre explication.

MANHEIM.

Il était décidé que je ne verrais de Mayence que sa statue de Guttemberg; j'y arrivai à deux heures du matin par la diligence, et j'en repartis à six par le bateau à vapeur.

A partir de Mayence jusqu'à Strasbourg, les bords du Rhin cessent tout à fait d'être pittoresques, et n'ont plus d'autre attrait que les souvenirs historiques des Romains et des Francs, de Jules César et de Charlemagne. Les vieux châteaux ont disparu, mais restent encore les vieilles cathédrales, et le moins que l'on puisse faire pour Worms et pour Spire, c'est effectivement de les nommer en passant devant elles.

Manheim, où nous allions, est placé à moitié chemin entre ces deux villes, à un quart de lieue du Rhin. Le bateau à vapeur nous déposa, à sept heures du soir à peu près, sur le rivage, où nous trouvâmes des omnibus et des fiacres en profusion. Au bout de cinq minutes, nous descendîmes sur la grande place.

Manheim est la ville des romans d'Auguste Lafontaine, pleine d'une tranquillité et d'une tristesse qui ne sont point sans charme. Le lendemain du jour où nous y étions arrivés était un jour de fête, ce qui contribuait, en l'animant un peu, à lui donner encore plus de caractère. Au reste, je n'ai jamais vu une plus belle population. En une demi-heure que nous restâmes sur la porte de l'église des Jésuites, nous en vîmes sortir plus de cinquante jolies femmes. Les jeunes gens ne leur cédaient en rien, à part leur uniforme bleu et blanc et le casque fantastique, qui leur donnent l'air d'officiers d'opéra-comique.

Manheim est une ville qui a tout le caractère du grand rococo mythologique qui a suivi chez nous le règne de Louis XIV. L'église des Jésuites, je ne sais à quelle occasion, possède sur sa façade deux niches, et, dans ces deux niches, une Minerve et une Hébé, qui, tout étonnées de se trouver là, y font une étrange figure.

En face est le théâtre, que je crois de la même époque, bâti par le même architecte et dans le même goût. Les portes en sont surmontées de sphinx qui, représentant la comédie et la tragédie, tiennent sous leur patte, l'un un masque, et l'autre un poignard. Ils sont coiffés en racines droites, avec un chignon poudré, ce qui ajoute d'une façon miraculeuse à leur caractère égyptien.

Le château, résidence habituelle de la grande duchesse

Stéphanie, est d'une époque antérieure, et par conséquent d'un caractère plus grandiose. Un charmant parc anglais en ferme le jardin, et comme ce jardin est public, nous eûmes l'avantage d'y passer en revue, de deux à quatre heures de l'après-midi, toute la société fashionable de la ville. Ce second examen confirma mon premier jugement. Manheim, proportion gardée, est certainement, avec Arles, la ville d'Europe où il y a le plus de jolies femmes.

Cependant, je n'avais pas oublié que c'était Manheim qui avait été le théâtre de l'assassinat de Kotzebüe et de l'exécution de Sand. Le maître de l'hôtel me donna un de ses garçons pour me montrer la maison de Kotzebüe. C'est la maison qui fait le coin de la rue A 2, en face l'église des Jésuites. Si indiscrète que fût la démarche, je sonnai à la porte, et fis demander par mon garçon d'auberge la permission de voir la chambre où avait été assassiné le conseiller aulique. J'espérais que le maître de la maison descendrait pour m'en faire les honneurs ; mais, soit qu'il me prît pour un étudiant et qu'il craignît pour lui même le sort de son prédécesseur, soit qu'il eût autre chose de plus pressé à faire, il m'accorda ma demande en me faisant ses complimens, mais il resta invisible.

Je montai une vingtaine de marches, j'entrai dans une antichambre, et de l'antichambre dans un cabinet qui servait de bibliothèque : c'était là qu'avait eu lieu le crime. Je voulais interroger la servante, mais la pauvre Maritorne était stupide. Je n'en pus tirer autre chose que :

— Monsieur Sand? je ne le connais pas. Il ne vient pas chez monsieur.

Je rentrai à l'hôtel, où le voiturier était venu me demander à quelle heure je voulais la calèche pour le lendemain. Je lui dis que je la voulais tout de suite, attendu que j'allais coucher le même soir à Heidelberg.

Dix minutes après, la voiture était à la porte. Je priai mon hôte de m'indiquer au moins l'endroit où avait été exécuté Sand. Il dit quelques mots en allemand à mon voiturier, lequel promit de s'arrêter à l'endroit convenu. En effet, en sortant de la ville, à gauche de la route d'Heidelberg, il ouvrit la portière, et me montrant une prairie coupée par un petit ruisseau, et qui étendait à un quart de lieue à peu près son tapis vert :

— Voici, me dit-il, le Sands Himmelfartswiese.

Le mot était trop long et trop difficile à prononcer pour que j'en demandasse l'explication ; je me contentai de descendre et de jeter un coup d'œil sur la prairie, mais sans savoir même où y arrêter mes yeux.

En ce moment, par fortune, un promeneur passait ; il s'arrêta à quelques pas regardant du même côté que moi. C'était un homme de cinquante ans à peu près, dont la figure pleine, d'une bienveillance calme, prévenait singulièrement en sa faveur. Je m'enhardis à aller à lui.

— Monsieur, lui dis-je, pourriez-vous m'indiquer à quel endroit précisément a été exécuté Sand?

— Volontiers, monsieur, me répondit-il. Et descendant de la route dans la prairie, il se mit à marcher devant moi en m'invitant à le suivre. Au bout de cent cinquante pas à peu près, il s'arrêta sur une éminence qui dominait le petit ruisseau, et frappant la terre de sa canne :

— C'est ici, me dit-il.

— Ici, à cet endroit, précisément là? Vous en êtes sûr?

— Très sûr, monsieur, j'y étais.

— Comment! monsieur, vous y étiez? vous avez vu mourir Sand?

— Je l'ai vu mourir.

— Vous étiez dans la foule?

— Non, monsieur, j'étais sur l'échafaud.

Je le regardai avec étonnement.

— Mais, sur l'échafaud, lui demandai je, il n'y a ordinairement que le prêtre, le patient... et le bourreau.

— Ce jour-là, monsieur, il y avait une quatrième personne, car je ne suis aucune des trois personnes que vous venez de nommer.

— Mais alors, monsieur, excusez de ma part une question aussi directe : qui êtes-vous donc?

— Je suis le directeur de la Maison de Force où Sand a été détenu pendant treize mois.

— En ce cas, monsieur, vous devez avoir des détails précieux sur ce jeune homme?

— J'ai ses albums, sa correspondance, mes souvenirs, et peut-être le seul portrait de lui qui existe.

— Mon Dieu ! monsieur, répondis-je, — enchanté d'avoir trouvé d'une manière si inopinée ce que je cherchais, mais craignant que l'occasion ne m'échappât, — je suis étranger, Français, comme vous pouvez le voir ; je voyage dans votre poétique Allemagne pour y recueillir tout ce que j'y puis trouver de traditions antiques et modernes. Seriez-vous assez bon pour me communiquer quelques-uns des renseignemens que vous possédez?

— Et dans quel but, monsieur, désirez-vous recueillir ces renseignemens ?

— Dans un but on ne peut plus national pour nos deux pays, monsieur ; j'ai entendu parler de Sand, non pas comme d'un assassin ordinaire, mais comme d'un homme qui croyait, par un grand dévouement personnel, sauver sa patrie. En France, jusqu'aujourd'hui, monsieur, on ne connaît Sand que de nom, et on pourrait le confondre avec un Meunier et un Fieschi. — A chacun la place qui est due; même aux morts. — Je voudrais donc, aux yeux de mes compatriotes, rendre à Sand celle qu'il mérite.

— Et comment, venu dans cette intention, ne vous êtes-vous pas précautionné de quelques lettres de recommandation pour Manheim.

— J'en avais une pour monsieur le pasteur D..., de Francfort; il m'a envoyé cette lettre pour un chirurgien d'Heidelberg, le docteur Widemann.

— Ah! oui, dit-il, c'est un homme qui peut vous donner d'excellens renseignemens, mais sur les derniers momens de Sand seulement; encore était-il bien jeune. C'est à son père que Sand a eu affaire et non à lui.

— Mais quel est donc ce monsieur Widemann? demandai-je.

— Vous ne le savez pas?

— Non.

— C'est le bourreau. Un excellent homme, qui est bourreau parce que son père l'a été.

— Mais, vous vous trompez, il y a sur l'adresse : docteur en chirurgie.

— C'est l'habitude en Allemagne que les bourreaux soient chirurgiens, d'ailleurs vous le savez, nous n'attachons pas ici à ce dernier juge, ou à ce juge tranchant, comme nous l'appelons, l'idée de réprobation que vous y attachez en France. Ici le bourreau fréquente les cafés et les casinos, et s'il n'est pas recherché, au moins est-il parfaitement reçu.

— Cela ne m'étonne plus alors, que le bon abbé Sméets m'ait raconté la légende du Chevalier Noir.

— Vous connaissez l'abbé Sméets?

— C'est lui qui m'avait donné une lettre pour le docteur D...

— Je lui en veux de m'avoir oublié; mais permettez, monsieur, que je répare son oubli, tous les renseignemens que je possède sur le pauvre Karl sont à votre disposition.

— Ah ! monsieur, que de remercimens !

— Mais, me dit mon interlocuteur, ces renseignemens, il vous faudrait tout un jour pour les prendre.

— Un jour, deux jours, huit jours, s'il le faut.

— Mais vous partez pour Heidelberg.

— Je ne pars plus.

— Votre voiture?

— Va retourner à l'hôtel.

— Eh bien! monsieur, reconduisez-la. Vous avez sans doute quelques ordres à donner ; je vous attends chez moi.

— Dans une demi-heure je suis chez vous.

— Vous y serez le bienvenu, monsieur.

Et nous nous quittâmes, moi pour reprendre mon logement à l'hôtel, et monsieur G... pour aller mettre en ordre les papiers qu'il comptait me communiquer.

Une demi-heure après j'étais chez lui.

Il est important, pour que nos lecteurs se fassent une

idée des hommes et des choses, que nous leur disions quelques mots de l'état où se trouvait l'Allemagne, à l'époque où eut lieu à Manheim le grand drame que nous allons raconter.

Nous avons déjà dit, dans notre article sur la ville de Bonn, les progrès des associations secrètes chez les écrivains allemands. Les associations, encouragées par les souverains eux-mêmes tant qu'elles purent leur être utiles, produisirent les enrôlemens volontaires qui conduisirent à Leipsick et à Waterloo à peu près tous les jeunes gens des universités qui avaient dépassé l'âge de seize ans. Ces jeunes gens firent les deux campagnes de 1814 et de 1815, puis ils rentrèrent à Gœttingue, à Heidelberg et à Iéna, pour reprendre le cours de leurs études. Mais comme on le comprend, deux ou trois années passées sous les drapeaux les avaient rendus difficiles à mener; il était ridicule de traiter comme des enfans, des soldats balafrés, non plus par les rapières et les schlœger, mais par les sabres français.

Il résulta que dans l'espèce de lutte intérieure et universitaire qui suivit les deux dernières campagnes, les professeurs eux-mêmes se partagèrent en deux camps : les uns prirent parti pour l'autorité; les autres, pour les jeunes patriotes si cruellement déçus dans leurs espérances. Au nombre des professeurs qui s'étaient constitués les défenseurs de leurs élèves, étaient les docteurs Oken et Luden ; le premier, professeur de sciences naturelles, et le second, professeur d'histoire.

Depuis trois ans, monsieur le docteur Oken publiait, sous le titre de l'*Isis*, un recueil périodique exclusivement consacré jusque-là aux sciences naturelles, mais alors monsieur Oken se voyant attaqué, lui et ses élèves, dans ses croyances les plus chères et dans son culte religieux, comprit l'importance de l'arme qu'il avait entre les mains, et qui d'inoffensive qu'elle avait été jusqu'alors pouvait, grâce à la popularité dont elle jouissait parmi ses nombreux souscripteurs, devenir terrible. Enfin poussé à bout il voulut en faire l'essai, et quelques articles politiques d'une opposition amère parurent tout à coup dans l'*Isis*, au grand applaudissement de ses lecteurs et à la grande stupéfaction de l'autorité. Cependant, le grand-duc de Weimar, excellent prince, ennemi des mesures acerbes, défendit que l'on sévît contre monsieur Oken : mais de nouveaux articles ayant succédé aux premiers, la Russie, la Prusse et l'Autriche réclamèrent d'une seule voix la destitution du rédacteur en chef de l'*Isis*. Le grand duc de Weimar, après de vives instances auprès des trois puissances, obtint cependant un amendement à cette réclamation qui pouvait équivaloir à un ordre : ce fut que monsieur Oken opterait entre sa chaire et son journal.

Cet ultimatum fut présenté à monsieur Oken, qui répondit qu'il ne connaissait pas de loi qui déclarât les deux fonctions incompatibles, et que jusqu'à ce que cette loi parût, il garderait sa chaire et son journal. En conséquence de cette réponse, au mois de juin 1819, il fut destitué sans procédure ni jugement, et la commission permanente de la chambre législative du duc de Weimar, non-seulement laissa exécuter ce coup d'Etat, mais encore en approuva l'illégalité.

Les élèves de monsieur Oken protestèrent contre sa destitution en lui offrant une coupe d'or sur laquelle était gravée cette maxime philosophique :

« On t'a offert de l'absinthe : bois du vin ! »

Monsieur Oken reprit la rédaction de l'*Isis*, qui continua d'obtenir d'autant plus de succès que son rédacteur était le martyr des idées libérales, qui à cette époque étaient celles de toute la jeunesse allemande.

De son côté, monsieur Luden avait créé, dès 1814, un autre journal, la *Némésis*. Cette feuille, comme son titre l'indique, avait pour but de souffler la haine contre les Français et à ce titre elle avait été acceptée, protégée même par la Sainte-Alliance, mais lorsqu'arriva la paix, et avec elle les déceptions germaniques, le journaliste tourna sa plume contre ceux qui venaient de manquer ainsi à la parole sainte qu'à la face du monde ils avaient engagée. Seulement, comme monsieur Luden, d'un caractère plus froid et plus contenu que son confrère monsieur Oken, avait conduit ses attaques avec une grande modération et une merveilleuse prudence ; comme ses articles, où il était impossible de dénoncer une seule personnalité, n'offraient guère que des discussions historiques sur des faits irrécusables, la *Némésis* ne donna prise à aucune poursuite, et ses ennemis furent forcés d'attendre une occasion favorable de la frapper. Une altercation qui survint entre Kotzebüe et monsieur Luden leur fournit cette occasion.

Un article de la *Némésis*, rédigé par monsieur Luden lui-même, contenait, sur l'administration civile de la Russie et sa politique extérieure, des observations qui, pour être rédigées avec la convenance ordinaire de l'habile écrivain, n'en étaient peut-être que plus dangereuses pour ce gouvernement ombrageux. Cet article tomba entre les mains de Kotzebüe. Chacun sait les fonctions étranges qu'il exerçait en Allemagne pour le compte d'Alexandre, et comme, à cette époque, le conseiller aulique de sa majesté autocratique était en guerre ouverte avec les universités. Il profita de l'occasion d'un second rapport qu'il faisait à l'empereur Alexandre sur l'état de la littérature germanique, pour lui rendre compte de l'article de monsieur Luden, faisant ressortir les passages qui pouvaient le blesser et supprimant tous ceux qui pouvaient servir de correctifs à ceux-là, accompagnant le tout des notes les plus injurieuses sur le double caractère public et privé de l'auteur. Le rapport était écrit en français.

Malheureusement pour Kotzebüe, son original couvert de ratures nécessitait une copie : il donna son rapport à mettre au net à une espèce d'écrivain public qui l'emporta chez lui, et qui, peu familier avec la langue française et craignant de faire des fautes, consulta, sur certains mots et sur certaines phrases qu'il ne connaissait pas, le docteur L... Un de ces passages était justement dirigé contre monsieur Luden. Cette diatribe piqua la curiosité du docteur L... qui, ayant appris que le manuscrit original était de Kotzebüe, fit semblant d'être embarrassé à son tour, et pria le copiste de lui laisser le manuscrit pour quelques heures. Le copiste, qui avait de grandes obligations à monsieur L..., n'osa pas lui refuser cette communication, dont d'ailleurs il ne comprit probablement pas l'importance. M. L..., possesseur momentané du rapport, en fit à l'instant une copie qu'il envoya à monsieur Luden. Celui-ci, en ayant extrait les passages les plus saillans, et les ayant accompagnés à son tour de commentaires sur Kotzebüe, les envoya au bureau de la *Némésis* afin qu'ils fussent composés pour le prochain numéro. Kotzebüe, on ne sait comment, eut connaissance de l'infidélité de son copiste et des résultats que cette infidélité allait avoir. Il courut aussitôt chez le comte Lesdigny ministre des affaires étrangères, et lui raconta la chose. Le comte Lesdigny, prévoyant que cette publication ne ferait qu'irriter encore les esprits, donna ordre à l'imprimeur d'arrêter la composition du numéro; mais l'ordre arriva trop tard : le tirage était commencé, et comme il n'y avait pas d'ordre officiel qui s'opposât à la publication, l'imprimeur se hâta de faire passer ce qu'il y avait de numéros tirés à Iéna; ce qui en restait à l'imprimerie fut saisi et mis au pilon ; mais deux ou trois cents numéros circulaient déjà parmi les étudians. Alors monsieur Oken reproduisit l'article incriminé, dans l'*Isis*, qui fut saisi à son tour ; mais l'article proscrit reparut aussitôt dans le journal rédigé par Vieland fils. Ce journal fut à son tour saisi et condamné; mais le but était atteint : l'article avait fait le tour de l'Allemagne, et Kotzebüe était publiquement dénoncé comme un espion.

Kotzebüe, furieux, publia une brochure contre le gouvernement du grand-duc, contre les universités et contre les professeurs, qu'il traitait de jacobins ; c'était un véritable appel au gouvernement despotique ; c'était le tocsin contre les idées libérales.

Il y avait en ce moment-là à Iéna un jeune homme d'environ vingt-deux ans, qui vivait solitaire et réfléchi parmi ses camarades. Presque enfant, il avait fait comme volontaire la campagne de Waterloo ; puis, comme ses camarades, il était rentré à l'Université pour y achever ses études. Il était un de ceux dont les déceptions politiques avaient le plus assombri le caractère. Chaque jour il écrivait sur son album, non-seulement ses pensées de la journée, mais encore ce qu'il avait fait de bien et ce qu'il avait fait de mal. Le 24 novembre 1817, la brochure de Kotzebüe lui tomba entre les mains, et le 24 novembre au soir il écrivait sur cet album :

« Aujourd'hui, après avoir travaillé avec beaucoup de soin et d'assiduité, je suis sorti vers quatre heures du soir avec E... En traversant la place du marché nous y avons entendu lire la nouvelle et empoisonnée insulte de Kotzebüe. Quelle rage anime donc cet homme contre les Burchen et contre tout ce qui touche l'Allemagne! »

C'était la première fois que dans cet album, reflet innocent jusque-là de ses plaisirs et de ses chagrins de jeune homme, le nom de Kotzebüe était tracé; mais par la suite plus d'une allusion cachée et plus d'une attaque directe devaient suivre cette première insertion. En effet, le 31 décembre de la même année, il écrivait sur le même album, dans ce style mystique qui lui appartenait :

« O Seigneur miséricordieux! j'ai commencé cette année avec la prière, mais vers ces derniers temps j'ai été distrait et mal disposé. Quand je regarde en arrière, je trouve, hélas! que je ne suis pas devenu meilleur ; mais je suis entré plus profondément dans la vie, et l'occasion s'en présentant, je me sens maintenant la force d'agir. C'est que tu as toujours été avec moi, Seigneur, quand bien même je n'étais pas avec toi. »

Puis le lendemain, qui était le 1er janvier 1818, le jeune homme commença un autre album, et sur la page blanche de la reliure, il écrivit, toujours du même style :

« Seigneur, laisse-moi m'affermir dans l'idée que j'ai conçue de la délivrance de l'humanité par le saint sacrifice de son fils, fais que je sois un Christ pour l'Allemagne, et que comme et par Jésus je sois fort et patient à la douleur. »

Quatre mois écoulés, il écrivit :

5 mai.

« Seigneur, pourquoi donc cette mélancolique angoisse s'est-elle emparée de moi ; mais une volonté ferme et constante surmonte, et l'idée de la patrie donne aux plus tristes et aux plus faibles de la joie et du courage. Quand je réfléchis, je m'étonne toujours qu'il ne s'en trouve point parmi nous un assez courageux pour enfoncer un couteau dans la gorge de Kotzebüe ou de tout autre traître. »

Puis il continue le 18 mai :

« Un homme n'est rien en regard d'un peuple; c'est une unité comparée à des milliards, c'est une minute comparée à un siècle. L'homme que rien ne précède et que rien ne suit, naît, vit et meurt dans un espace plus ou moins long, mais qui, relativement à l'éternité, équivaut à peine à la durée d'un éclair ; un peuple, au contraire, est immortel. »

Enfin, le 31 décembre de l'année 1818, affermi dans sa résolution sanglante, il écrivit :

« Je finis le dernier jour de cette année 1818 dans une disposition sérieuse et solennelle, et j'ai décidé que la fête de Noël qui vient de s'écouler serait le dernier Noël que je fêterais... S'il doit ressortir quelque chose de nos efforts, si la cause de l'humanité doit prendre le dessus dans notre patrie, si au milieu de cette époque sans foi quelques sentimens religieux peuvent renaître et se faire place, c'est à la condition que le misérable, que le traître, que le séducteur de la jeunesse, que l'infâme Kotzebüe sera tombé. Tant que je n'aurai pas accompli l'œuvre que j'ai résolue, je n'aurai plus aucun repos. Seigneur, toi qui sais que j'ai dévoué ma vie à cette grande action, je n'ai plus, maintenant qu'elle est arrêtée en mon esprit, qu'à te demander la véritable fermeté et le courage de l'âme. »

Le jeune fanatique qui faisait ainsi Dieu, non-seulement le complice, mais encore l'instigateur d'un meurtre, était Karl-Ludwig Sand.

Il était né le 5 octobre 1795, à Wonsiedel, de Godefroid-Christophe Sand, premier président et conseiller de justice du roi de Prusse, et de Dorothée-Jeanne-Wilhelmine Schapf, sa femme ; il avait par conséquent vingt-deux ans à peine.

Plusieurs dangers auxquels pendant sa jeunesse il avait échappé comme par miracle, avaient fait dire à quelques-uns qu'il était prédestiné.

Prédestination fatale que nous allons le voir accomplir.

KARL-LUDWIG SAND.

En effet, à partir de ce moment où nous sommes arrivés, Sand ne fit que s'affermir dans la coupable résolution qu'il avait prise. Ses études changèrent d'objet. Chaque jour il assista aux séances anatomiques, suivant avec une singulière attention les séances de l'opérateur ; se faisant expliquer dans ses moindres détails les fonctions du cœur, et reconnaissant, comme le fait un général du point qu'il veut attaquer, la place que cet organe occupe dans la poitrine.

Plusieurs mois se passèrent dans cette horrible étude, sans que ses meilleurs amis en soupçonnassent l'objet. A sa mélancolie et à sa tristesse avaient succédé au contraire une sérénité et une bienveillance extrêmes. Seulement de temps en temps il se livrait à des actions inexplicables, et qui faisaient croire qu'il était atteint de folie. Voici une de celles qui, répandues dans l'Université, excitèrent l'hilarité de ses camarades.

Un jour Sand, entendant un de ses amis monter l'escalier, prit un couteau à papier et se tint debout contre une table ; puis, au moment où l'ami ouvrit la porte, il s'élança sur lui et lui porta la pointe du couteau à la figure. L'ami, ignorant si c'était une menace fictive ou réelle, essaya de parer le coup avec les deux mains. Au même instant, Sand le frappa à la poitrine; puis avec la plus grande tranquillité :

— Vois-tu, lui dit-il, quand on veut tuer un homme, voilà comme on s'y prend : on menace le visage, il fait comme tu as fait, il y porte les mains, et alors on lui enfonce le couteau dans le cœur.

Trois mois après l'énigme était expliquée par un mot sanglant! — Kotzebüe.

Sur la fin de février, Sand annonça que, pour un petit voyage de famille, il allait quitter l'Université. Enfin, le 7 mars, il invita tous ses amis à passer la soirée chez lui, et leur annonça son départ pour le surlendemain 9. Ils lui proposèrent tous de lui faire la conduite durant deux ou trois lieues, mais Sand craignant que cette démonstration, toute innocente qu'elle fût, ne les compromît plus tard, refusa et prit congé d'eux le soir même.

Sand, resté seul, écrivit à sa famille cette lettre étrange :

« A TOUS LES MIENS.

» Ames loyales et éternellement chéries,

» Pourquoi augmenter encore votre douleur? me demandai-je. Et j'hésitais à vous écrire. Mais la religion du cœur eût été blessée de mon silence. Sors donc de ma poitrine pleine d'angoisses! En avant, long et cruel tourment d'un dernier entretien, qui peut seul cependant, lorsqu'il est sincère, adoucir la peine du départ!

» Cette lettre, ô ma mère, ô mon père, ô mon frère, ô mes sœurs, vous apporte le dernier adieu de votre fils et de votre frère.

» Le plus grand malheur de la vie pour tout cœur généreux est de voir la cause de Dieu s'arrêter dans ses développemens par notre faute... et l'infamie la plus déshonorante serait de souffrir que les belles choses acquises bravement par des milliers d'hommes, et pour lesquelles des milliers d'hommes se sont sacrifiés avec joie, ne soient plus qu'un rêve passager, sans suites réelles et positives. La résurrection de notre vie allemande fut commencée dans les vingt dernières années, et particulièrement dans la sainte année de 1813, avec un courage inspiré par Dieu. Mais voilà que la maison paternelle est ébranlée depuis le faîte jusqu'à sa base. En avant! relevons-la neuve et belle, et tel que doit être le vrai temple du vrai Dieu.

» Ils sont en petit nombre ceux qui essaient de s'opposer comme une digue au torrent du progrès de la haute humanité chez le peuple allemand. Pourquoi de grandes masses plieraient-elles sous le joug d'une perverse minorité? Et pourquoi, guéris à peine, retomberions-nous dans un mal pire que celui dont nous sortons?

» Plusieurs de ces suborneurs, et ceux-là sont les plus infâmes, jouent avec nous le jeu de la corruption; parmi eux est Kotzebüe, le plus adroit et le pire de tous, véritable machine à paroles d'où sortent tout discours détestable et tout conseil pernicieux... Sa voix est habile à nous enlever toute humeur et toute amertume contre les mesures les plus injustes, et telle qu'il la faut aux rois pour nous endormir dans son vieux sommeil fainéant, qui est la mort des peuples. Chaque jour il trahit sa patrie et n'en reste pas moins, malgré sa trahison, une idole pour la moitié de l'Allemagne, qui, éblouie par lui, accepte sans résistance le poison qu'il lui verse dans ses pamphlets périodiques, protégé et enveloppé qu'il est dans le manteau séducteur d'une grande réputation de poëte. Excités par lui, les princes d'Allemagne qui ont oublié leurs promesses ne laisseront s'accomplir rien de libre ni de bon, ou si quelque chose de pareil s'accomplit malgré eux, ils se ligueront avec les Français afin de l'anéantir Pour que l'histoire de notre temps ne soit pas couverte d'une ignominie éternelle, il faut qu'il tombe.

» Je l'ai toujours dit, si nous voulons trouver un grand et suprême remède à l'état d'abaissement où nous sommes, il faut qu'aucun ne redoute ni le combat, ni la douleur, et la véritable liberté du peuple allemand ne sera assurée que quand le brave bourgeois lui-même se sera mis au jeu ou aura parié, et que tout fils de la patrie préparé à la lutte pour la justice méprisera les biens de ce monde, pour n'envier que les biens célestes qui sont sous la garde de la mort.

» Qui donc frappera ce misérable salarié, ce traître vénal?

» J'attends depuis longtemps dans la crainte, dans la prière et dans les larmes, moi qui ne suis pas né pour le meurtre, qu'un autre me devance, me délie, et me laisse ainsi continuer ma route dans le sentier doux et paisible que je me suis choisi. Eh bien! malgré mes prières et mes larmes, celui-là qui doit frapper ne se présente point; en effet, chacun ainsi que moi a le droit de compter sur un autre, et chacun comptant ainsi, chaque heure de retard ne fait qu'empirer notre situation, car d'une heure à l'autre, et quelle honte profonde ne serait-ce pas pour nous! Kotzebüe impuni peut quitter l'Allemagne et aller dévorer en Russie les trésors contre lesquels il a échangé son honneur : qui pourra nous garantir de cette honte, si chacun, si moi-même je ne me sens pas la force de sauver ma chère patrie, en me faisant l'élu de la justice de Dieu?

» Ainsi donc, en avant!... C'est moi qui m'élancerai courageusement sur lui (ne vous effrayez pas), sur lui, ce séducteur immonde; c'est moi qui tuerai le traître, afin qu'en s'éteignant sa voix corruptrice cesse de nous éloigner des enseignemens de l'histoire et de l'esprit de Dieu. Un devoir irrésistible et solennel me pousse à cette action, depuis que j'ai reconnu à quelles hautes destinées le peuple allemand peut atteindre dans ce siècle; et, depuis que je connais le lâche et l'hypocrite qui l'empêche seul d'y arriver, ce désir est devenu pour moi, comme pour tout Allemand qui veut le bien public, une sévère et rigoureuse nécessité. Puissé-je, par cette vengeance populaire, indiquer à toutes les consciences droites et loyales où gît le véritable danger, et sauver du grand et prochain péril qui les menace nos associations avilies et calomniées! Puissé-je enfin répandre la terreur sur les méchans et sur les traîtres, et le courage et la foi sur les bons! Les discours et les écrits ne mènent à rien; les actions seules *peuvent*.

» J'agirai donc, et, quoique poussé violemment hors de mes beaux rêves d'avenir, je n'en suis pas moins plein de confiance en Dieu; j'espère même une joie céleste depuis que, comme les Hébreux cherchant la Terre promise, je vois tracée devant moi, dans la nuit, cette route au bout de laquelle j'aurai payé ma dette à la patrie.

» Ainsi donc, adieu, cœurs fidèles. Certes, cette prompte séparation est dure; certes, vos espérances comme mes souhaits sont trompés. Vous vous direz entre vous sans doute : il avait cependant, grâce à nos sacrifices, appris à connaître la vie et à goûter les joies de la terre, et il paraissait aimer profondément le pays natal et l'humble état auquel il était appelé. Hélas! oui, cela est vrai. Sous votre protection, et grâce à vos innombrables sacrifices, le pays natal et la vie m'étaient devenus profondément chers; oui, grâce à vous, j'ai pénétré dans l'Eden de la science, et j'ai vécu de la vie libre de la pensée; grâce à vous, j'ai regardé dans l'histoire, et je suis rentré ensuite dans ma conscience pour m'attacher aux solides piliers de la foi dans l'Éternel.

» Oui, je devais traverser doucement cette vie, comme un prédicateur de l'Évangile; oui, je devais, dans ma fidélité à mon état, m'abriter contre les orages de l'existence. Mais cela suffirait-il pour détourner le danger qui menace l'Allemagne?

» Et vous-même, dans votre amour infini, ne devez-vous pas, au contraire, me pousser à risquer ma vie pour le bien de tous?

» Que je méconnaisse votre amour, ou que votre amour soit pour moi une considération légère, vous ne le croyez pas. Qui donc me pousserait à la mort, si ce n'était mon dévouement à vous et à l'Allemagne, et le besoin de prouver ce dévouement à ma famille et à mon pays.

» Ma mère, tu diras : pourquoi ai-je élevé un fils que j'aimais et qui m'aimait, pour lequel j'ai pris mille soins et me suis donné mille peines, qui, grâce à mes prières et à mon exemple, fut impressionnable au bien, et duquel je devais, après ma longue et fatigante carrière, recevoir des soins pareils à ceux que je lui ai donnés!... pourquoi m'abandonne-t-il maintenant?

» O ma bonne et tendre mère, oui, vous direz cela peut-être; mais la mère d'un autre ne pourrait-elle pas en dire autant? et tout se passer ainsi en paroles, quand il faut agir pour le pays! Et si personne ne voulait agir, que deviendrait cette mère de tous qu'on appelle l'Allemagne?

» Mais non, ces plaintes sont loin de toi, noble femme, et si, à l'heure qu'il est, personne ne se présentait pour la cause de l'Allemagne, toi-même me pousserais. J'ai avant moi deux frères et deux sœurs, tous nobles et loyaux; ils vous resteront, ma mère, et puis, vous aurez encore pour fils tous les enfans de l'Allemagne qui aiment leur patrie.

» Tout homme a une destinée qu'il doit accomplir; la mienne est vouée à l'action que je vais entreprendre. Quand je vivrais encore cinquante années, je ne pourrais pas vivre plus heureux que je ne l'ai fait dans ces derniers temps.

» Adieu, ma mère! Je vous recommande à la protection de Dieu; puisse-t-il vous élever à cette joie que les malheurs ne peuvent plus troubler. Conduisez bientôt vos petits enfans, pour lesquels j'aurais tant aimé à être un tendre ami, sur le sommet de nos belles montagnes; que là, sur cet autel élevé par le Seigneur lui-même au milieu de l'Allemagne, ils se dévouent et jurent de prendre l'épée aussitôt qu'ils auront la force de la soulever, et de ne la déposer que lorsque tous nos frères seront réunis par la liberté, que lorsque tous les Allemands, ayant une constitution libérale, seront grands devant le Seigneur, puissans contre leurs voisins, et unis entre eux.

» Que ma patrie élève toujours ses regards heureux vers toi, Père Tout-Puissant; que ta bénédiction tombe toujours abondamment sur ses moissons prêtes à être fauchées, et sur ses armées prêtes à combattre, et que, reconnaissant des grâces dont tu l'as accablé, le peuple allemand soit toujours parmi les peuples le premier levé pour soutenir la cause de l'humanité qui est ton image sur la terre.

» Votre éternellement attaché fils, frère et ami.

» KARL-LUDWIG SAND.

« Iéna, 8 mars 1819. »

Sand écrivit cette lettre étrange en deux fois, moitié dans la nuit du 7 au 8, moitié dans la nuit du 8 au 9. Lorsqu'el e fut achevée, il écrivit sur l'adresse : *A mes plus chers et mes plus intimes*, la plaça sur l'endroit le plus évident du bureau, se coucha, et s'endormit comme d'habitude. Au point du jour, ayant eu le soin de prendre sur lui la clef de sa chambre, il se mit en route, après avoir loué de nouveau son logement, pour un semestre, et avoir payé les deux premiers mois d'avance. Il passa par Erfurt et Henach. Le 23, à neuf heures du matin, il arriva au sommet d'une petite colline, d'où il découvrit Francfort. Là, il s'arrêta un instant, comme depuis il l'a dit lui-même, pour chercher des yeux la place où serait son tombeau.

Arrivé à Manheim, Sand alla loger au Weinberg. Comme d'habitude, on lui présenta le registre, et il s'y inscrivit sous le nom de Henry; puis il s'informa de la maison de Kotzebüe, et, comme on lui dit qu'elle était située en face de l'église des Jésuites, il demanda encore la lettre et le numéro de la maison, afin de ne pas se tromper.

Il était à peu près dix heures et demie comme Sand frappait à la porte du conseiller aulique. Kotzebüe était allé, dans le parc du château, faire sa promenade du matin. Sand prétexta une affaire pressée, se fit indiquer l'allée qu'il préférait, et se mit à sa recherche. Mais soit que Kotzebüe eût pris un autre but de promenade, soit que les renseignemens qu'on avait donnés à Sand sur les habits et la figure de celui qu'il cherchait fussent inexacts, il ne le rencontra pas ou ne le reconnut point. Sand se promena jusqu'à onze heures et demie. Alors désespérant de trouver Kotzebüe dans le parc, il revint à l'hôtel, résolu de retourner chez lui dans l'après-midi.

C'était l'heure de la table d'hôte; Sand s'y assit avec une tranquillité parfaite. La conversation tomba sur la théologie : Sand développa, tout en mangeant du meilleur appétit, ses idées sur l'immortalité de l'âme, et parla avec une si grande conviction et une telle éloquence, que chacun fit silence pour l'écouter. Mais bientôt, voyant l'effet qu'il produisait, Sand s'arrêta et sourit en demandant pardon de s'être emparé ainsi de la conversation.

Après la table d'hôte, Sand remonta dans sa chambre; on croit qu'il pria Dieu. A trois heures il sortit et reprit le chemin de la maison de Kotzebüe.

Le conseiller donnait ce jour-là même un grand dîner; mais ayant appris qu'un jeune homme était venu et avait demandé avec instance à lui parler, il avait donné l'ordre, si ce jeune homme se représentait de nouveau, de le faire entrer. Aussi, dès que le domestique eut reconnu Sand, il lui dit que le conseiller était rentré, et le fit passer dans un cabinet de travail attenant à l'antichambre. Un instant après, Kotzebüe entra. Sand le laissa s'avancer jusqu'aux trois quarts de la chambre, et comme la porte s'était refermée derrière lui, il renouvela la scène que nous avons racontée, et tirant un poignard de sa poche, il menaça Kotzebüe au visage. Kotzebue y porta les mains. Aussitôt, il lui plongea, dans toute sa longueur, sa lame dans la poitrine. Le cœur était traversé de part en part; Kotzebüe jeta un faible cri et tomba.

Mais si faible que fût ce cri, sa fille l'avait entendu. C'était une enfant de six ans, une de ces charmantes enfans allemandes, avec de longs cheveux blonds, une robe blanche, et un de ces rubans bleus comme Raphaël en nouait à la taille de ses anges. La pauvre petite vit son père étendu sur le parquet; elle se jeta sur lui en éclatant en sanglots, et en appelant : « Mon père! mon père! » Sand ne put supporter le spectacle déchirant de cette douleur enfantine, et son action lui apparaissant alors dans toute son horrible nudité, il s'enfonça, jusqu'au manche, dans la poitrine, le poignard encore tout couvert du sang de Kotzebüe.

Mais, à son grand étonnement, Sand resta debout; seulement un nuage sanglant passa devant ses yeux, et il comprit alors qu'il allait tomber vivant entre les mains des domestiques. Le sentiment instinctif de sa conservation l'emporta sur l'intention bien arrêtée où il était de se tuer. Il se retourna tout chancelant, ouvrit la porte, se précipita vers l'escalier, rencontra une famille qui venait dîner chez Kotzebüe, et qui, voyant un homme tout ensanglanté et avec un couteau dans la poitrine, se mit à pousser de grands cris, et s'écarta au lieu de l'arrêter. Sand gagna donc la rue; mais en mettant le pied sur le seuil de la porte, il aperçut à dix pas des soldats qui allaient relever le poste du château. Sand crut qu'ils accouraient aux cris qui le poursuivaient, peut-être aussi ses jambes faiblirent-elles; il se jeta à genoux à cinq ou six pas de la maison, joignit les mains, fit à haute voix une courte prière, puis, tirant le couteau de sa blessure, il s'en donna un second coup près du premier, et tomba évanoui en s'écriant : « O mon Dieu! reçois mon âme! »

Quant à Kotzebüe, il était mort.

LA MAISON DE FORCE.

La patrouille était commandée par le major Badois Holzungen. Il vint à Sand qu'il croyait expiré, mais voyant qu'il n'était qu'évanoui, il le fit transporter à l'hôpital. Là on tint Sand sous la garde la plus sévère, quoique cela fût inutile, ses blessures étant tellement graves qu'il pouvait parler à peine; il ne parvenait à respirer que lorsqu'il était couché sur le dos. L'une d'elles cependant guérit, mais quant à l'autre, comme la lame du poignard avait pénétré entre la plèvre costale et la plèvre pulmonaire, il s'était formé un épanchement entre les deux feuillets; en sorte qu'au lieu de la laisser se refermer, on la maintint soigneusement ouverte, afin de lui tirer tous les matins, à l'aide d'une pompe, le sang extravasé pendant la nuit, comme cela se pratique dans l'opération de l'empième. Sand fut pendant trois mois entre la vie et la mort; cependant, au bout de trois mois, sa position s'améliora assez pour qu'on le transportât à la maison de force. Il y trouva monsieur G..., qui l'attendait, et qui avait fait préparer pour lui sa meilleure chambre : c'est que déjà à cette heure Sand n'était plus un assassin ordinaire. Au reste, on peut prendre une idée de la manière dont le prisonnier était traité, et des douleurs qu'il souffrait, par la lettre suivante datée de son *île de Pathmos*, et qu'il écrivait à son père au mois de janvier 1820, pour le remercier de sa bénédiction que le vieillard lui avait envoyée, le soixante-septième anniversaire de sa naissance.

« Janvier 1820.

« Mes chers parens, frères et sœurs,

» Dans le milieu du mois de septembre de l'année dernière, j'ai reçu par la commission spéciale d'enquête du grand-duc, dont vous avez pu déjà apprécier l'humanité, vos chères lettres de la fin d'août et du commencement de septembre, et elles ont eu l'influence magique de me combler de joie, en me transportant dans le cercle intime de vos cœurs.

» Vous, mon tendre père, vous m'écrivez le jour du soixante-septième anniversaire de votre naissance, et vous me bénissez dans l'épanchement de votre plus tendre amour.

» Vous, ma mère bien-aimée, vous descendez jusqu'à la promesse de la continuation de votre affection maternelle, à laquelle j'ai cru immuablement dans tous les temps, et c'est ainsi que j'ai reçu vos deux bénédictions qui, dans ma position actuelle, exercent sur moi une influence plus bienfaisante qu'aucun des biens que tous les rois de la terre pourraient m'accorder : oui, vous me nourrissez abondamment de votre amour béni, et je vous en rends grâce, mes chers parens, avec la soumission respectueuse que mon cœur m'inspirera toujours comme le premier devoir d'un fils.

» Mais plus votre amour est grand, plus vos lettres sont tendres, plus j'ai eu à souffrir, je dois vous l'avouer, du sacrifice volontaire que nous nous sommes imposés de ne pas nous voir, et je n'ai tant tardé à vous répondre, mes chers parens, que pour me donner à moi-même le temps de retrouver la force que j'avais perdue.

» Vous aussi, cher beau-frère et chère sœur, m'assurez de votre attachement sincère et non interrompu. Et cependant, après l'effroi que j'ai répandu sur vous tous, vous ne paraissez pas encore savoir précisément ce que vous devez penser de moi ; mais mon cœur, plein de reconnaissance pour vos bontés passées, se rassure de lui-même, car vos actions parlent et me disent que quand vous ne voudriez plus m'aimer comme je vous aime, vous ne pourriez faire autrement : ces actions valent mieux pour moi, à cette heure, que toutes les protestations possibles, voire même les plus tendres paroles.

» Et toi aussi, mon bon frère, tu aurais consenti à accourir, avec notre mère bien-aimée, aux bords du Rhin, ici où les véritables rapports de l'âme se sont établis entre nous, et où nous avons été deux fois frères. Mais, dis-moi, n'y es-tu pas véritablement en pensée et en esprit, lorsque je considère la riche source de consolations qui m'y est apportée par ta cordiale et tendre lettre.

» Et toi, bonne belle-sœur, ainsi qu'au premier abord tu t'es posée dans ta délicate tendresse, comme une véritable sœur, ainsi je te retrouve aujourd'hui : ce sont toujours les mêmes relations tendres, c'est toujours la même affection fraternelle ; tes consolations, qui émanent d'une piété croyante et soumise, sont tombées rafraîchissantes au plus profond de mon cœur. Mais, bonne belle-sœur, il faut que je te dise, à toi comme aux autres, que tu es trop libérale envers moi dans la dispensation de ton estime et de tes louanges, et ton exagération m'a rejeté en face de mon juge intérieur, qui m'a fait voir alors dans le miroir de ma conscience le contour de toutes mes faiblesses.

» Toi, bonne Julie, tu ne désires rien plus que de m'enlever au sort qui m'attend, et tu m'assures, au nom de tous, que, toi comme eux, tu serais heureuse de le subir à ma place. Je te reconnais là tout entière, et aussi les douces et tendres relations dans lesquelles nous avons été élevés dès l'enfance. Oh! rassure-toi, bonne Julie, grâce à la protection de Dieu, je t'assure qu'il me sera facile, bien plus facile que je ne l'aurais cru, de supporter ce qui m'attend.

» Recevez donc tous mes vifs et sincères remercîmens pour avoir réjoui mon cœur.

» Maintenant que j'ai reconnu par ces lettres fortifiantes, que, pareil à l'enfant prodigue, l'amour et la bonté de ma famille sont plus grands pour moi, à mon retour, que mon départ, je veux, avec autant de soin que possible, vous dépeindre mon état physique et moral, et je prie Dieu qu'il appuie mes paroles de sa force, afin que ma lettre contienne l'équivalent de ce que les vôtres m'ont apporté, et qu'elle vous aide à arriver à cet état de calme et de sérénité où je suis parvenu moi-même.

» Endurci, à force de puissance sur mon cœur, contre les biens et les maux de la terre, vous savez déjà que dans ces dernières années je n'ai vécu que pour les joies morales, et je dois dire que, touché de mes efforts, sans doute, le Seigneur, sainte source de tous biens, m'a rendu apte à les chercher et à en jouir avec plénitude. Dieu est toujours près de moi et avec moi, et je trouve en lui, principe souverain de la création de toutes choses, en lui notre père sacré, non-seulement la consolation et la force, mais un ami immuable, plein du plus saint amour, qui m'accompagnera partout où j'aurai besoin de ses consolations. Certes, s'il s'était éloigné de moi, ou si j'avais détourné les yeux de lui, je me trouverais maintenant bien malheureux et bien misérable ; mais par sa grâce, au contraire, moi humble et faible créature, il me fait fort et puissant contre tout ce qui peut tomber sur moi.

» Ce que j'ai révéré jusqu'ici comme sacré, ce que j'ai désiré comme bon, ce à quoi j'ai aspiré comme céleste, n'a changé en rien à cette heure, et j'en remercie Dieu, car je me trouverais maintenant bien désespéré si j'avais à reconnaître que mon cœur ait adoré des images trompeuses, et s'est enveloppé de fugitives chimères. Aussi ma confiance dans ces idées, aussi mon pur amour pour elles, qui sont les anges gardiens de mon esprit, s'accroissent de moment en moment, et s'accroîtront aussi jusqu'à ma fin, et j'en serai d'autant plus facilement conduit, je l'espère, de ce monde à l'éternité. Je passe ma vie dans l'exaltation et l'humilité chrétienne, et j'ai parfois de ces visions d'en haut par lesquelles, depuis ma naissance, j'ai adoré le ciel sur la terre, et qui me donnent la puissance de m'élever jusqu'au Seigneur sur les ailes ardentes de la foi. La maladie, quoique longue, douloureuse et cruelle, a toujours été assez fortement maîtrisée par ma volonté pour me laisser le loisir de m'occuper avec suite de l'histoire des sciences positives et des belles parties de l'éducation religieuse ; et, lorsque le mal plus violent interrompait pendant quelque temps ces occupations, je n'en luttais pas moins victorieusement contre l'ennui, car les souvenirs du passé, ma résignation au présent et ma foi dans l'avenir étaient assez riches et assez forts, en moi et autour de moi, pour ne pas me laisser choir de mon paradis terrestre. Je n'aurais, d'après mes principes, dans la position où je me trouve, et où je me suis mis moi-même, jamais rien voulu demander pour mon bien-être, et néanmoins j'ai été comblé à tous égards de tant de bontés, de tant de soins, et cela avec une délicatesse et une humanité que je ne puis, hélas! reconnaître ; des vœux que je n'aurais point osé former dans le coin le plus secret de mon cœur, ont été dépassés et bien au-delà. Je n'ai jamais été assez vaincu par les douleurs du corps pour ne pas pouvoir me dire intérieurement, en élevant mes pensées au ciel : « Devienne ce que pourra cette guenille! » et si grandes qu'aient été ces douleurs, je ne saurais les mettre en comparaison avec ces souffrances de l'âme que dans le sentiment de nos faiblesses et de nos fautes nous éprouvons si poignantes.

» Au reste, il est rare maintenant que cette douleur me fasse perdre connaissance, l'enflure et l'inflammation n'ont jamais gagné beaucoup, et les fièvres ont toujours été modérées, quoique depuis près de dix mois je sois forcé de me tenir couché sur le dos, sans pouvoir même me soulever, et quoiqu'il soit déjà sorti de ma poitrine, à l'endroit du cœur, plus de quarante pintes de sang. Non, la blessure quoique toujours ouverte est en bon état ; et cela je le dois non-seulement aux soins dont je suis entouré, mais encore au sang pur que j'ai reçu de vous, ô ma mère! Ainsi, ni les secours de la terre, ni les encouragemens du ciel ne m'ont manqué ; ainsi j'ai eu tous les motifs, le jour anniversaire de ma naissance, non pas de maudire l'heure où je suis né, mais au contraire, après la sérieuse contemplation de ce monde, de remercier Dieu, et vous, mes biens chers parens, de la vie que vous m'avez donnée.

» Je l'ai célébré, ce 18 octobre, dans une pénible et fervente soumission à la volonté du Seigneur. Le jour de Noël j'ai cherché à me mettre dans la disposition des enfans dévoués à Dieu, et, avec l'aide du ciel, l'année nouvelle se passera, comme la précédente, dans les douleurs du corps peut-être mais certainement dans la joie de l'âme ; et c'est avec ce vœu, le seul que je forme, que je m'adresse à vous, mes chers parens, et à vous et aux vôtres, mes chers frères et sœurs.

» Je ne puis pas espérer de voir une nouvelle vingt-cinquième année. puisse donc la prière que je viens de faire être exaucée, puisse ce tableau de ma vie actuelle vous apporter quelque tranquillité, et puisse cette lettre, que je vous écris du plus profond de mon cœur, non-seulement vous prouver que je ne suis pas indigne de votre inexprimable amour à tous, mais, tout au contraire, m'assurer cet amour pour l'éternité.

» Je me réjouis bien sincèrement de l'arrivée au monde du petit cousin. J'en fais joyeusement mes félicitations aux grands parens ; je me transporte, pour son baptême, dans cette commune bien-aimée, où je lui apporte mon affection comme frère chrétien, et où j'appelle sur lui toutes les bénédictions du ciel.

» Pour ne pas trop incommoder la commission du grand-duc, nous serons forcés, je crois, de renoncer à notre corres pondance; je finis donc en vous assurant encore, mais pour la dernière fois peut-être, de ma profonde soumission filiale et de mon affection fraternelle.

» Votre bien tendrement attaché,

» KARL-LUDWIG SAND. »

En effet, outre les soins particuliers dont Sand était l'objet de la part de monsieur G..., la commission d'enquête du grand duc de Weimar, ayant égard à l'état dans lequel il se trouvait, et peut-être à la cause qui l'avait réduit en cet état, avait permis, à titre d'adoucissement, que sa mère et les autres personnes de sa famille qu'il voudrait désigner, vinssent le voir. Le premier mouvement de Sand, lorsqu'on lui annonça cette bonne nouvelle, fut tout à la joie; mais bientôt ayant réfléchi avec son calme et sa fermeté habituels aux inconvéniens que cette visite pourrait avoir, il écrivit à la famille la lettre suivante :

« Mes chers parens,

» La commission d'enquête du grand-duc m'a fait part hier, qu'il serait possible que j'eusse la joie bien vive d'être visité par vous, et que je pourrais peut être vous voir et vous embrasser ici, vous, ma mère, et quelques-uns de mes frères et sœurs.

» Sans être surpris de cette nouvelle preuve de votre amour maternel, cette espérance a de nouveau réveillé en moi le souvenir ardent de cette vie heureuse passée doucement ensemble. La joie et la douleur, le désir et le sacrifice, ont alors violemment agité mon cœur, et il m'a fallu peser l'un à côté de l'autre, et avec la puissance de la raison, tous ces mouvemens divers, pour redevenir maître de moi-même et prendre une décision dans une circonstance aussi solennelle.

» La balance a penché du côté du sacrifice.

» Vous savez, ma mère, ce qu'un regard de vos yeux, ce que des relations de tous les jours, ce que vos entretiens pieux et élevés, pourraient m'apporter de joie et de courage pendant ce temps bien court; mais aussi vous savez ma position, et vous connaissez trop bien la marche naturelle de toutes ces douloureuses enquêtes pour ne pas trouver comme moi qu'une gêne pareille, renouvelée à tous les instans, troublerait beaucoup la joie de notre réunion, si elle ne parvenait pas à la détruire entièrement; puis, ma mère, après ce long et fatigant voyage que vous seriez forcée d'entreprendre pour me revoir, songez aux douleurs terribles de l'adieu, lorsqu'arriverait le moment de nous quitter en ce monde. Tenons-nous-en donc au sacrifice, c'est je crois la volonté du ciel, et livrons-nous seulement à cette douce communauté de pensées que la distance ne peut interrompre, dans laquelle je puise mes seules joies et qui nous sera toujours, en dépit des hommes, accordée par le Seigneur notre père.

» Vivez heureux.

» Votre fils profondément respectueux,

» KARL-LUDWIG SAND. »

A cette lettre, qu'à part les sentimens religieux on pourrait croire dictée par Brutus, arriva cette réponse, que l'on pourrait croire écrite par Cornélie.

« Cher, inexprimablement cher Karl,

» Combien il m'a été doux de revoir après un si long temps ton écriture chérie! Il n'y aurait pour moi ni aucun voyage assez pénible, ni aucun chemin assez long pour m'empêcher d'aller te retrouver, et j'irais avec un amour profond et infini d'une extrémité à l'autre de la terre, dans la seule espérance de t'apercevoir seulement.

» Mais comme je connais bien et ta tendre affection et ta profonde sollicitude pour moi, et que tu me donnes avec une si grande fermeté et une si mâle réflexion des motifs contre lesquels je n'ai rien à dire et que je ne puis qu'honorer, il en sera, mon bien-aimé Karl, comme tu l'as voulu et décidé. Nous continuerons, sans nous parler, la communication de nos pensées; mais sois tranquille, rien ne peut nous séparer, je t'enveloppe de mon âme, et mes pensées maternelles font la garde autour de toi.

» Que cet amour infini, qui nous soutient, nous affermit et nous conduit tous à une vie meilleure, te conserve, mon cher Karl, le courage et la fermeté.

» Adieu, et sois invariablement convaincu que je ne me lasserai jamais de t'aimer fortement et profondément.

» Ta mère fidèle et qui t'aimera jusques dans l'éternité. »

Effectivement, le moment fatal prévu par Sand arriva. Ce n'était pas que le grand-duc n'eût particulièrement désiré sauver Sand, sur lequel s'attachait à cette heure, non-seulement les regards, mais encore l'intérêt de toute l'Allemagne. Malheureusement la Russie était là, la Russie qui avait son agent à venger, et qui trouvait la convalescence de Sand bien longue au gré de sa vengeance; elle pressa donc la commission d'enquête d'en finir avec l'assassin, dans quelqu'état qu'il fût.

Cependant, il restait un dernier espoir aux habitans de Manheim et même aux membres de la commission d'enquête, c'est que Sand, qui ne s'était pas levé depuis treize mois, serait trop faible pour se tenir debout, et que comme on ne pouvait l'exécuter dans son lit, on obtiendrait de cette façon, et presque légalement, un nouveau sursis. On décida donc qu'un médecin d'Heidelberg visiterait Sand, et que, sur son rapport, selon que Sand serait en état de se lever ou dans l'impossibilité de quitter le lit, on hâterait ou ralentirait l'instruction.

En conséquence, un matin, un inconnu se présenta dans la chambre du prisonnier, s'annonçant comme un professeur de l'école de médecine d'Heidelberg, qui, attiré par l'intérêt, venait demander de ses nouvelles.

Sand le regarda un instant comme pour lire jusqu'au fond de son âme, puis voyant que, quelque empire qu'il eût sur lui, le médecin ne pouvait s'empêcher de rougir :

— Ah! oui, lui dit-il, je comprends. On désire savoir à Saint-Pétersbourg si je suis assez fort pour être exécuté, eh bien! monsieur, nous allons en faire l'expérience ensemble. Je vous demande pardon, ajouta-t-il, pour le cas où je me trouverais mal, mais comme il y a treize mois que je ne me suis levé, il est possible que, malgré toute ma bonne volonté, la chose arrive.

A ces mots, Sand se leva et sans appui; avec un courage surhumain, il fit deux fois le tour de sa chambre, et revint presqu'évanoui tomber sur son lit. Le médecin lui fit respirer des sels.

— Vous voyez, monsieur, dit Sand en revenant à lui, que je suis plus fort que je ne le croyais moi-même, portez, je vous prie, cette bonne nouvelle à mes juges. Il y a trop longtemps que je leur fais perdre un temps précieux; qu'ils rendent donc leur jugement, et rien n'empêchera qu'il soit exécuté.

Malheureusement le médecin ne pouvait dire que ce qu'il avait vu. Il fit son rapport à la commission, et le 5 mai 1820, l'arrêt, qui condamnait Karl-Ludwig Sand à avoir la tête tranchée, fut rendu par la cour suprême de justice.

Le 17, l'arrêt fut signifié à Sand. Il l'écouta debout, appuyé au dossier d'une chaise, quoique les conseillers qui le lui lisaient l'eussent plusieurs fois, en voyant sa pâleur, invité à s'asseoir; mais Sand les remercia avec cet air doux et calme qui lui était habituel. Et lorsque la lecture de l'arrêt fut achevée, se retournant vers monsieur G..., qui se tenait tout prêt à le recevoir dans ses bras au cas où la force lui eût manqué :

— J'espère, lui dit-il, que mes parens aimeront mieux me voir mourir de cette mort violente et prompte, que de quelque maladie lente ou honteuse. Quant à moi, j'ai tant souffert depuis quatorze mois, que je regarde ces messieurs comme des anges de délivrance.

Les conseillers sortirent; Sand salua leur départ avec le même calme et la même sérénité qu'il avait salué leur entrée, puis se recouchant aussitôt, car il n'aurait pu se tenir plus longtemps debout ni assis, il demanda à monsieur G... papier, plume et encre, et écrivit à sa famille la lettre suivante :

Manheim, le 17 du mois du printemps 1820.

« Chers parens, frères et sœurs,

» Vous avez dû recevoir par la commission du grand-duc mes dernières lettres, j'y répondais aux vôtres, et je cherchais à vous consoler de ma position, en vous peignant l'état de mon âme, tel qu'il est, le mépris où je suis arrivé de tout ce qui est fragile et terrestre, et qu'on doit subir comme une nécessité lorsque cela est mis en balance avec l'exécution d'une pensée, et cette liberté intellectuelle qui peut seule nourrir notre âme. En un mot, je cherchais à vous consoler par l'assurance que les sentimens, les principes et les convictions desquelles je parlais autrefois, ont été fidèlement conservés en moi et sont restés exactement les mêmes ; mais tout cela était trop de précautions de ma part, j'en suis certain, car dans aucun temps vous n'avez exigé autre chose de moi que d'avoir Dieu devant les yeux et dans le cœur. Et vous avez vu sous votre conduite comment le précepte passa tellement dans mon âme, qu'il devint pour ce monde et pour l'autre mon seul but de félicité. Sans doute, comme il était en moi et près de moi, Dieu sera en vous et près de vous, au moment où cette lettre vous apportera la nouvelle de la lecture de mon arrêt Je meurs volontiers, et le Seigneur, je l'espère, me donnera la force, pour que je meure comme on doit mourir.

» Je vous écris parfaitement tranquille et calme sur toutes choses, et j'espère que votre vie aussi s'écoulera calme et tranquille, jusqu'au moment où nos âmes se retrouveront pleines d'une nouvelle force pour nous aimer et partager ensemble l'éternel bonheur.

» Quant à moi, tel j'ai vécu depuis que je me connais, c'est-à-dire avec une sérénité pleine de désirs célestes, et un courageux et infatigable amour de la liberté, tel je vais mourir.

» Que Dieu soit avec vous et avec moi.

» Votre fils, et frère, et ami,

» KARL-LUDWIG SAND. »

Puis, cette lettre écrite, Sand fit prier monsieur G... de monter chez lui, et lui dit qu'il serait bien aise de causer avec le bourreau avant le jour de l'exécution. Le désir parut si étrange à monsieur G... qu'il hésitait à y répondre, mais Sand insista d'une manière si douce et si ferme à la fois, que monsieur G... lui promit qu'aussitôt que cette personne serait arrivée à Manheim, il serait fait ainsi qu'il le demandait.

L'EXÉCUTION.

L'exécution était fixée au 20, c'est-à-dire à trois jours après la lecture de l'arrêt. La loi accorde, en Allemagne, trois jours pleins au condamné pour lui donner le temps de se préparer à la mort. C'était donc le 20 à deux heures de l'après-midi que Sand devait cesser de vivre.

La journée du 18 se passa à recevoir différentes personnes qui avaient désiré voir le condamné, et auxquelles il avait accordé cette permission, une de ces personnes était le major Holzungen qui l'avait arrêté. Quoique ne l'ayant aperçu qu'un instant et à travers le nuage sanglant qui lui voilait les yeux, Sand le reconnut, et sa tête était tellement à lui, au moment suprême où il se frappa, comme nous l'avons dit, d'un second coup de couteau, qu'il rappela au major les détails les plus minutieux du costume qu'il portait lorsqu'il l'avait arrêté. Etonné de ce sang-froid et de cette tranquillité dans un jeune homme qui allait mourir si loin encore de l'âge que la nature avait marqué pour le terme de sa vie, le major adressa à Sand quelques paroles de pitié. Mais Sand lui répondit en souriant : — Ce n'est pas moi qu'il faut plaindre, monsieur le major, c'est vous; je meurs pour une conviction qui m'est propre, et vous, vous mourrez probablement pour une conviction qui vous sera étrangère. Le major Holzungen l'invita à se maintenir dans cette fermeté.

— Monsieur le major, dit Sand les martyrs Hébreux mouraient aussi courageusement que les soldats romains.

Le soir vint, Sand demanda à rester seul et écrivit jusqu'à onze heures à peu près, mais il brûla ce qu'il avait écrit, de sorte qu on n'en retrouva aucune trace. A onze heures il se coucha et dormit jusqu'à six heures ; le chirurgien qui venait pour le panser comme d'habitude, le réveilla en entrant dans sa chambre.

Deux heures à peu près après l'opération terminée, comme Sand était couché et que monsieur G... causait avec lui, assis sur le pied de son lit, on ouvrit la porte, et un des serviteurs de la maison fit signe à monsieur G... qu'il avait quelque chose à lui dire. Monsieur G... alla aussitôt à la porte échanger avec lui quelques paroles à voix basse; puis se retournant vers Sand :

— Karl, lui dit-il d'une voix dont il lui était impossible de maîtriser l'émotion, c'est monsieur Widemann d'Heidelberg à qui vous avez désiré parler.

— Faites entrer, je vous prie, dit Sand, et faisant un effort, il s'assit sur son lit, tendant la main à monsieur Widemann Venez, monsieur, lui dit il, et asseyez-vous là ; j'ai des choses importantes à vous dire. Puis, comme monsieur G... voulait se retirer : — Oh ! restez, restez, mon cher directeur, lui dit-il, vous n'êtes pas de trop.

— Ainsi vous savez qui je suis, balbutia monsieur Widemann.

— Oui, certes, monsieur, et c'est pour cela que j'ai désiré vous parler.

— Je suis à vos ordres, monsieur.

— Avez-vous déjà fait plusieurs exécutions, monsieur Widemann, continua Sand.

— Trois, répondit-il.

— Et toutes trois ont bien réussi.

— Comment entendez-vous cela? monsieur.

— J'entends que la tête est tombée du premier ou du second coup?

— Deux sont tombées au premier coup et une au second.

— Mais avec moi, voyez-vous, monsieur Widemann, la chose ne sera pas si facile, car, vous le voyez, ma blessure m'a presque paralysé tout un côté du corps, si bien que je ne puis tenir ma tête haute comme il le faudrait ; mais n'importe, soyez ferme, monsieur, et quand il vous faudrait deux coups pour séparer la tête du tronc, et même trois ou quatre, comme on dit qu'il a fallu au duc de Monmouth, ne vous troublez point pour cela. D'ailleurs, si vous le voulez bien, nous allons faire une répétition de la chose, afin que je puisse vous aider au moment suprême autant qu'il sera en moi, car n'ayant jamais vu d'exécution, je ne sais pas comment on s'y prend ; voilà pourquoi j'ai désiré vous parler.

Le bourreau était stupéfait de cet étrange sang-froid, et il ne savait encore si Sand parlait sérieusement, lorsque celui ci se laissa glisser à bas de son lit, gagna, appuyé sur l'épaule de monsieur G..., un siége sur lequel il s'assit, priant monsieur Widemann de lui indiquer ce que le lendemain il aurait à faire.

Alors commença la répétition de l'horrible drame de l'échafaud, répétition pendant laquelle les forces manquèrent, non pas au patient, mais au bourreau ; car, déplacé ainsi de son terrain, la fiction lui parut plus horrible que la réalité ; il n'en acheva pas moins l'homicide démonstration, il indiqua à Sand comment il serait assis sur un tabouret, comment le valet lui soulèverait la tête avec une espèce de réseau de corde, et comment lui, profitant du moment où le cou serait tendu, le trancherait avec une épée. Sand écouta les unes après les autres toutes les explications avec le même sang-froid ; puis, lorsque monsieur Widemann les lui eut données depuis la première jusqu'à la dernière, il le remercia et regagna son lit, laissant le bourreau plus pâle et plus chancelant que lui. Quant à monsieur G... il croyait faire un rêve atroce, et me dit n'avoir jamais passé une pareille demi-heure, pas même le lendemain.

Au moment où monsieur Widemann se retirait, Sand lui

renouvela tous ses remercîmens, et l'invita de nouveau à avoir la main ferme le lendemain.

— Surtout, ajouta-t-il, n'allez pas faire comme aujourd'hui, je vous ai senti trembler.

Quelques minutes après, trois ecclésiastiques de la connaissance de Sand entrèrent, l'un était monsieur le pasteur D... dont j'avais une lettre. Monsieur G... profita de leur présence pour se retirer ; il n'avait plus de force, et se sentait tout le corps brisé, comme s'il fût tombé, me disait-il, d'un second étage.

Les trois ecclésiastiques restèrent six heures à peu près avec Sand ; tout ce temps fut employé à causer religion. Sand était un admirable théologien, et chaque fois qu'il parlait de Dieu, c'était avec une conviction profonde et une foi ardente. Avant de le quitter, le pasteur D... lui dit qu'il était arrivé tant d'étudians la veille et qu'il en arrivait tant encore de minute en minute que l'on craignait pour le lendemain une collision entre eux et les militaires. Sand exprima avec des termes si vrais combien il serait désolé que le sang coulât à cause de lui, que le pasteur D... profita de cette disposition d'esprit pour lui demander au nom de l'autorité de ne point parler sur l'échafaud.

— Oh ! soyez tranquille, dit Sand en souriant, quand je le voudrais je n'en aurais pas la force ; d'ailleurs, si cela peut vous rassurer, je vous engage ma parole de ne pas prononcer un mot.

En effet, comme l'avait dit le pasteur D..., il était arrivé tant d'étudians à Manheim, que, ne trouvant plus de places dans la ville, ils allaient se loger dans les villages environnans. De son côté, l'autorité n'était point restée inactive, et l'on avait fait venir de Carlsruhe le général Neustein avec quinze ou dix-huit cents hommes, à peu près, tant cavalerie qu'infanterie ; le général s'était fait, en outre, accompagner d'une compagnie d'artilleurs et de quatre pièces de canon.

Néanmoins, malgré ces précautions prises, les étudians se succédaient en si grand nombre, que l'autorité résolut d'avancer l'heure de l'exécution ; mais, comme nous l'avons dit, la loi allemande est formelle : trois jours doivent s'écouler entre la lecture de l'arrêt et le supplice ; il fallait donc l'autorisation de Sand pour que ce changement fût fait. On connaissait tellement son caractère, qu'on résolut de la lui demander.

Sand, comme d'habitude, s'était couché dans la soirée du 19, à onze heures. On entra dans sa chambre à quatre heures du matin, et on le trouva si profondément endormi, qu'on fut obligé de l'éveiller en l'appelant. Sand ouvrit les yeux en souriant, et reconnut monsieur G...

— Ah ! c'est vous, mon cher directeur, dit Sand ; soyez le bienvenu. Aurais-je donc si bien dormi qu'il fût déjà l'heure?

— Non, répondit monsieur G..., il n'est que quatre heures du matin.

— Pourquoi alors me réveiller sitôt? demanda Sand d'un ton de reproche. A-t-on craint que je ne fusse pas prêt?

— Ce n'est point cela, monsieur, dit le greffier ; mais on attend de vous un grand acte de dévouement à la tranquillité publique.

— Parlez, dit Sand, et tout ce qu'il sera en mon pouvoir de faire, je le ferai.

— On craint une collision entre les étudians et les soldats ; et comme les dispositions militaires sont prises d'avance, cette collision amènerait de grands malheurs, sans même vous offrir la chance de vous sauver.

— Mais qui vous dit que je veuille me sauver? demanda Sand. J'ai tué un homme : tout meurtre demande une expiation. Me suis-je donc défendu en homme qui veut échapper à la mort? Non, monsieur ! lorsqu'en arrivant à Manheim, je me suis arrêté sur la petite colline qui domine la ville, j'ai vu d'avance la place où serait mon tombeau. Loin de vouloir échapper au regard de Dieu et à la justice des hommes, je n'ai donc que des remercîmens à leur faire d'avoir prolongé mon existence jusqu'aujourd'hui.

— Ces dispositions me donnent l'espoir que vous m'accorderez la demande que je suis chargé de vous faire, reprit alors le greffier.

— Laquelle? demanda Sand.

— C'est que vous permettiez que votre exécution, en place d'avoir lieu cet après-midi, ait lieu ce matin.

Sand fit signe à monsieur G... de lui passer du papier, de l'encre et une plume, et il écrivit d'une main ferme, et de son écriture ordinaire, les cinq lignes suivantes :

« Je remercie les autorités de Manheim d'avoir été au-devant de mes désirs, en avançant de huit heures le moment de mon exécution.

» *Sit nomen Domini benedictum.*

» Karl-Ludwig **Sand.** »

— Tenez, monsieur, dit-il en remettant le papier au greffier, voici ce que vous désirez ; seulement, je demande le temps de prendre un bain. C'était, vous le savez, l'habitude des anciens avant le combat.

Alors le médecin s'approcha de lui pour le panser.

— Est-ce bien la peine? demanda Sand.

— Vous en serez plus fort, répondit le médecin.

— En ce cas-là, faites.

On lui fit aussitôt monter une baignoire. Il se coucha dedans, et continua de causer, pendant vingt minutes qu'il fut au bain, de choses générales, se faisant, pendant ce temps, peigner ses cheveux qu'il portait longs et fort beaux. Puis, sa toilette terminée, il sortit, passa un pantalon blanc avec des bottines par-dessus, une redingote noire qui, comme les redingotes des étudians, permet au cou d'être fort décolleté, et alla s'asseoir sur son lit, où il pria quelque temps à voix basse ; puis il prit congé des prêtres, en leur disant que, n'ayant rien à se reprocher, étant presque ecclésiastique lui-même, il irait seul à l'échafaud pour ne point donner à leur charité le spectacle de sa mort. Il prit également congé du médecin, en le remerciant de toutes les peines qu'il lui avait données depuis onze mois qu'il le venait panser chaque matin dans sa prison. Prêtres et médecin se retirèrent alors, et laissèrent Sand seul.

En ce moment le tumulte de la rue, qui allait toujours croissant depuis le point du jour, redoubla, et Sand comprit qu'il se passait quelque chose de nouveau. En effet, un instant après, monsieur Widemann entra ; ce qui avait causé ce redoublement de bruit, c'était la vue du bourreau.

Il était vêtu d'une longue lévite noire, sous laquelle il cachait son épée. En l'apercevant, Sand, comme la veille et avec le même sourire que la veille, lui tendit la main, et comme monsieur Widemann, gêné par son épée qu'il ne voulait pas laisser voir, hésitait :

— Venez donc, lui dit Sand, et montrez-moi votre épée ; il faut bien faire connaissance avec les gens à qui on aura à faire. Alors monsieur Widemann tout pâle et tout tremblant s'approcha et lui présenta son épée.

Sand la prit, la tira du fourreau, passa le doigt sur le tranchant et dit :

— C'est bien, voilà une lame qui ne vous fera pas défaut ; que le bras ne tremble pas, et tout ira bien.

Et à ces mots il rendit l'épée à monsieur Widemann. Puis se tournant vers monsieur G... :

— Est-ce que vous ne me ferez pas la dernière grâce de m'accompagner jusque sur l'échafaud?

Monsieur G... lui fit signe de la tête que oui, car il sentait que, s'il eût prononcé une seule parole, il eût éclaté en sanglots. Alors Sand se souleva en s'appuyant, et se tournant vers monsieur Widemann et les autres assistans :

— Eh bien ! messieurs, dit-il, qu'attend-on? je suis prêt.

A ces mots, monsieur Widemann, sans répondre, se mit à marcher silencieusement le premier. Sand, appuyé sur monsieur G..., le suivit. Les autres assistans suivirent Sand.

Sand descendit l'escalier et entra dans la cour intérieure. A la porte était une petite calèche découverte que l'on avait fait acheter à Heidelberg, sans dire dans quel but on l'achetait ; car, dans tout Manheim, on n'avait pas trouvé un carrossier qui voulût louer ni vendre la voiture qui conduirait Sand à l'échafaud. Au moment où le condamné parut dans la cour, les autres prisonniers se mirent tous aux fenêtres pour lui crier adieu. Trop faible pour leur répondre, Sand leur fit signe de la main, et monta en voiture.

En posant le pied sur le marchepied, il se pencha vers monsieur G...

— Vous montez avec moi, n'est-ce pas? lui dit-il.

— Ne vous l'ai-je pas promis?

— Merci! et si maintenant vous me voyez faiblir, dites-moi mon nom tout bas, entendez-vous, et ce sera assez.

Puis il acheva de monter en voiture. Monsieur G... se plaça près de lui, et l'on ouvrit les portes de la rue.

La rue était encombrée de monde, et malgré les nombreuses patrouilles qui circulaient, la foule était si grande, que la voiture pouvait à peine avancer. Au moment où elle parut, toutes les voix s'écrièrent d'un seul cri : — Adieu, Sand! adieu, Sand!... En même temps plusieurs bouquets tombèrent dans la calèche, tandis que ceux qui étaient trop loin pour les lancer jusque-là, les jetaient sur la foule qui les lui faisait passer.

Le temps était sombre, et quoiqu'on fût dans le plus beau mois de l'année, il avait plu toute la nuit. Trop faible encore pour rester assis, Sand était couché la tête sur l'épaule de monsieur G .. Son visage, comme d'ordinaire, était doux, calme et souffrant. Son front était ouvert, ses yeux étaient pleins de vie, mais il avait tant souffert, que tout le reste de son visage avait, si l'on peut parler ainsi, vieilli de dix ans pendant ses quatorze mois de captivité. De temps en temps, cependant, il relevait sa tête pâle, encadrée dans ses beaux cheveux noirs, et regardait la foule en souriant; alors, une nouvelle explosion de cris et d'ardeur s'élevait de tous côtés, si déchirante et si douloureuse, qu'à chacune d'elles, Sand, si calme, si résigné, ne pouvait s'empêcher d'essuyer les larmes qu'il sentait malgré lui couler de ses yeux.

Le cortége arriva enfin à la place de l'exécution. C'était, comme nous l'avons dit, à une centaine de pas de la grande route, au milieu d'une jolie prairie, et sur un tertre qui domine un petit ruisseau. On s'arrêta un instant, parce que les aides du bourreau, qui n'étaient pas prévenus du changement d'heure, avaient commencé leur déjeuner sur l'échafaud. Au bout d'une halte de cinq minutes, le cortége reprit sa route, et la calèche s'arrêta au pied du petit escalier, composé de huit marches, qui conduisait à la plate-forme. Arrivé là, Sand regarda l'échafaud avec le plus grand calme, puis se retournant vers monsieur G .. :

— Jusqu'à présent, lui dit-il, Dieu m'a donné la force.

Dieu la lui donna jusqu'au bout. Sand descendit de voiture et monta sur l'échafaud, courbé en deux par la douleur, mais sans pousser une seule plainte. Arrivé sur la plate-forme, il redressa la tête, essuya son front couvert de sueur, puis regarda avec calme toute cette foule amie, qui semblait l'avoir accompagné jusque là, non point par curiosité, mais par devoir. Puis, ramenant les yeux sur l'échafaud :

— Voilà donc l'endroit où je vais cesser de souffrir! dit-il. Je te remercie, ô mon Dieu! de m'avoir donné la force d'y arriver. Alors, comme monsieur G... le voyait pâlir :

— Asseyez vous, Sand, lui dit-il, asseyez-vous.

Sand s'assit, mais presqu'au même instant la lecture du jugement ayant commencé, il se leva, et, quelque instance qu'on lui fit, il voulut écouter la lecture debout. La lecture finie, il étendit la main et dit à haute voix :

— Je meurs en me confiant à Dieu...

Mais aussitôt monsieur G... l'interrompit, et se penchant à son oreille :

— Que faites-vous, Sand? lui dit-il. Vous avez promis de ne point parler.

— C'est juste, dit Sand, je l'avais oublié. D'ailleurs, on sait bien que je meurs pour la liberté de l'Allemagne.

Alors, il roula le mouchoir avec lequel il venait d'essuyer la sueur de son agonie, et comme Conradin avait fait de son gant, il le jeta dans la foule. Au même instant, le mouchoir fut déchiré en mille morceaux, et tous ceux qui en avaient un lambeau élevèrent la main en criant : — Sand! Sand!... adieu, Sand!...

Un roulement de tambours se fit entendre.

— Monsieur, dit le bourreau, voulez-vous permettre que je vous coupe les cheveux?

— Est-ce donc nécessaire? demanda Sand en portant vivement les mains à son cou.

— C'est pour votre mère.

— Oh! alors, faites! faites! s'écria Sand.

Le bourreau lui coupa les boucles qui tombaient par derrière, les lui donnant à mesure. Sand les prit, les réunit en une seule masse, puis regardant fixement le bourreau :

— Sur votre honneur, monsieur Widemann, c'est pour ma mère?

— Sur mon honneur! répondit celui-ci.

— Alors, les voilà.

On releva les autres et on les noua avec un ruban sur le haut de la tête.

— Maintenant, dit le bourreau, il faudrait que vous vous laissassiez lier les mains.

— Liez! dit Sand en les présentant.

Et le bourreau lui lia les mains derrière le dos; mais comme cette position tirait les bras du patient, et le contraignait, à cause de sa blessure, à incliner la tête sur la poitrine, on fut forcé de les lui délier, et de les lui attacher à plat sur les cuisses; grâce à cette nouvelle position, Sand retrouva la faculté de relever la tête.

— Tenez-vous bien! dit le bourreau.

— Et vous, soyez ferme! répondit Sand.

A ce peu de paroles échangées succéda un silence terrible. L'épée flamboya comme un éclair et s'abattit. Alors un grand cri retentit dans cette foule; la tête n'était pas tombée, et, à moitié détachée du corps, penchait sur la poitrine. Le bourreau donna un second coup qui l'abattit entièrement, et en même temps alla couper la main qui était liée sur le genou gauche.

En ce moment, sans qu'il fut possible de l'arrêter, la foule rompit la haie de soldats et se précipita sur l'échafaud, chacun trempant son mouchoir dans le sang, puis ceux qui vinrent après et qui trouvèrent le sang étanché, mirent en morceau la chaise sur laquelle il avait été exécuté, emportant les uns le bois, les autres la paille; puis enfin vinrent ceux qui n'avaient pu avoir ni du sang, ni de la chaise, et qui se mirent à tailler à même de la plate-forme, pour avoir au moins de l'échafaud. Mais enfin, la troupe reprit le dessus, écarta tout le monde, et la tête et le corps, mis dans un même cercueil, furent reposés dans la calèche et emportés à la maison de force au milieu d'une nombreuse escorte militaire.

A minuit, sans torche et sans lumière, le cadavre fut transporté au petit cimetière protestant situé sur la route d'Heidelberg. Là, dans un coin, une tombe avait été préparée de manière à ce qu'elle fût ignorée de tous. En effet, sur toute sa longueur, le gazon avait été enlevé avec précaution et la terre qu'on en avait ôtée avait été mise dans des draps; si bien que, lorsque la bière eut été descendue et recouverte de terre, on recouvrit la terre avec le gazon, puis l'on fit jurer aux assistans de n'enseigner à personne le lieu où était cette tombe. Les assistans jurèrent et sortirent. La porte du cimetière se referma derrière eux, on vida le superflu de la terre dans une cour de la maison de force, et tout fut dit.

Quand à la prairie où Sand avait été exécuté, elle reçut, à compter de ce jour, le nom qu'elle porte encore aujourd'hui; le peuple l'appela : Sand's Hemmelfartsweise.

Ce qui veut dire :

— Prairie de l'ascension de Sand.

LE DOCTEUR WIDEMANN.

Comme on le comprend bien, ces détails, soit donnés par monsieur G..., soit copiés sur les pièces officielles, m'avaient pris toute la soirée et une partie de la journée du lendemain, de sorte que je ne me retrouvai prêt à partir pour Heidelberg que vers les six heures du soir. Je remontai donc en voiture après avoir fait force remercîmens à monsieur G...; mais ne voulant pas quitter Manheim sans prendre un dernier congé de Sand, je me fis conduire au petit cimetière où il est enterré.

C'est là que reposent, à vingt pas l'un de l'autre, l'assassin et la victime, ou, selon qu'on l'aimera mieux, le traître et le martyr : Kotzebüe et Sand, enfin.

Sur la tombe de Kotzebüe, située juste en face la porte d'entrée, au point milieu du cimetière, s'élève un monument d'une architecture étrange : la base est une masse de rochers autour de laquelle grimpent des lierres; sur cette masse de rochers pose, par sa pointe, une pierre taillée en losange, et soutenue des deux côtés par les masques de la Comédie et de la Tragédie, puis sur la face plate de la pierre est gravée cette inscription :

Le monde le persécuta sans pitié,
la calomnie fut son triste partage,
il ne trouva le bonheur que dans les bras de sa femme,
et le repos que dans le sein de la mort;
l'envie veillait toujours pour couvrir son chemin d'épines,
l'amour lui fit fleurir ses roses.
Que le ciel lui pardonne
comme il a pardonné à la terre (1).

Alors, et comme depuis longtemps les ensevelisseurs nocturnes de Sand avaient été relevés de leur serment, qu'à cette heure tous ceux qui avaient trempé leur mouchoir dans le sang l'ont lavé avec grand soin, et sont les uns conseillers, les autres juges, et que par conséquent on n'a plus jugé à propos de tenir cette fosse secrète, on me conduisit vers un angle du mur, et là on me montra un petit encadrement en planches, long de six pieds et large de trois, au milieu duquel pousse en pleine terre un prunier sauvage : c'est la tombe de Sand.

Je brisai une branche du prunier de Sand, j'arrachai un rameau de lierre au monument de Kotzebüe, et je les emportai roulés l'un autour de l'autre.

Nous repassâmes de nouveau près de la prairie : j'allai visiter une fois encore le tertre sur lequel avait été bâti l'échafaud; et l'esprit plein de ces pensées qui ont fait dire à Brutus que la vertu n'était qu'un nom, je remontai en voiture et repris le chemin d'Heidelberg.

Quelque hâte que j'eusse de faire ma visite à monsieur Widemann et de compléter par ses renseignemens les renseignemens que m'avait donnés monsieur G..., il était trop tard lorsque j'arrivai dans la ville universitaire pour penser à autre chose qu'à souper et à me coucher; ainsi fis-je, en recommandant qu'on me réveillât le lendemain à huit heures.

A peine réveillé, je m'habillai et je courus chez monsieur Widemann comme l'indiquait l'adresse de la lettre que j'avais pour lui. Monsieur Widemann demeurait Grande Rue, n° 111. Je n'eus donc besoin de prendre aucune information, et j'arrivai droit chez lui. Devant la porte, je m'arrêtai un instant. J'avoue que l'idée d'aller relancer le bourreau chez lui, pour l'interroger sur une exécution, réveilla tous mes préjugés de France; mais je n'étais pas venu si loin pour reculer : j'étendis la main et je sonnai à une petite porte d'allée.

Une vieille femme vint ouvrir; l'allée se prolongeait jusqu'au jardin. Au milieu du corridor qu'elle formait, descendait un escalier de pierre qui servait à monter au premier étage. Au pied de cet escalier, à ma main gauche, était une porte. La vieille femme l'ouvrit et me dit d'entrer un instant, et que monsieur Widemann allait descendre.

La chambre où l'on m'introduisit était un joli salon formant en même temps bibliothèque, tout tapissé d'un petit papier bleu céleste avec des fleurs blanches. Sur la cheminée et sur des rayons étaient posés une multitude de curiosités, comme des oiseaux empaillés, des vipères roulées autour de petits arbres, des coquillages, nacres ou pourpres, et enfin au milieu de tout cela étaient pendus en trophée un fusil, une carnassière et une poire à poudre, qui indiquaient que le propriétaire de la maison était chasseur. Je regardais toutes ces choses qui n'appartenaient en rien, comme on le voit, à la spécialité de celui que je venais visiter, lorsque j'entendis la porte s'ouvrir. Je me retournai, j'étais en face de monsieur Widemann.

C'était un beau jeune homme de trente à trente-deux ans, au teint brun et aux cheveux noirs, avec des favoris taillés de manière à lui encadrer entièrement la figure. Il s'approcha de moi avec d'excellentes façons, et me demanda ce qui lui procurait l'honneur inattendu de ma visite.

J'avoue que dans le moment je ne trouvai pas un mot à lui répondre; je me contentai donc de lui tendre la lettre du pasteur D.. Il la lut, puis s'inclinant de nouveau :

— Je suis à vos ordres, monsieur, pour tous les renseignemens qu'il vous plaira de me demander. Malheureusement, je ne suis pas un bourreau bien curieux, ajouta-t-il avec un léger sourire d'ironie, attendu que je n'ai encore exécuté personne; mais il ne faut pas m'en vouloir pour cela, monsieur, ce n'est point ma faute, c'est celle de ces bons Allemands, qui ne commettent pas de crimes, ou celle du grand-duc, qui, étant un excellent prince, fait grâce le plus qu'il peut.

— Monsieur, lui dis-je, c'est monsieur le docteur Widemann que je viens voir; c'est le fils de l'homme qui, tout en accomplissant la terrible mission qu'il était forcé d'accomplir, a conservé jusqu'au dernier moment pour le malheureux Sand des égards qui pouvaient compromettre celui-là qui les avait pour lui.

— Il n'y avait pas grand mérite à cela, monsieur; tout le monde aimait et plaignait Sand, et certes si mon père eût cru que son dévoûment pouvait le sauver, il se serait coupé la main droite plutôt que de l'exécuter. Mais Sand était condamné, Sand devait subir sa peine.

— Je sais que votre père lui en a adouci autant que possible les derniers momens; ainsi, sous ce rapport, monsieur, vous n'avez rien à m'apprendre : monsieur G... m'a tout dit. Mais j'ai pensé qu'il y avait quelques détails peut-être qui lui étaient échappés, et, comme je compte écrire quelque chose sur Sand, ces détails, je voulais vous les demander.

— J'étais bien jeune alors, me répondit monsieur Widemann, car à peine avais-je quatorze ans; aussi, beaucoup de choses ont échappé à ma mémoire, et le seul détail que je puisse vous donner, monsieur, s'il est de quelque curiosité pour vous, c'est que mon père demanda de faire faire un autre échafaud à ses frais, afin de conserver celui de Sand, et pour qu'un meurtrier vulgaire ne déshonorât point celui qu'avait taché de son sang ce noble et malheureux jeune homme. Ayant obtenu sa demande, mon père, de cet échafaud, fit faire les contrevens et les portes de sa maison de campagne.

— Et cette maison de campagne est elle loin d'ici?

— A un mille de la ville, au milieu d'une vigne, à gauche du chemin de Karlsruhe; une petite maison blanche avec un toit rouge, des contrevens gris, et un œil-de-bœuf au-dessus de la porte. Si vous êtes curieux d'y aller, vous la reconnaîtrez facilement; d'ailleurs, tout le monde vous la montrera. Les portes et les fenêtres en sont hachées, car, pendant cinq ou six ans, c'était un pèlerinage pour les étudians, qui venaient enlever avec la pointe de leur couteau des morceaux de ce bois; puis petit à petit les visiteurs se sont faits plus rares, jusqu'à ce qu'ils aient fini par ne plus venir du tout. Ainsi, monsieur, ne vous étonnez pas de ma réception d'abord un peu froide, et peut-être peu convenable; mais il y a dix ans peut-être que personne ne m'a parlé du pauvre Sand, de sorte que c'étaient des souvenirs sinon oubliés, du moins endormis.

— Merci, monsieur, mais ma visite était en elle-même assez indiscrète, pour m'attirer un accueil bien autrement froid que celui que vous m'avez fait. Merci du renseignement que vous m'avez donné; j'irai, certes, voir cette petite maison, étrange

(1) Il est bien entendu que cette épitaphe est écrite en allemand, et que ces quelques lignes en sont la traduction.

monument de l'intérêt qu'inspirait Sand. Mais vous devez avoir entre les mains autre chose encore que je désirerais bien voir, quoique je ne sache comment vous demander cela.

— Et quelle est cette autre chose? demanda monsieur Widemann avec le sourire légèrement ironique que j'avais déjà remarqué en lui.

— Je vous ferai observer, lui répondis-je, que vous ne m'encouragez pas à vous faire cette demande.

Sa figure changea d'expression.

— Pardon, dit-il, j'ai tort. Quelle chose désirez-vous voir? je me ferai un plaisir de vous la montrer.

— L'épée avec laquelle Sand a été décapité.

Une vive rougeur passa sur le front de monsieur Widemann. Mais aussitôt, secouant la tête comme pour en faire tomber cette rougeur :

— Je vais vous la montrer, monsieur, me dit-il; mais vous la trouverez en fort mauvais état. Grâce à Dieu, il y a douze ans qu'elle n'a servi, et quant à moi, c'est la première fois que je la toucherai. Si j'avais su avoir l'honneur de votre visite, monsieur, je l'aurais fait nettoyer par un de mes aides; mais vous m'excuserez, vous savez mieux que personne que j'ai été pris au dépourvu.

A ces mots, monsieur Widemann s'inclina et sortit, me laissant beaucoup plus embarrassé de ma figure qu'il ne l'était de la sienne. Néanmoins je résolus, puisque j'avais pris le sot rôle, de le jouer jusqu'au bout.

Un instant après, monsieur Widemann rentra, tenant à la main une longue épée sans fourreau, plus large à la pointe que près de la garde; la lame en était creuse, et contenait une certaine quantité de vif argent qui, en se précipitant de la poignée à l'extrémité de la pointe, donnait au coup une volée beaucoup plus grande. Sur plusieurs parties de la lame, la rouille s'était en effet amassée; car la rouille, comme on le sait, reparaît presque toujours aux endroits que le sang a taché.

— Voilà l'épée que vous avez demandé à voir, monsieur.

— Je vous fais de nouvelles excuses de mon indiscrétion, et de nouveaux remercîmens de votre complaisance.

— Eh bien! monsieur, s'il est vrai que vous croyez m'avoir quelque obligation pour cette complaisance, permettez-moi d'y mettre un prix.

— Lequel? monsieur.

— C'est que vous prierez Dieu avec moi que je n'aie jamais à toucher cette épée que pour satisfaire la curiosité des étrangers qui voudront bien honorer de leur visite la pauvre maison du bourreau d'Heidelberg.

Je vis que le moment de me retirer était venu. Je fis à monsieur Widemann la promesse qu'il me demandait, je le saluai et sortis.

C'était la première fois que j'avais été si complètement roulé, sans trouver, dans une conversation d'une demi-heure, une seule fois l'occasion de prendre ma revanche.

Au reste, je n'en tins pas moins à monsieur Widemann la promesse que je lui avais faite, et sans doute notre prière commune a été efficace, car je n'ai pas entendu dire que, depuis ma visite, il ait eu besoin de dérouiller son épée.

HEIDELBERG.

Je retrouvais dans cette ville universitaire mes figures d'étudians; c'étaient absolument les mêmes qu'à Bonn : ce qui fait chez eux la différence des physionomies, c'est la différence des pipes.

Il était encore d'assez bonne heure pour visiter les ruines avant de déjeuner. Je me mis donc à gravir la montagne, et au bout d'un quart d'heure nous étions dans la cour du château palatin. C'est encore, comme Kœnigstein, une ruine de notre façon, seulement celle-là date de Louis XIV et remonte à la guerre du Palatinat; c'est certainement une des plus belles et des plus pittoresques qu'il ait faites.

L'intérieur du château (car quelques pièces en sont encore fermées et habitées) conserve deux choses curieuses, l'une pour les antiquaires, l'autre pour les buveurs : ces deux choses sont le cabinet de monsieur Charles de Graimberg et le gros tonneau de Charles Théodore.

Il y a trente ans que monsieur de Graimberg entra dans les ruines d'Heidelberg avec l'intention de les visiter; il s'y arrêta toute la journée, y revint le lendemain, le surlendemain encore, enfin il découvrit une espèce de petite chambre de la fenêtre de laquelle la vue était si belle, qu'il demanda d'y faire porter un lit. Depuis ce temps-là, il l'habite.

Depuis ce temps, avec une patience merveilleuse, monsieur Charles de Graimberg a réuni tout ce qui avait rapport au château et à la ville d'Heidelberg : livres, gravures, tableaux, si bien que sa petite chambre, augmentée maintenant de trois ou quatre autres, est devenue une véritable galerie, qu'il s'empresse avec une complaisance extrême de montrer aux voyageurs.

Quand au gros tonneau, l'histoire en est plus longue, car c'est celle de toute une dynastie, il y a eu gros tonneau Ier, gros tonneau II, gros tonneau III et gros tonneau IV.

Gros tonneau Ier doit la naissance à Jean Casimir, surnommé le Pieux. Un jour que du haut de la terrasse du château, sa vue se perdait sur ses plaines et ses collines toutes couvertes de raisins, l'idée lui vint de bâtir, comme Horace, son monument. Ce monument, ce fut le gros tonneau.

Jean Casimir fit venir tout ce qu'il y avait de tonneliers à sa cour, et leur déclara qu'il voulait une tonne comme jamais on n'en avait vu; par conséquent il leur donnait carte blanche et leur ouvrait sur son trésor un crédit illimité. Les artistes, piqués d'honneur, prirent des informations sur ce qui existait de mieux en ce genre. Ayant appris que c'étaient des foudres flamandes qui contenaient trente à quarante mille bouteilles, ils haussèrent les épaules et se mirent à l'ouvrage. Au bout de six mois, les tonneliers invitèrent Jean Casimir à venir visiter leur œuvre, à laquelle ils venaient de mettre la dernière main. Le gros tonneau contenait cent cinquante mille bouteilles.

Jean Casimir fut si satisfait de la chose, que, jugeant qu'il ne ferait jamais rien de mieux, il prit le parti de mourir, pour rester sur sa gloire.

Les enthousiastes qui, après avoir admiré l'œuvre, voudront avoir une idée de celui qui l'a accomplie, trouveront sa statue dans la cour du château, sur l'étage inférieur de la chapelle édifiée par son neveu; c'est celle dont la tête séparée du corps penche vers le fond de la niche. Un misérable boulet parti d'une batterie suédoise le mit dans ce triste état, l'an de grâce 1633 de l'incarnation de Notre-Seigneur Jésus-Christ.

Malheureusement, il arriva du tonneau de Jean Casimir ce qui arrive de toutes les choses humaines; les événemens politiques détournèrent les yeux de lui, on oublia de le remplir, il se dessécha, se fendit, éclata; si bien qu'après la guerre de Trente ans, lorsque l'électeur Charles-Louis descendit lui-même dans ses caves pour voir de ses propres yeux où en était la merveille de Jean Casimir, il fut décidé en conseil que le mieux était d'en faire un neuf. C'était flatter la manie de l'électeur Charles-Louis, que les lauriers de son oncle empêchaient de dormir. Il ordonna qu'un nouveau tonneau fût fait, qui, tant pour la taille que pour la richesse, fit oublier son prédécesseur. Les ouvriers se mirent à l'ouvrage, et l'an 1664, gros tonneau II fut achevé; il était d'un tiers plus gros que l'autre, et contenait deux cent vingt mille bouteilles. « En outre, dit l'histoire, on avait assis par devant, sur un lion couché, une figure de Bacchus couronné de pampres et dans l'attitude animée qui convient au père de l'ivresse; il semblait faire un appel aux buveurs, et leur présentait d'un air de triomphe avec sa main droite une grande urne ciselée, et une coupe de proportions non moins raisonnables avec son autre main. » En outre, on avait ménagé sur le haut du tonneau une plate-forme entourée d'une balustrade sur laquelle quatre personnes pouvaient exécuter une contredanse.

Les poëtes voulurent concourir à l'œuvre nationale en célébrant Charles-Louis. Une foule de quatrains, qui leur promettaient l'immortalité à l'un par l'autre, furent gravés sur les flancs du colosse, et le bon électeur s'endormit dans la confiance qu'après une telle merveille accomplie le temps n'aurait plus de prise sur son nom. Le temps s'en prit à la merveille.

Charles-Louis avait donné sa fille unique Elisabeth-Charlotte à Monsieur, frère de Louis XIV. L'électeur Charles, son fils, venant de mourir sans enfans, après un règne de peu de durée, Philippe d'Orléans revendiqua l'héritage paternel qui revenait tout entier à sa femme, héritage qui lui eût donné le droit de voter à la diète de l'empire. On lui répondit qu'en Allemagne ce n'était point l'habitude que les femmes succédassent aux fiefs, et que par conséquent il se devait contenter de la dot qu'il avait reçue. Comme, malgré la validité de ces raisons, Monsieur n'était pas content, il se plaignit à son frère, et Louis XIV entreprit la fameuse guerre du Palatinat.

Il en résulta pour Heidelberg l'incendie de 1689.

Quelques précautions qui soient prises, un château ne brûle pas sans que les caves s'en ressentent; la chaleur des flammes pénétra jusqu'au tonneau de Charles-Louis, le tonneau craqua et se fendit.

Malheureusement, on avait autre chose à faire que d'accourir à ses gémissemens, d'ailleurs il était d'une corpulence qui ne permettait point qu'on le transportât. On l'abandonna donc à la garde de Dieu, et Dieu, qui probablement avait à cette heure quelque chose de plus précieux à garder, laissa le pauvre tonneau se tordre, se fendre et craquer comme son prédécesseur gros tonneau Ier. Il resta quarante ans en ce pitoyable état.

Enfin, grâce à la paix de Riswick qui avait rendu à Jean-Guillaume les états paternels, les électeurs reprirent possession, non plus du château d'Heidelberg, mais des ruines d'Heidelberg. Charles-Philippe avait entendu parler par tradition d'un tonneau gigantesque qui devait être enterré dans les caves du château. Il eut la curiosité de pénétrer jusque-là, et ayant fait déblayer les escaliers, il parvint à grand'peine en face du colosse.

Charles-Philippe était un appréciateur du beau : il fut frappé de la majesté que conservait gros tonneau II dans son malheur. Il résolut, en fils pieux, de reprendre l'œuvre de ses pères, et, l'an 1727, sous les auspices du tonnelier de la cour, Engler, la merveille de Charles-Louis, revue, corrigée et considérablement augmentée, reparut sous le nom de gros tonneau III.

Mais cette fois, on donna à la majesté remise à neuf une garde digne d'elle : c'était la statue du bouffon Perker, qui ne se couchait jamais sans avoir bu dans sa journée dix-huit à vingt bouteilles de vin : il était difficile de trouver un meilleur palladium.

Malheureusement, les gros tonneaux s'en allaient, de compagnie avec les rois. Par un malheur que l'histoire de la dynastie bachique attribue à la fatalité, après vingt-trois ans de règne, gros tonneau III trépassa, attaqué d'une gerçure invisible qui faisait que rien ne lui pouvait rester dans le corps.

Ce malheur arriva sous le règne de Charles-Théodore, vers l'année 1750.

Charles-Théodore avait, sur la légitimité, les principes les plus positifs : il ordonna que tout se préparât pour l'inauguration de gros tonneau IV; mais, instruit par l'expérience du passé, il ne négligea rien pour assurer à ce quatrième monarque un règne long et tranquille.

Les artistes se surpassèrent, et gros tonneau IV fit son apparition en 1751, après avoir englouti dans son vaste récipient deux cent trente six foudres, c'est-à-dire près de trois cent mille bouteilles.

C'est ce colosse qui, plus heureux que ses prédécesseurs, ayant traversé les guerres et les révolutions, est offert aujourd'hui à la curiosité des voyageurs, pour le plus grand plaisir desquels on a établi, tout autour de ses flancs, des échelles, des escaliers et des galeries. Un pauvre tonneau ordinaire, qui semble un tonneau de poupée, a été mis entre lui et la statue de Perker, comme point de comparaison. Cependant, d'après l'avis des véritables amateurs, le pauvre tonneau nain l'emporte de beaucoup sur l'orgueilleux géant : il est plein, et l'autre est vide.

C'est l'image du peuple et de certaines royautés du XIXe siècle.

Comme nous commençions à avoir l'estomac aussi creux que Sa Majesté gros tonneau IV, nous rentrâmes à l'hôtel, et nous entendîmes grand bruit dans la salle des étudians. Il y avait eu un très beau duel le matin, et l'on buvait force bière, à la louange du vainqueur et à la guérison du vaincu; le tout accompagné de *Hurra* et de *Wivalleralléra* à ne pas s'entendre.

Autrefois, c'est-à-dire de 1806 à 1820, les universités étaient divisées en trois royautés.

Il y avait le roi des Assassins, espèce de Vieux de la Montagne de qui relevaient les illuminés, qui devaient, à l'aide du poignard, délivrer le monde de ses traîtres et de ses tyrans. Style de l'époque.

Il y avait le roi de l'Epée, espèce de don Quichotte qui devait, au moins trois fois par semaine, se battre pour s'entretenir la main et maintenir sa royauté.

Enfin, il y avait le roi de Bière, espèce d'éponge qui devait boire, non pas trois, non pas six, non pas douze bouteilles, mais boire toujours.

Selon qu'on avait l'humeur républicaine, chevaleresque ou bachique, on se réunissait à l'un de ces trois pouvoirs. Il y en avait qui étaient assez richement partagés de la nature pour se réunir à tous les trois. Ceux là étaient l'objet de l'admiration générale; on les montrait au doigt quand ils passaient, et *les plus vieilles maisons, les maisons moussues*, elles-mêmes, leur cédaient le haut du pavé, et, à plus forte raison, comme on le pense bien, les *renards*, les *pinsons* et les *philistins*.

Le roi des Assassins s'est éclipsé. Peut-être Sa Majesté existe-t-elle encore dans quelque souterrain de la Bavière, dans quelque vieux château de la Franconie, ou dans quelque massif de la forêt Noire; mais tant il y a, qu'on n'en entend plus parler.

Quant aux deux autres rois, ils continuent de fleurir, et quoique le duel soit sévèrement défendu, il n'y a pas de semaine qu'il n'y en ait trois ou quatre dans chaque université. Au reste, que nos légistes se rassurent, ces duels, quoique toujours ensanglantés, sont rarement dangereux. J'ai vu à Heidelberg un vieux docteur en chirurgie qui m'a dit que depuis cinquante ans à peu près qu'il habitait la ville, il n'avait vu que deux cas mortels : il succombe beaucoup plus de buveurs que de duellistes; ce qui prouve que la bière se digère ici moins facilement que l'acier.

Il est vrai de dire aussi que la façon dont certains étudians boivent a quelque chose de miraculeux. Le roi de Bière actuel de l'université d'Heidelberg, par exemple, absorbe au choix douze chopines de bière ou six chopines de vin, c'est-à-dire douze bouteilles de jus de houblon, ou six bouteilles de jus de raisin, pendant que midi sonne. Aussi ne l'appelle-t-on généralement que *der trichter* : l'entonnoir.

La vie des étudians est, au reste, peu variée. Au point du jour le *studiosus* expédie son duel, s'il a eu le bonheur d'en préparer un. Dans le cas contraire, il sert de second à son camarade plus heureux que lui; puis il revient déjeuner, après quoi il suit son cours de philosophie, de théologie, de médecine ou de botanique. A onze heures, il se rend à la salle d'armes; à midi, il court la ville et les promenades, en faisant le plus de fumée qu'il peut au moyen de sa pipe, et le plus de bruit qu'il lui est possible au moyen de ses éperons. A deux heures, il suit quelquefois un cours particulier qui dure jusqu'à trois heures. Il lui reste alors jusqu'à minuit pour faire aboyer les chiens, jurer les filles, damner les bourgeois, et préparer son duel du lendemain.

Quand l'étudiant tient son duel, il rentre à la taverne pour y chercher des seconds, et juge avec eux, d'après les règles du *Comment*, de la gravité de l'affaire.

L'un de nos plus célèbres collaborateurs a déjà publié des particularités très curieuses sur cette partie des mœurs de l'étudiant allemand. Nous avons pu juger par nous-mêmes de la réalité de ces renseignemens. Puisque le cours de notre sujet nous y entraîne malgré nous, qu'il nous soit permis, en les continuant, de les compléter par quelques nouveaux détails.

Le *Comment* est le code chevaleresque des universités, l'évangile des bretteurs.

Le *Comment* entre dans les plus petits détails sur la grande affaire du duel; il contient un catalogue d'injures, non point par lettre alphabétique, mais par progression offensive : l'échelle des termes injurieux est couronnée par le mot *imbécile*. Le mot imbécile exige une réparation éclatante : filou n'est qu'une pichenette en comparaison.

Celui qui ne demanderait pas raison du mot imbécile serait puni du *werchiss* ou de la petite excommunication, dont il peut être relevé en se battant dans un temps donné avec un autre de ses camarades; mais s'il laisse passer le temps sans se réhabiliter, c'est un homme déshonoré et mis au ban de l'empire universitaire. Chacun peut dès lors l'insulter impunément, sans être tenu de lui rendre raison.

Le *Comment* est en même temps régulateur de la vengeance. Chaque épithète offensante porte à sa marge le nombre d'assauts qu'elle nécessite. L'étudiant sait cela comme notre industriel sait son code : libre à lui de s'arrêter à la simple réclusion ou d'aller jusqu'au bagne.

Le duel convenu, on prévient à l'instant même les veilleurs. Les veilleurs sont la contre-police des étudians; il y en a quatre à Heidelberg. Les braves gens sont échelonnés depuis la porte de la ville jusqu'à la petite maison où doit avoir lieu le duel; car, comme on le pense bien, le duel étant sévèrement défendu, ne peut s'exécuter en plein air. Le lieu du combat est donc, pour l'université d'Heidelberg, une petite auberge située dans une vallée, au revers opposé du mont Kaiserstuhl. Les veilleurs reçoivent quarante sous à chaque fois qu'ils sont de service. Cette dépense, ayant pour but l'honneur du corps, est prélevée sur la masse commune; de sorte que le plus pauvre comme le plus riche étudiant est au moins sûr de se battre tranquillement.

Le lendemain, au point du jour, les veilleurs sont à leur poste; les uns flânent en fumant, les autres causent avec les paysans matineux qui viennent à la ville. Celui-ci est couché au bord d'un fossé et fait semblant de dormir, celui-là pêche dans le Necker, mais tous n'ont qu'un œil à ce qu'ils ont l'air de faire, et ont l'autre à ce qu'ils font réellement.

Certains alors que la route sera éclairée, les étudians sortent les adversaires et les seconds ont la lame de leur schlœguer ou de leur rapière démontée. Ils portent cette lame sur la poitrine, d'où elle descend le long de la cuisse, et dans une poche la poignée et dans l'autre la garde. Le chirurgien de rigueur porte sa trousse, sa charpie et ses bandelettes. Enfin les curieux, car les curieux ont toujours le droit d'être admis pourvu qu'ils soient de l'université, les curieux viennent à la suite, et sont comme les écuyers de monsieur de Marlborough, qui ne portaient rien, ou comme Jausion, qui ne portait que sa canne.

Tout le long de la route, on interroge les veilleurs. Si les auspices sont contraires, on fait demi-tour à droite, on rentre en ville, et le duel est remis au lendemain; si les signes échangés sont rassurans, on continue son chemin et l'on arrive à l'auberge. L'hôte sait son affaire : c'est un peu de sang sur le parquet et force bière sur la table.

L'auberge est une jolie petite maison peinte en rose et en pistache, et tout entourée de fleurs. On s'y bat pendant la semaine, et on y danse les dimanches et fêtes; car on danse de l'autre côté du Rhin, quoique tous les voyageurs qui ont écrit sur cet intéressant pays n'aient jamais parlé que de la valse. Il faut, il est vrai, des trombonnes, des grosses caisses et des cymbales pour mettre un Allemand en train; mais une fois parti, il ne s'arrête plus : c'est un chorégraphe à la vapeur; il danse de la force de cent vingt chevaux.

La salle de bal et la salle d'armes, au reste, sont séparées par un joli petit jardin plein d'ombrages et de parfums. C'est une attention du maître de l'auberge, qui a voulu que si une querelle avait lieu au bal, on pût la vider à l'instant. Comme on le voit, c'est un paradis que l'auberge du Kaiserstuhl.

En arrivant dans la salle, les étudians commencent par s'enfermer avec le plus grand soin; puis, tandis que les seconds, le *Comment* à la main, règlent les conditions du combat, les adversaires vont faire leur toilette.

En Allemagne, pays excentrique s'il en fût, on ne se bat pas comme chez nous pour se tuer tout bonnement, on se bat pour se battre, et comme se battre est un plaisir un peu plus dangereux et un peu plus vif qu'un autre, on ne veut pas s'en priver tout de suite. En conséquence, au lieu d'ôter son habit, on en met un, ou plutôt on revêt une armure complète.

Cette armure se compose d'un feutre à large bord, qui garantit le crâne et ombrage le visage; d'une immense ceinture qui, pareille à un plastron de salle, défend la poitrine et le ventre; d'un bas merveilleusement rembourré, qui, au lieu de se mettre à la jambe, se passe au bras, et protège depuis l'épaule jusqu'au poignet; enfin d'une cravate thermidorienne qui couvre les carotides et la trachée artère : si bien que l'on n'offre à peu près à son adversaire qu'une petite surface de la joue et le bout du nez.

J'oubliais une garde qui se visse à la lame de l'épée au moyen d'une virole, et qui est d'un tel développement, que les mauvais plaisans, vu sa ressemblance avec l'objet indiqué, l'appel ent la soupière de l'honneur.

Ajoutons qu'il est défendu de pointer, et qu'on ne peut frapper que d'estoc.

Sauf l'application plus ou moins juste du mot, il n'y a donc pas grand danger pour un étudiant, malgré quelques sanglantes exceptions, à être appelé imbécile.

Entre chaque assaut, et tandis que les combattans se reposent sur la pointe de leur épée, deux garçons balayent les fragmens de chapeau, de ceinture, de cravate et de manchon que les adversaires ont fait sauter en espadonnant; puis, au signal donné, le combat recommence pour cesser ou recommencer encore, jusqu'à ce que les commandemens du *Comment* soient rigoureusement accomplis. Il arrive souvent que le duel s'achève, non pas sans douloureuses contusions, mais sans blessures graves. On s'est plumé, voilà tout.

Il faut que le gouvernement prussien soit un gouvernement bien paternel pour défendre de pareils amusemens.

Je ne voulus pas partir d'Heidelberg sans faire ma visite à l'auberge de Kaiserstuhl, mais n'ayant pas l'honneur d'être étudiant, je ne pus être admis que dans la salle de bal.

Comme elle ne possédait pour le moment ni danseur ni orchestre, on comprend qu'elle ne présenta point un intérêt assez vif pour me retenir bien longtemps. Nous revînmes immédiatement à Heidelberg, et comme il n'était que deux heures de l'après midi, nous fîmes mettre les chevaux à la voiture et nous nous acheminâmes vers Karlsruhe, où nous n'arrivâmes que vers les onze heures du soir.

CARLSRUHE.

Le lendemain matin, en ouvrant ma fenêtre, de l'hôtel d'Angleterre, je me trouvai avoir sous les yeux la plus belle vue de Carlsruhe, c'est-à-dire la place du marché.

Carlsruhe est une capitale en miniature; elle a en petit tout ce que les autres villes ont en grand : un théâtre, une église, une pyramide et un obélisque. Comme il n'y a qu'une place, le grand-duc a tous ces monumens sous la main, ce qui ne laisse pas que d'être commode. En outre, comme la ville est bâtie en éventail, et comme toutes les rues tirées au cordeau aboutissent au château, Son Altesse n'a qu'à se mettre à son balcon, et, à l'œil nu, elle voit tout ce qui se passe dans sa capitale ; ce qui doit simplifier singulièrement l'emploi de cette honorable institution nommée la police.

Une fantaisie du grand-duc Charles a donné naissance à la ville ; il avait l'habitude de chasser dans la forêt de Hartwald, et après un certain temps donné à cet exercice, de venir se reposer sur un banc de bois situé dans un endroit qu'il affectionnait tout particulièrement. Un jour, cette idée lumineuse lui vint, qu'il serait plus commodément pour se reposer dans un bon château que sur un mauvais banc. A la chasse suivante il fit venir son architecte et lui montra l'endroit en question. L'architecte trouva l'emplacement on ne peut mieux choisi, et vers l'automne de 1715, le grand-duc put se reposer dans sa nouvelle construction. De là le nom de Carlsruhe ou *repos de Charles*.

Un de mes amis, homme d'infiniment d'esprit, qui a eu le malheur de demeurer à Carlsruhe pendant quatre ans comme ministre résident de France, me disait que c'était la ville la plus ennuyeuse de l'Allemagne, qui est cependant le pays des villes ennuyeuses.

Je ne suis resté qu'une nuit et la moitié d'un jour à Carlsruhe, et je suis exactement de l'avis de monsieur le ministre résident.

En sortant de la capitale du grand-duc, on traverse, sur un pont d'une seule arche, une rivière de huit pieds ; c'est le Nil de la pyramide et de l'obélisque de la grande place.

Au bout de trois heures nous étions à Rastadt, ancienne résidence des margraves de Baden-Baden. Détrônée par Carlsruhe, la pauvre ville dépérit dans son humiliation, avec ses deux places où l'herbe pousse, et son château qui s'écaille. Tout écaillé qu'il est, et montrant son squelette de brique à travers sa peau de stuc déchirée, il n'en reçut pas moins la visite que je lui fis en raison de ses souvenirs historiques. Ne renfermât-il aucun souvenir qu'il mériterait encore que l'on s'y arrêtât, c'est une merveille d'ameublement de la fin du siècle de Louis XIV.

Le château de Rastadt fut bâti par la margrave Sybille-Auguste, qui devait être une femme d'un grand goût et d'un merveilleux esprit. J'aurais bien vivement désiré de rester deux ou trois jours dans une de ces belles chambres à grandes tapisseries, pour y lire à mon aise les lettres de madame de Sévigné et les mémoires de Bussy-Rabutin. Il me semble que, se faisant valoir les uns les autres, les chambres et les livres y eussent encore gagné.

Au reste, à côté des tapissseries, des porcelaines et des chinoiseries de la margrave, qui feraient les délices d'un de nos boudoirs rococos, sont exposées des curiosités non moins précieuses, réunies par le margrave Louis-Guillaume, son mari. Ce sont les trophées conquis par lui sur les Turcs, et qui remplissent deux chambres d'armes et de drapeaux. Une troisième est réservée à un trophée non moins curieux ; ce sont les quatre portraits, de grandeur naturelle, des quatre femmes du pacha, que le vainqueur avait faites prisonnières et ramenées à Rastadt. On assure que ce fut la portion de butin la moins bien reçue par la margravine.

Rastadt fut le siége de deux congrès ; le premier, tenu en 1714 entre le prince Eugène et le maréchal de Villars. On montre encore le long de la boiserie les taches d'encre qu'y fit le maréchal de Villars, en jetant, dans un moment de colère, la plume avec laquelle on voulait lui faire écrire un article qu'il regardait comme indigne de la grandeur de la France.

Un second congrès s'y tint qui laissa des taches, non d'encre, mais de sang ; celles-là non plus n'ont pas été lavées, quoiqu'elles aient rejailli sur l'Autriche. Nous voulons parler du congrès de 1797, qui dura jusqu'au printemps de 1799, et à la suite duquel Jean de Bry, Robergeot et Bonnier d'Alco furent assassinés.

Ce fut le 28 avril 1799 que l'assassinat eut lieu. Depuis deux ans, comme nous l'avons dit, le congrès traînait en longueur. L'Autriche, voyant que les affaires allaient s'arranger à la satisfaction de la France, rompit brusquement les conférences. A l'annonce de cette rupture, les plénipotentiaires français déclarèrent que la force seule pourrait les éloigner du poste où les avait placés la nation, et qu'ils resteraient à Rastadt jusqu'à ce que la nation les rappelât. Sur cette réponse, les Autrichiens investirent la ville, et leurs patrouilles, interrompant les communications avec la France, saisirent les lettres que ceux-ci écrivaient au gouvernement. Bonnier d'Alco, qui était président de la députation, reçut alors l'ordre de revenir à Strasbourg, et s'apprêta à quitter la ville, ce qu'il fit le 28 août, en menaçant l'Autriche de la colère du Directoire. Mais à peine les trois députés, qui suivaient la route du Rhin dans deux voitures, furent-ils arrivés à Reinbau qu'un détachement des hussards de Szecklers, sortant tout à coup de la forêt Noire, les assaillit le sabre à la main, tua Robergeot dans les bras de sa femme, et arrachant de la voiture Bonnier d'Alco et Jean de Bry, laissa le premier mort au pied d'un arbre et le second mourant sur la grande route ; puis, s'étant emparé de tous les papiers relatifs à la mission, rentra dans la forêt d'où il était sorti.

Alors, avec un courage surhumain, la veuve de Robergeot, la femme de Jean de Bry qui était enceinte, et les deux filles de ce dernier, replacèrent dans les voitures le blessé et les morts, et reprirent la route de Rastadt pour venir demander, aux onze plénipotentiaires qui y étaient encore, justice de cette violation du droit des gens. Mais, veuves et orphelines, quoiqu'elles parlassent au nom de la France, n'obtinrent autre chose qu'un procès-verbal rédigé par le ministre de Prusse et signé par tous ses confrères, constatant l'assassinat, et reconnaissant les assassins pour être *des Hussards du régiment Autrichien de Szecklers.*

Jean Debry guérit de ses blessures. A sa rentrée au Conseil des Cinq-Cents dont il était membre, il en fut nommé président. Quant à Bonnier, sa place au Conseil des Anciens resta deux ans vide, et son siége fut couvert d'un crêpe ; à l'appel de son nom, qui se faisait à chaque ouverture, le président répondait : *Vengeance !*

Du haut du belvéder du château, que surmonte une statue de Jupiter en bronze doré, et d'où l'on découvre une vue magnifique, on peut se faire montrer, par le concierge, le petit coin de bois où eut lieu le triple assassinat que nous venons de raconter.

En descendant du belvédère, on trouve dans le corridor deux autres portraits, non pas en pied, mais en patte : ce sont les effigies de deux chats gigantesques.

Le premier, victime de l'adresse du margrave Louis-Guillaume, est un chat sauvage que Son Altesse tua à une chasse, dans la forêt Noire.

Le second, favori de la margravine Sybille-Auguste, sentant l'importance d'une telle position, a laissé des mémoires écrits par lui-même, à l'exemple de tous les grands personnages. Comme ils ont l'avantage d'être un peu plus laconiques que ceux dont la librairie moderne nous a affligés, on les a écrits au-dessous de son portrait. Les voici :

« Je suis venu ici à l'âge de deux ans et pesant dix-huit livres. Depuis quatre ans que je suis près de mon auguste maîtresse, j'ai mangé tant de bons poulets, tant de chapons rôtis et tant d'oies grasses, que je suis arrivé à atteindre le poids de trente-trois livres. »

Ici les mémoires sont interrompus, une indigestion ayant enlevé le respectable Rodillard à ses travaux gastronomiques et littéraires.

Le concierge m'assura que c'étaient ces quelques lignes qui avaient donné à Hoffmann l'idée de son Chat Moor.

Le château de Rastadt nous avait mis en goût pour les édifices de la margravine Sybille : aussi, résolûmes-nous de visiter le lendemain la *Favorite*, de remonter la vallée de la Murg, et de revenir à Baden par Stauffenberg. C'était toute une grande journée qu'il fallait pour cette exécution.

Notre première visite fut pour le château de la Favorite. On ne décrit pas un pareil château ; on invite à l'aller voir. Que les personnes qui n'ont rien de mieux à faire aillent donc voir le château de la margravine Sybille ; c'est peut-être le plus parfait modèle de rococo enragé. Il date de 1725; c'était la belle époque.

Une seule chose nuit un peu à l'effet de l'ensemble, ce sont les couchettes d'acajou, et les rideaux de coton, jaunes et rouges, que le grand-duc actuel a introduits bravement au milieu de ces merveilles de la Régence.

On assure que l'ombre de Sybille revient, et que c'est sa punition dans l'autre monde, pour les petits péchés qu'elle a commis, de voir ces rideaux et ces couchettes au milieu des meubles charmans qui ont été faits sur ses propres dessins.

Si cela est vrai, il faut que ses péchés soient plus gros qu'on ne le dit, ou que la charmante margravine ait conservé des courtisans jusqu'après sa mort.

Nous prîmes congé d'elle, en lui souhaitant bien vite la fin d'une si cruelle peine.

A Kouppenheim, on entre dans la vallée. Kouppenheim est une jolie petite ville de quinze ou dix huit cents âmes, située dans une position parfaitement pittoresque : cependant, comme elle n'offre rien de curieux, nous ne nous y arrêtâmes que le temps de déjeuner, et nous continuâmes notre route.

En sortant de Kouppenheim, notre guide nous montra le village de Rothenfeltz, et, sur la roche dont la couleur sanglante a donné son nom au village, les ruines d'un vieux château.

Voici ce qu'on raconte du dernier seigneur qui l'habita :

C'était un homme sombre et sévère, qui avait eu successivement trois femmes, qui avaient disparu on ne savait comment, seulement on disait que lorsqu'au bout de trois ans de mariage avec la première, il avait vu qu'elle ne lui donnait pas d'enfans, il l'avait empoisonnée pour en épouser une seconde. Mais au bout de trois ans cette seconde étant demeurée stérile, il s'était arrangé de façon à pouvoir en épouser une troisième, dont trois ans après il s'était défait comme des deux autres.

Il vivait donc isolé dans son château, sans héritiers, sans parens et sans amis, faisant retomber sa colère sur ses pauvres paysans, qu'il forçait de travailler d'une manière si terrible, que plusieurs en moururent de fatigue ; et au nombre de ces derniers était un bon vieillard nommé Gottfried. On le plaignit beaucoup dans le village, d'abord parce qu'il était fort aimé, ensuite parce qu'il laissait une pauvre petite orpheline âgée de sept ans.

Aussi les paysans se cotisèrent ils entre eux, et il fut résolu qu'on élèverait la petite Claire à frais communs. Heureusement, ce n'était pas une grande dépense, car les vassaux du comte de Rotenfeltz étaient si pauvres, qu'ils n'eussent pas pu y satisfaire. Il s'agissait tout bonnement d'un morceau de pain tous les jours et d'une robe tous les ans. Quant au reste de ses vêtemens, la petite fille, qui filait à merveille, les filait elle-même, et le tisserand du village les lui tissait gratis.

Sept ans se passèrent pendant lesquels Claire grandit, et devint une belle jeune fille Beaucoup l'aimèrent; mais celui qu'elle préféra à tous était le jardinier du château. Comme, par les fonctions qu'il remplissait, il avait occasion de voir quelquefois son maître, il lui demanda plusieurs fois la permission de se marier; mais toujours le comte la lui avait refusée. Enfin, une fois qu'il se hasardait à lui faire une nouvelle demande :

— Et avec qui veux-tu te marier ? lui demanda le comte.

— Sauf votre permission, monseigneur, c'est avec la petite Claire.

— Qu'est-ce que la petite Claire?

— Monseigneur, répondit le jardinier avec quelque embarras, c'est la fille du pauvre Gottfried.

— Ah! oui, je sais, répondit le comte; c'est celle qu'on appelle l'orpheline, n'est-ce pas ? Le jardinier fit signe que oui. — Eh bien! envoie-la moi. On dit qu'elle file à merveille?

— Ni plus ni moins que la Sainte-Vierge, monseigneur. C'est la vieille du Roken qui lui a appris.

— Raison de plus ! j'ai de l'ouvrage à lui donner. Si j'en suis content, eh bien ! nous verrons.

Et il accompagna ces paroles d'un sourire si étrange, que le pauvre jardinier, au lieu de se réjouir de l'espèce de promesse que lui avait faite le comte, trembla de tous ses membres qu'il n'eût quelques mauvais desseins sur la pauvre Claire; mais il était trop tard, il fallait faire ce que le comte avait ordonné. Claire fut donc prévenue par son amant qu'il lui fallait se rendre au château dans la journée du lendemain.

Claire obéit. Elle trouva le comte assis près d'une fenêtre qui plongeait sur le cimetière du village. Elle s'approcha de lui toute tremblante.

— Vous avez désiré me voir, monseigneur? balbutia la pauvre enfant?

— Oui, répondit le comte.

— Me voici, monseigneur.

— Ecoute, dit le comte, on dit qu'après la vieille du Roken, tu es la meilleure fileuse de la vallée de la Murg.

— Monseigneur, je ne file pas mieux qu'une autre; seulement, au lieu de chanter je prie en filant, de sorte que Dieu bénit mon ouvrage.

— En ce cas, viens ici, dit le comte

La jeune fille obéit

— Regarde par cette fenêtre.

La jeune fille obéit encore. La fenêtre, comme nous l'avons dit, donnait sur le cimetière.

— Vois-tu cette fosse là-bas ? continua le comte.

— Hélas! répondit la jeune fille, c'est celle de mon père.

— Elle est toute couverte d'orties, comme tu vois.

— Les orties poussent bien sur les tombes, murmura en soupirant la jeune fille.

— Eh bien! reprit le comte, j'ai entendu dire par ma nourrice que les orties faisaient du fil plus fin que la soie la plus fine. File-moi une pièce de deux chemises avec ces orties : l'une sera ta chemise de noces, l'autre sera ma chemise de mort. Quand tu me les apporteras toutes deux, je donnerai mon consentement à ton mariage.

— Hélas ! monseigneur, répondit la jeune Claire, je n'ai jamais entendu dire qu'on fît du fil avec des orties, et je ne sais pas comment cela peut se faire.

— Informe-t'en. Ton mariage est à cette condition.

— Mais, monseigneur!

— J'ai dit. Va-t-en, et ne rentre ici qu'avec les deux chemises.

La pauvre Claire sortit en pleurant. A moitié chemin du village, elle rencontra le jardinier qui l'attendait. Elle lui raconta ce qui s'était passé, et lui demanda s'il avait jamais entendu dire que l'on fît du fil avec des orties?

— Hélas ! oui, répondit le pauvre garçon, mais du fil si fin, qu'il te faudrait plus de vingt ans à toi, et plus de quinze ans à la vieille du Roken pour filer ces deux chemises. Ainsi, c'est comme s'il nous avait refusé.

— Il ne faut pas encore nous désespérer, répondit la jeune fille. J'irai ce soir sur la tombe de mon père, et je prierai tant que peut-être Dieu aura pitié de nous et viendra à notre secours.

Mais son amant secoua la tête, et comme il vit que le comte regardait par la fenêtre, il craignit d'être puni d'avoir abandonné pour un instant son ouvrage, et rentra dans le jardin. Quant à Claire, elle descendit vers le village, et quand le soir fut venu, elle s'en alla au cimetière, et s'agenouilla sur la tombe de ses parens; et là, elle pria si fort et si profondément, qu'elle ne vit pas que la vieille du Roken était entrée après elle, et se tenait debout à ses côtés, attendant qu'elle eût fini sa prière. Mais comme la pauvre enfant priait toujours :

— Claire, lui dit la bonne vieille, que vous est-il donc arrivé que vous pleurez ainsi, et que vous pleurez en priant?

Et Claire poussa un grand cri de joie, car elle avait reconnu la voix de la vieille du Roken, même avant de la voir elle-même, et comme on disait tout bas dans le village que c'était une bonne fée, elle pensa que le secours qu'elle attendait du ciel était venu. Aussi se jeta-t-elle dans ses bras en lui racontant tout ce qui s'était passé entre elle et le châtelain.

— N'est-ce que cela, ma bonne Clairette, dit la vieille en riant? En ce cas, la chose se peut arranger, et dans trois mois vous aurez vos deux chemises.

Et à ces mots elle se mit à arracher les orties qui poussaient sur la tombe du père Gottfried, et en ayant empli son tablier, elle sortit du cimetière en répétant à l'orpheline de ne s'inquiéter de rien, et Claire, qui avait une grande confiance dans les paroles de la vieille, rentra chez elle plus tranquille.

Six semaines s'étaient écoulées depuis ce jour, et le comte, qui n'avait pas revu Claire, ne pensait plus à elle, lorsqu'en chassant dans la montagne, il se laissa emporter à la poursuite d'un lièvre, et, en passant devant une grotte, vit une petite vieille qui filait au fuseau, mais cela si vite, mais cela si habilement, et un si beau chanvre, qui, sous ses doigts devenait un si beau fil, qu'il s'arrêta, et s'approchant d'elle :

— Bonjour, bonne vieille, lui dit-il, vous filez sans doute votre chemise de noces?

— Chemise de noce, chemise de mort; à votre service, monseigneur, murmura la vieille.

Le comte se sentit frissonner malgré lui. Mais se remettant aussitôt :

— Voilà de bien beau lin, lui dit-il, où l'as-tu volé?

— Je ne l'ai pas volé, monseigneur, répondit la vieille : c'est tout bonnement du cru de la tombe du bonhomme Gottfried, c'est du chanvre d'orties. Votre seigneurie n'a-t-elle pas entendu dire par sa nourrice que les orties faisaient du fil plus fin que la soie la plus fine?

— Oui, oui, j'ai entendu dire cela, répondit le comte de plus en plus ému. Mais je croyais que c'était un conte de bonne femme.

— Ce n'était pas un conte, dit la vieille.

— Et pour qui filez-vous ainsi?

— Pour ma bonne petite Clairette, la fiancée du jardinier du château, à laquelle le châtelain de Rothenfelz a commandé deux chemises. Si vous connaissez le châtelain de Rothenfelz, mon seigneur, dites lui que dans six semaines ses deux chemises seront faites.

Le châtelain se sentit défaillir malgré lui, et honteux de sa faiblesse, il mit son cheval au galop sans répondre; quant à la vieille, elle continua de filer en chantant une de ces vieilles chansons comme on en chante aux veillées d'hiver.

Trois mois, heure pour heure, après celle où il avait commandé les chemises à Claire, le sire de Rothenfelz vit entrer la jeune fille; elle tenait une chemise sous chaque bras.

— Monseigneur, dit-elle, voici les deux chemises que vous m'avez commandées; elles sont filées avec les orties qui couvraient la tombe de mon pauvre père. J'ai fidèlement suivi vos ordres, j'espère que vous accomplirez fidèlement votre promesse.

En effet, le seigneur de Rothenfelz, comme il l'avait promis, ordonna pour le lendemain les noces de Claire et du garçon jardinier, et comme l'aumônier du château venait de les bénir, on l'envoya chercher en toute hâte de la part du châtelain. Il avait eu un coup de sang et se mourait.

Et le soir, au même moment où deux jeunes filles passaient à Claire sa chemise de noces, deux vieilles femmes ensevelissaient le châtelain dans sa chemise de mort.

PIERRE DE STAUFFENBERG.

A mesure que l'on remonte la vallée de la Murg, le pays devient plus à pic et plus sauvage. La rivière, toute chargée de planches, de poutres, et d'arbres à peine dépouillés de leurs branches, roule vers le Rhin, auquel elle va porter le tribut de la forêt Noire. On croirait voyager dans une de ces belles gorges de l'Oberland et du Dauphiné. Les décorations d'opéra-comique ont disparu pour faire place à une grande et belle nature.

Guernsbach est en quelque sorte la capitale de ce petit coin de terre à part; c'est une jolie ville de deux mille habitans à peu près, pleine d'activité, dont l'industrie consiste dans le sciage des planches que lui fournissent les magnifiques sapins de la forêt Noire. A l'extrémité de la grande rue, ou plutôt, je crois, de la seule rue qui la compose, on trouve un sentier qui conduit au vieux château d'Eberstein; c'était la résidence des anciens comtes de ce nom, qui au xe siècle s'allièrent avec la famille impériale. Voici à quelle occasion :

En 938, l'empereur Othon ayant battu en Alsace Gilbert, duc de Lorraine, et désirant réduire sous son obéissance les comtes d'Eberstein, qui avaient adopté le parti du vaincu, résolut, pour arriver au but que rendait difficile la situation admirable du château, d'annoncer un grand tournoi à Spire : il ne faisait aucun doute que les trois comtes d'Eberstein, attirés par le désir de montrer leur courage et leur adresse, ne répondissent à l'appel qu'il faisait à la noblesse d'Allemagne, et que pendant ce temps il ne lui fût facile, les aigles étant dehors, de s'emparer du nid. Tout fut donc préparé en conséquence, et il fut convenu que pendant le bal qui suivrait le tournoi on tenterait l'expédition.

Comme l'avait prévu l'empereur, les trois comtes ne furent point des derniers à se rendre à Spire; l'aîné remporta même le prix de la première journée, et fut couronné de la main de la princesse Hedwige, fille du roi Henri et sœur de l'empereur. Cette victoire lui donnait en outre le droit d'ouvrir le soir le bal avec elle.

Or, il arriva que le comte d'Eberstein était aussi beau que brave, et aussi galant que beau; il en résulta que la princesse Hedwige, en voyant un cavalier si parfait, se prit d'amour pour lui. De son côté, le comte l'avait trouvée bien belle; mais jamais il n'eût osé espérer une si haute alliance; de sorte qu'il se promit bien d'enfermer cet amour dans son cœur.

Mais voilà qu'en dansant avec la princesse Hedwige, la princesse lui dit :

— Prenez garde à vous, comte d'Eberstein, tandis que vous êtes vainqueur ici, peut-être êtes-vous vaincu ailleurs. Cette nuit même, par surprise, on doit emporter votre château.

Le comte remercia la jeune fille par un serrement de main, et il acheva sa contredanse sans qu'un seul muscle de son visage révélât la connaissance de l'avis qu'il avait reçu; puis, lorsqu'il l'eut reconduite à sa place, il alla prendre congé de l'empereur, en lui disant que, fatigué de la journée, et voulant être frais pour celle du lendemain, il lui demandait, pour lui et pour ses frères la permission de se retirer dans les chambres qu'il leur avait fait préparer. L'empereur ordonna qu'on les y conduisît; puis, s'étant assuré par les serviteurs qu'ils s'y étaient renfermés, il donna l'ordre à ses troupes de se mettre en route, et revint présider à la fête.

Mais les trois comtes d'Eberstein, au lieu de se coucher, descendirent par la fenêtre, et ayant été prendre leurs trois chevaux dans l'écurie, ils partirent au grand galop, et arrivèrent à leur château, alors que ceux qui devaient l'attaquer étaient encore loin.

Si bien que lorsque les hommes de l'empereur se présentèrent, deux des jeunes comtes avaient eu le temps de leur dresser une embuscade, tandis que leur frère aîné les attendait du haut des remparts. Il en résulta qu'ils furent tous pris ou tués, et que pas un ne s'échappa pour porter la nouvelle de ce désastre à Spire.

Mais au lieu de célébrer leur victoire par des fêtes et par du bruit, les comtes d'Eberstein conduisirent silencieusement les prisonniers dans les souterrains du château, et ayant dépouillé les impériaux de leurs habits, ils en revêtirent leurs soldats, et les placèrent à la porte pour faire croire que le château était pris.

En effet, au point du jour, Othon arriva avec une escorte d'une douzaine de chevaliers de ses plus intimes seulement, et voyant de loin son drapeau impérial qui flottait sur la plus haute des tours, il frappa ses deux mains l'une contre l'autre, et mit son cheval au galop en criant : Hurrah ! Eberstein est pris.

A sa vue, les soldats qui avaient reçu leur consigne agitèrent leurs armes et crièrent Vive l'empereur ! De sorte que ne se doutant de rien, Othon entra avec son escorte dans la cour du château.

Mais là les choses changèrent de face ; la porte se referma derrière l'empereur, les soldats des trois comtes sortirent de tous côtés en armes, et Eberstein lui-même s'avança, tenant son casque d'une main et son épée de l'autre, si bien qu'il avait la tête et l'épée nue :

— Sire, dit il, il est inutile que vous fassiez aucune résistance; tous vos soldats sont pris ou morts, et vous-même vous êtes mon prisonnier.

Alors l'empereur voyant que ce que lui disait le comte était vrai, voulut traiter de sa rançon, et lui offrit de faire remplir de pièces d'argent les casques de ses soldats, et de pièces d'or les casques de ses officiers. C'était véritablement une rançon impériale qu'il offrait là, car il avait envoyé pour prendre Eberstein douze officiers et trois cents soldats.

Mais le comte Eberstein lui répondit qu'il n'aurait jamais besoin d'or ni d'argent tant qu'il aurait du fer et de l'acier.

Alors l'empereur lui offrit de lui donner en propriété, et sans qu'il relevât de personne, toute la vallée de la Murg, depuis l'endroit où elle prend sa source jusqu'à celui où elle se jette dans le Rhin.

Mais le comte Eberstein lui répondit qu'il était assez puissant comme il était, puisque, quoiqu'il ne possédât qu'un château, il tenait dans ce château un empereur prisonnier.

Alors l'empereur voyant que ses offres étaient rejetées, lui dit de fixer lui-même la rançon qu'il voudrait, et que cette rançon, quelle qu'elle fût, lui serait accordée.

Aussitôt le comte Eberstein jeta de côté son casque et son épée, et, mettant un genou en terre devant l'empereur :

— Sire, lui dit-il, je demande, non pas à titre de rançon, mais à titre de prière, quelque chose de plus précieux que tout l'or du monde et que toutes les terres de l'empire. Je demande la main de la princesse Hedwige.

L'empereur resta un instant pensif ; mais songeant bientôt qu'il ne trouverait jamais, pour sa sœur, un chevalier plus brave et plus désintéressé que le comte d'Eberstein ;

— Relevez-vous, mon frère, lui dit il, et venez quand vous vous voudrez à Spire me rappeler la parole que je vous donne, et le jour où vous viendrez, votre rançon vous attendra.

Et huit jours après, le comte Eberstein ouvrait de nouveau le bal avec la princesse Hedwige, mais cette fois c'était lui qui parlait tout bas, et, moins maîtresse d'elle que son fiancé, chacun pouvait, dit la chronique, deviner à sa rougeur ce qu'il lui disait.

Ce fut un descendant de ce comte Eberstein et de la princesse Hedwige qui, poursuivi par le comte Everard de Wurtemberg, plutôt que de tomber aux mains de son ennemi, força son cheval de sauter du haut en bas du rocher sur lequel est situé le château, c'est-à-dire d'une hauteur de soixante-dix pieds, et qui, par un hasard miraculeux, ne s'étant fait aucun mal, traversa la Murg et s'échappa. Encore aujourd'hui on montre au voyageur l'endroit d'où il s'élança, et celui où il toucha la terre, et l'espace qu'il franchit s'appelle le Saut du Comte.

Comme l'aspect de la vallée était magnifique embrassé de ce point de vue, nous y fîmes apporter notre dîner : une malheureuse bouteille de vin du Rhin, la dernière que nous cassions, et que nous conservions avec le plus grand soin, attendu qu'elle était native du Johannisberg même, roula sur la pente du rocher, et fit le même saut que le comte, mais moins heureuse que lui, elle fut brisée en mille pièces.

Vers les trois heures, nous nous remîmes en route et descendîmes d'Eberstein par Stauffenberg ; là était aussi autrefois un magnifique château dont on voit encore quelques restes. Mais après la mort du dernier comte, personne n'osant plus l'habiter, parce qu'il était hanté, disait-on, par des fantômes, le château tomba en ruines. Voici l'aventure qui donna lieu à cette croyance, encore si vivante aujourd'hui, qu'après une certaine heure les habitans de la vallée de la Murg aiment mieux faire un détour d'une demi-lieue que de passer près de ses ruines.

Pierre de Stauffenberg était le dernier des comtes de ce nom, mais quoique le dernier, la race ne promettait pas de s'éteindre en lui, car c'était un beau jeune homme, plein de jeunesse et de force, et l'un des plus braves chevaliers de tout le Rhingaw.

Mais comme pour le moment tout était tranquille dans les terres de l'empire, Pierre avait déposé le casque et la cuirasse, et ne pouvant faire la guerre aux hommes, il la faisait aux sangliers et aux daims de la vallée de la Murg, lorsqu'un soir, après une chasse longue et fatigante, accablé de chaleur et de soif, il se souvint d'une charmante fontaine à laquelle plusieurs fois il s'était désaltéré ; la fontaine ne devant pas être éloignée de l'endroit où il se trouvait, il mit son cheval au galop, et bientôt entendant le murmure de l'eau, il sauta à bas de son cheval, et, l'attachant à un arbre de la route, il entra à pied dans la forêt.

A peine eut-il fait quelques pas qu'il aperçut la fontaine qu'il cherchait, plus fraîche et plus délicieuse encore qu'il ne l'avait jamais vue, car c'était à cette heure charmante du soir où la rosée tombe sur la terre, et où la vapeur monte au ciel.

Mais cette fois, la fontaine n'était pas solitaire comme d'habitude : une charmante jeune fille, qui paraissait avoir quinze ou seize ans au plus, était couchée sur sa rive, le bout de ses petits pieds pendant dans la source, soutenant avec sa main sa tête couronnée de nymphæas, et regardant mélancoliquement couler l'eau. Au premier coup d'œil, Pierre de Stauffenberg s'arrêta, croyant que c'était une vision qu'il avait devant les yeux, car il n avait jamais rien rencontré de pareil sur la terre.

Mais au bruit qu'il fit, la jeune fille leva les yeux, et prenant près d'elle un coquillage qui semblait pétri d'argent et d'azur, elle le remplit d'eau et le présenta au chevalier, qui, en la regardant, avait tout oublié, chaleur, fatigue et soif. Le chevalier en buvant leva la tête, mais lorsqu'il baissa les yeux et les reporta vers l'endroit où était la jeune fille, il ne vit plus rien. A la place même où elle était, l'herbe ne paraissait pas foulée, et les fleurs les plus frêles étaient debout sur leurs tiges pleines de fraîcheur et tout humides de rosée ; il lui sembla seulement voir l'eau agitée se calmer peu à peu, comme si la belle inconnue s'était laissée glisser dans la fontaine; mais lorsque l'eau fut calme, il ne resta plus aucune trace de sa présence, et n'était le beau coquillage d'azur et d'argent qu'il tenait à la main, le chevalier aurait cru qu'il avait fait un songe.

Peut-être serait-il resté là toute la nuit, espérant qu'elle reviendrait, s'il n'eût entendu le cor de ses piqueurs, et si son cheval en hennissant ne les eût guidés vers l'endroit où il était ; mais craignant qu'une si grande suite n'effrayât la jeune fille et ne l'empêchât de revenir, non-seulement ce soir-là mais les autres jours, il sortit vivement de la forêt, ordonna que personne n'allât boire à la fontaine, et reprit avec toute sa suite le chemin de son château.

Le lendemain, le comte ne voulut boire que dans sa belle coupe de nacre ; mais quoique son vin fût des meilleurs crus du Rhin et de la Moselle, il était loin de lui paraître aussi bon que cette eau pure de la source que lui avait présentée la belle inconnue.

Aussi le soir, à la même heure, Pierre de Stauffenberg sortit seul de son château et s'achemina vers la fontaine : à la même place il vit la jeune fille couchée, qui, en l'apercevant, le salua d'un doux sourire. Sa joie fut grande, car la veille elle était disparue sans lui donner aucune espérance de retour. L'inconnue lui fit signe de s'asseoir près d'elle, comme si elle l'eût attendu, alors le comte lui demanda quel était son nom et sa demeure

— Je m'appelle Ondine, répondit la jeune fille, et je demeure près d'ici; souvent je vous ai vu venir vous désaltérer à cette fontaine, et voilà comment je vous connais.

Ils causaient ainsi depuis une demi-heure, lorsqu'un chevreuil, qui sans doute venait pour se désaltérer à sa source favorite fit quelque bruit; le chevalier, craignant que ce ne fut quelqu'indiscret, se tourna du côté où était venu le bruit; mais lorsque rassuré sur sa cause il voulut reprendre sa conversation avec Ondine, Ondine avait disparu, et comme la veille l'eau bouillonnante lui indiqua que c'était de ce côté qu'elle avait fui.

Comme la veille, le chevalier resta encore longtemps à attendre, mais rien ne reparut, et, comme la veille, au bout d'un certain temps, il fut forcé de s'en aller; cependant il ne voulut pas quitter la fontaine sans boire une seconde fois de cette eau qui lui avait paru si savoureuse la première, et comme il n'avait point là sa belle coupe, il se coucha sur la rive et approcha sa tête de la surface de l'eau; mais au lieu de voir son portrait répété dans le miroir de la fontaine, il lui sembla que c'était l'image d'Ondine qui venait au-devant de lui, et lorsque sa bouche toucha à l'eau, au lieu du contact humide qu'il attendait, il sentit l'impression frémissante de deux lèvres; Pierre de Stauffenberg poussa un soupir d'amour; un soupir d'amour qui semblait sortir du fond de la source répondit au sien; les amans avaient échangé leur premier baiser.

Pierre de Stauffenberg revint au château presque fou de bonheur. De toute la nuit il ne put dormir, il avait sans cesse sur les lèvres l'impression de cet ardent baiser, et il se reprochait de n'avoir pas poursuivi Ondine jusqu'au fond de sa retraite; puis pour le soir il faisait mille projets plus insensés les uns que les autres : à chaque instant il regardait le soleil, car le soir n'arrivait pas.

Le soir vint enfin. Mais bien avant l'heure où il avait l'habitude de rencontrer Ondine, Pierre de Stauffenberg était auprès de la fontaine; mais la fontaine était solitaire, et le pauvre chevalier se désespérait, lorsque tout à coup il crut entendre un doux chant qui sortait du fond de l'eau, et parmi les nymphæas qui couvraient le cours du ruisseau, il vit apparaître la blonde tête d'Ondine; il fit un mouvement pour se précipiter vers elle, mais la jeune fille l'arrêta d'un signe, et marchant sur les larges feuilles des plantes aquatiques que le poids de son corps ne faisait pas fléchir, elle arriva au bord, chose étrange, sans que l'eau, qui roulait sur elle en grosses gouttes pareilles à des perles, parût mouiller ni ses cheveux ni ses vêtemens. Arrivée près du chevalier, elle s'assit comme elle avait fait la veille; Pierre se mit à genoux devant elle, lui prit les mains, et la regarda si tendrement qu'il n'y avait point à se tromper aux sentimens qu'elle lui inspirait. Ondine sourit, puis après un moment de silence pendant lequel elle le regarda avec la même tendresse :

— Oui, vous m'aimez, lui dit-elle, car quoique vous gardiez le silence, je lis dans votre cœur : et moi aussi je vous aime; une fille des hommes vous eût fait attendre cet aveu, et peut être eussé-je bien fait d'agir comme une fille des hommes, mais, vous l'avez vu, je suis d'une autre nature que la vôtre, et, transparente comme le palais de cristal que j'habite, je ne sais rien cacher.

— Oh! que je suis heureux, s'écria le chevalier, car moi je vous aime plus que je ne puis dire, et cela depuis le premier jour que je vous ai vue, et cela pour toujours.

— Pour toujours? murmura Ondine, faites attention à ce que vous dites, car nous autres fées des eaux, nous n'accordons notre amour qu'avec notre main, et notre main qu'avec notre amour; et comme nous sommes immortelles, le serment que nous faisons nous lie pour l'éternité ; en sera-t-il de même de vous?

— Je ne puis m'engager que pour ma vie, répondit le chevalier; mais tant que durera ma vie, je vous aimerai.

— Etes-vous sûr de ce que vous dites, demanda Ondine; ne faites point d imprudentes promesses, ou n'engagez pas votre foi, ou que votre foi soit pure comme le cristal de cette eau, ferme comme l'acier de votre épée; songez que la peine que vous me feriez ne serait point une peine momentanée comme les peines de la terre, mais une douleur éternelle comme les douleurs de l'enfer.

Alors le chevalier étendit la main sur la croix de son épée :

— Aussi vrai, lui dit il, qu'il m'est impossible de vivre sans vous ; aussi vrai il m'est impossible de vous être infidèle. Je puis mourir, mais cesser de vous aimer, jamais!

— Alors, je suis à vous, répondit Ondine; fixez vous-même le jour de nos noces, et demain vous trouverez en vous réveillant la dot de votre fiancée.

— Oh! demain, demain, s'écria le chevalier, pourquoi retarder d'un jour le jour où nous serons heureux?

— Demain, dit Ondine, car j'ai autant de désir d'être à vous que vous d'être à moi. Songez seulement cette nuit à l'engagement que vous avez pris, demain matin il sera temps encore de dégager votre parole; demain soir nous serons unis pour toujours.

— Oh! que ne suis-je déjà à demain soir! s'écria le chevalier en serrant Ondine sur sa poitrine; mais elle, se dégageant de ses bras, se releva tout debout, puis, s'inclinant comme une fleur que le vent courbe, elle déposa sur les lèvres du chevalier un baiser mille fois plus doux que celui de la veille; et, marchant de nouveau sur les larges feuilles des nymphæas, jusqu'à ce qu'elle fût arrivée à l'endroit où la source était la plus profonde, elle s'enfonça lentement, en saluant le chevalier du sourire et de la main, et disparut sous les eaux.

Le lendemain, en s'éveillant, le chevalier trouva sur la table qui était au milieu de sa chambre à coucher trois corbeilles : l'une pleine d'ambre, l'autre pleine de corail, la troisième pleine de perles : Ondine avait accompli sa promesse; c'était la dot de l'épouse. Mais nul ne put dire qui les avait apportées là.

Le chevalier sauta en bas de son lit et s'habilla à la hâte. A peine avait-il achevé sa toilette, qu'on lui annonça qu'un cortége de jeunes filles s'avançait vers le château. Il courut à sa fenêtre, et reconnut Ondine qui s'approchait avec une suite de reine. C'étaient les nymphes des eaux qui lui étaient soumises depuis le Necker jusqu'au Kensig; elles étaient toutes vêtues comme elle, couronnées des mêmes fleurs qu'elle; et cependant au premier coup d'œil on reconnaissait la reine des esclaves. Pierre de Stauffenberg courut audevant d'elle ; et comme la veille au soir il avait prévenu le chapelain, il voulait la conduire droit à l'église, mais Ondine demanda à lui parler une dernière fois encore auparavant, et le chevalier la conduisit dans un cabinet; là, se voyant seul à seul avec lui, Ondine le regarda fixement, et lisant dans ses yeux les mêmes promesses d'amour :

— Avez-vous bien réfléchi? lui dit-elle.

— Je ne sais si j'ai réfléchi, répondit le chevalier, je sais que je n'ai pensé qu'à vous, que je n'aime que vous, que je n'aimerai que vous.

— Songez encore une fois à ce que vous venez de promettre et à ce que vous allez faire; car si jamais votre cœur se refroidit pour moi, ou s'échauffe pour une autre, si d'une façon ou d'autre enfin vous deveniez infidèle, si loin que vous seriez du lieu où je serais, vous seriez perdu, et vous auriez un signe de votre mort prochaine. Ce signe serait l'apparition de ce pied que voilà; c'est la seule et dernière partie que vous verrez de celle à qui vous avez promis de l'aimer toujours.

Le chevalier tomba à genoux, et baisant ce pied, si joli qu'il était impossible de croire qu'il devint jamais un signe sinistre, il renouvela le serment d'aimer Ondine jusqu'à la mort. Ondine ne demandait pas mieux que de croire; elle fut donc facilement persuadée, et le même jour l'aumônier du château unit les deux amans.

Leur bonheur fut grand, et pendant un an ce bonheur, au lieu de diminuer, ne fit que s'accroître, car au bout de neuf mois Ondine accoucha d'un fils beau comme sa mère ; mais cette année écoulée, Louis de Bavière, qui, à la sollicitation d'Edouard III d'Angleterre, avait déclaré la guerre à Philippe de Valois, fit un appel à tous les chevaliers qui relevaient de lui, et comme Pierre de Stauffenberg était un des plus puissans, et surtout un des plus braves, on devine qu'il fut compris dans cet appel.

Ondine vit venir le moment d'une séparation avec terreur, et cependant elle était trop jalouse de la gloire de son mari pour le retenir auprès d'elle ; aussi fut-elle la première à lui inspirer le courage qui lui manquait. Seulement, en son nom et au nom de son fils, elle lui rappela son serment et les risques qu'il y avait pour lui à y manquer. Tout ce que le cœur peut inventer de tendres promesses, Pierre de Stauffenberg les fit : si bien qu'Ondine le vit partir, sinon consolée, du moins confiante.

Une seconde année s'écoula pendant laquelle Pierre de Stauffenberg fit force beaux faits d'armes, et pendant laquelle le duc de Brabant donna de magnifiques fêtes à toute la cour d'Angleterre qui était venue à Bruxelles. Le duc de Brabant n'avait point de fils, mais seulement une fille, de sorte que pour assurer son duché dans sa famille, il lui fallait un gendre vaillant de cœur et fort d'esprit. A son courage, il avait distingué Pierre de Stauffenberg, de sorte qu'un jour ayant fait venir le jeune chevalier, il s'ouvrit franchement à lui, et lui offrit la main de sa fille et la survivance de son duché. Pierre le remercia du grand honneur qu'il voulait bien lui faire, mais il avoua qu'il était marié, et lui raconta à qui et comment. Le vieux duc alors secoua la tête, non pas qu'il doutât de la chose, il savait qu'un homme comme Pierre était incapable de mentir, mais parce que la chose lui paraissait tant soit peu diabolique; puis, après un instant de silence pendant lequel cette croyance ne fit que s'affermir dans son esprit :

— Croyez-moi, mon jeune ami, lui dit-il, vous n'êtes point tenu par une pareille promesse, et il y a quelque magie là-dessous.

Deux ans auparavant, Pierre de Stauffenberg eût répondu que la seule magie qui existât était l'amour ; mais deux ans s'étaient écoulés depuis son mariage, un an de possession, un an d'absence : il lui sembla que le vieux duc pourrait bien avoir raison. Cependant il répondit au duc de Brabant qu'au fond du cœur il partageait ses doutes, mais qu'il ne s'en croyait pas moins engagé par le serment qu'il avait fait. Alors le duc lui proposa de recourir aux lumières de monseigneur l'archevêque de Cologne, Walrame de Juliers, qui était un grand clerc en matière pareille, et Pierre de Stauffenberg, chez lequel sa nouvelle ambition grandissait d'heure en heure aux dépens de son ancien amour, consentit à accepter son arbitrage, et promit de s'en rapporter à lui.

Comme on le pense bien, monseigneur Walrame de Juliers fut de l'avis du duc de Brabant, et il ajouta même que de pareilles alliances étaient réprouvées par l'Eglise, et que c'était faire une œuvre méritoire que de les rompre. En face de pareilles autorités, Pierre de Stauffenberg, déjà poussé par son secret désir, ne trouva plus d'objections à faire : les fiançailles furent célébrées, et le mariage fixé à huitaine.

La veille du jour où le mariage devait avoir lieu, un des vassaux de Pierre de Stauffenberg demanda à parler à son maître. Il venait lui annoncer que sept jours auparavant sa femme avait disparu emportant son enfant. Le chevalier calcula les dates ; le moment de la disparition d'Ondine correspondait minute par minute à l'heure des fiançailles de Pierre. Pierre n'en demeura que plus convaincu que son premier mariage n'était qu'une œuvre magique, et qu'il avait été le jouet de quelque démon qui avait pris la ressemblance d'une femme pour le faire tomber dans le piége. Le peu de remords qu'il ressentait au fond du cœur s'en effaça, et il se prépara joyeusement à la cérémonie du lendemain.

Le grand jour arriva enfin : la bénédiction nuptiale fut donnée aux nouveaux époux par monseigneur Walrame, puis l'on revint à une campagne voisine, où le dîner était préparé. Après le dîner, les nouveaux époux devaient se rendre à un magnifique château, situé entre Louvain et Malines, et qui était un don que le duc de Brabant faisait aux nouveaux époux.

On était au dessert, les meilleurs vins du Rhin circulaient dans les plus grandes coupes qu'on avait pu trouver. Tout le monde était joyeux et content : Pierre de Stauffenberg semblait partager la gaîté générale, lorsque tout à coup ses yeux se fixèrent sur la portion de la muraille qui était en face de lui : un pied, si joli et si mignon que ce ne pouvait être qu'un pied de femme, sortait de la paroi, sans qu'on pût voir aucune autre partie du corps de celle à qui il appartenait. Pierre se rappela la prédiction d'Ondine et la menace qui s'y rattachait : si brave qu'il fût, ses cheveux se dressèrent sur sa tête, et une sueur froide lui tomba du front, car le danger dont il était menacé était un danger inconnu et invisible, un danger auquel il ne pouvait faire face, et par conséquent qui devait l'intimider, si brave qu'il fût.

La vision dura quelques minutes, pendant lesquelles les yeux de Stauffenberg demeurèrent constamment fixés sur la muraille, puis elle disparut.

Mais quelle que fût l'impression morale produite sur le chevalier, il avait assez de puissance sur lui-même pour la dérober à tous les yeux; personne ne s'aperçut donc du souci où son esprit était tombé. On plaisanta seulement sur ce qu'il cessait de manger et de boire, mais il répondit avec tant d'à-propos et de gaîté, que personne n'y fit plus attention.

L'heure de quitter table arriva. Le château où devaient se rendre les nouveaux époux était situé à deux lieues à peu près de la maison de campagne où avait eu lieu le dîner. Vers les onze heures, chacun se leva de table, et les convives, montant à cheval, résolurent de conduire les deux jeunes gens jusqu'à leur demeure.

Le cortége se mit en route : la nuit était sombre, et à peine y voyait-on assez clair pour suivre le chemin mal tracé qui conduisait au château, lorsqu'en passant près d'une ruine, quelque chose comme une ombre se dressa devant le cheval de Pierre de Stauffenberg, qui, effrayé de cette apparition, fit un écart et s'emporta. Mais comme on savait le jeune comte excellent cavalier, chacun ne fit que rire du caprice de sa monture, et on continua d'avancer, certain qu'il ne tarderait pas à rejoindre le cortége après avoir mis son cheval à la raison.

Mais il n'en fut pas ainsi, il semblait que le cheval du comte avait un démon dans le corps; aussi ne fut-ce qu'après une demi-heure qu'il s'arrêta. Le chevalier alors essaya de s'orienter, ce n'était pas chose facile, car, ainsi que nous l'avons dit, il faisait nuit obscure; mais au bout d'un instant, il vit tout à coup à l'horizon s'illuminer les fenêtres d'un château, et il ne douta point que ce ne fût celui où il devait se rendre, et où, sans doute, s'était rendu avant lui le reste de la noce. Il prit aussitôt son chemin à travers terre, et à mesure qu'il approcha, il reconnut qu'il avait deviné juste ; il n'en était plus qu'à quelques centaines de pas, lorsqu'il se trouva sur les bords d'une petite rivière.

Le chevalier tourna les yeux de tous côtés pour chercher un pont; il remonta et descendit même la rive pendant l'espace d'un quart de lieue à peu près, mais voyant qu'il ne trouvait point ce qu'il cherchait, il en augura que la rivière était guéable, et y poussa son cheval.

Mais à peine Pierre de Stauffenberg fut-il au milieu du courant, que la même ombre qui avait déjà effrayé son cheval sortit de l'eau, et se dressa de nouveau devant lui. A cette vue, le cheval se cabra, renversa son maître dans la rivière, gagna le rivage, et s'élança vers le château en hennissant de frayeur.

Et ce qui arriva du chevalier, nul n'en sut rien; car, quoique le lendemain la trace des pieds du cheval conduisît directement à l'endroit où il était tombé, et que cet endroit eût été connu jusqu'alors pour n'avoir que deux ou trois pieds de profondeur, il s'y était tout à coup creusé un gouffre, dont encore aujourd'hui il est impossible de trouver le fond.

Quant au château de Stauffenberg, comme il ne put jamais être prouvé que le comte était mort, puisqu'on n'avait point retrouvé son cadavre, l'empereur ne jugea pas qu'i.

pût en disposer, si bien qu'à partir de ce moment le château tomba en ruines.

Ce sont ces ruines qui, au dire des paysans, sont hantées par Ondine et par son fils.

BADEN-BADEN.

Nous arrivâmes à Baden-Baden, que pour la commodité des prononciations françaises, nous appelons Bade tout court, à huit heures du soir, avec l'intention de nous y arrêter toute la journée du lendemain.

Douze heures pour voir Bade quand la saison des eaux est finie, c'est six heures de plus qu'il ne faut réellement à un voyageur consciencieux. Bade, au mois d'octobre, c'est la mine sans les mineurs, c'est la ruche sans les abeilles.

Heureusement j'avais près de moi un jeune, bon et spirituel ami, de la connaissance de mes lecteurs, qui, six semaines auparavant, était, après bien des tribulations, venu me rejoindre à Francfort. Comme ces tribulations ne sont point sans quelqu'intérêt artistique, et que d'ailleurs, au milieu de ces tribulations, nos lecteurs trouveront ce qu'ils chercheraient en vain chez moi, une peinture de Bade pendant les eaux, je substituerai pour un instant la prose de Gérard de Nerval à la mienne : comme on le voit, ce sera tout gain.

C'est donc lui parle :

« Bade est le Saind-Cloud de Strasbourg. Le samedi, les Strasbourgeois ferment leurs boutiques et s'en vont passer le dimanche à Bade ; c'est aussi simple que cela : cette circonstance n'ôte-t-elle pas quelque chose à l'auréole aristocratique de Baden-Baden ? Les grisettes du jardin Lips coudoient au bal du samedi les comtesses de l'Allemagne et les princesses de la Russie, car la présentation au *Cercle des étrangers*, dont on fait si grand bruit à Baden, n'exclut guère que les femmes en bonnets, les ouvriers en vestes et les militaires non gradés.

» Me voilà donc partant un samedi comme un simple Strasbourgeois, mais partant en poste, à une heure, sur une route encombrée de voitures. Il s'agit seulement d'arriver le soir même et de pouvoir s'habiller pour le bal. Nous traversons les marchés, nous brûlons ce qui sert de pavés à Strasbourg, simple cailloutage que le polonceau menace d'envahir. Nous longeons l'Arsenal et six cents canons empilés dans les cours comme des *saumons* de plomb. Nous suivons l'île aux eaux verdâtres, bordée de militaires qui pêchent toute la journée, amorçant leurs lignes avec des sauterelles, moyen économique qui leur réussit rarement. Nous laissons à droite le monument de Desaix, sculpté en pierre rouge, au milieu des saules pleureurs. Nous laissons derrière nous encore la Douane française, les deux bras du Rhin, et nous nous trouvons enfin face à face avec la Douane de Kehl.

» La douane de Kehl est fort bonne personne et fort expéditive. Et que pourrions-nous en effet introduire en Allemagne? des gants de Paris, du damassé de coton, de la dentelle de blonde, des cigares de la régie, des cachemires Ternaux. Ce serait un commerce peu lucratif. Nous avons, il est vrai, la prétention d'y introduire des idées ; mais cela n'est encore qu'une prétention.

» La route est droite comme un chemin de fer ; dans la singulière contrée que nous traversons, tout est montagne ou plat pays; point de collines, ni d'accidens de terrain. Les prés sont magnifiques ; les chemins vicinaux, bordés d'arbres fruitiers, ont de quoi exciter l'enthousiasme du général Bugeaud. De temps en temps nous suivons le Rhin qui serpente à gauche, et, vers le milieu du voyage, le fort Louis nous apparaît à l'horizon. La route traverse plusieurs villages assez laids. Puis nous nous rapprochons enfin de ces montagnes violettes, qui semblent si voisines quand on les regarde du haut des remparts de Strasbourg. Ce sont les vraies montagnes de la forêt Noire, et pourtant leur aspect n'a rien de bien effrayant. Mais quand apercevrons nous Bade, cette ville d'hôtelleries, assise au flanc d'une montagne que ses maisons gravissent peu à peu comme un troupeau à qui l'herbe manque dans la plaine ? Son amphithéâtre célèbre de riches bâtimens ne nous apparaîtra t-il pas avant l'arrivée? Non ; nous ne verrons rien de Baden avant d'y entrer. Une longue allée de peupliers d'Italie ferme, ainsi qu'un rideau de théâtre, cette décoration merveilleuse qui semble être la scène arrangée d'un pastoral d'opéra. C'est ailleurs qu'il faut se placer pour jouir de ce grand spectacle. Prenez vos billets d'entrée au *Salon de conversation;* payez votre abonnement, retenez votre stalle, et alors, au milieu des galeries de Chabert, aux accords d'un orchestre qui joue en plein air toute la journée, vous pourrez jouir de l'aspect complet de Baden, de sa vallée, de ses montagnes, si le bon Dieu prend soin d'allumer convenablement le lustre, et d'illuminer les coulisses avec ses beaux rayons d'été.

» Car, à vrai dire, et c'est là l'impression dont on est saisi tout d'abord, toute cette nature a l'air artificiel. Ces arbres sont découpés, ces maisons sont peintes, ces montagnes sont de vastes toiles tendues sur châssis, le long desquels les *villageois* descendent par des *praticables*, et l'on cherche sur le ciel de fond si quelque tache d'huile ne va pas trahir enfin la main humaine et dissiper l'illusion. On ajouterait foi, là surtout, à cette rêverie de Henri Heine, qui, étant enfant, s'imaginait que tous les soirs il y avait des domestiques qui venaient rouler les prairies comme des tapis, décrochaient le soleil, serraient les arbres dans un magasin, et qui le lendemain matin, avant qu'on ne fût levé dans la nature, remettaient toutes choses en place, brossaient les prés, époussetaient les arbres, et rallumaient la lampe universelle.

» Et d'ailleurs, rien qui vienne déranger le petit monde romanesque; vous arrivez, non par une route pavée et boueuse, mais par les chemins sablés d'un jardin anglais. A droite, des bosquets, des grottes taillées, des ermitages, et même une petite pièce d'eau, ornement sans prix, vu la rareté de ce liquide, qui se vend au verre dans tout le pays de Baden ; à gauche, une rivière (sans eau) chargée de ponts splendides et bordée de saules verts qui ne demanderaient pas mieux que d'y plonger leurs rameaux. Avant de traverser le dernier pont qui conduit à la poste *Grand-Ducale*, on aperçoit la rue commerçante de Bade, qui n'est autre chose qu'une vaste allée de chênes, le long de laquelle s'étendent des étalages magnifiques : des toiles de Saxe, des dentelles d'Angleterre, des verreries de Bohême, des porcelaines, des marchandises des Indes, etc., toutes magnificences prohibées chez nous, dont l'attrait porte mesdames de Strasbourg à des crimes politiques que nos douaniers répriment avec ardeur.

» L'hôtel d'Angleterre est le bel plus hôtel de Baden, et la salle de son restaurant est plus magnifique qu'aucune des salles à manger parisiennes. Malheureusement la grande table d'hôte est servie à une heure (c'est l'heure où l'on dîne dans toute l'Allemagne), et quand on arrive plus tard, on ne peut faire mieux que d'aller dîner à la maison de Conversation.

» En général, la cuisine est fort bonne à Baden ; les truites de la Mourgue sont dignes de leur réputation. On y mange le gibier frais et non faisandé. C'est un système de cuisine qui donne lieu à diverses luttes d'opinions. Les côtelettes se servent frites, les gros poissons grillés. La pâtisserie est médiocre, les puddings se font admirablement.

» La nuit est tombée : des groupes mystérieux errent sous les ombrages et parcourent furtivement les pentes de gazon des collines. Au milieu d'un vaste parterre entouré d'orangers, la maison de Conversation s'illumine, et ses blanches galeries se détachent sur le fond splendide de ses salons A gauche est le café, à droite le théâtre, au centre l'immense salle de bal, dont le lustre est grand comme celui de notre Opéra ; la décoration intérieure est d'un style *Pompéia* un peu classique, les statues sentent l'académie, les draperies rappellent le goût de l'empire. Mais l'ensemble est éblouissant, et la cohue qui s'y presse est du meilleur ton. L'orchestre exécute des valses et des symphonies allemandes, auxquelles la voix des croupiers ne craint pas de mêler quelques notes discordantes. Ces messieurs ont fait choix de la langue française, bien que leurs pontes appartiennent en général à l'Allemagne et à l'Angleterre. « *Le jeu est fait, messieurs*, rien ne va plus! rouge gagne! couleur perd! treize, noir, impasse et manque! » Voilà les phrases obligées qui se répandent du bord des trois tapis verts, dont le plus entouré est celui du *trente et quarante*. On ne peut trop s'étonner du nombre de belles dames et de personnes distinguées qui se livrent à ces jeux publics. J'ai vu des mères de famille qui apprenaient à leurs enfans à jouer sur les couleurs; aux plus grands, elles permettaient de s'essayer sur les numéros. Tout le monde sait que le grand-duc de Hesse est l'habitué le plus exact des jeux de Baden Ce prince apporte, dit on, tous les matins 12,000 florins qu'il perd ou quadruple dans la journée. Une sorte d'estafier le suit partout lorsqu'il change de table, et reste debout derrière lui, afin de surveiller ses voisins. A quiconque s'approche trop, ce commissaire adresse des observations : « Monsieur, vous gênez le prince! monsieur, vous faites ombre sur le jeu du prince. » Ce prince ne se détourne pas, ne bouge pas, ne voit personne. Ce serait bien lui qu'on pourrait frapper par derrière sans que son visage en sût rien. Seulement l'estafier vous dirait du même ton glacé : « Votre pied vient de toucher le prince, prenez-y garde, monsieur! »

» Le samedi, le jour du grand bal, une cloison divise le salon en deux parties inégales, dont la plus considérable est livrée aux danseurs; les abonnés seuls sont reçus dans cette dernière. Vous ne pouvez vous faire une idée de la quantité de blanches épaules russes, allemandes et anglaises que j'ai vues dans cette soirée. Je doute qu'aucune ville de l'Europe soit mieux située que Baden pour cette exhibition de beautés européennes, où l'Angleterre et la Russie luttent d'éclat et de blancheur, tandis que les formes et l'animation appartiennent davantage à la France et à l'Allemagne. Là, Joconde trouverait de quoi soupirer sans courir le monde au hasard. Là, don Giovanni ferait sa liste en une heure, comme une carte de restaurant, quitte à séduire ensuite tout ce qu'il aurait inscrit.

» Que vous dirai-je, d'ailleurs, de ce bal, sinon que ce sont là d'heureux pays où l'on danse l'été pendant que les fenêtres sont ouvertes à la brise parfumée, que la lune luit sur le gazon, et refoule au loin le flanc bleuâtre des collines, quand on peut s'en aller de temps en temps respirer sous les noires allées, et qu'on voit les femmes parées garnir au loin les galeries et les balcons. Ces trois choses, beautés, lumière, harmonie, ont tant besoin de l'air du ciel, des eaux et des feuillages, et de la sérénité de la nuit! Nos bals d'hiver de Paris, avec la chaleur étouffée des salles, l'aspect des rues boueuses au dehors, la pluie qui bat les fenêtres, et le froid impitoyable qui veille à la sortie, sont quelque chose d assez funèbre. Et nos mascarades de février ne nous préparent pas mieux au carême qu'à la mort.

» Il n'y a donc jamais eu un homme riche, à Paris, qui ait conçu cette idée assez naturelle : un bal masqué au printemps! Un bal qui commence aux splendides lueurs du soir, qui finisse aux teintes bleuâtres du matin. Un bal où l'on entre gaîment, d'où l'on sorte gaîment, admirant la nature et bénissant Dieu. Des masques sur les gazons, le long des terrasses, venant et disparaissant par les routes ombragées, des salles ouvertes à tous les parfums de la nuit, des rideaux qui flottent au vent, des danses où l haleine ne manque pas, où la peau garde sa fraîcheur! Tout cela n'est-il qu'un rêve de jeune homme que la mode refusera toujours de prendre au sérieux? L'hiver n'a-t-il donc pas assez des concerts et des théâtres sans prendre encore les bals et les mascarades à l'été.

» Mais quelques mots sur la fête du grand-duc, à laquelle j'ai assisté.

» Quelles réjouissances imaginer dans une ville perpétuellement en fête? Le moyen de distinguer ce jour serait de n'en faire aucune, de supprimer les orchestres, les danses, les théâtres, les illuminations de tous les soirs. Mais peut-être aurons-nous des parades, des revues solennelles? C'est de quoi il est bon de s'informer.

» En effet, la ville fait grandement les choses. A dix heures, grand'messe et *Te Deum*, tant à Baden qu'à Lichtenthal; à midi, revue, parade, marches militaires; le soir, une pièce féerie au théâtre allemand, composée en l'honneur du grand-duc de Baden; toute la journée, des coups de canon de quart d'heure en quart d'heure; mais, la ville ne possédant aucun canon, nous soupçonnons qu'on a recours à tout autre procédé pour obtenir ces détonations qui se multiplient le long des montagnes.

» La route de Lichtenthal se couvre d'équipages, de promeneurs, de cavaliers, c'est tout le mouvement, tout le luxe, tout l'éclat d'une promenade parisienne. Lichtenthal est le Longchamps de Baden. Lichtenthal (vallée de lumière) est un couvent de religieuses Augustines qui chantent admirablement. Leurs prières sont des cantates, leurs messes des opéras. Cette retraite romanesque, cette Chartreuse riante, est, dit-on, l'hospice des cœurs souffrans. On y vient guérir des grandes amours; on y passe un bail de trois, six, neuf avec la douleur, mais qui sait combien de temps le traitement peut survivre à la guérison?

» En vérité, c'est bien là un cloître d'héroïnes de petits romans; un monastère dans les idées de madame Cottin et de madame Riccoboni. Les bâtimens sont adossés à une montagne qui, à de certaines heures, projette dans la cour l'ombre ténébreuse des sapins. La rivière de Baden coule au pied des murs, mais n'offre nulle part assez de profondeur pour devenir le tombeau d'un désespoir tragique : son éternelle voix se plaint dans les rochers rougeâtres; mais une fois dans la plaine unie, ce n'est plus qu'un rocher du Lignon, un paisible courant de la carte du Tendre, le long duquel s'en vont errer les moutons du village, bien peignés et enrubanés dans le goût de Watteau. Vous comprenez que les troupeaux font partie du matériel du pays, et sont entretenus par le gouvernement comme les colombes de Saint-Marc à Venise. Toute cette prairie qui compose la moitié du paysage ressemble à la petite Suisse de Trianon. Comme, en effet, le pays entier de Baden est l'image de la Suisse en petit, la Suisse, moins ses glaciers et ses lacs, moins ses froids, ses brouillards et ses rudes montées, il faut aller voir la Suisse, mais il faut aller vivre à Baden.

» L'église du couvent est située au fond de la grande cour, ayant à droite la maison du cloître, et à gauche, en retour d'équerre, une chapelle gothique neuve, où sont les tombeaux des margraves et tout ce qu'on a pu recueillir de vitraux historiques et de légendes inscrites sur le marbre. Maintenant, représentez-vous une décoration intérieure d'église d'un Pompadour exorbitant, des saintes en costumes mythologiques, dans les attitudes les plus maniérées du monde, portées, soutenues, caressées par des petits démons d'anges, nus comme des petits amours. Les chapelles sont des boudoirs; la rocaille s'enlace autour de charmans médaillons et de peintures exquises de Vanloo. Deux autels seulement ramènent l'esprit à des idées lugubres en exposant aux yeux des reliques trop bien conservées de saint Pius et de saint Bénédictus; mais là encore on a cherché le moyen de rendre la mort présentable et presque coquette. Les deux squelettes, bien nettoyés, vernis, chevillés en argent, sont couchés sur un lit de fleurs artificielles, de mousse et de coquillages, dans une sorte de montre en glace. Ils sont couronnés d'or et de feuillages; une collerette de dentelles entoure les vertèbres de leur cou; et chacune de leurs côtes est garnie d'une bande de velours rouge brodé d'or, ce qui leur compose une sorte de pourpoint tailladé à jour du plus bizarre effet. Bien plus, leurs tibias sortent d'une espèce de haut-de-chausses du même velours à crevés de soie blanche. L'aspect ridicule et pénible à la fois de cette mascarade d'ossemens ne peut se comparer qu'à celui des momies d'un duc de Nassau et de sa fille que l'on fait voir à Strasbourg dans l'église de Saint-Thomas. Il est impossible de mieux dépoétiser la mort et de railler plus amèrement l'éternité.

» Maintenant, résonnez, notes sévères du chant d'église, notes larges et carrées qui traduisez ces langues du ciel, l'idiome sacré de Rome. Orgue majestueux, répands tes sons comme des flots autour de cette nef à demi profane! Voix inspirées des saintes filles, élancez-vous au ciel entre le chant de l'ange et le chant de l'oiseau! La foule est grande et digne sans doute d'assister au saint sacrifice. Les étrangers ont la place d'honneur, ils occupent le chœur et les chapelles latérales. Les habitans du pays remplissent modestement le fond de l'église, agenouillés sur la pierre ou rangés sur leurs bancs de bois.

» Ici commença la plus singulière messe que j'aie jamais entendue, moi qui connais les messes italiennes pourtant. C'était une messe d'un rococo comme toute l'église, une messe accompagnée de violons et fort gaiment exécutée. Bientôt les exécutans du chœur s'interrompirent, et les sœurs Augustines descendirent d'une sorte de grande soupente établie derrière l'orgue et masquée d'une grille épaisse. Ensuite, on n'entendit plus qu'une seule voix qui chantait une sorte de grand air, selon l'ancienne manière italienne. C'étaient des traits, des fioritures incroyables, des broderies à faire perdre la tête à madame Damoreau et la voix à mademoiselle Grisi. Cela sur une musique du temps de Pergolèse tout au moins. Vous comprenez mon plaisir, je ne veux cacher à personne que cette musique, ce chant, m'ont ravi au troisième ciel.

» Après la messe, je suis monté au parloir : le parloir ne faisait nul disparate avec le reste ; un vrai parloir de roman, le parloir de Marianne, de Mélanie, et si vous le voulez même, le parloir de Vert-Vert. Quel bonheur de se trouver en plein dix-huitième siècle tout à coup et tout à fait! Malheureusement, je n'avais aucune religieuse à y faire venir, et je me suis contenté de voir passer deux jeunes novices bleues qui portaient du café à la crême à madame la supérieure. On revient à Baden en suivant le cours de la rivière, et quelle rivière! Elle n'est guère navigable que pour les canards ; les oies y ont pied presque partout ; pourtant, des ponts orgueilleux la traversent de tous côtés, des ponts de pierre, des ponts de bois, et jusqu'à des ponts suspendus en fil de fer. Vous ne vous imaginez pas à quel point on tourmente ce pauvre filet d'eau limpide qui ne demanderait pas mieux que d'être un simple ruisseau. On y a construit des barrages de l'autre côté de la ville, afin que lorsqu'il y passe il présente plus de surface. Lorsqu'on annonçait à Baden l'arrivée de l'empereur de Russie, on parla de jeter quelques seaux d'eau dans la rivière afin de la faire passer à l'état de fleuve.

» Mais laissons en paix cette pauvre rivière de Baden-Baden, le pays le moins lymphatique du monde. Toute la ville est en rumeur. Qu'arrive-t-il? C'est l'armée du grand-duc qui passe par la promenade : cinquante hommes de cavalerie, cent hommes d'infanterie, huit tambours et vingt-cinq musiciens. Cette revue majestueuse me donne une assez pauvre idée de l'éducation militaire des troupes badoises. Mais plus tard j'appris que ces soldats n'étaient que d'honnêtes cultivateurs du pays, qui s'en vont, les jours de parade, se faire habiller au château, et reposent ensuite fidèlement cette défroque empruntée. Les forces militaires de la ville de Baden ne se composent en réalité que de deux cents uniformes un peu piqués, avec équipement complet, qu'il est loisible à la ville de remplir par des figures quelconques quand elle veut donner aux étrangers une idée de sa puissance.

» Les divertissemens de la fête se réduisaient à ceux de tous les jours. Nous allons passer à la pièce de circonstance jouée au théâtre allemand en l'honneur du grand-duc et de sa famille. Là surtout il faut louer l'intention. Des guirlandes de fleurs et de feuillages véritables ornaient le devant des loges dont les belles spectatrices décoraient mieux l'intérieur.

» Le rideau levé, une actrice s'est avancée dans le costume de Thalie, et a prononcé en quelques centaines de vers l'éloge du grand-duc régnant. Nous pensions que la pièce se réduisait à un monologue, lorsqu'une autre actrice, vêtue en Melpomène, est venue reprocher à l'autre de ne parler que du souverain actuel et d'oublier son prédécesseur. Alors ces deux Muses ont conversé en strophes alternatives, comme les bergers de l'églogue, chacune reproduisant les divers mérites du souverain et de son père. Puis un buste s'est levé par une trappe au fond de la scène, et toutes deux y sont venues déposer des guirlandes. Une Gloire a couronné le tout, et des flammes bleues et rouges accompagnaient ce tableau final. Ce n'était pas plus ridicule que la fête de la cérémonie de Molière au Théâtre-Français, mais cela l'était tout autant. Une forte pluie qui a tombé toute la soirée aurait empêché le feu d'artifice s'il y en avait eu un sur le programme, ce qui aura fait regretter sans doute aux ordonnateurs de la fête de ne pas l'avoir annoncé. »

TURENNE.

Je fis prix avec un loueur de carrosses pour trois thalers ; moyennant cette modique somme qui correspond à douze francs de France, j'eus une voiture à quatre places, et un conducteur qui s'engagea à s'arrêter à la place où avait été tué Turenne. C'est poétiquement et historiquement à peu près la seule chose curieuse qu'il y ait à voir de Bade à Strasbourg.

La route que nous suivions pour passer à Salzbach longe la forêt Noire, dans la lisière de laquelle elle s'enfonce parfois, mais pour reparaître presqu'aussitôt en plaine. Au reste, rien de moins terrible, rien de moins en harmonie avec sa sombre appellation, que ces jolis bouquets de verdure qui s'échappent comme une frange festonnée du vaste tapis de la Schwartzwald.

Nous déjeunâmes à Bülh, puis le déjeuner terminé nous remontâmes dans notre coche, et traversâmes encore deux petits villages ; enfin notre conducteur arrêta nos chevaux à l'entrée d'un troisième, et se présenta à notre portière en nous annonçant que nous étions à Salzbach.

A peine vit-on notre voiture arrêtée qu'une foule d'enfans se précipita vers nous ; c'étaient autant de ciceroni qui s'offraient à nous faire voir le monument de Turenne, et qui citaient, à qui mieux mieux, la place, le jour et l'heure auxquels ce grand général avait été tué ; en effet, depuis cent-soixante-trois ans, Salzbach vit de cette mort.

Au milieu de cette foule s'avança bientôt, avec une gravité qui indiquait son rang, le cicerone patenté. A sa vue, tous ces petits courtiers marrons qui avaient voulu s'emparer de nous se dispersèrent.

Le cicerone nous offrit de nous faire voir d'abord le boulet qui avait tué Turenne. A ceci je répondis que, fidèle observateur des lois de la chronologie, je désirais voir d'abord la place de la mort, et ensuite le boulet qui l'avait causée ; mais le cicerone, qui tenait à se débarrasser de son boulet, insista tellement que je ne crus pas devoir contrarier ce brave homme pour une chose de si mince importance ; d'ailleurs je réfléchis que, chronologiquement parlant, ce pourrait bien être lui qui avait raison, le boulet étant la cause, et la mort n'étant que l'effet.

C'est un fort joli boulet de quatre, propre et bien nettoyé, fort insensible en apparence à l'honneur qu'on lui fait de le conserver comme un bijou, et qui n'a pas l'air de se douter le moins du monde qu'il ait du même coup blessé un marquis et tué un grand homme.

Le guide me glissa tout bas à l'oreille que pour une certaine somme le village de Salzbach, fort gêné en ce moment, consentirait à se défaire de cet objet précieux. Cette offre qui me rappelait celles qui m'avaient été faites à Ferney et à Fontainebleau pour la canne de Voltaire et la plume de Napoléon, me laissa malgré son obligeance dans une impassibilité parfaite. Je répondis que j'étais plus gêné encore que le village de Salzbach, ce qui par conséquent me privait du plaisir de lui rendre service, mais que je connaissais un Anglais qui possédait déjà le boulet qui avait emporté la tête du duc de Berwick, et que, comme j'étais convaincu qu'il serait enchanté d'avoir la paire, je l'enverrais à Salzbach, si j'avais le bonheur de le rencontrer sur mon chemin. Cette réponse me parut tranquilliser un peu notre cicerone sur le placement futur de son projectile.

Nous nous mîmes en route conduits par lui, et après un quart-d'heure de marche, nous arrivâmes à l'endroit où, après trois mois de marches et de contre-marches, arrivé enfin à ce point où l'avantage de sa position lui présentait toutes les chances de la victoire, Turenne, en visitant une batterie qu'il avait donné l'ordre d'établir, fut tué par un boulet, qui, après avoir ricoché contre le tronc d'un noyer et emporté le bras du marquis de Saint-Hilaire, vint lui traverser la poitrine. Turenne tomba comme était tombé le maréchal de Berwick, sans prononcer un seul mot.

Le noyer existe encore, et le cicerone, tenant jusqu'au bout à s'acquitter de ses fonctions avec conscience, essaya de nous montrer sur son tronc noueux et desséché la trace du boulet autrichien.

Un monument fut élevé à la place où tomba Turenne. La reconnaissance de Louis XIV avait vaincu la haine de Louvois; il est vrai que c'était une simple pierre, avec cette triple inscription en français, en latin et en allemand :

Ici fut tué Turenne, le 27 juillet 1675.

Le 27 juillet 1829, cent cinquante-quatrième anniversaire de ce grand événement, le roi Charles X, sans se douter qu'il touchait lui-même à l'exil, acquitta la dette que le mesquin monument de son aïeul Louis XIV n'avait payée qu'à moitié. Une colonne de granit gris, d'une seule pièce et haute de vingt-quatre pieds, fut dressée à l'endroit même où le vainqueur des Dunes était tombé; on y lit l'inscription suivante :

A Turenne,
mort à Salzbach, le 27 juillet 1675.

Les entrailles de Turenne furent enterrées dans la petite ville d'Achern, située à une demi-lieue de Salzbach. Le corps fut transporté en France et enterré à Saint-Denis, d'où il fut, en exécution d'un arrêté du Directoire, tiré le 16 août 1799, pour être déposé dans un sarcophage taillé à l'antique, et transporté au Musée des monumens français. Enfin, le 23 septembre 1800, par ordre de Bonaparte, il fut rendu à son premier tombeau, et, après avoir passé de Saint-Denis au Musée des monumens français, s'arrêta définitivement sous le dôme des Invalides.

Bonaparte se doutait-il déjà qu'il déposait là ce noble cadavre pour faire un jour cortége à Napoléon.

A Achern, la route bifurque : la branche de gauche continue de s'enfoncer dans le grand duché de Bade; la route de droite mène en France.

Derrière Achern et Salzbach s'élève la montagne Dettonik-Gross, l'une des plus hautes de la chaîne à laquelle elle appartient, et au sommet de laquelle se trouve le Mummelsee, lac dont on n'a jamais pu trouver le fond, ce qui, comme on le pense bien, dans un pays aussi poétique que l'est le Rhingaw, a donné lieu à une foule de traditions plus fantastiques les unes que les autres.

D'abord, si l'on noue dans un linge des pois, des balles ou des cailloux, en nombre impair, et qu'on les suspende au-dessus du lac, le nombre devient pair : si on les suspend pair, le nombre devient impair, ce qui, comme on le voit, est déjà un assez joli tour de passe-passe.

Passons à autre chose.

Un jour un pâtre gardait son troupeau sur les bords du lac : tout à coup il vit sortir de l'eau un taureau brun qui avait les pieds palmés, et qui vint se mêler à ses bœufs; un instant après un nain sortit à son tour de l'eau, courut après le taureau brun, le ramena vers le lac, le força de s'y replonger, et s'y replongea après lui, tout en grommelant de ce qu'il n'avait pas de chien pour garder son troupeau. L'hiver suivant le lac était gelé : un paysan passa dessus avec deux bœufs traînant des troncs d'arbres, et il ne lui arriva rien, malgré le poids énorme qu'il charriait : derrière lui venait son chien, la glace se rompit sous les pieds du chien, et le chien disparut. Dès lors personne ne douta plus que le nain du lac n'eût pris le chien du paysan pour garder son troupeau marin.

Un autre jour, un chasseur de chamois vit, en passant au bord du lac, un petit homme qui était assis sur la rive, les jambes pendantes dans l'eau : il tenait entre ses mains une foule de perles et des morceaux d'ambre et de corail, qu'il comptait en les cachant dans sa chemise, ouverte sur sa poitrine. Le chasseur eut alors la mauvaise pensée de s'approprier toutes ces richesses, et le mit en joue; mais au moment où il appuyait le doigt sur la détente, le petit homme plongea et disparut; un moment après il revint à la surface et dit au chasseur :

— Si tu m'avais demandé ces perles, cet ambre et ce corail, je te les aurais donnés, et tu fusses devenu riche à jamais; mais tu as voulu me les prendre avec ma vie, sois maudit. Et le chasseur demeura toujours pauvre, lui et sa postérité.

Deux ou trois fois encore le nain du lac apparut ainsi : on fit des recherches pour savoir vers quelle époque il était venu dans le pays. Un paysan raconta alors qu'il avait entendu raconter à son père que son aïeul lui avait dit que, lorsqu'il était jeune homme, un nain était venu demander, le soir, l'hospitalité à son père : son père, qui était un chenevier, lui avait alors donné la moitié de son souper, mais après son souper, comme il n'avait pas de lit pour lui-même, il lui avait offert, ou de rester avec lui dans la chambre où ils étaient, ou d'aller se coucher dans la grange, où il trouverait de bon foin pour s'étendre dessus. Le petit nain lui avait dit alors de ne pas s'inquiéter de lui, qu'il trouverait bien où se loger, et était sorti. Le paysan l'avait accompagné jusqu'au seuil de sa chaumière, et l'avait vu s'éloigner dans la direction d'une fontaine du milieu de laquelle sortaient des joncs gigantesques. Comme il faisait un peu clair de lune, il le vit descendre dans la fontaine et disparaître dans les joncs, mais il pensa qu'il avait mal vu, ne pouvant croire qu'une créature humaine choisît de préférence une couche d'eau glacée à un bon lit de foin. Cependant, comme ce qu'il avait vu lui paraissait fort extraordinaire, il se leva avec le jour pour voir ce qu'était devenu le petit homme, et alors, en arrivant sur le seuil de sa porte, il le vit sortir des joncs où il était entré la veille au soir; mais, chose étrange, pas un fil de son habit n'était mouillé, et il était aussi sec de la tête aux pieds que s'il eût passé la nuit dans le four du poêle.

Alors le paysan lui exprima sa surprise de ce qu'il voyait, mais le petit homme se mit à rire, et lui répondit qu'il n'y avait rien là d'étonnant, puisqu'il était un homme des eaux. Le paysan lui demanda, s'il en était ainsi, ce qu'il venait faire sur la terre. Le nain raconta alors au paysan qu'il était né dans un lac, au fond d'un pays qui touche le pôle et qu'on appelle le Groënland. Qu'il avait épousé là une ondine qu'il aimait fort; mais que, comme cette ondine était très frileuse et aimait beaucoup à se jouer dans les herbes des prairies et à cueillir des fleurs sur les bords du lac, plaisirs dont elle était privée là-bas pendant neuf mois de l'année, attendu que pendant neuf mois la terre est couverte de neige, elle l'avait souvent tourmenté pour chercher une contrée plus douce et plus proche du so[illegible]il, lui disant que s'il la forçait de rester dans cet affreux G[illegible]oënland, elle se sauverait un jour et irait chercher, po[illegible] en faire sa demeure, quelque beau lac limpide, au ciel [illegible]u et aux rives riantes. Mais ce Groënland que détestait [illegible]'ondine était la patrie du pauvre nain. Il l'aimait comme on [illegible]ime sa patrie, et il répondit qu'il ne voulait pas la quitter. Il [illegible]n résulta qu'un jour où il venait de chercher du corail pour en faire un collier à son ondine, il la trouva disparue; l'o[illegible] [illegible]vait accompli sa menace, elle s'était enfuie. Depuis ce temps, il s'était mis à sa recherche et avait visité tous les lacs de la terre, depuis le lac Ontario, en Amérique, jusqu'au lac de Genezareth, en Syrie. Mais nulle part il n'avait retrouvé sa femme, il ne lui restait plus que le Mummelsee, et si l'ondine n'était pas là, elle était perdue. Il se rendait donc au Mummelsee lorsque, la veille, il avait demandé l'hospitalité au paysan auquel il venait de raconter son histoire.

Alors le paysan, qui avait pris une grande part aux tribulations du pauvre petit homme des eaux, lui offrit de le faire conduire jusqu'au lac par son fils, ce que le nain accepta avec une grande reconnaissance, attendu que sur la terre il marchait mal et n'y voyait pas très bien, tandis qu'une fois dans l'eau, il nageait comme un brochet, et voyait briller une perle à mille pieds au-dessous de lui. Alors le jeune homme et le nain se mirent en route, et tout en marchant, le nain raconta au jeune homme comment l'eau était plus peuplée que la terre; comment le fond des lacs était tapissé de grands pâturages au milieu desquels paissaient des troupeaux de bœufs et de veaux marins, plus nombreux que ceux qui couvrent les plus grasses montagnes de la Suisse. Comment enfin il y avait, dans les plaines liquides comme dans les plaines des hommes, de riches moissons. Seulement ces moissons étaient des champs de perles, d'ambre et de corail, dont une seule récolte enrichirait pour toute sa vie le moissonneur qui la ferait.

Et tout en discourant ainsi, le jeune homme et le nain arrivèrent au bord du lac; alors le nain remercia le jeune homme, et lui dit de l'attendre au bord de l'eau une demi-heure, et qu'au bout d'une demi-heure, s'il ne revenait pas lui-même, c'est qu'il aurait retrouvé sa femme, et qu'en ce cas, il verrait remonter à la surface de l'eau un petit sac de peau qu'il lui montra; qu'alors il pourrait prendre ce sac de peau, et que ce qu'il renfermerait serait pour lui.

A ces mots, le petit nain plongea dans le lac et disparut.

Au bout d'une demi-heure, le jeune homme vit remonter le sac de peau à la surface du lac, il l'attira à lui avec le crochet de son bâton de montagne, et l'ouvrit: le petit sac était plein de perles, de branches de corail et de morceaux d'ambre, que son père alla vendre à Strasbourg, et avec le prix il acheta de magnifiques prairies, qui, depuis cette époque, sont dans sa famille.

C'était le paiement de l'hospitalité que le pauvre chenevier avait donnée au petit homme des eaux, qui ayant, à ce qu'il paraît, retrouvé sa femme dans le Mummelsee, n'a plus depuis ce moment quitté le lac, qu'il habite toujours, mais sur les rives duquel il se montre par malheur plus rarement aujourd'hui qu'autrefois.

J'avais grande envie de le voir, mais comme mon conducteur me dit, en secouant la tête, que ce serait *une chance* si je le rencontrais, je continuai mon chemin, d'autant plus qu'à son défaut il me restait à visiter les ruines d'un vieux château que je voyais s'élever à ma gauche, et que mon conducteur se contenta de me désigner sous le nom des ruines de l'Érable, voici la légende qui a donné lieu à ce nom.

Il y avait déjà deux cents ans que le château n'était plus qu'un monceau de pierres écroulées, et au milieu de ces pierres avait poussé un magnifique érable que plusieurs fois les paysans des environs voulurent abattre sans pouvoir y réussir, tant son bois était dur et noueux. Enfin, un jeune homme, nommé Wilhelm, vint à son tour pour tenter l'aventure; comme les autres, et après avoir jeté bas son habit, saisissant une hache qu'il avait fait affiler tout exprès, il frappa le tronc de l'arbre de toute sa force, mais l'arbre repoussa le fer comme s'il eut été d'acier. Wilhelm ne se rebuta point et frappa un second coup, la hache fut repoussée de nouveau; enfin, il leva le bras, et rassemblant toutes ses forces, il frappa un troisième coup, mais à ce troisième coup, ayant entendu comme un soupir, il leva les yeux et aperçut devant lui une femme de vingt-huit à trente ans, vêtue de noir, et qui eût été parfaitement belle si sa pâleur n'eût donné à toute sa personne un aspect cadavéreux qui indiquait que depuis longtemps cette femme n'appartenait plus à ce monde.

— Que veux-tu faire de cet arbre? demanda la dame Noire.

— Madame, dit Wilhelm en la regardant avec étonnement, car il ne l'avait pas vue venir, et il ne pouvait deviner d'où elle sortait; madame, j'en veux faire une table et des chaises, car je me marie à la Saint-Martin prochain avec Roschen, ma fiancée, que j'aime depuis trois ans.

— Promets-moi d'en faire un berceau pour ton premier né, répondit la dame Noire, et je leverai le charme qui défend cet arbre contre la hache du bucheron.

— Je vous le promets, madame, dit Wilhelm.

— Eh bien! frappe! répondit la dame.

Wilhelm leva sa hache, et du premier coup il fit dans le tronc une entaille profonde; au second coup, l'arbre trembla depuis son faîte jusqu'à ses racines; au troisième, il tomba entièrement détaché de sa base et roula sur le sol. Alors Wilhelm leva la tête pour remercier la dame Noire, mais la dame Noire avait disparu.

Wilhelm n'en tint pas moins la promesse qu'il lui avait faite, et quoiqu'on le plaisantât fort de ce qu'il faisait le berceau de son premier né avant que le mariage ne fût accompli, il ne s'en mit pas moins à l'ouvrage avec tant d'ardeur et d'adresse, qu'avant que huit jours se fussent écoulés, il avait achevé un charmant berceau.

Le lendemain il épousa Roschen, et neuf mois après, jour pour jour, Roschen accoucha d'un beau garçon, que l'on déposa dans son berceau d'érable.

La même nuit, comme l'enfant pleurait et que sa mère, de son lit, le berçait dans son berceau, la porte de la chambre s'ouvrit, et la dame Noire parut sur le seuil, tenant à la main un rameau d'érable desséché; Roschen voulut crier, mais la dame Noire mit un doigt sur sa bouche, et Roschen, craignant d'irriter l'apparition, resta muette et immobile, les yeux fixés sur elle. La dame Noire alors s'approcha du lit d'un pas lent et qui n'avait aucun écho.

Arrivée à l'enfant, elle joignit les mains, pria un instant tout bas, puis, après l'avoir embrassé au front:

— Roschen, dit-elle à la pauvre mère tout effrayée, prends cette branche sèche et qui vient de l'érable même dont est fait le berceau de ton fils, garde-la avec soin, et dès que ton enfant aura atteint sa seizième année, mets-la dans l'eau pure, puis, quand sur cette branche auront repoussé les feuilles et les fleurs, donne-la à ton fils, et qu'il aille avec elle toucher la porte de la tour du côté de l'Orient, ce sera pour son bonheur et pour ma délivrance.

Puis, à ces mots, laissant la branche sèche aux mains de Roschen, la dame Noire disparut.

L'enfant grandit et devint un beau jeune homme; en tout ce qu'il faisait, un bon génie semblait le garder; de temps en temps Roschen jetait les yeux sur la branche d'érable qu'elle avait mise au-dessous du crucifix, avec les buis bénis des dimanches des Rameaux. Et comme la branche se desséchait de plus en plus, elle secouait la tête, en doutant qu'un rameau si desséché pût jamais porter ni feuilles, ni fleurs.

Cependant, le jour même où son fils eut seize ans, elle n'en obéit pas moins aux injonctions de la dame Noire, et prenant la branche au-dessous du crucifix, elle alla la planter au milieu d'une source d'eau vive qui coulait dans le jardin.

Le lendemain, elle alla visiter le rameau, et il lui sembla que la sève commençait à se glisser sous l'écorce; le surlendemain, elle vit poindre les bourgeons, le jour d'après les bourgeons s'ouvrirent, puis les feuilles grandirent, les fleurs parurent, et au bout de huit jours que la branche était dans la source, on eût dit qu'on venait de la cueillir à l'érable voisin.

Alors Roschen prit son fils, le conduisit à la source, et lui raconta ce qui s'était passé le jour de sa naissance; le jeune homme, aventureux comme un chevalier errant, prit aussitôt la branche, et s'inclinant devant sa mère, il lui demanda sa bénédiction, car il voulait tenter l'aventure à l'instant même. Roschen le bénit, et le jeune homme s'achemina aussitôt vers les ruines.

C'était au moment de la journée où le soleil en s'abaissant à l'horizon fait monter l'ombre des endroits profonds aux endroits élevés. Le jeune homme, tout brave qu'il était, n'était point exempt de cette inquiétude qu'éprouve l'homme le plus courageux au moment où il va au-devant d'un événement surnaturel et inattendu; en mettant le pied dans les ruines, son cœur battait si fort qu'il s'arrêta un instant pour respirer. Le soleil alors était caché tout à fait, et l'obscurité commençait à atteindre le pied des murailles, dont les derniers rayons du jour doraient encore le sommet.

Le jeune homme s'avança, son rameau d'érable à la main, vers la tour de l'Orient, et à l'orient de la tour il trouva une porte, il y frappa trois coups, et au troisième coup la porte s'ouvrit, et la dame Noire parut sur le seuil. Le jeune homme fit malgré lui un pas en arrière, mais l'apparition étendit la main vers lui, et d'une voix douce et avec un visage souriant :

— N'aie point peur, jeune homme, lui dit-elle, car ce jour est un jour heureux pour toi et pour moi :

— Mais qui êtes-vous, madame, et ne puis-je savoir quel est le service que je vous ai rendu.

« — Je suis la dame de ce château, reprit le fantôme, et comme tu le vois, notre sort est le même; il n'est plus qu'une ruine et je ne suis plus qu'une ombre. Jeune, je fus fiancée au jeune comte de Windeck, qui demeurait à quelques lieues d'ici, dans le château dont les débris portent encore son nom. Après m'avoir dit qu'il m'aimait, après s'être assuré que je partageais son amour, il m'abandonna pour une autre femme dont il devint l'époux; mais leur bonheur ne fut pas de longue durée. Le comte de Windeck était ambitieux; il entra dans la ligue contre l'empereur, et il fut tué dans un combat où son parti fut vaincu; alors les impériaux se répandirent dans les montagnes, pillant, brûlant les châteaux de leurs ennemis. Le château de Windeck fut pillé et brûlé comme les autres, et la jeune comtesse se sauva, son enfant dans les bras; mais bientôt épuisée de fatigue, elle cueillit une branche d'érable pour soutenir sa marche. Elle avait vu de loin les tours du château que j'habitais, et comme elle ignorait ce qui s'était passé entre moi et son mari, elle venait me demander l'hospitalité; mais si elle ne me connaissait pas, je la connaissais, moi; je l'avais vue passer dans une chasse, enivrée d'amour, ardente au plaisir, suivie au loin de beaux jeunes gens, qui, échos de mon ingrat amant, lui disaient qu'elle était belle. A sa vue, au lieu de prendre pitié d'elle comme devait le faire une chrétienne, toute ma haine se réveilla. Je la vis avec joie écrasée sous le poids de son fardeau maternel, monter les pieds nus et déchirés à travers le sentier rocailleux qui conduisait à la porte de mon château. Mais bientôt elle s'arrêta sur le plateau qui domine cette pièce d'eau sombre que tu vois; par un dernier effort, enfonçant son bâton en terre pour s'appuyer dessus, elle tendit vers moi ses deux bras chargés de son fils, et mourante, se laissa tomber sans force et serrant encore son pauvre enfant sur sa poitrine. Alors, oui, je le sais bien, j'aurais dû descendre de mon balcon, j'aurais dû aller à elle, la relever dans mes bras, la soutenir sur mon épaule, la conduire en ce château et en faire ma sœur. C'eût été beau et charitable devant Dieu; oui, je le sais, mais j'étais jalouse du comte, même après sa mort. Je voulus me venger sur sa pauvre femme innocente de ce que j'avais souffert. J'appelai mes valets, et je leur ordonnai de la chasser comme une bohémienne. Hélas! ils m'obéirent : je les vis s'approcher d'elle, l'insulter, lui dénier jusqu'à cette couche de terre où elle reposait un instant ses membres fatigués. Alors, elle se releva folle, insensée, et prenant son enfant dans ses bras, je la vis courir tout échevelée vers le rocher qui domine le lac, monter jusqu'à son sommet, puis jetant une malédiction terrible sur moi, se précipiter dans l'eau, elle et son enfant. Je poussai un cri. En ce moment je me repentis, mais il était trop tard. La malédiction de ma victime était montée jusqu'au trône de Dieu. Elle avait crié vengeance, et vengeance devait être faite.

» Le lendemain, un pêcheur en jetant ses filets dans le lac en tira la mère et l'enfant qui se tenaient encore embrassés. Comme selon le rapport de mes valets elle avait attenté elle-même à sa vie, le chapelain du château refusa de l'enterrer en terre sainte, et elle fut déposée à l'endroit même où elle avait enfoncé son bâton d'érable; bientôt ce bâton, qui était vert encore, prit racine, et, au printemps suivant, il portait des fruits et des fleurs.

» Quant à moi, dévorée de repentir, sans tranquillité pendant mes jours, sans repos pendant mes nuits, je passais mon temps à prier, agenouillée dans la chapelle, ou à errer autour du château. Peu à peu je sentis ma santé s'affaiblir, et j'eus la conscience que j'étais atteinte d'une maladie mortelle. Bientôt une langueur insurmontable s'empara de moi et me força de garder le lit. On fit venir les meilleurs médecins de l'Allemagne, mais tous secouaient la tête en me regardant, et disaient : nous n'y pouvons rien, la main de Dieu est sur elle. Ils avaient raison, j'étais condamnée. Et le jour anniversaire de la troisième année où était morte la comtesse, je mourus à mon tour. On me revêtit de ma robe noire, que je portais toujours, afin, comme je l'avais recommandé, de porter même après ma mort le deuil de mon crime; et comme, toute coupable que j'étais, on m'avait vu mourir en sainte, on me déposa dans la chapelle funéraire de ma famille, et l'on scella sur moi la pierre de ma tombe.

» La nuit même du jour où je m'y étais couchée, il me sembla, au milieu de mon sommeil mortel, entendre sonner l'heure à l'horloge de la chapelle. Je comptai les coups du battant, et je l'entendis frapper douze fois.

» Au dernier coup, il me sembla qu'une voix me disait à l'oreille :

« — Femme, lève-toi.

» Je reconnus la voix de Dieu et je m'écriai :

» — Seigneur! Seigneur! ne suis-je donc pas morte, et quand je croyais être à jamais endormie dans votre miséricorde, allez-vous me rendre à la vie.

» — Non, dit la même voix, ne crains rien, on ne vit qu'une fois; oui, tu es bien morte, mais avant d'implorer ma miséricorde, il faut que tu satisfasses à ma justice.

» — Mon Dieu, Seigneur! m'écriai-je tout en frissonnant, qu'allez-vous ordonner de moi?

» — Tu erreras, pauvre âme en peine, répondit la voix, jusqu'à ce que l'érable qui ombrage la tombe de la comtesse soit assez gros pour fournir les planches du berceau de l'enfant qui doit te délivrer. Lève-toi donc de ta tombe et accomplis ton jugement.

» Alors, du bout de mon doigt je levai la pierre de mon sépulcre, et je descendis pâle, froide, inanimée, et j'errai ainsi autour de mon château jusqu'à ce que se fit entendre le premier chant du coq; aussitôt, de moi-même, et comme poussée par un bras irrésistible, je rentrai dans cette tour dont la porte s'ouvrit toute seule devant moi, et je me couchai dans mon tombeau, dont le couvercle se referma de lui-même. La seconde nuit ce fut la même chose, et toutes les nuits qui suivirent la seconde nuit, il en fut ainsi.

» Cela dura près de trois siècles. Je vis chaque année tomber une à une toutes les pierres du château, et pousser une à une toutes les branches de l'érable. Enfin, du bâtiment et des quatre tours, il ne resta que celle-ci; enfin, l'arbre grandit et grossit au point que je vis l'heure de ma délivrance approcher.

» Un jour ton père vint une hache à la main. L'érable, qui jusque-là avait résisté à l'acier le plus tranchant, amolli par moi, céda au fer de sa coignée; à ma prière, il fit du tronc un berceau où tu fus couché le jour de ta naissance.

» Le Seigneur m'a tenu parole, le Seigneur soit béni, car il est puissant et miséricordieux. »

Le jeune homme se signa.

— Et maintenant, dit-il, ne me reste-t-il rien à faire?

— Si fait, répondit la dame Noire, si fait, jeune homme, il vous reste à achever votre œuvre.

— Ordonnez, madame, dit le jeune homme, et j'obéirai.

— Creusez au pied de l'érable, et vous trouverez les ossemens de la comtesse de Windeck et de son fils; faites enterrer ces ossemens en terre sainte, et quand ils seront enterrés, levez la pierre de mon tombeau, mettez-moi un rameau de buis béni de la dernière Pâques dans la main, et faites sceller hardiment le couvercle, car je ne le soulèverai plus qu'au jour du jugement dernier.

— Mais comment reconnaîtrai-je votre tombeau ?

— C'est le troisième à droite en entrant ; d'ailleurs, ajouta la dame Noire en étendant vers le jeune homme une main qui eût été parfaite sans son extrême pâleur, regardez cette bague, vous la reconnaîtrez à mon doigt.

Le jeune homme regarda et vit une escarboucle si pure, qu'elle éclairait non-seulement la main de la dame, mais encore son beau et mélancolique visage, auquel, comme à la main, on ne pouvait reprocher qu'une trop grande blancheur.

— Il sera fait comme vous le désirez, dit le jeune homme en couvrant ses yeux avec sa main, ébloui qu'il était par les feux que jetait l'escarboucle, et cela dès demain matin.

— Ainsi soit il ! répondit la dame Noire.

Et elle disparut comme si elle s'était abîmée dans la terre.

Le jeune homme sentit bien qu'il venait de se passer quelque chose d'étrange, il retira sa main de dessus ses yeux et regarda autour de lui, mais il était seul au milieu des ruines, son rameau d'érable à la main, en face de la porte de la tour de l'Orient, et cette porte était fermée.

Le jeune homme revint chez lui, et raconta tout à son père et à sa mère, qui reconnurent la main de Dieu dans tout cela ; le lendemain, on prévint le curé d'Achern, qui se rendit à l'endroit indiqué par le jeune homme, chantant le *Magnificat*, tandis que deux fossoyeurs creusaient au pied de l'érable. A cinq ou six pieds de profondeur, comme l'avait dit la dame Noire, on trouva les deux squelettes, les os des bras de la mère serraient encore l'enfant contre les os de sa poitrine.

Le même jour, la comtesse et son fils furent inhumés en terre sainte.

Puis, en sortant de l'église, le jeune homme prit au-dessous du crucifix un rameau béni à la dernière Pâques, et appelant deux de ses amis dont l'un était maçon et l'autre serrurier il les emmena avec lui vers la tour de l'Orient. Quand ils virent où on les conduisait, les deux compagnons hésitèrent, mais le jeune homme leur dit avec une telle confiance qu'en lui obéissant ils obéissaient à Dieu lui-même, qu'ils n'hésitèrent plus et le suivirent.

En arrivant à la porte de la tour, le jeune homme s'aperçut qu'il avait oublié le rameau d'érable avec lequel il l'avait touché la veille, mais il pensa que son rameau béni aurait sans doute la même puissance; il ne se trompait pas. A peine du bout de la branche sèche eût-il effleuré la porte massive, qu elle tourna sur ses gonds, comme si un géant l'eût poussée, et que l'escalier s'offrit à lui et à ses deux compagnons.

Alors ils allumèrent chacun une torche dont ils s'étaient munis à l'avance, et descendirent : à la vingtième marche, ils se trouvèrent dans le caveau.

Le jeune homme marcha droit au troisième tombeau, et appela ses deux compagnons pour qu'ils lui aidassent à en soulever le couvercle; encore une fois ils hésitèrent, mais leur camarade leur assura que ce qu'ils allaient faire, au lieu d'être une profanation, était une piété, ils réunirent donc leurs efforts aux siens, et découvrirent la tombe.

Elle renfermait un squelette décharné dans lequel le jeune homme hésita d'abord à reconnaître cette belle femme qui lui avait parlé la veille, et à laquelle, comme nous l'avons dit, on ne pouvait reprocher qu'une trop grande pâleur. Mais à l'os de son doigt, il vit briller cette escarboucle si magnifique qu'il n'y en avait pas deux pareilles au monde; il lui mit donc à la main le rameau béni, et refermant la pierre de la tombe, il invita ses deux amis à la sceller le plus solidement qu'il leur était possible. Les deux compagnons obéirent.

C'est dans cette tombe, que l'on montre encore aux voyageurs assez courageux pour se hasarder sous les voûtes croulantes de la chapelle souterraine, que repose la dame Noire, dans l'attente du dernier jugement.

Et comme nous l'avons dit, quoiqu'il ne reste aucune trace de l'arbre qui leur a donné son nom ces ruines, que l'on voit à gauche de la route en sortant d'Achern, sont encore appelées les Ruines de l'Érable.

De ce point jusqu'à Kehl la route n'offre rien d'assez curieux pour qu'on s'arrête. Kehl a cela de remarquable que, quoiqu'aussi ancienne que Strasbourg, elle a toujours été neuve; cela tient à ce que de vingt-cinq ans en vingt-cinq ans on la brûle et on la rase, puis on la rebâtit pour la brûler et la raser encore; et cela durera tant qu'il y aura une France et une Allemagne en constante réaction l'une contre l'autre : ce qui fait que Kehl est toujours sur le qui-vive, et que, toute prussienne qu'elle est, elle a la plus vive admiration pour le roi Louis-Philippe, cette clef de voûte de la paix européenne.

C'est à Kehl que l'on passe le Rhin; autrefois, quand nous étions protecteur de la Confédération, nous y avions une magnifique tête de pont qui semblait un ouvrage avancé de cette belle forteresse de Strasbourg, chef d'œuvre de Vauban, qui la construisit en 1682, et qui y grava cette devise : *Servat et observat ;* là, le fleuve se divise en deux branches : le premier pont est un pont de bateau, il conduit à une île, auprès de la route s'élève un monument consacré à Desaix. Ce monument consiste en une pyramide tronquée, avec les bas-reliefs sur les côtés. C'est un de ces sarcophages sans conséquence, comme les villes les consacrent par l'organe de leur conseil municipal à leurs grands citoyens. Mais comme on n'en trouve pas beaucoup où il y ait un nom pareil à celui qu'on lit sur celui-là, on s'arrête et on salue.

Grâce à la douane de Kehl, nous n'entrâmes à Strasbourg que vers les sept heures et demie du soir, ce qui fit que je fus obligé de remettre au lendemain ma visite à la cathédrale.

Mon compagnon de voyage me conduisit à l'hôtel du Corbeau ; il y avait demeuré huit jours en venant me rejoindre à Francfort, et il l'avait illustré par des vers que Chapelle ou Bachaumont auraient donné bien des choses, s'ils les avaient connus, pour pouvoir les mettre dans leurs voyages.

Aussi fûmes-nous reçus en ancienne connaissance, et s'empressa t on à notre arrivée; le maître d'hôtel quitta sa partie de piquet pour venir au-devant de nous, et son partner lui-même se leva et vint donner une poignée de main à Gérard, qui le salua du nom de général.

— Peste, mon cher ami, lui dis-je, quand nous fûmes attablés en face du pâté de foie gras de rigueur, flanqué d'un côté d'un saucisson, et de l'autre de six knatwurch. Je ne savais pas que vous eussiez de si belles connaissances dans la ville libre de Strasbourg.

— Le général, n'est-ce pas? vous voulez dire.

— Oui, le général Et comment se nomme le général ?

— Le général Garnison.

— Quoique le nom soit des plus guerriers et fort bien approprié au personnage qui le porte, permettez-moi de vous dire qu'il m'est parfaitement inconnu.

— C'est un nom local, et qui, s'il est inconnu dans le reste de la France, est fort en vénération à Strasbourg.

— Et à quelle occasion a t-il acquis cette popularité ?

— Tirez votre montre, me dit Gérard.

— Eh bien ? fis-je en lui obéissant.

— Quelle heure est-il?

— Neuf heures moins un quart.

— A neuf heures, le général Garnison se lèvera, prendra son chapeau et sortira : c'est son heure, et le général est fort ponctuel. Alors vous demanderez à notre hôte de vous raconter son histoire, et il vous la racontera ; en attendant, encore une cuillerée de pâté de foie gras, et un morceau de knatwurch.

Comme il n'y avait pas longtemps à attendre, je pris patience; à neuf heures moins cinq minutes, j'allai me planter sur le seuil de la salle à manger, d'où je voyais jusque dans la salle de notre hôte. A neuf heures sonnant, comme me l'avait dit Gérard, le général se leva, prit son chapeau, me salua et sortit.

J'allai aussitôt à notre hôte, et le priai de me raconter l'histoire du général Garnison.

La voici :

LE GÉNÉRAL GARNISON.

C'était vers la fin d'août 1815, deux mois et demi après Waterloo. Le général Rapp, qui commandait en chef l'armée du Rhin, avait été forcé de se retirer dans Strasbourg avec deux divisions d'infanterie décimées par les combats qu'il avait livrés pendant sa retraite, et les débris de deux ou trois escadrons de cavalerie qu'il voulait conserver à la France. Les alliés l'y avaient poursuivi, et soixante dix mille hommes enveloppaient la petite armée du général, et menaçaient Strasbourg d'un siége désastreux.

Le 3 juillet, le prince de Wurtemberg avait déjà envoyé au général Rapp un parlementaire pour lui demander au nom de Louis XVIII, qui venait de rentrer à Paris, la remise de la place de Strasbourg ; mais alors le général avait demandé à voir l'ordre du roi, et comme le parlementaire n'avait pas d'ordre, il l'avait fait reconduire aux avant-postes.

Ces sommations s'étaient renouvelées le 4 et le 5, mais le 6, le général Rapp, impatienté de cette insistance, s'était mis à la tête d'une poignée d'hommes, et poussant une reconnaissance sur les positions autrichiennes, il avait enlevé plusieurs postes, sabré les grands-gardes de cavalerie, et était rentré, après avoir donné cette preuve de son peu de disposition à traiter avec l'ennemi.

Mais il n'y eut plus du tout moyen de s'y méprendre, quand, deux jours après, dans une attaque de nuit du côté de Strasbourg, le général Rapp surprit et emporta à la baïonnette le camp retranché des alliés, culbuta leur cavalerie, fit prisonniers au saut du lit un nombre d'officiers autrichiens, et força malhonnêtement plusieurs généraux à s'échapper en chemise. On essaya bien d'inquiéter la retraite des nôtres ; mais les assaillans furent deux fois repoussés avec perte et complétement désorganisés. Les troupes françaises rentrèrent au camp, après avoir acquis la certitude qu'elles avaient devant elles des forces infiniment supérieures en nombre.

Une convention militaire suivit, qui mit un terme aux hostilités dans toute l'étendue du commandement du général Rapp. En vertu de cette convention, le général autrichien Wolkmann s'établit dans la place.

Mais en renonçant à prendre Strasbourg, les alliés résolurent du moins de la surprendre. Ils avaient échoué avec le fer, ils voulurent essayer de l'or. Une révolte habilement ménagée pouvait donner ce qu'avait refusé une guerre loyale, et les agitateurs seraient peut-être plus heureux que les soldats.

La moitié de leur besogne était d'ailleurs faite. Dans ce grand désarroi de l'empire, un doute inquiet et farouche travaillait tous les esprits. Il était avéré que l'empereur était invincible, et l'empereur avait été vaincu. Il fallait donc qu'il eût été trahi, trahi par des généraux, par des officiers, par des soldats. Pourquoi les troupes avaient-elles cessé de tenir la campagne? Les ennemis étaient vingt fois plus nombreux qu'elles ! Belle raison ! Assurément les chefs s'entendaient avec les alliés.

Voilà ce qu'on se disait tout bas aux bivouacs et dans les chambrées, et ce qu'on se dit bien bas s'entend bien loin.

Pendant que chacun se méfiait ainsi de tout le monde, le comte Rapp reçoit du gouvernement royal l'ordre de licencier ses troupes, et de renvoyer chaque homme isolément et sans armes. Mais de la solde il n'en est nullement question. On lui enjoint en outre de livrer à des commissaires russes dix mille fusils de l'arsenal de Strasbourg. Qu'on juge de l'agitation et encore plus de la tristesse des soldats. Tous ces courriers échangés avec les alliés, ces armes nuitamment transportées dans le camp ennemi ! Le général en chef était donc vraiment vendu aux Autrichiens ! Il avait donc, comme on le disait, reçu d'eux des millions pour leur livrer les Français.

Rapp cependant faisait des efforts inouïs pour obtenir du gouvernement la solde des troupes avant de les licencier, et n'arrachait que 560,000 francs, à-compte dérisoire qu'il n'osait pas leur offrir.

Alors commença le soulèvement le plus calme, la révolte la plus juste, le désordre le plus régulier, l'insubordination la plus respectueuse du monde.

Le 2 septembre, dans la matinée, le général en chef, alors malade, était dans le bain. On vient lui dire que cinq officiers subalternes de divers régimens demandaient à lui parler au nom de leurs camarades. Il donne ordre qu'on introduise.

— Mon général, dit un des délégués, nous venons pour avoir l'honneur de vous soumettre une délibération de l'armée, concernant l'ordre de licenciement.

Et il lit :

« Au nom de l'armée du Rhin, les officiers, sous-officiers et soldats n'obéiront aux ordres donnés pour le licenciement qu'aux conditions suivantes ;

« Art. 1er. Les officiers, sous-officiers et soldats ne quitteront l'armée qu'après avoir été soldés de tout ce qui leur est dû.

» Art. 2. Ils partiront tous le même jour, emportant armes, bagages, et cinquante cartouches chacun.

» Art. 3... »

Le général Rapp ne laissa pas achever. Il n'était guère plus commode à ses soldats qu'aux ennemis. Furieux, il s'élance du bain, arrache le papier des mains du malencontreux orateur : Des conditions à moi ! Ah ! vous m'imposez des conditions !...

Et les envoyés ne le laissent pas achever non plus, et font volte-face au plus vite pour aller rendre compte aux troupes de l'accueil peu gracieux du général en chef.

Les sous-officiers, au nombre de cinq cents, les attendaient gravement sur la place d'Armes. Le rapport des députés est écouté avec calme. Puis, on voit ces cinq cents hommes se rapprocher, se réunir en groupes, et chuchotter entre eux quelque chose à voix basse. Au bout de dix minutes, le silence le plus profond se rétablit.

— Sergent Dalouzi, dit une voix.

Dalouzi, sergent au 7e régiment d'infanterie légère, s'avance. C'est un homme de trente-cinq ans, à la mine honnête, sérieuse et froide, au geste sobre et solennel, à la parole brève et imperturbable Sa bouche ne sourit pas souvent, son regard ne s'étonne jamais.

— Sergent Dalouzi, à l'unanimité des suffrages, vous êtes élu général en chef. Acceptez-vous?

Dalouzi répond : J'accepte l'honneur et le péril. Vous allez me promettre trois choses : Vous vous abstiendrez de tout désordre, vous respecterez les propriétés, vous protégerez les personnes. Je vous jure sur ma tête, moi, que vous serez payés avant vingt quatre heures.

Mille acclamations de joie s'élèvent. Dalouzi ne sourcille pas. Il impose silence aux siens d'un geste remarquable de dignité, et sans embarras, sans émotion, reprend :

— Major Garnier?

Le tambour-maître du 58e sort d'un groupe.

— Major Garnier, je vous nomme chef de mon état-major.

— Sergent Dupuis ?

— Vous remplirez les fonctions de gouverneur de la place.

— Caporal Simon ?

— Vous commanderez la première division d'infanterie.

— Caporal Adonis ?

— Vous prendrez le commandement de la cavalerie...

En cinq minutes les régimens ont des colonels, les bataillons et les escadrons des chefs, les compagnies des capitaines. Voilà un état-major complet en galons et en épaulettes de laine.

Alors on bat la générale. Infanterie, cavalerie, artillerie se dirigent en bon ordre et au pas de course sur la place d'Armes. Dalouzi fait reconnaître les nouveaux chefs, et assigne aux différens corps les points de la ville qu'ils doivent occuper.

Bref, le général Rapp, si vite qu'il se fût habillé, ne sortit de son logement à la tête de son état-major que lorsque l'état-major Sosie fut en plein exercice de ses fonctions usurpées. Et on ne laissa même pas à Rapp le temps de quitter la place du Palais; car, de toutes les rues qui aboutissaient à cette place, les colonnes débouchaient en courant, se rangeaient précipitamment en bataille, et croisaient la baïonnette dès que le général essayait de passer. Huit pièces de canon chargées à mitraille barrèrent formidablement une des issues.

Dire la stupéfaction et la fureur du comte Rapp quand il se vit ainsi cerné et emprisonné par ses propres troupes, ce serait assurément difficile. Il courait d'un bataillon à l'autre, mais sa colère se brisait contre l'attitude morne et résolue des soldats. Il voulait parler, mais sa voix était couverte par les huées du peuple, et surtout par les vociférations des agitateurs. Il s'élança vers un obusier près duquel se tenait debout le canonnier, mèche allumée.

— Misérable, veux-tu me tuer? Mets le feu : me voici à l'embouchure.

L'artilleur jette son boutefeu.

— Ah! général, dit-il simplement, j'étais au siége de Dantzig avec vous.

Néanmoins, derrière les rangs des soldats immobiles et muets, les cris et les provocations continuaient.

— Tirez... il a vendu l'armée!... Tirez donc!... Quelques jeunes soldats égarés couchaient en joue le général. Le chef d'état-major Garnier accourt à lui bride abattue.

— Mon général, pour Dieu! retirez-vous; n'exposez pas inutilement votre vie. Que pourriez-vous faire? Nous sommes absolument décidés à nous faire payer... Ainsi, rentrez au palais, et le général Garnison répond de tout.

— Qu'est-ce que le général Garnison, s'il vous plaît?

— Mon général, c'est notre nouveau général en chef.

Tel était, en effet, le nom collectif que venait d'adopter spirituellement Dalouzi, pour mettre quelque peu sa responsabilité à couvert. Ulysse avait dit à Polyphème : Je m'appelle *Personne*. Dalouzi dépassait Ulysse de toute la hauteur de l'homme civilisé sur l'homme primitif. Dalouzi avait l'honneur d'appartenir au siècle qui devait être le siècle du gouvernement représentatif et de la presse. Soyez sûr que Dalouzi eût fièrement répondu au Cyclope : Je m'appelle *Tout-le-Monde*. — *Personne*, *Tout-le-Monde*, il y a cinq mille ans entre ces deux mots-là. *Personne*, *Tout-le-Monde*, n'est-ce pas au fond la même chose?

Rapp savait que son armée n'était pas tendre à l'ennemi, et il lui répugnait d'être l'ennemi pour elle. Il se retira dans le palais. Aussitôt mille hommes d'infanterie, huit escadrons et huit pièces d'artillerie l'y suivirent et en prirent la garde extérieure. Un bataillon de grenadiers vint s'établir dans la cour, et s'intitula garde intérieure. Soixante factionnaires furent placés deux à deux sur tous les escaliers, à toutes les portes, et jusqu'à la porte de la chambre à coucher du comte.

Rapp était d'ailleurs merveilleusement suppléé : le général Garnison multipliait les ordres comme s'il n'eût fait que cela toute sa vie. Il commandait comme un dictateur; on lui obéissait comme à un ami.

— On va s'emparer du Télégraphe et de la Monnaie, lever les ponts, et nul ne pourra communiquer avec le dehors sans une permission signée du gouverneur de la place.—Afficher la défense, *sous peine de mort*, d'entrer dans les cabarets et tavernes. Même peine contre les fauteurs du désordre, du pillage et de l'*insubordination*. — Des bivouacs permanens seront organisés sous deux heures dans les rues principales et sur les places. Voilà pour les ennemis du dedans. Quant aux ennemis du dehors, que la ligne extérieure et les postes de la citadelle soient doublés. De plus, des gardes aux poternes du Marché-Vieux et du boulevard Saint-Louis : je ne sais pas comment le général Rapp pouvait négliger ces points-là; c'était d'une étourderie! — Commandant Adonis, faites dire au général autrichien Wolkmann qu'il n'a absolument rien à craindre, et mettez un détachement à sa disposition. Il faut être poli, sarpejeu! — Vous, major Garnier, rendez-vous avec un trompette au quartier-général des alliés, et signifiez-leur que, s'ils respectent la trêve, la garnison ne se portera à aucun acte d'hostilité; mais que s'ils font mine de nous attaquer, ou seulement de mettre le nez dans nos affaires de ménage, nous les recevrons peu fraternellement. — Eh bien! colonel Lenrhumé, qu'est-ce que c'est? Vous avez l'air tout penaud.

— Pardon, mon général, c'est le fusilier Lebertre qui m'appelait colonel postiche.

— Eh bien?

— Eh bien! avec votre permission, mon général, je l'ai fait mettre aux fers.

— A merveille.

— Oui, à merveille; mais au moment où je disais : — Aux fers cet insurgé-là! je me suis trouvé nez à nez avec mon colonel, l'autre, l'ancien, le vrai... qui m'a dit comme ça tout uniment : — S...é gredin!—Est-ce qu'il fallait aussi le faire mettre aux fers?

— Ah diable! fit le général Garnison. — Eh bien! dit-il après avoir réfléchi, la chose est fort simple : tous les généraux et tous ceux qui ont un commandement de quelque importance sont consignés dans leur logement jusqu'à nouvel ordre. Chacun d'eux sera gardé par des soldats d'un corps étranger au sien. Les plus minutieux égards. Si quelque chef se révolte, on lui représentera doucement que la discipline et la subordination militaires passent avant tout, et qu'il est de son devoir de donner l'exemple en s'y soumettant. On n'agira de rigueur qu'à la dernière extrémité.

A midi, toutes les mesures de police étant bien prises, et la sûreté intérieure et extérieure parfaitement assurée, le général en chef Garnison fit place à Garnison l'administrateur. Il constitua messieurs les fourriers en commission des vivres, et messieurs les sergens-majors en commission des finances. Puis il manda l'inspecteur aux revues et le receveur-général. Le premier fit un état approximatif des sommes nécessaires pour mettre la solde au courant; le second présenta le montant de son avoir en caisse. Alors Dalouzi convoqua le conseil municipal, et, avec une politesse exquise, pria le maire d'aviser aux moyens de réaliser les fonds nécessaires pour acquitter l'arriéré.

Pendant que les conseillers municipaux discutaient à l'Hôtel-de-Ville, les bourgeois tremblaient dans les rues, ce qui avançait un peu plus les choses. Il faut vous dire que l'armée, après avoir exécuté divers mouvemens, marches et contre-marches, s'était immobilisée et comme pétrifiée aux bivouacs et dans les postes. C'était véritablement terrible à voir, pour peu qu'on fût époux et père de famille. Les troupes se tenaient l'arme au bras, sombres, inertes et imposantes, sans parler, sans bouger, dans ce calme majestueux et sinistre qui précède l'orage. Les soldats s'étaient faits statues. En vain les boutiquiers, saluant, souriant, tout aimables, leur faisaient les plus coquettes avances, leur insinuaient les plus paternelles questions, un brutal « *au large!* » les faisait sauter à dix pas.

Il fallait donc transiger à tout prix, et les bons habitans, qui ne rêvaient plus que pillage, massacre et incendie, consentirent enfin à avancer les sommes nécessaires.

Garnison avait été plus habile et plus persuasif que Rapp.

Celui-ci envoya alors son chef d'état-major auprès des autorités, pour régler la répartition de l'emprunt. Un caporal et six hommes conduisirent cet officier à l'Hôtel-de-Ville, il y termina ses comptes, et revint au palais sous la même escorte.

A la nuit, les alarmes des honnêtes Strasbourgeois se calmèrent un peu; des patrouilles multipliées battaient toutes les rues, et la ville avait reçu ordre d'illuminer, afin qu'il fût plus facile d'exercer une surveillance sévère. En même temps que les habitans se rassuraient, les soldats s'humanisaient, car le général-sergent avait fait lire dans tous les postes cette proclamation :

« Tout va bien. Les bourgeois financent. Les paiemens » vont commencer.

« *Signé* GARNISON. »

Le lendemain, 2 septembre, les Autrichiens essayèrent de se mêler au drame pour l'animer. D'abord, arrive au galop sur la place d'Armes un chasseur à cheval. Il annonce à Dalouzi qu'on vient d'arrêter trois fourgons chargés d'or, appartenant au général Rapp, qui les faisait sortir sous la protection des Autrichiens. Ces trois voitures, ajoute-t-il, ont été conduites au Pont Couvert, et voici le reçu que je vous apporte. Vengeance ! Le général Rapp nous a vendus à l'ennemi ; c'est un traître. Il faut fusiller les traîtres.

— C'est juste, répondit Dalouzi. Six hommes et un caporal.

— Présent, dit le général Simon en s'avançant.

— Eh bien ! qu'est-ce que vous faites, général ? Etes-vous fou que vous oubliez votre grade ? Commandez six hommes et un caporal, et qu'on fusille tout de suite cet honnête espion.

Deux heures après, des individus en uniforme et revêtus des insignes de caporal et de sergent, se présentent successivement au palais, et, trompant les gardes extérieure et intérieure, veulent user de violence pour s'introduire dans la chambre à coucher du général. Mais ils sont repoussés, faits prisonniers, et conduits en lieu de sûreté.

Les soldats avaient mis en état de siége leur général, parce que leur général les gênait ; mais ils se seraient tous fait tuer pour défendre sa vie, parce qu'ils le respectaient et l'aimaient.

Au milieu du jour, on vint dire au général Garnison que dans la matinée la ligne ennemie avait resserré ses cantonnemens et reçu des renforts. La situation devenait grave et la responsabilité immense. Dalouzi garda un calme majestueux. Il fit encore renforcer la division du dehors, doubla ses grand'gardes, et attendit. L'ennemi fit le mort.

Cependant l'emprunt avait été réalisé. Les officiers-payeurs, suivant l'ordre numérique de leur régiment, furent conduits, bien escortés, chez le payeur général, et là touchèrent les sommes nécessaires pour aligner la solde de leur corps ; mais il leur fut prescrit de n'effectuer les paiemens individuels que lorsque tous les régimens auraient touché leur dû.

Les fonctions temporaires du général Garnison touchaient à leur fin ; mais il ne permit pas qu'on se relâchât de la plus exacte discipline ; et à trois heures il voulut parcourir luimême la ville, à la tête de son état-major improvisé.

Pour peindre cet état-major-là, il faudrait le crayon de Charlet. Tous étaient à cheval, mais Dieu sait comment ; Mazeppa aussi était à cheval ! Les uns élargissaient les jambes en cerceau, et ne se maintenaient ainsi que par la force du poignet ; les autres n'étaient pas assis, mais couchés. Les pantalons de plusieurs découvraient le genou, et n'étaient plus que des culottes courtes. Tous les visages étaient pâles ou cramoisis, selon les tempéramens. Dalouzi, droit, raide, mordant sa lèvre, conservait sa prestance imposante et sa gravité sénatoriale.

Il avait lieu d'être content : partout il trouvait la tranquillité la plus parfaite, l'ordre d'une ruche, le silence d'un cloître. Sur son passage, les tambours battaient aux champs ; on lui rendait tous les honneurs dûs à un général en chef. Le brave sergent était quelque peu ébloui, enivré, il faut le dire. Son front restait calme, mais sous ce front bourdonnaient de tumultueuses pensées. Il avait fait enfin ce que le général Rapp n'avait pu faire : il s'était servi puissamment de la sédition pour régler la sédition ; il avait vaincu la tempête par la tempête. La volonté de toute une armée, il l'avait accomplie. Ses camarades recevraient du moins le faible dédommagement de leur sang répandu et de leurs blessures ; ils auraient de quoi faire leur route et se retirer dans leurs foyers. C'était lui, Dalouzi, qui avait fait tout cela, et en contenant par sa fermeté un ennemi tout prêt à profiter de ses fautes. Certes, un maréchal de France n'eût pas montré plus de sang-froid, de méthode et d'énergie. Une si remarquable capacité dans un simple sergent ! Le gouvernement l'apprendrait, et qui sait ?... Une musique guerrière berçait ces doux rêves et donnait le ton à ces ambitieuses idées, et Dalouzi ne savait plus trop si ce n'était pas Rapp qui avait usurpé sa place, et s'il ne rentrait pas en triomphe dans ses honneurs et dignités légitimes.

Mais, le lendemain, ces derniers vestiges de l'humanité avaient disparu dans l'âme modeste et honnête du bon sergent.

Ce jour-là, à neuf heures, la répartition des fonds étan achevée, la générale se fit entendre, l'armée se rassembla, retira ses postes, leva le siége du palais, et se rendit à la place d'Armes. Dalouzi, accompagné de son état-major, fit mettre les troupes en bataille, commanda le silence par un geste *historique*, comme dirait Saint-Simon, et lut la proclamation suivante :

« Soldats de l'armée du Rhin,

» La démarche hardie qui vient d'être faite par vos sous-officiers, pour vous faire rendre justice et pour le parfait paiement de votre solde, les a compromis envers les autorités civiles et militaires. C'est dans votre bonne conduite, votre résignation et votre excellente discipline, qu'ils espèrent trouver leur salut : l'attitude que vous avez gardée jusqu'à ce jour en est le sûr garant. Ils espèrent que vous ne vous démentirez pas. Soldats, les officiers-payeurs ont entre les mains tout ce qui leur est dû ; la garnison rentrera à sa première place ; les postes resteront jusqu'à ce que le général en chef ait donné les ordres en conséquence. Sitôt la rentrée, les sergens-majors et les maréchaux-des-logis se rendront chez leurs officiers-payeurs, et prendront, avant de solder la troupe, les ordres de messieurs les colonels, afin d'exercer la retenue de qui de droit. L'infanterie doit être licenciée : elle prendra des ordres supérieurs ; et la cavalerie, n'ayant encore aucun ordre, attendra son sort, afin de rendre au moins, avant de partir, chevaux, armes, et tout ce qui appartient au gouvernement. Et l'on pourra dire : — Ils sont Français ; ils ont servi avec honneur ; ils se sont fait payer ce qui leur était dû, et se sont soumis aux ordres du roi avec ce beau titre d'armée du Rhin. »

— Et maintenant, ajouta le général Garnison, faites prévenir le général Rapp qu'il peut venir passer son armée en revue.

Et le sergent Dalouzi alla se placer en serre-file derrière sa compagnie.

Deux jours après, on déposa les armes à l'Arsenal, et tous les corps furent licenciés. Dalouzi, chef de révolte, avait encouru la peine capitale : le ministre lui donna l'épaulette de sous-lieutenant.

Mais, comme la paix menaçait de se prolonger indéfiniment, dès qu'il eut le temps voulu pour la retraite, le bon sergent demanda son congé et rentra dans la vie privée, ne conservant de ses honneurs passés que le titre honoraire de général.

C'est encore ainsi, comme on l'a vu, qu'on l'appelle généralement dans la ville libre de Strasbourg.

Sur ce, parfaitement satisfait de la narration de notre hôte, nous prîmes congé de lui, allâmes nous coucher, et dormîmes comme de véritables Alsaciens.

Le lendemain, à neuf heures du matin, j'étais devant la cathédrale de Strasbourg.

C'était encore ce que j'avais vu de plus beau dans tout mon voyage. Ce qui fait que je n'essaierai pas de la décrire, mais que j'y renverrai tout bonnement mes lecteurs, comme à la huitième merveille du monde.

FIN DES EXCURSIONS SUR LES BORDS DU RHIN

TABLE DES MATIÈRES DES EXCURSIONS SUR LES BORDS DU RHIN.

Bruxelles. 81
Waterloo. 88
Anvers. 91
Gand. 94
Bruges. 99
Le Jubilé de 850 ans. 104
Hôtel d'Albion. 106
Liége vue en déjeunant. 108
Le Banquet de Warfusée. 112
Aix-la-Chapelle 116
Les petites et les grandes Reliques. 118
Les deux Bossus. — Le Frankenberg. — La rue des Lutins. 120
Cologne. 122
Le Dôme. 123
Le père Clément. 125
Les sept Péchés capitaux. 128
Le Rhin. 132
Le Drachenfelds. — Coblentz. 137
Marceau. 143
Saint-Goar. 146
La Lore-Lei. 148
M. de Metternich et Char'emagne. 151
Francfort. 155
La rue des Juifs. 157
Excursion. 158
Manheim 161
Karl-Ludwig Sand. 164
La Maison de force. 166
L'Exécution. 169
Le docteur Widemann. 171
Heidelberg. 173
Carlsruhe. 175
Pierre de Stauffenberg. 178
Baden-Baden. 182
Turenne. 184
Le général Garnison. 189

FIN DE LA TABLE DES EXCURSIONSSUR LES BORDS DU RHIN.

Paris.— Typ. Dondey-Dupré, r. St-Louis, 46.